소장학자들이 본 고구려사

소장학자들이 본 고구려사

鄭京日 외 지음 | 이인재 엮음

혜안

책머리에

I

엮은이가 석사학위 과정 이수 시절(1982.9~1985.8) 연세대학교 서울캠퍼스 국학연구원 소속 한 연구실(중앙도서관 520호실)에서 이제는 고인이 되신 이종영 교수, 하현강 교수와 여전히 건강하게 함께 해 주시는 이희덕 교수의 지도로 『고구려사연구Ⅱ-사료편』을 작성하고, 당시 연강학술재단의 지속적인 연구비지원을 받아 『동방학지』 21집에서 52집까지 실린 고구려 관련 연구 논문 15편으로 『고구려사연구Ⅰ-논문편』으로 묶어 연세대학교 국학연구원 국학총서 제1집과 제2집으로 낸 때가 1987년 10월과 1988년 4월이었다.

당시 사료편 작성과 제작에 참가했던 학자가 이종영 교수, 하현강 교수, 이희덕 교수, 이도학 강사, 이인재 강사였고, 논문 편에 참가한 학자가 노중국 교수, 노태돈 교수, 민영규 교수, 이만열 교수, 이옥 교수, 이융조 교수, 이종욱 교수, 이진희 교수, 이형구 교수, 전상운 교수 등이었다.

노중국 교수는 「고구려 율령에 관한 일 시론」, 「고구려·백제·신라의 力관계변화에 대한 일고찰」, 「고구려 대외관계사 연구의 현황과 과제」 등 세 편의 논문을 게재해 주셨으며, 이형구 교수도 「발해연안 북·동지구(만주) 구석기 문화」, 「고구려의 享堂제도 연구」와, 박노희님과 함께 「광개토대왕 비문의 소위 신묘년기사에 대하여－僞作 倭字考」 등 세 편의 논문을 게재해 주셨으며, 노태돈 교수는 「5~6세기 동아시아의 국제정세와 고구려의 대외관계」, 「고구려사 연구의 현황과 과제」 등 두 편의 논문을 게재해 주셨다.

『고구려사연구Ⅰ-논문편』에는, 그와 함께 「고구려 영토안의 구석기 문화(이융조)」, 「고구려의 정복과 爵位(시론) (이옥)」, 「고구려 초기의 중앙정부 조직(이종욱)」, 「정담원 광개토경평안호태왕릉비문석략교록 병서(민영규)」, 「조선후기의 고구려사 연구(이만열)」, 「고구려의 과학과 기술, 그 연구현황과 과제」, 「일본에서의 광개토왕릉비 연구(이진희)」 등, 주옥같은 논문들을 수록하여 중견학자들과 함께 1980년대 주요 소장학자들의 등장과 활약을 전 세계에 알릴 수 있었고, 이후 30년의 시간이 흘러가는 동안 그들이 마련한 고구려사의 깊이와 넓이는 많은 후배학자들의 귀감이 되었다.

II

중국에서의 '동북공정'은, 2002년 본격적으로 과제 수행을 시작한 후, 예정되었던 5년간의 연구기간을 채워 2007년 종료되었음에도 불구하고 그 여파는 이후 10년이 지난 지금까지 지속되고 있다. 한동안 한국과 중국의 학자들이 한자리에 모여 고구려사 관련 학술회의를 진행할 기회는 많지 않았고, 언론보도나 시민강좌를 통해서는 중국의 역사왜곡이 여전하다는 보도가 간헐적이지만 재생산된다.

그럼에도 불구하고 중국 학계의 고구려사 연구는 동북공정과 그 이후, 양적인 측면과 질적인 측면에서 모두 한 단계 도약했다고 평가된다. 동북아역사재단 김현숙 책임연구위원의 분석에 따르면, 중국 학계에서는 최근

10년 동안 지속적으로 소장 연구자들이 배출되면서 학위논문의 숫자가 많이 늘었고, 이들이 활발하게 학계에서 활동하기 시작하면서 개별 연구논문의 숫자도 증가하였다. 또한 단행본의 발간이 증가했다는 점도 유의된다. 동북공정이 종료되면서 그 결과물이 한꺼번에 출판된 결과이긴 하지만, 2008년에는 무려 10권의 관련저서가 출간되었다. 그 이후에도 매년 2~3권 정도의 고구려 단행본이 출간되고 있는데, 그 분야도 고고학뿐만 아니라 제도사, 전쟁사, 유민사 등 매우 다양하다.

개별 연구 주제를 살피더라도 문헌사료나 제도사에 대한 관심이 점차 늘고 있고, 연구사 정리에 공을 들이는 논문도 늘고 있다. 문헌사료에 대한 관심이나 제도사에 대한 천착은 역사학의 기본이기에 중국 학계의 고구려사 연구 수준이 더욱 높아질 수 있음을 방증하고 있으며, 연구사 정리에 대한 관심은 한국학계의 연구성과에 대한 이해도를 높이면서 역시 학계 전체가 탄탄해질 수 있는 계기가 되리라 판단된다.

한편 한국의 고대사학계 역시 중국 학계를 분석하는 일을 게을리하지 않았으나, 그 분석을 개별 연구에서 활용하거나 비판하는 경우는 소수에 불과하다. 특히 새로 배출되는 한국의 소장학자들의 경우 중국 학계에서 제공하는 발굴 성과에는 유의하면서도 이를 바탕으로 진전되는 연구 동향 변화에 대해서는 크게 신경 쓰지 않는 분위기가 없지는 않다.

III

연세대학교 원주캠퍼스 근대한국학연구소의 고구려 주니어포럼은 2014년 8월 시작되었다. 기성세대 역시 1992년 한·중 수교 이전에 중국 답사를 자유롭게 진행하지 못하였고, 중국학자들과의 교류도 활발하지 못했던 것은 요즘 소장학자들과 마찬가지였지만, 새롭게 공부를 시작하거나 한창

연구를 진행하고 있는 소장학자들이 상대방의 연구 성과를 폭넓게 수용하지 못하면서 연구를 이어나가는 것은 결코 바람직한 것이 아니라 하겠다. 서로 입장이 다르더라도 학술적 교류를 확대하고 그 과정에서 서로의 의견을 교환하며 논쟁하고 설득하고 자극을 받는 것은 연구자로서 당연한 것이겠다.

이러한 생각을 염두에 두고 출발한 고구려 주니어 포럼은 한국과 중국에서 박사과정에 있거나, 박사학위를 받은 지 얼마 되지 않은 신진 연구자들이 발표를 담당하고, 학위를 받은 후 이미 자리를 잡아 학계의 허리 역할을 하고 있는 연구자들이 사회와 토론을 맡아 균형을 잡도록 하였으며, 훌륭한 연구 성과를 바탕으로 학계를 이끌어나가고 있는 중진 이상의 학자들이 논평을 담당하는 방식으로 기획되었다. 3회까지의 자세한 발표 주제와 참가자는 이 책의 마지막에 사진과 함께 부록으로 실어 놓았지만, 대략을 설명하면 다음과 같다.

우선 2014년 1회 포럼(8.7~8.8)은, 중국에서 세 명, 한국에서 네 명의 신진 연구자들이 '고구려사 연구의 최근 동향과 전망'이라는 전체 주제 하에 각자의 연구주제를 발표하였다. 첫 만남이었던 만큼 서로가 어떤 연구를 하고 있는지를 탐색하는 자리로 꾸미고자 하였다.

다음 2015년 2회 포럼(8.6~8.7)은 '21세기 한·중의 고구려 연구 성과'를 전체 주제로 잡았다. 소장 연구자의 입장에서 한국과 중국의 고구려 대외관계사, 지방통치, 고고학 분야 연구를 기존 방식과는 다르게 정리해보고, 한국과 중국의 연구 경향을 상호 비교하고 논쟁함으로써 같은 점을 공유하고 다른 점을 드러내기 위한 시도였다.

2016년 3회 포럼(11.5)은, 2부로 나눠 1부에서는 한국 연구자들이 중국의 고구려사 연구경향을 분석한 후 중국 연구자들의 의견을 청취하는 간담회 형식으로 꾸몄고, 2부는 '중국 고구려사 연구의 최신 성과'라는 주제 하에 세 명의 중국 연구자들이 개별적인 연구를 발표하였다.

Ⅳ

본서는 지난 3년간 진행된 총 22편의 발표문 가운데, 7편의 연구사 정리 논문(제1부)과 5편의 개별 논문(제2부)을 묶어 출간하였다. 향후 북한과 일본의 고구려사 연구 성과도 함께 하기를 기대하면서, 우선 남한과 중국의 소장학자들의 연구 성과를 수렴하는 데 최선을 다하였다. 다행히 2017년 12월 1일부터 3일까지로 예정되어 있는 제4회 포럼에서는 일본학자도 발표하게 되어 명실공히 한·중·일 3개국이 참가하는 국제학술회의로 발전할 수 있게 되었다.

주니어 포럼이라는 이름에서 알 수 있듯이 2014년 1회에 참가한 학자들은 사회자나 토론자, 혹은 논평자 역할로 자신의 위치를 변동시키면서, 새로이 소장학자들을 발굴하고 교류하며 또 다른 30년을 만들어 나갈 것이다. 상호간의 치열한 논쟁과 토론을 거치면서, 자신들이 맡은 세대의 사명을 다하다 보면, 또 다른 소장학자들이 새로운 시대에 맞는 새로운 고구려사를 연구해 나가리라 확신한다.

포럼을 기획한 입장에서 보면 학술회의만큼 중요한 것이 한국과 중국, 일본 소장학자들의 인간적인 교류와 소통이었다. 이를 위해 인구 30여 만명의 중소도시 원주는 더없이 좋은 장소였다고 자평한다. 연세대학교 원주캠퍼스 게스트하우스에서 1박 2일 혹은 2박 3일 동안 함께 식사하며 서로를 알아가고, 술잔을 나누며 대화를 하고, 답사를 진행하며 의견을 나누는 그 시간을 고구려사를 공부하는 한국과 중국의 소장학자들이 향후 30년 이상 교류할 수 있는 원동력으로 삼았으리라 기대한다.

본서가 한중 소장학자들의 소중한 성과를 바탕으로 제작되었지만, 그동안 많은 분들의 도움을 받았다. 1회 고구려 주니어 포럼은 연세대학교 근대한국학연구소의 지원에 의해 진행될 수 있었다. 당시 소장을 맡고 계셨던 김영민 교수의 후의에 깊은 감사를 드린다. 처음 시도되는 행사였던 만큼 시작은 쉽지 않았으나 2회 포럼부터는 더 많은 분들의 도움을 받을 수 있었다. 고구려 주니어 포럼의 취지에 공감해주신 고구려발해학회 공석구 회장님의 배려로 2회, 3회 포럼을 공동주최하게 된 것도 매우 고마운 일이었다. 또한 3회 포럼은 동북아역사재단 역시 공동주최기관으로 함께 해주었다. 도서출판 혜안의 김현숙, 김태규 두 분과 오일주 사장님께도 감사를 드린다. 학술과 출판은 동전의 양면이어서, 양쪽에서 밀고 당겨주지 않으면 좋은 성과를 내기 어렵다.

2017년 4회 포럼부터 2019년 6회 포럼까지의 연구 성과도 '2020 소장학자들이 본 고구려사'라는 책이름으로 출간될 수 있기를 기대한다. 포럼이 진행될수록, 한편으론 같고, 다른 한편으론 다른, 고구려사에 관한 수많은 진지한 연구 성과들이 세상에 제시될 것이다. 그런 새로운 성과가 나올 수 있도록, 자신만의 최선을 다하는 고구려사 연구자 여러분들께 깊은 감사를 드리는 바이다.

2017. 8. 31.

원주 치악산이 바라보이는 청송관 연구실에서

이 인 재 李仁在 씀

발간 환영사

고구려사를 공부하고 있는 韓·中의 젊은 연구자들이 연세대학교에서 정기적인 모임을 갖게 되었다는 소식을 들었다. 사실 동북공정 이후 한·중 역사학자 간에는 갈등요인이 잠복해 있었다. 만남 자체가 불편한 사안일 수 있게 되었고, 이는 학자들에게 고구려사 연구라는 학문적인 본질에 전념하기 어려운 요인으로 일부 작용하기도 하였다. 따라서 이 소식은 실로 큰 기쁨이었다. 이 모임의 명칭은 '고구려 주니어포럼'이라고 하였다.

연세대학교 측에서 고구려발해학회에 연락이 온 것은 1회 대회가 종료된 이후 어느 시기였다. 아마도 이 모임을 기획한 연세대학교 이인재 교수님의 넓은 아량과 배려에 의해서였을 것이라 생각한다. 고구려발해학회는 이 모임에 대해 어떻게, 어떤 형식으로 참여할까 하는 내부논의가 있었다. 이 모임의 간사를 맡은 연세대학교 이준성 선생은 그 당시 우리 고구려발해학회의 편집간사를 담당하고 있었다. 고구려발해학회는 2회 대회부터 이 학술대회에 참여하였다. 형식은 연세대학교와 공동주최 형식이었다. 본인은 이런 인연으로 참가하게 되었다.

고구려 주니어포럼의 성격은 한·중의 젊은 연구자가 만나 함께 숙식하면서 토론하는 형식이었다. 딱딱한 공식회의 보다는 회의 전날 저녁에 맥주 한 잔하면서 자유로운 분위기 속에서 평소 궁금했던 것을 상호 또는 집단 토론하는 모습이 인상적이었다. 또한 회의 당일에는 학자들이 진지하게 연구, 토의하는 모습을 지켜보면서 고구려사 연구의 미래를 상상해 보기도 하였다. 한 가지 아쉬움이라면 발해사 분야도 포함되었으면 하는 바람이었다. 필자는 3회대회 최종 평론시에 이와 같은 소망을 밝히기도 하였다. 이 소망은 이후 발해사가 포함되기에 이르렀는데, 본 주니어 포럼의 자연스런 변화이자 발전이었다.

3회 대회까지의 학술대회 성과를 모아 책으로 발간하게 된 것은 큰 의미를 가지고 있다. 이 책은 크게 두 가지 형태로 편집되었다. 한·중의 젊은 연구자들이 고구려사의 연구현황을 정리하여 공유하였고, 또한 고구려사에 대한 각자의 진실을 연구논문 형태로 제출한 것을 묶었다. 이 책을 통해 젊은 학자의 연구수준과 열정 그리고 치열한 연구 분위기까지도 느낄 수 있다. 고구려사를 연구함에는 학자 간에 다양한 시각과 견해 차이가 존재한다. 학문세계에서는 실로 자연스런 현상이다. 연세대학교에서 추진하는 본 주니어포럼이 지속되기를 희망한다. 우리 고구려발해학회도 본 주니어포럼과 함께 할 것을 다짐해 본다. 고구려사의 사실과 진실에 대한 접근방식과 시각 차이를 서로 이해하고 존중하는 과정을 거치면서 보다 합리적인 고구려사를 이해하게 될 것이라고 생각한다.

다시 한 번 『소장학자들이 본 고구려사』가 발간되었음을 축하하고 환영합니다. 이 모임에 참여하는 韓·中 젊은 역사학자들의 학운을 기원합니다.

2017. 12. 30.

고구려발해학회 회장 **공석구**

글싣는 차례

책머리에 5

발간 환영사 | 공석구 11

이인재 | 총론 : 한·중 소장학자들의 고구려사 연구와 21세기 ············ 17

제1부 연구 동향 · 33

정경일 | 최근 북한학계에서 이룩한 고구려 고고학 성과 ···················· 35

Ⅰ. 머리말 ···················· 35
Ⅱ. 고구려 성곽 유적에 대한 조사 ···················· 35
Ⅲ. 고구려 벽화무덤에 대한 발굴조사 ···················· 45
Ⅳ. 맺음말 ···················· 51

이준성 | 한국학계의 고구려 성립 및 운영 연구 동향 ························ 69

Ⅰ. 서론 ···················· 69
Ⅱ. 고구려 사회의 성립 ···················· 72
Ⅲ. 고구려 국가의 운영 ···················· 78
Ⅳ. 결론 : 향후 과제와 전망 ···················· 93

강진원 | 고구려 國家祭祀 연구의 경향 및 쟁점 한국학계의 동향을 중심으로 97

Ⅰ. 머리말 97
Ⅱ. 祭天大會 東盟 98
Ⅲ. 始祖廟 제사 109
Ⅳ. 宗廟·社稷 제사 112
Ⅴ. 墓祭 118
Ⅵ. 기타 제사 122
Ⅶ. 맺음말 125

안정준 | 고구려 영역지배에 대한 연구현황과 과제 127

Ⅰ. 머리말 127
Ⅱ. 建國~3세기의 영역지배 129
Ⅲ. 4세기 이후 집권체제의 정비와 영역지배 135
Ⅳ. 지역 지배 및 종족 지배 연구 148
Ⅴ. 맺음말 154

범은실/이준성 옮김 | 중국학계의 고구려 지방통치제도 연구동향 분석 … 157

Ⅰ. 중국학계의 고구려 지방통치제도 연구 약술 157
Ⅱ. 필자의 관련 연구 176
Ⅲ. 향후 과제 179

范恩实 | 中国学界高句丽地方统治制度研究述评 182

一. 中国学界有关高句丽地方统治制度研究简述 182
二. 笔者的相关研究 193
三. 对未来的几点展望 196

김지영 | 한국학계의 고구려와 모용 선비 관련 연구동향 199

Ⅰ. 머리말 199
Ⅱ. 전연 관련 연구동향 201
Ⅲ. 후연 관련 연구동향 207
Ⅳ. 북연 관련 연구동향 212
Ⅴ. 맺음말 215

김홍배/조우연 옮김 | 中國學界의 高句麗와 慕容鮮卑 관계 연구 ………… 219

Ⅰ. 머리말 …… 219
Ⅱ. 고구려와 모용선비의 전쟁 및 화해에 관한 연구 …… 220
Ⅲ. 고구려와 모용선비 관계사에 나타나는 일부 歷史地理 문제 연구 ‥ 228
Ⅳ. 고구려와 모용선비의 인구 유동에 관한 연구 …… 237
Ⅴ. '三燕文化'와 고구려의 연관성에 대한 연구 …… 241
Ⅵ. 미비점 및 향후 연구 방향과 과제 …… 248

金洪培 | 中国学界有关高句丽与慕容鲜卑关系研究综述 ………… 250

Ⅰ. 绪论 …… 250
Ⅱ. 有关高句丽与慕容鲜卑战与和方面的研究 …… 251
Ⅲ. 有关高句丽与慕容鲜卑关系中的部分历史地理问题 …… 257
Ⅳ. 关于高句丽与慕容鲜卑人员流动之研究 …… 262
Ⅴ. 关于"三燕文化"与高句丽之关系方面的研究 …… 264
Ⅵ. 存在的不足及未来的研究方向和课题 …… 270

제2부 연구 논문 · 271

이승호 | 『광개토왕비문』에 보이는 東夫餘에 대한 재검토 5세기 전반 고구려인의 기억 속에 동부여 ………… 273

Ⅰ. 머리말 …… 273
Ⅱ. 부여, 북부여, 그리고 동부여 …… 275
Ⅲ. 『광개토왕비문』의 동부여 …… 283
Ⅳ. 북옥저인의 부여 계승 의식 …… 295
Ⅴ. 맺음말 …… 303

이정빈 | 607년 고구려 동돌궐 교섭의 배경과 목적 ………… 305

Ⅰ. 머리말 …… 305
Ⅱ. 교섭과 동돌궐-수 관계 …… 307
Ⅲ. 수의 『高麗風俗』 저술과 교섭의 목적 …… 314
Ⅳ. 맺음말 …… 323

김금자/최옥형 옮김 | 안장왕시기 고구려와 남북조의 관계 및 동아시아 국제지위의 변화 …… 325

Ⅰ. 머리말 …… 325
Ⅱ. 안장왕시기 고구려의 북위, 양나라에 대한 외교정책의 변화 …… 326
Ⅲ. 백제 중흥과 안장왕의 군사, 외교적 대응 …… 333
Ⅳ. 北魏와 梁朝의 대립 국면의 변화 …… 337
Ⅴ. 안장왕시기 고구려의 동아시아국제질서에서의 지위 변화 …… 339
Ⅵ. 맺음말 …… 342

金锦子 | 论安臧王时期高句丽与南北朝的关系及其东亚国际地位的变化 · 344

一. 安臧王时期高句丽对北魏和梁朝外交政策的变化 …… 345
二. 百济中兴与安臧王的军事·外交对应 …… 349
三. 北魏与梁朝对峙局面的变化 …… 352
四. 安臧王时期高句丽在东亚国际秩序中地位的变化 …… 354
五. 结语 …… 356

정춘영/반박성 옮김 | 고구려 벽화 복식의 구성, 족속 및 변천 …… 357

Ⅰ. 머리말 …… 357
Ⅱ. 고구려 벽화 복식의 분류 개술 …… 358
Ⅲ. 고구려 벽화 복식의 族屬 차이 …… 367
Ⅳ. 중국 고구려 벽화 복식의 변천 …… 373
Ⅴ. 북한 고구려 벽화 복식의 변천 …… 379

郑春颖 | 高句丽古墓壁画服饰图像研究 …… 388

一. 高句丽壁画服饰分类分型概述 …… 389
二. 高句丽壁画服饰的族属差异 …… 396
三. 中国高句丽壁画服饰的变迁 …… 401
四. 朝鲜高句丽壁画服饰的变迁 …… 406

강성산 | 발해 5경 명칭 출현 시기에 관한 사료적 검토 …… 413

Ⅰ. 머리말 …… 413
Ⅱ. 『신당서』 발해전의 발해 5경 사료 …… 416
Ⅲ. 8세기 발해 도성 사료의 검토 …… 419
Ⅳ. 발해의 말갈제부 복속과 5경 명칭의 출현 시기 …… 423
Ⅴ. 맺음말 …… 426

부록 | 제1~3회 고구려 주니어 포럼 …… 431

이 인 재

총론 : 한·중 소장학자들의 고구려사 연구와 21세기

I

1985년 당시 30대 소장학자였던 노중국은 일본학자들의 책봉체제론과 한국학자들의 조공관계론 연구에 대해 다음과 같은 소개와 비판을 하였다.[1) 일본인 학자 니시지마 사다오(西嶋定生)는, 殷·周대에 기원하여 漢代에 토대가 잡힌 이후, 隋·唐대 현저해졌다가 唐왕조의 멸망과 함께 붕괴한 중국 중심의 동아시아 冊封체제를 인정한다면, 고구려가 중국 왕조와 책봉 관계를 맺은 이상 고구려의 영토는 중국의 封疆(제후로서 봉해준 봉토)이 되고, 고구려 왕은 중국 황제의 신하가 되기 때문에, 고구려의 배반은 중국 봉강 내에 있어서의 臣節을 배반하는 것으로, 중국 수나라의 고구려 원정은 중국 봉강 질서를 바르게 하고, 중국사회의 예절 질서를 유지하기 위한 조처라고 주장했음을 소개하였다. 책봉체제가 중국의 책봉체제에 포섭되었다고 간주되는 동아시아 국가들에게 규제력이 있었다는 주장이다.

1) 노중국, 1985, 「고구려대외관계사 연구의 현황과 과제」 『동방학지』 49 : 연세대학교 국학연구원 편, 1987, 『고구려사연구 Ⅰ-논문편』(국학총서 제1집, 연세대학교 출판부)에 재수록.

그와 함께 책봉체제를 확대하여 자기 운동력을 가진 국제질서로 규정한다는 것은 책봉을 받게 된 나라들의 역사적 조건을 경시하게 되고, 나아가 주변 여러 국가의 대외관계를 중국에 예속된 것처럼 파악하게 됨으로써 여러 이웃 나라의 주체적 역할의 몰각과 주변성·종속성의 강조를 초래하게 된다는 하타무(江畑武)의 비판과, 전근대 동아시아에 책봉체제와 같이 자체 규정력을 가진 체제가 과연 존재하였는가라는 문제는 다각적으로 검토되어야 하며, 동아시아세계는 한반도와 일본을 위주로 하는 동방관계뿐만 아니라 북방관계, 서방관계도 시야에 넣어 종합적으로 생각해야 한다는 하타다 다케시(旗田巍)의 비판을 소개하였다.

한편 朝貢을, 밝은 임금이 덕을 삼가시니 사방 오랑캐들이 모두 굴복한다(明王愼德 四夷咸賓)라는 왕도사상에서 나온 대외 정책의 특수 형태로서, 제후가 정기적으로 직접 조정에서 천자를 만나 진상품을 바치고(朝覲貢物), 동시의 君臣之義를 밝혔던 가장 기본적인 臣禮라고 정리한 다음, 전해종이 정리한 1) AD. 8년부터 316년까지의 조공관계 성립 前단계, 2) 317년부터 668년까지의 초기 조공관계 성립기로 본 견해를 소개하면서, 다른 한편으론 서영수가 고대 한국에서 중국에 보낸 使行의 대다수가 朝貢使로 표현된 것은 중국인의 화이관에 의한 조공의 이중구조적 개념에서 발생한 것으로 보고, 삼국과 남북조의 조공관계는 일반적인 외교관계이며, 전형적인 조공관계의 성립은 수당제국의 출현으로 물리적 힘을 배경으로 한 臣屬의 거부에 대한 응징이 본격화되면서 그 초기적 양상이 나타난다고 주장한 견해를 소개하였다.

책봉체제론을 주장하는 일본인 학자가 삼국의 주체성을 인정하지 않으려는 것에 반하여, 조공관계론을 주장하는 한국인 학자들은, 조공의 이념상의 성격에도 불구하고, 조공이 가지는 실제적인 규제력은 인정하지 않고, 삼국 측의 주체적 측면을 강조하고 있다는 점이 특징이라는 것이다.

이렇게 정리한 다음 당시 30대 소장학자였던 노중국은, 조공제도가 이념 그대로 현실에 작용해 왔다는 주장은 중국 중심의 이해로서 받아들이기 어렵고, 조공관계가 삼국의 주체적인 입장에 의해서만 움직여져 왔다고 주장하는 것도 지나친 비약이니, 오히려 대외관계라는 것이 어느 일방의 조건으로만 결정되는 것이 아니므로, 삼국과 중국과의 조공관계도 명분과 실리 및 그러한 명분과 실리를 추구하게 된 당사자들이 처한 정치적·사회적 배경(역학관계)을 보다 면밀하게 파악하면서 이해해야 한다고 자신의 입장을 정리한 바 있다.

누노메 조후(布目潮風)가, 중국과 주변 여러 나라와의 관계가 조공·책봉·공주의 降嫁·冊立-被冊立·군신관계 등을 통해서 맺어지나 이 중 어느 하나에 중점이 있는 것이 아니고, 그때그때 세력 간의 역학관계에 따라 그에 맞는 정책이 취해졌다는 점을 강조한 것이나. 사카모토 요시다네(坂元義種) 역시 중국과 주변 여러 나라와의 화친관계를 중국의 諸藩에 대한 臣屬관계, 중국과 제번의 대등관계, 제번의 중국에 대한 臣從관계로 나누면서 이 역시 역학관계에 따른 유동적이고 가변적이라고 파악하는 것과 같은 맥락이라는 것이었다. 요컨대 책봉과 조공은 형식적이고, 중국의 분열 상태를 적절히 이용하여 대중국 이중외교를 펼치는 자주외교가 본질이라는 것이다. 그런 선상에서 연구 성과도 對中國關係, 對塞外民族(거란·선비·말갈·돌궐 등) 關係 등 두 장으로 나누어 정리한 것이겠다.

II

한국 역사학계는 현재의 동북3성을 무대로 활약했던 고조선, 부여, 고구려, 발해의 역사는 한국의 전근대사로, 요나라, 금나라, 청나라의 역사는 중국의 전근대사로 정리해 왔다.

그러나 중국의 정치가들은 정치가다웠다. 유용태 교수가 인용한 바에 따르면,[2] 1924년 2월 3일 민족주의 강연에 나선 쑨원의 연설문에, "백년 이래 중국은 수많은 영토를 상실하였는데, 최근에 상실한 것부터 거꾸로 열거하면 다음과 같다. 우리가 최근에 상실한 영토는 威海衛·旅順·大連·靑島·九龍·廣州灣이고 (중략) 그보다 조금 전에 상실한 것은 高麗·臺灣·澎湖이며, (중략) 그보다 조금 전에 상실한 것은 미얀마·베트남이고, (중략) 또 다시 그보다 조금 전에 상실한 것은 黑龍江 烏蘇哩이며, 다시 그 이전에 상실한 것은 伊犁유역이며 (중략) 그 밖에 유구·샴·보르네오·솔론·자와·스리랑카·네팔·부탄 등이 있는데, 이들 소국은 전에 모두 중국에 조공해 온 적이 있다. 그러므로 중국이 가장 강성했을 때의 영토는 매우 컸다."고 했다는 구절이 있다. 책봉-조공질서의 중심인 중화왕조는 宗主國이고, 조공국은 번국, 藩屬國이라는 이른바 宗藩關係에서 볼 때, 조공국 국왕이 종주국 황제에게 신속하였기 때문에, 조공국을 포함한 영토가 가장 강성했을 때의 중국 영토였다는 생각이다.

같은 글에 1934년 4월 장제스가 "우리는 동북4성의 실지를 회복할 뿐 아니라 조선·대만·유구 역시 모두 古來부터 우리의 영토이므로, 남김없이 우리 수중에 돌아오지 않으면 안된다."고 하였고, 1939년 마오쩌둥은 『중국혁명과 중국공산당』「제3절 식민지, 半식민지, 봉건사회」에서, "제국주의 국가들은 전쟁으로 중국을 제압한 후에 중국의 수많은 屬國과 일부 영토를 탈취해 갔다. 일본은 조선·대만·유구·澎湖島·旅順을 점령했고, 영국은 미얀마·부탄·네팔·홍콩을 점령했으며, 프랑스는 베트남을 점령했으며, 심지어 포르투갈 같은 소국도 우리의 澳門을 점령했다."고 했다는 것이다. 쑨원, 장제스, 마오쩌둥 등 중국 근대의 유명 혁명가 겸 정치가들의 영토 인식이 판에 박은 듯 똑같았다는 것이다.

그런데 2002년 2월부터 2007년 2월까지 5년 동안, 중국사회과학원 소속

---

2) 柳鏞泰, 2015, 「四夷藩屬을 中華領土로－民國時期 中國의 領土想像과 동아시아인식」 『동양사학연구』 130.

‘변경지방 역사와 지리 연구 센터(邊疆史地硏究中心)’에서 ‘중국 동북 변경지역의 역사와 현황 시리즈 연구 프로젝트(東北邊疆歷史與現狀系列硏究工程, 이하 동북공정)’를 수행하여 랴오닝성(요녕성)과 지린성(길림성), 헤이룽장성(흑룡강성) 등 동북 3성의 역사와 지리, 민족에 관한 여러 문제들을 집중적으로 연구하였다. 이 프로젝트(동북공정)를 수행하는 연구자들은, 고조선사, 부여사, 고구려사, 발해사, 요나라 역사, 금나라 역사, 청나라 역사 등 동북3성을 무대로 한 전근대 역사뿐만 아니라 근현대 역사, 그리고 미래에 일어날 일들(미래역사)을 연구 대상으로 삼았다.

그 가운데 본서가 특별히 주목하는 성과가 고구려사 연구이다. 주지하다시피 중화인민공화국이 수립된 1949년 이래 당시 중국 영토 안에 사는 여러 민족 출신의 사람들을 ‘중화민족’이라는 단일한 이름으로 통일(통일적 다민족국가론)한 이래 중국 정부와 학계의 가장 큰 과제 중의 하나가 중국 영토 내의 다양한 민족의 역사와 전통을 어떻게 처리하느냐가, 지난한 과제가 아닐 수 없었겠다. 민족별로 역사를 인정한 후에 중화민족의 역사로 공유하느냐, 중화민족의 역사로 포섭하여 개별 민족의 역사를 재배치하느냐는 매우 중요한 선택이 아닐 수 없었겠다.

더구나 현재의 동북3성 지역을 무대로 활약한 고대민족 가운데에는 현재 조선족의 이름으로 중화민족 중의 한 소수민족이면서, 이웃나라인 한국의 주류민족인 경우도 있다. 그럴 경우 현재 중화민족을 구성하는 조선족의 옛 조상이자, 이웃나라로 존재하고 있는 한국 한민족의 옛 조상들이 활약했던 역사를 어떻게 다루어야 하는지에 대한 고민이 적었을 리 만무하다. 그 고민의 결과 중의 하나가, 가령 고구려 국가는 중국에 ‘귀속’하였던 소수 민족의 ‘지방’ 정권이었다는 것으로 수렴된 모양새를 갖추게 되었는데, 이러한 결론의 이론적 근거와 사료적 증거를 갖추기 위해서 당연히 중국의 고구려사 연구자들은 많은 노력을 경주했을 것으로 생각된다. 특히 이론적으로 ‘귀속’과 ‘지방’이라는 용어를 역사적으로 규명해야 하는 것은 과중한 부담이라고 하지 않을 수 없다. 자칫하면 정치적이라고 평가받을 수 있기 때문이다.

그뿐 아니라 이미 일본학자들 사이의 토론에서도 확인된 바 있듯이 중국과 주변 여러 나라와의 관계가 조공·책봉·공주의 降嫁·冊立-被冊立·군신관계 등을 통해서 맺어지나 이 중 어느 하나에 중점이 있는 것이 아니고, 그때그때 세력 간의 역학관계에 따라 그에 맞는 정책이 취해졌다거나(누노메 조후), 중국과 주변 여러 나라와의 화친관계를 중국의 諸藩에 대한 臣屬관계, 중국과 제번의 대등관계, 제번의 중국에 대한 臣從관계로 나누면서 이 역시 역학관계에 따른 유동적이고 가변적이어서(사카모토 요시다네), 책봉과 조공은 형식적이고, 중국의 분열 상태를 적절히 이용하여 대중국 이중외교를 펼치는 자주외교가 본질이라는 수십년 전의 연구 성과를 어떻게 반박하고 수용할 것인지도 신중하게 해결하지 않으면 안 되는, 중국학자들의 과제였다.

중국 역사학계가 안을 수밖에 없는 이 부담을 자신의 과제로 삼은 학자와 저서가 李大龍의 『漢唐藩屬體制研究』와 黃松筠의 『中國古代藩屬制度研究』였다. 그리고 30여 년전 당시 30대 소장학자였던 노중국이 일본학자들의 책봉체제론을 설명해 냈던 것처럼, 30년이 흐른 지금 또 다른 30대 소장학자들이 새롭게 제기된 번속체제론을 역사학적으로 설명해 낼 필요성이 생겼다.

중국의 강역문제는 宗藩(종주국와 번속국) 문제이고, 종번이 곧 번속이라는 馬大正, 李大龍, 黃松筠 등 중국학자들의 번속이론을 2017년 30대 소장학자 이준성은 다음과 같이 소개하였다.[3)]

가령 馬大正은 책봉조공관계가 어떻게 고구려의 귀속을 규정하는 근거가 되는지를 설명하기 위한 핵심으로 '번속=종번'이라는 개념을 언급하였다고

3) 이준성, 2017, 「최근 중국학계의 고구려 '대외관계사' 연구 동향」 『선사와고대』 53, 한국고대학회.

한다. “번속체제는 ‘중원지역의 통치권과 정통의 지위를 획득한 중앙 왕조와 주변지역의 변경민족 정권들의 쌍방관계를 조정하는 이론’으로서 내번 민족은 중국 민족이고, 내번 민족의 강역은 중국의 영토이며, 외번 민족과 강역은 모두 국외에 속한다.”고 하였다고 한다.

李大龍과 黃松筠 모두, 번속이 한 어휘로서 천자국의 역법을 함께 시행하고, 조공하는 나라(奉朔朝貢之國)라는 뜻으로 등장하는 시기는 淸代이지만,[4] 두 연구자가 보기에 이전 시기 번과 속 용례의 종합이므로, 번속이라는 용어는 서주 이래로 쓸 수 있다는 것이다. 청말의 용례인 屬國과 屬地를 앞선 시기까지 넓혀서 사용하겠다는 의지이다.

그러면서 李大龍은 “한대에서 당대까지 황제가 지배한 영역은, 천하 또는 오복제 인식을 바탕으로 세 개의 층차(① 황제 직할 통치지역, ② 특설기구가 관할하는 이민족 구역, ③ 번속국 구역)로 나뉘어 있었는데, 朝貢稱臣을 특징으로 하는 중국적인 번속체제는 한 대에 처음 만들어지고, 당대에 발전하게 되었다”고 하였고, 黃松筠은 “번속제도가 서주시기에 시작되었으며, 그것은 실제 국가정체이며, 일국양제이고, 지방자치와 민족자치이며, 내향성을 지니고, 중화민족 형성을 촉진한 것으로 파악하고 있다.”고 한다.

이렇게 중국학자들의 번속체제론을 정리한 이준성은 “번속체제 하에서의 屬地와 屬國이라는 것은 모두 기본적으로 근대 국제법상의 개념이 깔려 있고, 국제법에서 속국이라 하면 주권이 상실된 예속국을 지칭하는 바, 이러한 개념에 대한 깊은 천착 없이 그대로 사용하는 과정에서 중대한 오해와 착오가 생길 수밖에 없다”고 지적하고 있다.

다음 두 사료는 고구려가 존속한 시기에 살았던 중국 학자가 사용한 번속의 용례이다. 이 용례에 따르면 고구려가 역사에서 활동할 시기에

4) 『漢語大詞典』 “藩屬, 舊指屬國或屬地.” 『大漢和辭典』 “藩屬, 服屬して藩屏となるをいう. 淸代, 內外蒙古·靑海·西藏を藩屬とした.”

번속이라는 용어는 중국의 종실 제후를 가리키는 말이라고 볼 수밖에 없었다.

【原文】 門下 : (中略) 朕 每存容隱, 冀或能悛, 而靡懲前慝, 彌結後釁, 七百業艱, 宗廟事重. 不得不垂涕行戮, 以義斷恩, 或藩屬皇宗, 或睦姻[5]近戚, 夫豈不懷, 社稷故也.

【역주】 門下에 내린다. (中略) 짐은 매양 容隱의 전통을 보존하여 능히 잘 깨닫기를 기대하고, 前慝을 징치하지 않아, 後釁을 맺지 않기를 바랐는데, 왕조의 운수(七百)는[6] 業이 어렵고, 宗廟는 일이 무거운 것이다. 부득이 눈물을 드리우며 誅戮을 행한 것은 義로써 인정을 벤 것이니, 혹 藩屬이거나 皇宗이거나, 혹은 姻戚이며 近戚인데, 대저 어찌 생각하지 않았던 것이겠는가! 社稷이었던 연고로다.(梁 沈約, 永元 元年(499) 9월, 『文苑英華』 卷431, 翰林制詔12, 赦書12, 平亂赦書, 赦詔.)

이 글은 중국 남조시대 양나라의 유명한 학자, 심약(441~513)이 모아놓은 글이다. 글 중에 나오는 永元 元年(499)은 南齊 명제의 아들로 6대 황제에 오른 동혼후의 연호이다. 아버지인 5대 황제 명제(재위 : 494~498)는 자신이 황제로 즉위한 494년 아들을 황태자로 세운 후, 아들의 황태자 지위를 안정적으로 지키기 위해 초대 황제 고제와 2대 황제 무제의 아들 20여명을 죽이고, 각지로 파견된 종실 제왕에게도 때때로 입조하여 직접 보고토록 한 적이 있다. 그의 아들 동혼후도 499년에 즉위하여 얼마 되지 않은 9월에 대신들을 반역으로 몰아 살해한 일이 있었다. 이런 난리를 수습하여

---

5) 【睦嫺】 亦作"睦姻". 語出, 『周禮』, 「地官」, 大司徒, "二曰六行 : 孝·友·睦·嫺·任·恤." 【鄭玄注 : "睦, 親於九族, 姻, 親於外親."】 后因以"睦嫺"謂對宗族和睦, 對外親親密.

6) 【七百】 『左傳』, 宣公三年, "成王定鼎於郟鄏, 卜世三十, 卜年七百, 天所命也." 后用 "七百" 稱頌封建王朝運祚綿長. 南朝 梁 沈約, 『梁明堂登歌』, 「歌赤帝」, "匪惟七百, 無絶終始." 『南齊書』, 「郁林王紀」, "三靈之眷方永, 七百之基永固." 『隋書』, 「音樂志」下, "開我皇業, 七百同盛."

나라의 형편을 평온하게 진정시킨 후, 사면의 내용이 들어 있는 것이 위平亂赦書이다.

당시 동혼후는 스스로 한 짓을 반성하면서, 본인은 부모와 스승과 군왕의 죄를 덮어주고 숨겨주는 것은 무죄라는 전통(容隱)을 지켜 주변 사람들에게 자신이 이 전통을 왜 지키는지를 깨닫게 하고, 앞서 저지른 간악한 일(前慝)을 벌주지 않아 후일에 피를 뿌리는 일이 없기를 기대하였는데, 시대가 맞지 않아 어쩔 수 없이 사람들을 많이 죽이게 되었다고 한탄하였다. 그러면서 당시 죽은 사람들이 藩屬이거나 皇宗으로 姻戚이거나 近戚이었다고 하였다. 자신의 친가, 외가, 처가 등 친척이었다는 것이다. 이 기록을 보면, 고구려가 존속했던 시대 중국 황실에서 사용하던 용어는 번속, 황종이었고, 여기서의 藩屬은 宗藩과 같은 뜻이었다.

사전에 정리된 용례를 보면, 종번은 천자가 분봉한 종실 제후이고,[7] 일족 자제의 봉국일 뿐이기 때문이다. 李大龍이 주장한 "① 황제 직할 통치지역, ② 특설기구가 관할하는 이민족 구역, ③ 번속국 구역"을 모두 포괄하는 종번, 혹은 번속의 용례를, 이 시기에는 찾을 수 없다. 오히려 번속이 어떠한 의미의 종실제후인지를 확인할 수 있는 자료가 다음 사료이다.

【原文】 臣聞社鼷[8]不灌, 屋鼠不熏. 何則? 所託者然也. 臣雖薄也, 得蒙肺附, 位雖卑也, 得爲東藩, 屬又稱兄.[9]

---

7) 『漢語大詞典』"宗藩, 亦作宗蕃. 指受天子分封的宗室諸侯. 因其拱衛王室, 猶如藩籬, 故稱.";『史記』, 太史公自序, "漢既譎謀, 禽信於陳, 越荊剽輕, 乃封弟交爲楚王, 爰都彭城, 以彊淮泗, 爲漢宗藩.";『宋書』, 五行志二, "後中原大亂, 宗蕃多絶, 唯琅邪·汝南·西陽·南頓·彭城同至江表, 而元帝嗣晉矣."; (北宋) 蘇軾, 『賜皇伯祖宗暉已下罷散興龍節道場香酒果口宣』, "卿等以義重宗藩, 志存忠愛, 先朝誕月, 歸命佛乘, 迨茲法會之成, 宜有分頒之寵."

8) 師古曰. "鼷, 小鼠, 音奚." : 혜는 작은 쥐로, 음은 奚이다. 社鼷는 社廟에 사는 작은 쥐를 말하며, 비유하여 군주 측근의 간신을 말한다(居於社廟中的小鼠, 喻君側之奸人. 『漢書』·「中山靖王劉勝傳」, "臣聞社鼷不灌, 屋鼠不熏. 何則? 所託者然也." 參見"社鼠").

【역주】 臣(중산정왕)이 듣기로, '社廟에 사는 생쥐는 물을 대지 못하며(물을 대는 것에 쓰지 못하며), 집에 사는 생쥐는 연기를 피울 수 없다(연기를 피우는 것에 쓰지 못한다)'고 하였습니다. 어찌 그러한가? 맡긴 것이 그러한 것입니다. 신은 비록 미천하나 肺腑에 [은총을] 입었으며, 位는 비록 미천하나 동쪽의 藩臣[10]이 되고, 또 황제의 兄(안사고의 注에 황제의 戚屬으로서 皇帝의 형이 된다고 하였다)에 속하였습니다. 『(前)漢書』 53, 列傳23, [孝]景[帝]十三王, 中山靖王 勝

한나라 경제(재위 : B.C.157~B.C.141)의 14명의 아들 중 여덟째 아들이었던 중산정왕 劉勝(B.C.165~B.C.113)은 景十三王 중의 하나이다. 동생인 한 무제(재위 B.C.141~B.C.87)가 즉위한 이후, 조정 대신들이 황종인 제후왕들의 세력이 커져서 문제가 될 것을 염려하자, 유승이 다른 형제들과 함께 한 말이 위 구절이다. 자신은 동쪽의 번신이고, 척속으로서 황제의 형이라는 것이다. 이 구절에서 번과 속이 떨어져 사용하고 있지만, 두 글자가 어떻게 해서 宗藩(皇宗藩屬)과 같은 말이 되는지를 잘 보여 준다.

【原文】 齊宣王問曰 交鄰國有道乎? 孟子對曰 有. 惟仁者爲能以大事小, 是故湯事葛, 文王事昆夷 惟智者爲能以小事大, 故大王事獯鬻, 句踐事吳. 以大事小者, 樂天者也 以小事大者, 畏天者也. 樂天者保天下, 畏天者保其國, 詩云 '畏天之威, 于時保之.

【역주】 제 선왕이 묻기를, "이웃과 사귀는데 도리가 있습니까?" 맹자가 답하기를, "있습니다. 오직 어진 사람(仁者)만이 능히 큰 나라로서 작은 나라를 섬기는 것이니, 탕왕(은나라 창업군주)이 걸(하나라 망국군주)을 섬기고, 문왕(주나라)이 곤이(서융의 한 갈래)를 섬겼습니다. 그리고 오직 지혜 있는 왕이라야 작은 나라로서 큰 나라를 섬길 수 있는데, 주태왕(주문왕의 아버지)이 훈육(북

---

9) 師古曰, "言於戚屬爲帝兄."

10) 封地를 하사 받은 제후국의 王親 혹은 君王.

적)을 섬겼고, 勾踐(월나라 임금, 와신상담)이 吳(부차)나라를 섬긴 것입니다. 대국의 입장에서 소국을 섬기는 자는 하늘을 즐거워하는 자이고, 소국의 입장에서 대국을 섬기는 자는 하늘을 두려워하는 자이니, 하늘을 즐거워하는 자는 천하를 보전하고 하늘을 두려워하는 자는 자기 나라를 보전합니다. 『詩經』에 이르기를 '하늘의 위엄을 두려워하여 이에 보전한다.' 하였습니다."

이제 마지막으로 당시 동아시아 여러 나라들이 왜 책봉과 조공을 형식적으로나마 시행했을까를 살펴보기로 하자. 이에 대한 해답은 유명한 맹자의 답변에서 찾을 수 있다. 이웃나라와 사귀는 방법은 큰 나라가 작은 나라를 섬기는 방법(以大事小)과 작은 나라가 큰 나라를 섬기는 방법(以小事大)이 있는데, 대국의 입장에서 소국을 섬기는 것이 낙천으로 낙천자는 천하를 보전하고, 소국의 입장에서 대국을 섬기는 것은 외천으로, 외천자는 그 나라를 보전할 수 있다고 하였다. 그러므로 맹자의 입장에서 보면, 주변에 대국이 있는 이웃나라들은 당연히 낙천을 기대하면서도 그 나라를 보전하기 위해서 以小事大를 하는 것이고, 그 형식으로서 책봉과 조공을 수용할 뿐인 것이다. 그러므로 전근대시대에 자신의 나라를 보전하기 위하여 형식적으로나마 대국이 요구하는 책봉과 조공 형식을 채택한 것은 단지 외천을 행한 것일 뿐이었다고 하겠다.

III

21세기 들어와 진행된 중국의 동북공정 성과는, 책봉과 조공, 번속관계, 지방정권 등의 용례를 앞으로 어떻게 해석할 것인지에 대해서는 지속적인 사료비판과 이론검토를 해야 할 분야이지만, 고구려사에 국한하여 살펴본다면 고구려사를 연구하는 중국의 수많은 젊은 연구자들과 연구 논저를

양성해 냈다는 점에서 그 가치를 아무리 강조해도 지나치지 않을 것이다. 김현숙의 보고에 따르면, 단행본(27)과 박사학위논문(14), 석사학위논문(44), 여러 학술지에 수록된 고구려 관련논문(427)을 각각 1로 잡고 헤아려 보면, 2007년 2월부터 2015년까지 발표된 연구 논저가 모두 512편이라고 한다.[11] 당연히 고구려 관련 연구자들도 많아지고, 연구 대학도 많아지며, 출판사들도 많아졌다.

연세대학교 원주캠퍼스 근대한국학연구소에서는 한국과 중국의 젊은 고구려사 연구자들의 지속적인 소통이 필요하다고 판단하였다. 번속관계, 지방정권과 같은 용어에 관한 학술검토도 중요하지만, 그보다 더 중요한 것은 중국 동북공정의 성과로 새롭게 세계 역사학계에 등장한 중국의 신진 연구자들이 지속적으로 고구려사를 연구할 수 있는 환경을 마련해 주는 것이 더욱 필요하다고 생각하였다. 그러기 위해서는 한국뿐 아니라 북한, 일본, 미국 등을 비롯한 멀고 가까운 나라의 고구려 연구자들과의 교류가 지속적으로 진행될 필요가 있다고 생각한 것이다. 2014년 8월 제1회 고구려주니어 포럼은 이러한 소통의 필요성에 공감한 학자들을 중심으로 진행되었다. 그리고 본서는 3회까지 진행된 총 22편의 발표문 중 12편을 논문을 묶어 단행본으로 출간하게 되었다. 그 내용은 개략적으로 소개하면 다음과 같다.

먼저 1부에는 총 7편의 연구사정리 논문을 수록하였다. 정경일은 「최근 북한학계에서 이룩한 고구려 고고학 성과」를 성곽 유적과 벽화무덤으로 나누어 발굴조사 성과를 요약하고 소개하였다. 북한학계에서는 21세기 이후 고구려 성곽을 집중적으로 조사하고 고구려 벽화무덤 10여 기를 새롭게 발굴하였는데, 그 성과가 이 논문에 잘 정리되어 있다. 우리가 직접 답사하면서 북한 지역의 고고자료를 접할 수 기회가 없기에, 새롭게

---

11) 김현숙, 2017, 「동북공정 종료 후 중국의 고구려사 연구동향과 전망」 『동북공정 이후 중국의 고구려사 연구동향(분석과 비판 2007~2015)』, 역사공간.

추가되는 성곽과 벽화무덤의 사례들이 간접적으로나마 확인할 수 있는 기회를 제공한다.

이준성은 「한국학계의 고구려 성립 및 국가 운영 연구 동향」에 대해 다뤘다. '부체제론'과 '집권체제론'으로 대별하는 기존의 정리 방식 대신 고구려 사회의 성립과 고구려 국가의 운영이라는 두 가지 범주로 나눠 흐름을 살피려는 시도를 하고 있다. 결론에서는 초기사 연구에 있어서 선행 국가나 주변 세력의 영향력을 지금보다 더욱 세심하게 살펴야 한다는 점과 고고학 자료를 활용하여 사회의 계층화 과정 및 주변 지역과의 관계망을 설명하는 연구가 진행되어야 한다는 점을 과제로 제시하였다.

강진원은 「고구려 國家祭祀 연구의 경향 및 쟁점」이라는 글을 통해 고구려의 국가제사를 祭天大會 東盟, 始祖廟 제사, 宗廟·社稷 제사, 墓祭 및 기타제사(夫餘神廟·登高神廟 제사, 朱蒙祠(朱蒙廟) 제사, 太后廟 제사)로 나눠 동향을 파악하였다. 기존 연구에서는 고구려의 국가제사에 대해 총체적으로 다룬 성과가 드물었던 바, 이 논문에서와 같이 종합적인 정리는 향후 연구를 통해 보충되어야 할 부분이기도 하다. 특히 필자는 각각의 국가제사의 실체에 대한 더 구체적인 해명과 더불어 시간적인 흐름에 따른 변화상의 파악을 과제로 삼고 있다.

다음으로 한국의 안정준과 중국의 범은실은 각각 한국학계와 중국학계의 영역지배방식(지방통치방식)에 대해 정리하였다. 먼저 안정준은 「高句麗 영역지배에 대한 연구현황과 과제」에서 집권체제 성립 이전과 이후의 영역지배를 대별하여 정리하고 있다. 고구려가 집권체제가 정비된 4세기 이후 지방관의 軍·民 兩政 겸직을 유지하게 했던 배경이나 '종족지배'에 대한 논증의 필요성, 그리고 다양한 지역과 종족들을 포괄하는 고구려의 국가적 성격 등을 향후 과제로 제시하였다.

반면 범은실은 「중국학계 고구려 지방통치제도 연구 평가」를 통해 중국학계의 지방통치체제 연구가 21세기 초반부터 활발해졌다면서, 나부체제,

족명 5부, 초기 방위 5부, 초기 중원 군현제에 대한 모방, 초기의 성읍제, 후기 5부제, 후기 성읍제, 그리고 후기 군현제 실시 여부 등 8가지 사안을 쟁점으로 잡아 연구성과를 정리하였다. 결론에서는 중국학계의 고구려 연구가 국제적인 수준을 따라잡기 위한 방안으로 문화인류학의 연구성과 참고, 주변 여러 정치체가 미친 영향력 탐색, 구조적인 부분 이외 관리의 선발, 임면 등 인적 요인에 대한 연구를 강화하는 것 등을 제시하였다.

1부의 마지막 논고 두 편은 고구려와 모용선비의 관계에 대한 분석이다. 김지영은 「한국학계의 고구려와 모용 선비 관련 연구동향」에서 기존 연구 현황을 전연, 후연, 북연의 시기별로 나누어 살폈다. 대체적인 연구 경향은 전·후연의 경우 요하 일대 세력권 확대와 관련한 양국의 충돌에 대한 연구, 북연의 경우 짧은 존속 기간 때문인지 건국과 멸망시기 고구려 관계에만 연구가 집중되어 있다고 분석하였다. 향후 연구의 진전을 위해서는 요동지역의 중요성을 규명할 필요가 있으며, 대규모 인구이동에 따른 문화·경제적 교류 양상을 파악하는 단계로 진전되어야 할 것이라고 전망하였다.

김홍배는 「中國學界의 高句麗와 慕容鮮卑 관계 연구」에서 모용선비의 전쟁 및 화해에 관한 연구, 歷史地理 문제 연구, 인구 유동에 관한 연구, '三燕文化'와 고구려의 연관성에 대한 연구 등 네 개의 분야로 연구를 대별하여 정리하였다. 다만 중국학계의 모용선비 연구가 주로 起源, 漢化, 문화 등 측면에 치중되어 있다면서, 제한적인 연구시야를 확대하여 동북아 및 동아시아 사회와 연관시켜 거시적인 측면에서 양자의 관계를 조명할 필요성, 문화상의 상호 침투와 영향에 대해 유기적으로 다룰 필요성 등을 과제로 제시하였다.

한편, 2부에서는 다섯 편의 개별연구를 하나로 묶었다. 이승호는 「東夫餘歷史에 대한 再檢討」에서 5세기 전반 고구려인들의 동부여 인식을 문제 해결의 실마리로 삼아, 『광개토왕비문』에 보이는 동부여의 실체를 살폈다. 이를 통해 동부여는 북부여, 부여와 구별되는 별개의 정치체로서 5세기 전반 고구려인에게 추모왕 시대부터 이미 고구려에 복속되어 조공을 해왔던 속민으로 기억되고 있었다고 보았으며, 그 이유를 부여와 북옥저 양자의 종족적 친연성과 일부 북옥저인들이 지녔던 그들 나름의 부여 계승 의식에서 찾았다.

이정빈은 「607년 고구려 동돌궐 교섭의 배경과 목적」을 통해 7세기 전반 동아시아 국제관계의 일면을 보여주는 607년 고구려의 동돌궐 교섭에 대해 새로운 해석을 제시한다. 기존 견해와 달리 607년 동돌궐은 수와 우호관계를 유지하기 위해 노력하고 있었다는 점을 논증하였고, 이 무렵 수는 배구로 하여금 『고려풍속』을 저술해 군사정보도 수집하였고, 양제는 북방 변경지대를 순행하면서 동돌궐은 물론이고 고구려 서방의 제종족도 포섭하고자 하는 등의 움직임을 보였음을 밝히고 있다. 이에 고구려는 수를 경계하고 있었으며, 백제·왜와 교섭하면서 수와의 대립에 대비하고자 하였을 뿐만 아니라 동돌궐과도 교섭하였다고 하였다. 고구려는 동돌궐을 통해 서방 변경지대의 안정을 확보하고자 하였다고 파악한 것이다.

김금자는 「안장왕 시기 고구려와 남북조의 관계 및 동아시아 국제 지위의 변화에 대한 시론」에서 안장왕이 백제를 압박하기 위해 중국 남북조에 대한 외교정책 변화를 꾀하였지만, 중국 남북조의 경우 내정과 대치 형세의 변화에 따라 과거와는 다른 태도를 보여주었음을 밝히고 있다. 그 결과 안장왕 시기는 고구려의 국세가 점차 쇠퇴 조짐을 나타내기 시작한 시기로서 국력이 강성에서 쇠퇴로 나가는 전환점이라고 결론짓고 있다.

정춘영은 「고구려 벽화 복식의 구성, 족속 및 변천」에서 고구려 벽화에 보이는 복식이 꾸밈새, 관모, 의복, 신발 등 4가지 이미지를 제공하고 있으며, 이 네 가지의 각기 다른 조합 방식을 통해 고구려 벽화 복식을 10가지 형태로 구분하였다. 그리고 고구려벽화 복식의 문화요소로, 고구려족 복식 요소, 漢服 요소, (모용)선비를 대표로 하는 胡服 요소 및 이 세 가지 요소를 혼합하여 조합한 복식 요소를 제시하였다. 마지막으로 현재 중국 지역에 있는 고구려벽화 복식과 현재 북한 지역에 있는 고구려벽화 복식이 서로 다른 특징을 드러내고 있다는 점을 이야기한다.

강성산은 「발해 5경 명칭 출현 시기에 관한 사료적 검토」에서 발해의 5경은 9세기 10년대에 설치되었을 것으로 파악한다. 5경이 나타난 시기는 장건장이 발해에 파견되기 전이었을 것이며, 각 부족의 고지에 5경 15부의 편제를 실행한 것은 제부족을 효과적으로 지배하기 위한 수단이라는 것이다. 특히 발해의 5경 제도가 훗날의 요, 금 시기에도 계속 연용되면서 동북아 지역에 큰 영향을 끼쳤다고 평가하였다.

이상과 같이 본서를 구성하는 12편의 논저는 기존 학자들의 견해를 충실히 파악하고 새로운 연구 주제 및 시각을 찾기 위한 연구사 정리(1부), 기존과는 다른 방법론이나 새로운 사료 해석을 통해 나름의 연구 영역을 개척하고자 하는 개별 연구(2부)로 구성되어 있다.

IV

학문적으로 다툴 것은 다투고, 공유할 것은 공유하면서 한국과 중국의 소장학자들 뿐만 아니라, 세계 각국의 고구려사 연구자들이 고구려 주니어 포럼에 참가하여 21세기 시대정신에 맞는 고구려사 연구의 틀을 마련할 수 있기를 기대한다. 그를 위해 2014년 1회부터 2016년 3회까지 주니어 포럼의 성과를 본서로 묶어냈듯이 앞으로의 연구 성과도 지속적으로 묶어 낼 것을 기대하고 있다. 어쩌면 21세기는 역사도, 문화도 새로운 생각에서 재정리할 필요성이 아주 높아질 수 있을 것이다. 원주가 서울의 변강이 아니듯이, 동북3성도 더 이상 변강이라는 이름으로 불릴 수 없을 시대가 곧 다가올 것이다.

제1부

연구 동향

정 경 일 鄭京日

최근 북한학계에서 이룩한 고구려 고고학 성과*

Ⅰ. 머리말

북한학계에서는 1980년대부터 새 세기에 들어서기 이전의 20여 년간 고구려 발굴조사에서 그 성과가 특기할 내용이 거의 없다시피 미진하였다. 그러나 최근 고구려벽화무덤을 비롯한 중요한 유적유물의 발견 소식이 잇달아 보도되면서 학계의 주목을 받고 있다.

본고에서는 새 세기에 들어서서 북한학계에서 집중적으로 진행되고 있는 고구려 성곽과 벽화무덤에 대한 발굴조사 성과를 요약소개하기로 하겠다.

Ⅱ. 고구려 성곽 유적에 대한 조사

고구려는 나라의 방방곡곡에 수많은 성곽들을 쌓아 튼튼한 성 방어체계

* 이 글은 2015년도 정부재원(교육부)으로 한국학중앙연구원(한국학진흥사업단) 해외한국학중핵대학육성사업 지원에 의하여 연구되었음(AKS-2015-OLU -2250001)

를 세운 성곽의 나라였다.

최근 북한학계에서는 고구려 벽화무덤과 성곽유적에 대한 조사와 발굴사업을 대대적으로 진행하여 많은 성과를 이룩하였다.

고구려 성곽 관련 유적에 대한 조사발굴은 무엇보다 먼저 서산성(적두산성)을 비롯하여 평양 일대에서 이미 알려져 있던 성들인 청암동토성, 고방산성, 청호동토성에 대한 조사답사를 새롭게 진행하였고 북한경내 고구려 산성 유적에 대한 재조사 사업을 진행하여 지금까지 이름으로만 전해지던 무갈리성과 달보산성, 문성진성, 장새성 등을 고구려의 성으로 확정하였다.

1. 평양 일대 고구려 성곽에 대한 발굴조사

북한학계에서는 고구려 수도성인 평양성 외성에 대한 부분적인 발굴을 진행하여 외성이 전반적으로 돌로 쌓은 성벽이었다는 것을 확인하였으며 특히 보통강반에 쌓은 성의 기초부분에 대한 발굴을 통하여 성벽 기초가 매우 넓고 높으며 아주 견고하게 쌓아졌다는 것과 돌 성벽 구조에서 새로운 축조방법을 찾아볼 수 있다는 데 대하여 확증하였다.

지금까지 평양성의 외성 일부는 석성이 아니라 토성으로 알려져 왔다. 지금도 외성은 외견상 토성처럼 보이지만 그 토성벽 속에는 돌로 정연하게 쌓아올린 돌 성벽이 있다. 외성 성벽에 대한 발굴은 외성 북벽에 있는 선요문 부근의 성벽과 서남벽의 서쪽 끝에서 동쪽으로 100m 정도 떨어진 지점에서 진행하였다.

외성 북벽의 성벽 축조 상태를 보면 생땅 위에 크지 않은 돌들을 진흙과 섞어다지면서 80㎝의 높이로 기초다짐을 하고 그 위에 4각추 모양으로 다듬은 성돌로 18단까지 곧추 올려쌓아 축조하였는데 그 높이는 330㎝이다. 성벽 기초는 바깥으로 80㎝되는 곳까지 하였으며 성돌은 밑단에서 위로 올라가면서 약 2~5㎝ 정도씩 안으로 들여다 쌓아 성벽의 견고성을 보장하였다. 성벽 바깥쪽으로는 원토층 위에 270~280㎝의 폭으로 20㎝ 두께의 돌층을 만들고, 그 위에 황갈색 진흙층을 깔고, 다시 그 위에 쪼각돌과 자갈들로 220~230㎝ 폭에 7~10㎝의 두께로 다짐하였다. 그리고 그 앞으로는 크기가 40×39×6㎝, 36×18×6㎝, 40×20×7㎝ 정도의 크기를 가진 돌들로 턱을 만들어 놓았다. 돌바닥 위에는 14㎝ 두께로 붉은 진흙층을 다지고, 그 위에 모래 섞인 황갈색 진흙층을 12㎝ 두께로 다졌으며, 다시 그 위에 2~3㎝ 두께로 깐 숯층이 성벽 바깥쪽으로 250㎝까지 계속되었다. 돌바닥 위에서 층층이 놓인 흙과 숯층은 성벽에서 멀어질수록 얇아졌다. 성벽에서는 발굴과정에 붉은색과 회색의 수기와, 암기와 파편이 나왔다.

외성 서남벽의 성벽 축조상태를 보면 기초부분에는 계단식으로 굽도리를 조성하면서 벽체를 쌓아올렸는데 계단식 굽도리는 위로 올라가면서 매단마다 약 14~20㎝ 정도씩 안으로 들여다 쌓아졌다. 기초석 위의 성벽은 계단식으로 쌓은 부분과 곧추 쌓은 부분으로 나뉘는데 모두 한 시기에 쌓은 것이다. 성돌은 화강암으로 만들었으며 하나하나 품을 들여 가공한 성돌이었다. 성벽은 성돌을 가로 줄을 맞추면서 올려쌓았는데 앞면이 비교적 수직을 이루고 있다. 성벽 발굴과정에 붉은색과 회색의 암기와, 수기와 파편이 적지 않게 나왔다.

평양성의 성기초 형식에는 암반 위에 기초돌을 밀착시켜 쌓은 형식, 자갈과 진흙을 섞어다진 위에 큰 장대석을 놓은 형식, 밑에 자갈을 깔고 그 위에 큰 돌을 놓은 형식, 통나무와 자갈·흙을 결합한 형식 등 그 지형과 지질조건에 맞게 축조한 여러 가지 형식이 있다.

새로 발굴된 선요문터 주변의 외성벽은 원토층 위에 돌과 진흙을 다져 기초를 넓게 하고 그 위에 돌성벽을 쌓은 형식이며, 외성 서남쪽의 성벽은 원토층 위에 계단식으로 가공한 돌들을 쌓아올리고 안에는 진흙을 다져 기초부분을 높인 다음 그 위에 돌성벽을 쌓아올린 형식으로서 이것은 보통강의 범람으로 인한 성벽기초의 침식을 막고 성벽을 굳건히 보강하기 위한 것으로 보여진다.

2011년 고구려의 수도성이였던 평양성의 서쪽인 평양시 만경대구역 선내동에 있는 서산에서 서산성이 조사발굴되었다. 종래 이름이 적두산성이었으나 산성의 위치에 따라 서산성으로 새로 명명하였다.

서산은 보통강과 대동강이 합류하는 보통강 하구에서 북쪽으로 얼마간 거슬러 올라온 강 서쪽에 남북으로 길게 솟아있는 산으로서 해발 높이는 90.8m이다. 서산성은 동쪽으로 나있는 골짜기와 평지를 가운데 두고 서쪽으로 병풍처럼 둘러막힌 산봉우리와 그 남쪽과 북쪽에서 뻗어내린 능선들에 성벽을 쌓은 사모봉형의 지형에 축조되어 있다. 따라서 성벽이 축조된 지세를 보면 서벽은 높은 지대에 축조되어 있고 동벽은 평지와 이어진 낮은 능선과 절벽 사이에 축조되어 있으며 북벽과 남벽은 서산을 향하여 뻗어 올라간 능선들에 축조되어 있어 능선 아랫부분은 경사가 완만하지만 윗부분은 비교적 급한 비탈면을 이루고 있다. 서산성의 평면윤곽은 대체로 네모나게 생겼는데 그 둘레의 길이는 약 2,074m이다.

성벽은 대체로 판축방법으로 쌓아올린 토성벽이지만 일부 구간에는 돌로 축조한 성벽이 남아있다.

성벽 축조상태를 확인하기 위하여 4개 지점에 대한 발굴을 진행하였다.

동벽의 북쪽부분과 북벽에는 황갈색 석비레층이 엇바뀌어 층층이 쌓아져 있고 서벽에는 갈색, 검은 갈색, 붉은 갈색의 석비레층이 엇바뀌어 여러 층 쌓아져 있다. 동벽의 남쪽부분에서는 토성벽 밑에 4각추 모양으로 가공한 성돌이 계단식 굽도리를 이루면서 쌓여 있다.

성벽과 성안의 여러 곳에서 붉은색, 회색 기와들이 많이 나왔는데 그 가운데는 고구려시기의 붉은색 기와가 적지 않다. 고구려 기와 중에서 암기와는 대부분 등면에 노끈무늬, 그물무늬(사선격자무늬), 삿자리무늬 등을 새긴 기와들이고 그밖에 꽃무늬, 전나무잎무늬를 새긴 기와들도 있다.

성에는 4개의 성문과 장대, 건물터 등 성 시설물이 있다.

지금까지 서산성은 고려시기에 처음 쌓은 것으로 인정되어 있었다. 옛 문헌기록인 『신증동국여지승람』에는 평양의 고적을 소개하면서 "적두산성이 있는데 흙으로 쌓았다. 평양강의 서부에 있으며 주위는 5,100척에 달한다. 높이는 11척이며 묘청의 난 시 김부식이 쌓았다고 한다"라고 전하고 있다.[1)]

그 이후 시기의 『대동지지』, 『대동여지도』, 『증보문헌비고』, 『평양지』 등 문헌에서도 『신증동국여지승람』의 기록을 그대로 전하고 있다.

그러나 최근 조사와 발굴을 통하여 서산성이 고려시기에 쌓은 성이 아니라 고구려시기에 처음으로 쌓은 성이라는 것이 밝혀지게 되었다.

그것은 첫째로, 성벽의 축조형식과 4각추 모양의 성돌을 이용하여 성벽을 축조한 것을 통하여 잘 알 수 있다. 성벽을 4각추 모양으로 가공한 성돌로 쌓은 것은 고구려시기 성벽축조의 일반적 형식으로서 평양성, 대성산성, 황룡산성, 룡오리산성, 태백산성 등 수많은 고구려의 산성들에서 볼 수 있다.

그것은 둘째로, 고구려시기의 붉은색 기와 파편들이 성안과 성벽에서 수많이 발견된 것이다. 서산성에서 발견된 암기와의 등면에 새긴 무늬들은 대성산성, 청암동토성, 평양성, 장수산성을 비롯한 고구려시기의 여러 성에서 알려진 기와들과 같은 것들이다.

서산성은 고구려의 수도 평양성을 더욱 튼튼히 방어하기 위하여 쌓은 수도 서쪽의 방어성이었다.

고구려는 수도 평양성을 방어하기 위한 위성방어체계를 세우는 것과 수도 전체를 성으로 둘러막은 대규모의 평산성 형식의 수도성을 건설하고 그 주변에 대성산성, 고방산성, 서산성(적두산성) 등 수도방위성을 배치하였다.

---

1) 『신증동국여지승람』 卷51, 평양의 고적.

청암동토성은 평양시 대성구역 청암동에 있는 성으로서 지난 기간 성에 대한 개략적인 발굴보고가 소개되었다. 최근 청암동토성의 북벽과 서벽의 일부를 원상 그대로 복구하는 과정에 토성벽 밑에서 성의 기초석으로 보이는 성돌과 판돌들이 발굴되어 성의 구조형식을 더 잘 알 수 있게 되었다. 새로 알려진 성벽은 청암동토성 북문에서 서쪽으로 약 500m 떨어진 지점으로서 발굴을 통하여 성벽이 4차례에 걸쳐 쌓아졌다는 것이 확인되었다. 성벽 축조상태를 보면 성벽의 바깥쪽을 보강하는 방법으로 쌓았는데, 첫 번째 성벽과 두 번째 성벽은 갈색 진흙에 크기가 1~2㎝, 2~4㎝ 정도의 잔돌을 섞어 쌓고 세 번째 성벽에는 갈색 진흙에 크기가 4~8㎝ 정도의 돌들을 섞어 쌓았으며 네 번째 성벽에는 크기가 10~25㎝ 정도의 큰 돌들을 섞어 성벽을 쌓아올렸다. 발굴과정에 성벽 바깥부분에 성돌을 한 돌기 쌓은 것이 15m 구간에서 드러났는데 그 밖으로 너비 1.8m, 길이 약 15m 되는 돌 포장한 도로시설이 새로 알려졌다. 또한 성벽과 약 20m 떨어진 곳에서 너비 3m, 길이 1.5m 정도의 도랑 흔적이 발견되었다. 자연지세가 기묘하고 방어에 매우 유리한 지리적 조건을 가지고 있으며 성안에 벽화까지 그린 건물들이 있었다는 것, 그리고 성안에서 발견된 기와 중에 왕궁에서만 쓰인 기와들과 치미까지 있었다는 것 등의 자료들을 통하여 청암동토성도 도성으로 사용되었을 가능성을 시사해준다.

고방산성은 고구려의 왕궁성이었던 안학궁성으로부터 동남쪽으로 약 5㎞ 떨어진 대동강반에 솟아있는 고방산에 있다. 고방산은 해발 140m의 고방산과 그 서쪽으로 이어진 소고방산으로 이루어져 있으며 서남쪽으로 약 50~90m 정도의 낮은 고지들로 연결되어 있다. 고방산성은 고방산의 주봉에서 서남쪽으로 이어진 해발 70m 정도의 봉우리에서 서남쪽으로 나 있는 깊지 않은 골짜기를 사이에 두고 동쪽과 서쪽으로 뻗어내린 능선과 그 남쪽 대동강변의 절벽지대 그리고 서남쪽의 평지를 둘러막은 강안보루성이다. 고방산성은 둘레의 길이가 약 3.5㎞ 정도로서 성안에서는 대성산성에서 나온 것과 같은 고구려시기의 붉은색 기와들이 많이 발견되었다. 이 성은 고구려가 안학궁에 도읍하였던 시기에 청암동토성과 함께 대동강변을 차단하고 남쪽으로부터 들어오는 적을 막기 위한 수도방위성으로서의 임무를 수행한 중요한 성이였으며 평양성으로 도읍을 옮긴 이후에도 동쪽 수도방위성으로서의 역할을 수행한 성으로 볼 수 있다.

청호동토성은 평양시 대성구역 청호동과 임흥동 사이에 펼쳐진 넓은 벌의 한가운데 있는 평지성으로서 안학궁성으로부터 남쪽으로 약 2.5㎞ 떨어진 대동강변 가까이에 위치하고 있다. 청호동토성은 오랜 세월이 흐르는 과정에 성벽의 대부분이 허물어지고 그 흔적을 찾아보기 힘들게 되었으나 북쪽 성벽의 일부가 아직도 뚝 형태로 얼마간 남아 있다. 청호동토성은 고방산성과 마찬가지로 안학궁성을 방위하는 남쪽 방어성의 하나이다.

2. 황해도 일대 고구려 성곽에 대한 조사

무갈리성(두대동성)은 황해북도 수안군 읍에서 동남쪽으로 10㎞ 떨어진 용현리 두대동의 성재산에 위치하고 있다. 그런데 지금까지 선행 연구자들은 무갈리성에 대하여 곡산군 무갈리에 있는 고구려 성이라고만 밝혔다.2)

옛 문헌기록에서도 무갈리성에 대한 기록은 찾아볼 수 없다. 최근 무갈리성에 대한 현지조사를 통하여 이 성이 수안군 용현리에 있으며 성의 평면생김새가 조롱박모양으로 되었고 성 둘레의 길이가 약 1.5㎞ 정도라는 것이 밝혀졌다. 성벽은 산 경사면을 수직으로 깎아내고 밑을 평탄하게 한 다음 4각추 모양으로 잘 다듬은 전형적인 고구려시기의 성돌을 외면축조방법으로 쌓아올린 것이다. 성안에서는 조사과정에 노끈무늬를 새겨 넣은 고구려

2) 지승철, 2005, 『고구려성곽』, 사회과학출판사, 249쪽.

시기의 붉은색 기와파편이 나왔다.

문성진성은 황해북도 곡산군 읍소재지로부터 북쪽으로 약 13㎞ 떨어진 청송리 괘정동 앞에 있는 해발 305.1m인 산에 있다. 문성진성은 여러 개의 골짜기와 그를 둘러싸고 있는 산봉우리를 둘러막아 쌓은 고로봉식 산성으로서 그 둘레의 길이는 약 3㎞ 정도이다. 성벽은 곡산천에 면한 험한 절벽지대에는 자연지세를 그대로 이용하였고 능선부분들에는 산능선의 바깥쪽을 수직으로 깎아내고 4각추 모양으로 잘 다듬은 전형적인 고구려의 성돌로 외면축조방법과 양면축조방법을 배합하여 규모 있게 쌓아올렸다. 성에는 3개의 성문 즉 동문, 서문, 남문이 있으며 동문 가까이에 1개의 수구문이 있다. 옛 문헌기록인 『증보문헌비고』에는 문성진성은 곡산군에서 북쪽으로 30리 되는 검산령 아래에 있는데 산 위에 작은 성이 축조되어 있고 문을 만들어 열고 닫게 되어 있다고 하였다.[3)]

달보산성(달해산성)은 지난 시기에 황해북도 곡산군에 있었는데 그 주위 길이는 5㎞에 달하며 그것이 고구려의 십곡성이라고만 전해왔다.[4)]

옛 문헌기록인 『신증동국여지승람』에는 달보산성이 돌로 쌓은 길이 15,060척에 달하는 성이라는 기록만 있고 『증보문헌비고』에는 곡산군 북쪽 60리에 달보산성이 있다는 기록이 있다. 조사답사에 의하면 달보산성은 황해북도 신평군 생양리에서 약 2㎞ 떨어진 달보산(달해산)에 위치하고 있는데 이 성은 해발 801m의 삼각봉을 비롯한 여러 봉우리와 능선들의 험준한 자연지세를 이용하면서 골짜기와 큰 바위절벽사이를 막아 쌓은 성으로서 그 둘레길이는 약 5.5㎞ 정도였다. 달보산성이 자리잡고 있는 달보산에는 깎아지른 듯한 천연의 자연절벽지대가 많은 것으로 하여 천연기념물로, 명승지로 되어 있다. 성은 평면생김새가 삼각형 모양으로 되었으

3) 『증보문헌비고』 卷28, 여지고16 관방4, 성곽4, 황해도 곡산군.

4) 손영종, 1990, 『고구려사』 1, 과학백과사전출판사, 334쪽 ; 지승철, 2005, 『고구려 성곽』, 사회과학출판사, 133쪽.

며 성안은 동서로 뻗은 능선에 의하여 남산성과 북산성으로 갈라진다. 성에는 남문과 북문이 있으며 남문터 부근에 수구문이 있다. 성벽은 4각추 모양의 성돌과 장방형 또는 방형의 성돌을 배합하여 축조하였다.

또한 황해북도 연산군 읍에 있는 장새성을 조사답사하고 이 성이 고구려의 수도성 동남쪽을 방위하는 위성방위체계에 속하는 성이라는 것을 확인하였다. 지금까지 수도를 방위하는 위성들이라고 할 때 청룡산성, 황룡산성, 흘골산성, 황주성만 취급하여 왔는데 흘골산성은 수도의 동북쪽에 위치하고 있으므로 수도의 동남방향이 크게 비어 있었다. 연산은 원산으로부터 신평, 곡산과 신계, 수안방향에서 평양으로 들어오는 교통요충지에 있고 강동, 성천, 홀동, 수안을 연결하는 중심지에 있으며 고구려의 장새현이 있던 곳으로서 수도 평양성의 동남방향을 방위하는 중요한 위성이었다.

이처럼 황해북도 일대에서 무갈리성, 문성진성, 달보산성, 장새성 등 여러 성을 새롭게 조사함으로써 수도성인 평양성을 방위하는 위성방어체계를 연구하는데 귀중한 자료들을 제공하고 있다.

다음으로 황해남도 일대에서 옹진고성, 강령읍성, 수양산성 등 많은 성들, 강원도 일대에서 "국동6성"으로 볼 수 있는 이천-철원 일대의 고구려 산성, 그리고 평안북도와 함경남도 일대 고구려 산성들에 대한 조사사업 과정에서도 새로운 자료들이 많이 알려졌다.

옹진고성(옹진성)은 지난 시기 외성과 내성으로 구분되었고 소재지의 서쪽으로 있는 큰 골짜기 하나만을 낀 성으로 알려져 있었는데 이 성에 대한 조사를 다시 진행한 결과 서쪽의 골짜기뿐만 아니라 서남쪽의 골짜기도 포함하여 둘러싸고 있는 평산성 형식의 산성이라는 것이 새롭게 조사 확인되었다.

수양산성은 황해남도 해주시의 수양산에 있는 성으로서 고구려의 남진을 보장하는 것과 동시에 백제의 공격을 저지시키기 위하여 쌓은 성이다. 이번 조사과정에 수양산성이 전형적인 고로봉형 지형에 쌓은 성이며 성벽도 장방형으로 잘 다듬은 성돌로 거의 전 구간 양면축조방법으로 축조한 고구려 성이라는 것이 재확인되었다.

3. 강원도 일대 고구려 성곽에 대한 조사

강원도 철원 일대에서는 만경산성, 노기성, 거성 등의 성곽유적들과 함께 이천군 일대에서 무릉리산성과 성북리산성을 새롭게 조사하여 이 성들이 고구려시기에 쌓아진 성들이라는 것이 밝혀졌다. 지난 시기에는 성의 이름과 위치에 대한 단편적인 자료들만 소개되었던 것을 이번 조사를 통하여 자연지리적 상태와 성의 위치, 규모, 성벽 축조상태, 성에서 나온 유물 등 구체적인 자료들을 확인하게 되었다. 이 지역에서 알려진 성들은 모두 고구려시기의 성벽축조방법인 외면축조방법과 양면축조방법을 배합하여 성벽을 축조한 성들이며 성안에서 알려진 기와들도 노끈무늬, 사선격자무늬, 방형무늬 등을 새겨 넣은 고구려시기의 기와들이다. 이러한 자료들은 황해남도와 강원도 일대의 산성들이 고구려가 4세기 말과 5세기 초에 쌓은 "국남7성"과 "국동6성"에 속하는 성이라는 것을 다시 확인할 수 있었다.

4. 평안도 및 함경도 일대 고구려 성곽에 대한 조사

평안도 일대에서는 백마산성, 룡오리산성, 통주성, 릉한산성, 기룡리니성 등 여러 개의 산성들을 조사하여 성의 규모와 성벽 축조상태 등의 자료들을 새롭게 확보하였으며 함경도 일대에서 운두산성, 백운산성, 가응산성, 거산성 등에 대한 조사를 진행하여 이 성들이 고구려시기 나라의 동북 지역을 방위하는 데서 중요한 역할을 수행한 성곽의 하나였다는 것을 다시금 확증하게 되었다.

Ⅲ. 고구려 벽화무덤에 대한 발굴조사

다음으로 북한 학계에서는 세계적으로 관심을 끌고 있는 고구려 벽화무덤들에 대한 조사와 발굴사업을 폭넓게 진행하였다.

평양 일대에서는 동산동벽화무덤을 비롯하여 호남리18호벽화무덤과 고산동1호벽화무덤, 민속공원1호벽화무덤 등이 발굴되었으며 남포시와 황해북도 연탄군 일대에서는 태성리3호벽화무덤과 옥도리벽화무덤, 송죽리벽화무덤 등이 발굴되었다. 그 가운데서 태성리3호벽화무덤, 동산동벽화무덤, 옥도리벽화무덤, 송죽리벽화무덤은 독특한 구조형식과 풍부한 벽화내용으로 하여 학계의 주목을 받고 있다.

1. 태성리3호무덤

구조형식상에서 특이한 벽화무덤들에 속하는 태성리3호무덤은 안악3호무덤과 구조가 매우 유사한 것으로 하여 지금까지 해명을 기다리던 많은 학술적 문제들을 밝혀준 가치가 큰 벽화무덤이다. 태성리3호무덤은 남포시 강서구역 태성리 소재지에서 북쪽으로 2㎞ 정도 떨어진 상직봉(해발 61m) 꼭대기에서 발견되었다.

무덤은 원 지표에서 약 2m 깊이로 구덩이를 파고 그 안에 무덤칸을 축조한 반지하식의 석실봉토묘이다. 무덤 내부는 무덤길, 문칸, 앞칸, 앞칸의 동서 좌우에 달려있는 2개의 곁칸, 안칸, 안칸의 서쪽 부분과 북쪽 부분에 만들어진 회랑 그리고 북쪽 회랑의 동쪽 끝으로부터 무덤 밖으로 통하게 되어 있는 보조통로로 구성되었다. 무덤길은 남쪽으로 나 있으며 그 길이 10.06m, 너비는 3m 정도다.

무덤길에서 문칸으로 들어가는 입구에는 두께가 8㎝ 정도 되는 2장의 큰 화강암 판돌이 세워져 있고 앞칸으로 들어가는 부분에는 화강암으로 만들어진 짝문 형식의 돌문이 있다. 앞칸의 크기는 남북 3.14m, 동서 3.34m이며 좌우에는 두개의 곁칸이 있다. 안칸은 동서로 놓인 화강암 대석과 그 위에 세워 놓았던 3개의 기둥들에 의하여 앞칸과 구분되는데 그 크기는 남북길이 2.5m, 동서너비 2.1m이다.

태성리3호무덤은 천정과 벽체가 도굴로 크게 파괴된 관계로 주제내용을 명확히 알 수 없고 다만 문칸의 서벽에 그려진 붉은색 기둥과 코신을 신고 품이 넓은 바지를 입은 남자의 다리부분, 동벽의 붉은색 기둥, 앞칸에 떨어진 벽화 파편 등만 남아있다.

무덤에서는 순금제 장식품들과 청동 팔찌, 붉은 구슬, 황록색 유약이 입혀진 도기그릇들과 쇠관못 그리고 주두, 소로, 첨차 등 화강암을 가공하여 만든 건축부재들이 드러났다.

북한학계에서는 이 무덤이 자리 잡고 있는 지형조건과 규모와 짜임새, 왕의 신분에 어울리는 유물들 그리고 벽화가 그려진 사실에 기초하여 이 무덤을 고구려의 왕릉급 무덤으로 보고 있다.

2. 동산동벽화무덤

동산동벽화무덤은 평양시 중심부인 낙랑 일대에서 처음으로 알려진 고구려벽화무덤이다. 동산동벽화무덤은 평양시 낙랑구역 일대에서 제일 높은 동산(해발 39.1m)의 위에 자리 잡고 있다. 2009년 11월에 발굴된 이 벽화무덤은 남북으로 길게 무덤구덩이를 파고 그 안에 무덤칸을 마련한 반지하식의 석실봉토묘이다. 무덤무지는 회와 숯, 진흙 등을 층층이 서로 엇바꾸면서 다져쌓은 다음 윗부분은 붉은 진흙으로 다짐하여 만들었는데 회, 숯으로 다진 부분은 무덤칸 바닥으로부터 375㎝이고 진흙 다짐한 부분은 지표면까지 168㎝이다.

무덤은 무덤길, 안길, 앞칸, 앞칸의 좌우 곁칸, 사이길, 안칸으로 이루어졌다. 무덤길은 남북으로 길게 놓여 있는데 그 크기는 남북길이 12.8m, 동서너비 2.2~2.4m이다. 무덤 안길은 앞칸 남벽의 가운데에서 동쪽으로 약간 치우쳐 나 있는데 크기는 남북길이 1.95m, 동서너비 1.36~1.44m이며 높이는 1.85m이다. 앞칸의 평면생김새는 동서로 긴 장방형이고 천정은 궁륭삼각고임식이며 크기는 동서길이 2.4m, 남북너비 2.1m, 높이 3.3m이다. 곁칸의 천정은 모두 평행고임 1단에 삼각고임 2단으로 이루어진 평행삼각고임천정이다.

안칸의 평면생김새는 장방형이며 크기는 남북길이 2.76m, 동서너비 3.16~3.4m이다. 바닥에는 관대시설 3개가 있었으며 무덤에서는 3개체분의 인골과 함께 순금으로 만든 장식품과 금동장식품 그리고 자기류, 토기류, 쇠관못 등이 나왔다.

이 무덤의 벽화는 회벽이 많이 떨어지고 회막이 형성되었으므로 제대로 알 수 없었으나 안길의 양 벽에서 행렬도, 앞칸 북벽에서 붉은색 기둥, 사이길에서 문지기장수, 안칸에서 기둥과 여러 가지 무늬들이 발견되었다.

이 무덤은 평양시 중심부에서 가장 큰 고구려벽화무덤으로서 무덤무지를 숯과 진흙 등을 엇바꾸어 다져 쌓아 만든 점, 10m가 넘는 긴 무덤길, 곁칸까지 합치면 네 칸으로 된 무덤칸, 안길에 그려진 행렬도 등으로 하여 당시 고구려의 정치, 군사제도, 생활풍습 등을 연구하는 데서 중요한 자료를 제공하고 있다.

북한학계에서는 동산동벽화무덤의 축조시기를 무덤위치와 구조형식, 여기에서 나온 유물을 종합적으로 고찰한데 기초하여 4세기 말~5세기 초로 보고 있으며 이 무덤의 주인공을 낙랑 일대를 장악하고 지배하면서 고구려의 남방진출과 평양 일대를 고구려의 기본수도로 만들기 위한 정책 수행에서 큰 역할을 하고 있던 관리로 비정하기도 하였다.

3. 옥도리벽화무덤

옥도리벽화무덤은 최근에 발굴된 고구려벽화무덤 가운데서 고구려사람들의 다양한 생활면모를 보여주고 있는 벽화자료가 가장 풍부한 고구려벽화무덤이다.

옥도리벽화무덤은 2010년 5월과 6월사이 남포시 용강군 일대에서 역사유적들에 대한 조사발굴사업을 진행하는 과정에 발굴되었다. 옥도리벽화무덤은 옥도리 소재지에 있는 황산(노루메)언덕에 자리 잡고 있으며 안길, 앞칸, 앞칸 좌우의 두 감, 사이길, 안칸으로 이루어진 지상식의 감 있는 두칸무덤이다. 안길과 앞칸의 대부분 그리고 안칸의 천정은 이미 파괴되었다.

앞칸의 평면생김새는 남북으로 긴 장방형인데 크기는 남북길이 2.58m, 동서너비 1.85m, 남은 높이 1m이다. 감은 동, 서벽 가운데에 한 개씩 대칭적으로 있다. 안칸의 평면생김새는 방형인데 크기는 한 변의 길이 2.85m, 높이 2.28m이다.

무덤에서는 쇠관못과 쇠관고리손잡이 등이 나왔다.

벽화는 인물풍속 및 사신도로 추정된다. 안칸의 네 모서리에는 기둥과 두공이 그려져 있고 도리에 의하여 천정부분과 구분되어 있다. 북벽에는 무덤주인공의 장방생활도가 그려져 있다. 도리 아래에는 새모양의 구름무늬가 그려져 있으며 그 아래에는 장방지붕과 걷어 올린 휘장 밑에 주인공의 실내생활도가 그려져 있다. 장방안의 휘장에는 "王"자무늬와 "大"자무늬가 물결무늬사이로 빼곡히 그려져 있다. 장방 안에는 주인공과 3명의 처첩들이 시중을 받으면서 앉아있는 장면이 그려져 있는데 장방도에 4명의 남녀주인공이 그려진 것은 이 무덤이 처음이다. 동벽에는 마주 서있는 남녀 인물들과 춤을 추고 노래하는 남녀 인물들의 모습이 그려져 있다. 서벽에는 사냥장면이 그려져 있고 천정부분에는 여러 가지 장식무늬와 함께 사신으로 보이는 환상적인 짐승들이 그려져 있다.

북한학계에서는 옥도리벽화무덤의 축조시기는 무덤의 구조형식과 벽화내용 그리고 뒤에 5리 정도 떨어져있는 황룡산성과의 관계 속에서 4세기 말~5세기 초의 무덤으로, 무덤의 주인공은 왕족출신의 황룡산성 성주로 비정하기도 하였다.

이 무덤의 발굴을 통하여 고구려의 독특한 제례풍습을 밝혀낼 수 있었다. 즉 고구려에서 사람이 죽은 후 3년이 지나 고인을 하늘로 올려보내는 의식을 진행하는데 그때 모두 주악을 울리고 춤을 춘다는『북사』고구려전의 기록을 확인할 수 있었다.

4. 송죽리고구려벽화무덤

송죽리고구려벽화무덤은 황해북도에서 처음으로 알려진 고구려벽화무덤이다. 무덤은 황해북도 연탄군 송죽리 소재지에서 동남쪽으로 1㎞ 떨어진 마두부락벌판의 한가운데에 있다.

무덤은 무덤길, 안길, 앞칸, 사이길, 안칸으로 이루어진 반지하식의 두칸무덤이다. 무덤길과 안길이 연결되어 있고 앞칸의 평면생김새는 동서로 긴 장방형이며 안칸은 정방형이다. 크기는 앞칸의 길이 2.45m, 너비 1.4m이고 안칸은 한 변 길이 2m 정도이다.

이 무덤에서는 금동가락지 1개, 은비녀 3개를 비롯하여 쇠관못과 관고리 손잡이 그리고 독, 동이, 단지 등 토기류가 출토되었다.

무덤의 벽화는 미장한 회벽 위에 다채롭고 화려하게 그려져 있는데 안길의 동, 서벽에는 무사대열이 그려져 있고 동벽에는 행렬도가, 서벽에는 수렵도, 남벽에는 문지기장수 등이 그려져 있다. 사이길에는 문지기장수를 대칭적으로 그렸고 안칸에는 인물과 수레, 평상 그림들이 그려져 있다.

이 무덤의 축조 시기는 무덤의 구조형식과 벽화내용에 기초하여 5세기 전반기로 보고 있으며 무덤의 주인공은 송죽리 일대가 당시 고구려의 오곡군에 속해 있었던 사실로 미루어 5세기 전반기의 오곡군태수 겸 대현상성 성주급의 인물로 비정하고 있다.

이밖에도 북한 학계에서는 민속공원 1호벽화무덤, 고산동1호벽화무덤, 호남리18호벽화무덤, 대성동벽화무덤 등 많은 고구려벽화무덤들을 조사발굴하였다.

5. 민속공원1호벽화무덤

민속공원1호벽화무덤은 평양시 대성구역에 있는 대성산 소문봉 남쪽 기슭의 구릉지대 중간에 자리 잡고 있으며 평양민속공원이 건설되던 2009년 3~4월 사이에 발굴되었다.

무덤은 중심안길에 방형의 안칸이 갖추어진 석실봉토묘로서 무덤에서는 쇠활촉과 쇠관못 각각 1개와 단지파편들이 나왔으며 네 모서리의 기둥그림과 연꽃그림 등이 남아 있었다. 북한학계에서는 이 무덤의 축조시기는 무덤의 구조형식에 비추어 안학궁이 폐궁된 이후인 6세기 말엽~7세기 초로 보고 있다.

6. 고산동1호벽화무덤

고산동1호벽화무덤은 1936~1937년 사이에 일제에 도굴, 파괴되고 그에 대한 자료가 불충분함으로 2011년 10월에 다시 발굴하였다.

무덤은 안길과 주검칸으로 이루어진 지상식의 석실봉토묘이다. 조사를 통하여 안길 동벽에서 앞발을 들고 걸어가는 누런 개 비슷한 짐승의 그림을 새로 발견하였다. 또한 북벽의 쌍현무 앞에 새겨진 현무의 "武"자를 추가 확인하였다.

7. 호남리18호벽화무덤

호남리18호벽화무덤은 평양시 삼석구역 호남리의 광대산 남쪽 기슭에 자리 잡고 있다. 무덤은 2013년 8월에 발굴되었는데 무덤길과 안길, 안칸으로 이루어진 지상식의 석실봉토묘이다.

무덤길은 남쪽으로 길게 놓여있고 무덤 안길은 안칸 남벽 중심에 나있으며 안칸은 평면생김새가 남북으로 긴 장방형이다. 벽체는 안기울임을 주면서 올려쌓았고 천정은 평행고임 2단에 삼각고임 2단을 얹은 평행삼각고임천정이다.

벽화는 회벽면이 많이 떨어졌으므로 안길과 안칸의 네 벽, 천정에 부분적으로 남아있는데 벽화의 주제는 사신도이다. 안칸의 네 벽면에 사신도로 볼 수 있는 그림들이 나타났고 천정의 평행고임과 삼각고임에는 인동넝쿨무늬와 삼수별자리와 수성, 목성으로 볼 수 있는 행성그림들이 그려져 있다.

북한학계에서는 이 무덤의 축조시기는 무덤의 구조형식과 벽화내용 등으로 보아서 6세기 초로 보고 있다.

Ⅳ. 맺음말

새 세기에 들어와서 북학학계의 고구려 고고학 성과를 보면 성곽조사와 벽화무덤 발굴에 집중되고 있다.

고구려 성곽조사는 북한 전 지역에 분포되어 있는 고구려 성곽에 대한 재조사 작업을 시도하면서 종전의 잘못된 수치를 시정하고, 고구려 성곽으로 판단되는 성들에 대한 확인 작업을 시도하였다. 새로 조사발굴된 북한경내 고구려의 성곽유적에 대한 자료들을 통하여 유리한 자연지리적 조건을 능숙히 이용하면서 나라의 이르는 곳마다 견고한 성곽시설을 수많이 축조하여 성곽의 나라로 이름 높았던 고구려의 강력한 방위력, 고구려사람들의 발전된 성 축조기술과 고유한 성곽시설물들의 창안도입 그리고 수도성방위체계를 비롯한 고구려 성방어체계에 대하여 더 깊이 있게 알 수 있었다. 그러나 여러 원인으로 산성에 대한 정밀조사나 발굴을 실행하지 못하는 것이 아쉬운 점으로 남겨진다.

북한경내에서 새롭게 조사된 고구려벽화무덤에서 특징적인 것은 지난 시기와는 달리 새로운 지역에서 새로운 벽화무덤이 나타난 것이다.

송죽리벽화무덤은 황해북도에서 처음으로 알려진 고구려벽화무덤이고 동산동벽화무덤은 낙랑 일대에서 처음으로 알려진 고구려벽화무덤이다. 지금까지 북한경내에서의 고구려벽화무덤은 고구려의 수도였던 평양과 그 주변의 남포시, 평안남도 온천·순천·대동·증산 일대, 그리고 황해남도 안악 일대에서만 알려졌다. 황해북도 연탄군에서 송죽리벽화무덤이 발굴됨으로써 앞으로 더 넓은 지역에서 고구려벽화무덤이 발견될 수 있는 가능성을 시사해주고 있다.

〈사진 1〉 평양성 외성 북벽 조사구역

〈사진 2〉 서산성 북벽 중간부분 바깥 면 전경

〈사진 3〉 청암동토성 북벽 서쪽부분 바깥면

〈사진 4〉 고방산성 북벽

〈사진 5〉 청호동토성 원경

〈사진 6〉 무갈리성 동벽

〈사진 7〉 문성진성 동벽 북쪽부분

〈사진 8〉 달보산성 남벽 서쪽부분

〈사진 9〉 장새성 북벽 동북모서리 치

〈사진 10〉 옹진고성 남벽 서쪽부분

〈사진 11〉 수양산성 남문

〈사진 12〉 만경산성 원경

〈사진 13〉 노기성 원경

〈사진 14〉 거성 남문터

〈사진 15〉 백마산성 표식비와 해설문

〈사진 16〉
롱오리산성
바위에 새긴 글자

〈사진 17〉 통주성 북문

〈사진 18〉 룡한산성 동벽 남쪽부분

〈사진 19〉 기룡리니성 전경

〈사진 20〉 운두산성 표식비

〈사진 21〉 백운산성 서벽 북쪽부분

〈사진 22〉 가응산성 전경

〈사진 23〉 거산성 전경

〈사진 24〉 태성리3호무덤

〈사진 25〉 송죽리벽화무덤

〈사진 26〉
민속공원1호무덤

〈사진 27〉 동산동벽화무덤

〈사진 28〉 옥도리벽화무덤

〈사진 29〉 호남리18호무덤

이 준 성

한국학계의 고구려 성립 및 운영 연구 동향

Ⅰ. 서론

고구려사 연구는 1970~80년대에 이르러 크게 활성화되었다. 『삼국사기』「고구려본기」의 초기 기사에 대한 사료비판과 그에 따른 활용이 이뤄졌고, 인류학 이론의 도입을 통한 연구방법론이 모색되었을 뿐만 아니라, 중국과 북한 학계의 연구 성과 및 발굴 성과가 소개되면서 자연스럽게 연구자의 숫자가 늘어나고 성과가 축적될 수 있었던 것이다. 韓國古代史硏究會에서 진행한 두 차례의 기획발표(1988년 주제 : 韓國 古代國家의 形成에 관한 諸問題, 1989년 주제 : 韓國 古代國家의 發展에 관한 諸問題)에서도 고구려의 성립에 대한 논의가 중심이 되었다. 그 결과는 1990년 『한국 고대국가의 형성』으로 출간되었는데, 이는 당시까지의 연구를 정리하는 의미가 있었다.

고구려 전기 정치사 연구는 소위 初期國家의 형성 및 그 발전과정에 대한 체계적 이해와 더불어 진행되었다.[1)] 이는 고구려가 三國時期의 여러

1) 고구려사의 시기구분은 통상적으로 기원전 1세기~기원후 3세기(봉상왕)대까지를 초기, 혹은 전기로 상정한다.(노태돈, 1999, 『고구려사 연구』, 사계절, 489쪽. ; 금경숙, 2004, 『고구려 전기 정치사 연구』, 고려대 민족문화연구원 ; 여호규, 2014,

국가 중 가장 선진적이었다는 인식에 대체로 동의하였기 때문이며, 따라서 고구려의 성립과 전기 정치사에 대한 이해를 한국 고대사의 전반을 체계화하는 단초로 삼아 왔다고 할 수 있다.[2] 이들 연구성과는 주로 '부체제론'와 '집권체제론'으로 대별하여 정리되어 온바,[3] 양자는 계루부 왕권의 집권력과 나부의 자치권을 둘러싸고 커다란 견해차를 보였지만, 논의가 심화되어 감에 따라 고구려 전기 정치사에 대한 이해의 폭을 크게 확장시켰다.[4] 아울러 1999년 노태돈의 『고구려사 연구』를 시작으로 여러 권의 전기 정치사 관련 연구서가 출간되면서 분야별로 정리되었다.[5]

『고구려 초기 정치사 연구』, 신서원, 17~18쪽.) 다만 시기구분의 기준에는 차이가 있는데, 노태돈이 왕실을 중심으로 연맹체를 형성하여 부체제가 확립되고 그 아래 예속되어 있는 피정복민 집단들에 대한 편제가 이뤄지는 과도기를 '초기'의 범주에 넣어 이후 중앙집권적 영역국가 체제가 형성된 중기와 구분한 반면, 금경숙은 대외전쟁과 그에 수반된 국가의 영역확장, 왕권의 강화 등이 이뤄진 시기를 전기로 파악하여 중국과의 활발한 전쟁을 벌이며 요동지역으로 진출하는 중기와 구분한다.

2) 한국 고대사학계의 핵심 쟁점이던 국가형성론과 관련해 국가체제나 정치체제의 성격을 둘러싸고 다양한 논의가 전개되었다. 고대국가형성론과 관련된 기존의 연구사 정리는 다음 논문들이 참고된다.
盧泰敦, 1981, 「국가의 성립과 발전」『한국사연구입문』, 지식산업사 ; 盧重國, 1990, 「총설 : 한국 고대의 국가형성의 제 문제와 관련하여」『한국 고대국가의 형성』, 민음사 ; 朱甫暾, 1990, 「한국 고대국가 형성에 대한 연구사적 검토」『한국 고대국가의 형성』, 민음사 ; 여호규, 1996, 「한국 고대의 국가형성」『역사와 현실』 19 ; 김광수, 1997, 「고대국가형성론」『한국사 인식과 역사이론』, 지식산업사.

3) 고구려 전기 정치사에 대한 연구사 정리는 다음이 참고된다.
李基白, 1985, 「고구려의 국가형성 문제」『한국고대의 국가와 사회』, 일조각 ; 盧泰敦, 1986, 「고구려사 연구의 현황과 과제」『동방학지』 52 ; 金光洙, 1989, 「고구려사 연구의 제문제」『한국상고사』, 민음사 ; 金基興, 1990, 「고구려의 국가형성」『한국고대국가의 형성』, 민음사 ; 임기환, 2003, 「고구려 정치사의 연구 현황과 과제」『한국고대사연구』 31 ; 임기환, 2006, 「고구려사 연구의 어제와 오늘」『백산학보』 76 ; 여호규, 2014, 「서론 ; 고구려 초기사의 연구동향과 시기 구분」『고구려 초기 정치사 연구』, 신서원.

4) 여호규, 2014, 앞의 책, 30쪽.

5) 盧泰敦, 1999, 앞의 책 ; 琴京淑, 2004, 앞의 책 ; 임기환, 2004, 『고구려 정치사 연구』, 한나래 ; 金賢淑, 2005, 『고구려의 영역지배방식 연구』, 모시는사람들 ; 여호규, 2014, 앞의 책.

그 과정에서 '부체제론'과 '집권체제론'이 각각 지니고 있는 문제점이 비교적 명확하게 제시되었고,[6] 양자 사이에 상반된 인식만 있는 것이 아니라 서로 공감대를 형성하는 부분이 있음이 지적되면서, 고구려 전기 정치사를 계루부 왕권의 영도력이 확립되었다는 전제 위에서 나부의 자치권을 고려하면서 검토할 필요성에 공감할 수 있게 되었다. 다만 기존의 연구가 사회의 성립과 성격에 대한 규정이 미흡했을 뿐 아니라 국가와의 상관관계에 유의하여 연구를 진행해오지 못했다는 지적은 여전히 유효하다.[7] 그렇기 때문에 본고에서는 '부체제론'과 '집권체제론'으로 대별하는 기존의 정리 방식 대신 ① 고구려 사회의 성립, ② 고구려 국가의 운영 등 두 가지 범주로 나눠 그 흐름을 살피고자 한다.

---

6) 여호규는 부체제론의 경우 나부의 자치권과 정치운영상의 연맹체적 특성을 강조함으로써 국가 성립 이전의 집단 간 통합 원리와 초기 정치체제를 명확하게 구분하지 못하였고, 반면 집권체제론의 경우에는 단위정치체인 나부의 자치권을 인정하지 않음으로써 중기 이후의 중앙집권체제와 뚜렷이 구별되는 초기 정치체제의 고유한 특징과 운영원리를 간과하게 되었다고 지적하였는데,(여호규, 2014, 앞의 책) 본고에서도 이에 동의한다.

7) 김광수, 1997, 「古代國家形成論」『한국사연구와 역사이론(김용섭교수 정년기념논총)』, 지식산업사 ; 전덕재, 2006, 『한국고대사회경제사』, 태학사, 17~19쪽. 즉, 고대사회를 친족공동체를 기반으로 하는 족장세력의 정치지배시대로 규정한 견해(김철준, 1964, 「한국고대국가발달사」『한국문화사대계』(1), 고려대 민족문화연구소)에서는 수취구조나 생산관계를 중요하게 고려하지 않고 고대 지배층의 존재양태만을 주목하여 당시의 사회성격을 해명하려 한 측면이 있으며, 대토지소유자인 귀족들과 직접 생산자인 하호나 노예들 간의 생산관계를 기초로 하는 노예제 사회로 이해한 견해(김용섭, 2000, 「토지소유의 사적 추이」『한국중세농업사연구-토지제도와 농업개발정책-』, 지식산업사)에서는 수취구조 또는 생산관계에 초점을 맞추어 연구를 진행한 결과 정치체제나 지배체제에 대한 논의에 소홀했던 것이 사실이다.

II. 고구려 사회의 성립

주지하다시피 정치사 영역은 그 집단이 처한 사회 구성을 토대로 이를 규합하는 국가권력의 성격과 관계된다.

고구려 성립 당시의 사회 구성을 살피는 데에 있어 핵심적인 과제는 사료에 등장하는 '나'와 '부', 그리고 '국'의 성격을 어떻게 설정할 수 있는가 하는 문제였다. 그에 비하여 가장 기본적인 사회 단위라 할 수 있는 '읍락'의 존재형태 문제에 대해서는 상대적으로 관심이 적었다. 고구려의 사회 구성을 직접 살필 수 있는 사료의 조건이 제한적이기 때문이었다. 다만 주변국의 상황을 통해 어느 정도의 유추가 가능했다.

읍락의 존재 형태

『삼국지』 동이전에 보이는 읍락의 용례는 다음과 같다.

사료 A.

(1) 國有君王 皆以六畜名官 有馬加·牛加·豬加·狗加·大使·大使者·使者. 邑落有豪民名(民)下戶皆爲奴僕 諸加別主四出 道大者主數千家 小者數百家.(『三國志』 卷30, 魏書30 東夷專 扶餘)

(2) 其民喜歌舞 國中邑落 暮夜男女羣聚 相就歌戲 … 建安中 公孫康出軍擊之 破其國焚燒邑落.(『三國志』 卷30, 魏書30 東夷專 高句麗)

(3) 戶五千 無大君王 世世邑落 各有長帥. 其言語與句麗大同 時時小異. … 沃沮諸邑落渠帥 皆自稱三老 則故縣國之制也.(『三國志』 卷30, 魏書30 東夷專 東沃沮)

(4) 毌丘儉討句麗 句麗王宮奔沃沮 遂進師擊之. 沃沮邑落皆破之 斬獲首虜三千餘級宮奔北沃沮.(『三國志』 卷30, 魏書30 東夷專 北沃沮)

(5) 無大君長 邑落各有大人. 處山林之間 常穴居 大家深九梯 以多爲好.(『三國志』 卷30,

魏書30 東夷專 挹婁)

(6) 其邑落相侵犯 輒相罰責生口牛馬 名之爲責禍.(『三國志』卷30, 魏書30 東夷專 濊)

(7) 至王莽地皇時 廉斯鑡爲辰韓右渠帥 聞樂浪土地美 人民饒樂 亡欲來降. 出其邑落見田中驅雀男子一人 其語非韓人. 問之 男子曰 我等漢人 名戶來 我等輩千五百人伐材木 爲韓所擊得 皆斷髮爲奴 積三年矣.(『三國志』卷30, 魏書30 東夷專 韓 所引 魏略)

(8) 其俗少綱紀 國邑雖有主帥 邑落雜居 不能善相制御. 無跪拜之禮 … 國邑各立一人主祭天神 名之天君. 又諸國各有別邑 名之爲蘇塗(『三國志』卷30, 魏書30 東夷專 韓)

읍락에 대한 연구는 그것이 청동기를 기반으로 하느냐, 혹은 철기를 기반으로 하느냐를 놓고부터 견해를 달리하였다. 먼저 읍락을 평균 500~600戶 미만의 소규모 집단이며 그 지배자가 소량의 청동기를 소유한 정치체로 본 연구가 있다.[8] 반면 철기문화의 확산을 바탕으로 각지에 지역 집단이 성립하며, 이것이 성장해서 문헌 기록상의 읍락으로 등장한다고 보거나,[9] 철기문화가 보급되고 철제농구를 사용함에 따라 농업공동체에 의존하던 공동체성원이 개별세대로 생산의 주체가 되고 철제농기구의 유무와 가족 혹은 노예 노동력의 다과에 따라 공동체 성원 간의 분화로 인해 농업공동체가 해체되어 가면서 선진지역부터 읍락사회가 형성하는 것으로 보기도 하였다.[10]

이러한 차이는 읍락 내부의 경제적 분화 정도를 어떻게 바라보는가 하는 시각의 차이로 이어졌다. 읍락을 원시공동체 말기에 해당하는 농업공동체 수준으로 파악하는 견해가 있는 반면,[11] 농촌공동체 사회에서 이미

8) 李賢惠, 1984, 『三韓社會形成過程研究』, 一潮閣, 114~120쪽.

9) 노태돈, 1999, 앞의 책.

10) 김용섭, 2000, 앞의 글 ; 이인재, 2000, 「三國 初期의 土地制度論」『實學思想研究』 15·16合輯(元裕漢敎授定年記念號(上)).

11) 李賢惠, 1984, 앞의 책, 114~120쪽.

지속적으로 노예제적 계급분화가 안팎에서 진행되어 갔으며, 농촌공동체가 점차 읍락 혹은 국가의 내부 편성물로 자리잡아갔다고 보기도 한다.[12]

최근 들어서는 읍락에 계층분화가 진행되어 있었음을 인정하면서도 읍락의 토지는 읍락 성원들이 나누어 경작한다 하더라도 읍락 성원 전체가 함께 가지는 일종의 공유지가 있었으며, 공동 생산과 분배가 이루어졌다고 하더라도 가호별 경영과 소유 부문이 병존하는 상태라는 견해가 제시되었다. 읍락공동체의 기본 성격은 지역정치체이며 농업공동체의 성격을 가지기는 하지만 원시공동체의 말기 단계는 아니라는 것이다. 공동체 질서와 그 내부의 계층 분화가 일견 모순되어 보이지만, 두 측면이 공존하는 것을 읍락사회의 특징으로 규정하였다.[13]

읍락의 성격에 대한 이견은 그 발전과 문화 양상에 대한 견해로까지 이어졌다. 특히 읍락 사이 결합 양상을 어떻게 파악해 왔는가 하는 점과 '國'을 구성하는 하부단위로서의 읍락을 어떻게 규정하고 있는가 하는 문제와 관련된 연구가 주목된다.

먼저 삼국 초기 읍락사회에서의 공동체적인 관계를 중시한 연구에서는 각 읍락들이 정치적, 경제적으로 자치를 유지할 수 있었고, 이에 따라 고구려가 소국이나 읍락들을 완전히 해체시켜 지배·통제하기 어려웠으며, 마찬가지로 소국의 국읍 세력이 각 읍락을 효과적으로 통제하기도 쉽지 않았을 것으로 파악하였다.[14] 이 견해에서는 '3세기 중반 동예의 언어, 법속이 대체로 고구려와 같았다'고 전한 사료를 근거로 고구려의 읍락사회도 공동체적인 관계가 중시된 것으로 보았다. 또한 철제 농기구와 우경이 보급된 4~6세기 이후와 구별하여 그 이전에는 철제 농기구라 하더라도

12) 이경식, 2005, 『韓國 古代·中世初期 土地制度史-古朝鮮~新羅·渤海-』, 서울대학교 출판부, 19쪽.

13) 김창석, 2014, 「공동체론」『한국 고대사 연구의 시각과 방법(노태돈교수 정년기념논총①』, 사계절, 253~259쪽.

14) 전덕재, 2006, 앞의 책, 144쪽.

효율성이 낮은 편이어서 집단적인 노동력의 투입이 필요하였고, 이에 따라 당시 사람들은 집단적이고 공동체적인 생활을 할 수밖에 없었다고 본다.[15]

그런데 『삼국지』 동이전에 보이는 邑落의 존재는 사료 A에 제시한 것과 같이 부여·고구려·동옥저·북옥저·읍루·동예·삼한 등 동이사회 전역에 걸쳐서 널리 확인된다. 자연스럽게 해당 읍락이 속한 사회의 발전에 따라 읍락은 그 모습을 조금씩 달리한다.[16] 특히, 지역차와 시간차에 따른 선진·후진이 있었고 같은 선진 혹은 후진 지역 안에서도 서로 간에 사회발전 정도에 차이가 있었음을 염두에 두어야 하지 않을까 한다. 이럴 경우 농업공동체, 농촌공동체, 읍락 등 여러 단계의 사회가 시간상·공간상 병존하였음을 상정할 수 있고, 이러한 차이는 농업생산이 한층 발달하고 신분계급제가 사회적으로 고착·심화됨에 따라 더욱 현격해지고 국가형성의 선후와 권력편제의 상하로 이어졌음을 유추할 수 있다.[17]

실제 『삼국지』 동이전에 보이는 고구려와 부여의 읍락에 豪民이 등장하고 있음과 더불어 호민층 아래에 桴京과 같은 작은 창고를 소유하고 무기를 스스로 마련하여 전투에 참여하였던 民의 존재, 乙巴素와 같은 자영 소농민층, 乙弗처럼 경작할 땅이 없던 無田農民으로서 傭作民으로 전락한 경우 등의 분화가 확인된다. 뿐만 아니라 최하층에 자리하였을 존재도 추정할 수 있는데, 『삼국사기』에 보이는 '坐而哭者'나 救恤의 대상으로 거론되었던 '不能自存者' 등이 상정된다. 그 외, 전쟁포로·채무관계에 의한 노비·범죄로 인한 형벌 노비 등의 존재도 읍락에 거주하였을 것이다. 곧 부여 및 고구려의 읍락사회에는 삼한의 소국이나 대국 단계의 읍락에서 뚜렷이 나타나지 않던 호민이 등장했으며, 일반민인 하호는 점차 자영 소농민·용작민·집단

---

15) 전덕재, 1990, 「4~6세기 농업생산력의 발달과 사회변동」 『역사와 현실』 4 ; 전덕재, 2006, 앞의 책, 143~144쪽.

16) 문창로, 2016, 「동예 읍락사회의 사회상」 『韓國古代史研究』 81, 한국고대사학회.

17) 이경식, 2005, 앞의 책, 19쪽.

예속민으로 분화되었고 노비의 존재양태도 다양하게 확인된다.[18]

고구려의 성립과 읍락

앞서 읍락의 성립과 분화양상에 대한 시각 차이가 꽤 크다는 사실을 확인하였다. 그런데 이러한 차이에도 불구하고 읍락의 통합·복속 등을 통해 국가가 성립되는 과정을 논하면서는 서로 동의하는 부분이 있다. 즉, 초기 국가가 읍락과 같은 하위 세력을 완전히 해체시키고 새로운 사회편제를 조직하고 이를 기반으로 삼아 수립한 기구가 아니었다고 보는 것이다.

다만 읍락을 완전히 해체시키지 않고 초기 국가가 성립된 이유에 대해서는 견해차가 있다. 한편에서는 앞서 살핀 바와 같이 삼국 초기 읍락사회에서 공동체적인 관계가 중시되었기 때문에 고구려가 소국이나 읍락들을 완전히 해체시켜 지배·통제하기 어려웠던 것으로 파악한 반면,[19] 다른 한편에서는 소가족 농민이 토지소유의 사적 주체였고 농업생산에서 그 집약성과도 결부하여 자립성이 강하였기 때문에 족장층 스스로 거대한 사적 정치권력 내지는 전제체제를 구축할 능력이 없었다고 본다.[20]

고구려의 성립과정에서 읍락의 역사성을 살피기 위해서는 '那'보다 하위의 정치단위가 상정되어야 한다. 이에 나국으로서의 계루부는 다수의 '谷'집단으로 구성되어 있다고 보면서, '곡'집단이 고구려 지역의 기본적인 단위정치집단으로서 『삼국지』 동이전에 보이는 읍락에 비견되는 존재로 이해하기도 한다. 예컨대 나국 단계의 계루부의 경우 주몽집단의 읍락인 졸본·국내가 국읍이 되어 모둔곡·적곡·북명산·서압록곡·사물택 등 제 읍

---

18) 洪承基, 1974, 「1~3세기의 '民'의 存在形態에 대한 일고찰-所謂 「下戶」의 實體와 관련하여」 『역사학보』 63 ; 문창로, 2016, 앞의 글.

19) 전덕재, 2006, 앞의 책, 144쪽.

20) 이경식, 2005, 『韓國 古代·中世初期 土地制度-古朝鮮~新羅·渤海』, 서울대학교 출판부.

락을 통솔했던 것으로 보았다.[21)]

다음으로 기원전 3세기 말경부터 보급된 철제 농공구를 바탕으로 농업생산력이 발달하고 읍락별 공동체적 규제의 약화와 사회경제적 분화를 초래해 계층화의 진전과 세력집단의 형성을 촉진했다고 보기도 한다. 이 견해에서는 기단적석묘의 축조 집단의 등장에 주목하여 우세한 세력이 성장했음을 논증하였다. 이들 축조 집단을 나집단으로 개념화하였는데, 나집단은 각 지역별로 일정한 차별성을 지니면서 거의 전역에서 성장했다고 추정하였다. 이후 이들이 동일 읍락민을 통제하는 한편, 주변의 후진적인 지역집단을 장악하면서 지역 정치 집단으로 성장했다고 보았다.[22)] 결국 『삼국지』 동이전에 보이는 읍락의 존재 양상은 『삼국사기』 고구려본기의 '谷'으로 파악되거나, '나집단'으로 개념화된 것으로 정리되어 왔다.

한편, 고구려와 부여의 식읍제를 다루면서 고구려 내부에 존재하는 읍락의 성격을 다루기도 하였다. 이에 따르면 고구려의 왕조권력이 읍락사회를 편입하는 방법에 따라 토지 소유도 사유와 국유, 준국유로 다양한 형태를 갖추어 가고, 이를 토대로 삼국초기에 집권적 고대국가의 식읍제가 실시되었다는 것이다. 이 경우 『삼국사기』에 식읍 지급 대상지로 나오는 巨谷·靑木谷의 '谷'과 '邑落'의 관계를 동일한 것으로 파악하지 않고 읍락의 상급 지방행정으로 谷을 파악하였다.[23)]

다음과 같은 점이 과제로 남는다. 점차 고대 사회에 있어서의 생산관계의 다양함이 밝혀지며 강인한 공동체적 속성론에서 탈피하는 경향을 엿볼 수 있으나, 한반도와 만주 지역 전반에 걸쳐 '지역적 편차'의 양상과 그 의미를 면밀하게 논증할 필요성이 제기된다. 가령 삼국의 주요 기반이

21) 임기환, 2004, 앞의 책.

22) 여호규, 2014, 앞의 책, 189쪽.

23) 이인재, 2000, 앞의 글 ; 이인재, 2006, 「夫餘·高句麗의 食邑制-三國志 東夷傳을 中心으로」 『東方學志』 136.

되었던 선진적인 읍락이나 소국에서는 호민, 제가와 하호라는 계급분화가 이루어졌다고 하더라도 동옥저나 동예 등지의 읍락이나 이른바 삼한의 읍락에서 어느 정도의 계급분화가 이뤄졌는지에 대해서는 그다지 논의된 바가 없다.[24] 오히려 고고학 발굴자료를 기초로 연구된 바에 따르면 당시 읍락의 생산력 수준은 읍락 내부의 계급분화가 일반적이었다기보다는 미분화상태의 농업공동체가 일반적이었다는 성과가 잇달아 제출되고 있는 형편이다. 향후 읍락 규모에서 벌어지는 호민과 하호의 계급분화가 삼국 초기 한반도와 중국의 동북지방에서 어느 정도의 질과 규모로 전개되었는지에 대한 종합적인 연구가 필요하다.

Ⅲ. 고구려 국가의 운영

2000년대 이후로는 그 사회 성격을 바라보는 상이점에도 불구하고 대부분의 고구려사 연구자들이 고구려 성립 이후를 더 이상 국가 형성상의 과도기로 파악하지 않고 국가체제가 확립된 독자적인 시기로 상정하고 있다. 그렇기 때문에 고구려가 성립되고 건국된 이후의 양상과 관련된 정치사 연구는 국가의 운영이라는 차원에서 살필 수 있다. 특히 국가구조나 정치체제 등에 대한 개념상의 문제가 제기되고 논쟁이 이어지면서 연구가 진전되었다.[25] 국가구조와 정치체제를 구별해서 보는 것은 마치 국가와

---

24) 이인재, 2000, 위의 글, 197~198쪽.

25) 개념에 대한 문제제기는 김영하의 견해가 주목된다. 그는 '연맹' 단계에 대해 고대 국가의 발전 과정에서 복속된 소국에 대한 통제방법의 하나일 수 있기 때문에 굳이 이를 독립된 단계로 설정할 수 있는지에 대한 의문을 제기한 바 있으며, '부체제론'에 대해서도 국가 발전 단계와 정치체제 발전 단계의 서로 다른 층위를 구분하지 않은 결과라는 비판을 제기하였다.(김영하, 1994, 「삼국과 남북국의 사회 성격」『한국사』 3, 한길사 ; 김영하, 1995, 「한국 고대 사회의 정치 구조」『한국고대사연구』 8 ; 김영하, 2000, 「한국 고대 국가의 정치 체제

정부를 구분해 보는 것과 비슷하다. 국가구조는 짧은 시간 동안 결정되는 것이 아니라 국가가 변화, 발전하는 과정 속에서 서서히 굳어지고 재구성되는 이른바 '장기 지속'적인 것인 반면, 행정제도나 인사제도 등 정부조직의 운영과 같은 정치체제는 '단기 지속'적인 것으로 보는 것이다.[26] 이로 인해 이제 본격적으로 국가구조와 정치체제를 구분하여 논의를 진행할 수 있게 된 점은 큰 성과라 하겠다.

그럼에도 불구하고 국가구조와 정치체제에 대한 연구는 사실 서로 분리될 수 있는 성격의 것이 아니며, 양자를 상호 유기적인 연관 하에서 고찰할 때에 비로소 고구려사의 윤곽이 파악될 수 있다는 지적은 매우 타당하다.[27] 본장에서는 서로 변화 속도가 다른 국가구조와 정치체제의 구분을 염두에 두면서도 이를 국가 운영이라는 측면에서 하나로 묶어 연구 경향과 쟁점을 파악해보고자 한다.

那와 那部의 관계

다음은『삼국사기』에 등장하는 '那' 관련 사료들이다.

사료 B.

(1) 春三月 郊豕逸 王命掌牲薛支逐之 至國內尉那巖得之 拘於國內人家養之 返見王曰 "臣逐豕至國內尉那巖 …."(『三國史記』「高句麗本紀」第1 琉璃明王 21年, AD. 2년)

(2) 冬十月 王遷都於國內 築尉那巖城.(『三國史記』「高句麗本紀」第1 琉璃明王 22년,

발전론」『한국고대사연구』 17 ; 김영하, 2012,『한국고대사의 인식과 논리』, 성균관대 출판부.)

26) 박대재, 2003,『의식과 전쟁-고대국가를 바라보는 새로운 시각』, 책세상.

27) 盧泰敦, 1999, 앞의 책, 16쪽 ; 노태돈, 2000,「초기 고대국가의 국가구조와 정치운영」『韓國古代史硏究』 17.

3년)

(3) 秋七月 扶餘王從弟謂國人曰 "我先王身亡國滅 民無所依 王弟逃竄 都於曷思 吾亦不肖 無以興復" 乃與萬餘人來投 王封爲王 安置椽那部.(『三國史記』「高句麗本紀」第2 大武神王 5년, 22년)

(4) 秋七月 漢遼東太守將兵來伐 … 王然之 入尉那巖城 固守數旬.(『三國史記』「高句麗本紀」第2 大武神王 11년, 28년)

(5) 春二月 遣貫那部沛者達賈 伐藻那 虜其王.(『三國史記』「高句麗本紀」第3 太祖大王 20년, 72년)

(6) 冬十月 王遣桓那部沛者薛儒 伐朱那 虜其王子乙音爲古鄒加.(『三國史記』「高句麗本紀」第3 太祖大王 22년, 74년)

(7) 秋七月 遂成獵於倭山 與左右宴 於是 貫那于台彌儒·桓那于台菸支留·沸流那皂衣陽神等 陰謂遂成曰.(『三國史記』「高句麗本紀」第3 太祖大王 80년, 132년)

(8) 春二月 拜貫那沛者彌儒爲左輔 … 秋七月 左輔穆度婁稱疾退老 以桓那于台菸支留爲左輔 加爵爲大主簿 冬十月 沸流那陽神爲中畏大夫 加爵爲于台 皆王之故舊.(『三國史記』「高句麗本紀」第3 次大王 2년, 147년)

(9) 冬十月 椽那皂衣明臨荅夫 因民不忍 弑王.(『三國史記』「高句麗本紀」第3 次大王 20년, 165년)

(10) 春二月 立妃于氏爲王后 后提那部于素之女也(『三國史記』「高句麗本紀」第4 故國川王 2년, 180년)

(11) 秋九月 左可慮等與四椽那謀叛(『三國史記』「高句麗本紀」第4 故國川王 12년, 190년)

(12) 夏四月 王以貫那夫人置革囊 投之西海 貫那夫人 顔色佳麗 髮長九尺 王愛之(『三國史記』「高句麗本紀」第5 中川王 4년, 251년)

(13) 冬十一月 以椽那明臨笏覩 尙公主 爲駙馬都尉(『三國史記』「高句麗本紀」第5 中川王 9년, 256년)

'那'는 고구려 국가구조 연구에서 가장 많은 관심을 받아온 소재였다. 한동안은 『삼국사기』의 '那部'와 『삼국지』 동이전 고구려전의 五族의 관계를 밝히는 데에 관심이 모아졌다.[28] 그러나 '那'가 지니는 地緣性에 주목한 이후,[29] 那의 의미와 部로의 변천 과정이 검토되기 시작하였고,[30] 그것을 씨족공동체가 붕괴된 이후 각 지역별로 성립된 단위정치체로서의 성격을 지니는 것으로 파악하였다.[31] 그리하여 '나'의 성격을 성읍국가,[32] 군장사회,[33] 독립소국,[34] 초기국가[35] 등으로 파악하는 견해가 이어졌다.

「고구려본기」에 나타나는 那의 용례는 다음과 같이 크게 세 가지로 정리될 수 있다. 첫째는 사료 B-(1), (2), (4)의 尉那巖, 둘째는 B-(5), (6)의 藻那, 朱那, 셋째는 B-(3), (5)~(13)에 보이는 고구려의 某那, 혹은 某那部이다. 첫 번째 용례인 위나암은 그동안 那의 성격과 관련하여 주목받지 못하였다. 두 번째 용례의 조나, 주나와 세 번째 용례의 某那는 사실 형태상으로 차이가 없지만 세 번째 용례의 某那는 某那部의 축약형으로 보는 것이 일반적이다. 다시 말해, 사료 B-(5), (6)의 조나, 주나는 각각 왕·왕자가 있고, 관나부 패자 달가와 환나부 패자 설유의 정벌에 맞설 수 있는 군사력을 지니고 있는 바, 동일 기사 안에서 고구려왕의 명령을 받는 패자가 있는 '나부'와 독자적인 왕의 존재가 확인되는 독립소국인 '나(나국)'가 서로 구분되고 있다는 점을 통해 나부와 나(나국)가 그 성격을 달리하였다고

---

28) 이에 대한 자세한 검토는 여호규, 2014, 「서론 ; 고구려 초기사의 연구동향과 시기 구분」『고구려 초기 정치사 연구』, 신서원 참고.

29) 三品彰英, 1954, 「高句麗の五族について」『朝鮮學報』 6.

30) 越田賢一郎, 1972, 「高句麗社會の変遷」『史苑』 33-1, 立教大學史學會.

31) 盧泰敦, 1975, 「삼국시대의 '部'에 관한 연구」『한국사론』 2, 서울대학교 국사학과.

32) 李基白, 1985, 「고구려의 국가형성 문제」『한국고대의 국가와 사회』, 일조각 ; 李基白, 1996, 『韓國古代政治社會史硏究』, 일조각.

33) 琴京淑, 1989, 「고구려의 '那'에 관한 연구」『강원사학』 5 ; 朴京哲, 1996, 「고구려의 國家形成 연구」, 고려대 박사학위논문.

34) 李鍾旭, 1982, 「고구려 초기의 지방통치제도」『역사학보』 94·95합집.

35) 金基興, 1990, 「고구려의 국가형성」『한국 고대국가의 형성』, 민음사.

파악한 것이다.

나(나국)와 나부의 관계에 대해서는 '部'가 지니는 성격을 종합적으로 고찰하면서 그 성격을 단위 정치체로 규정한 이래[36] 이를 발전시켜나가는 연구가 이어졌다. 먼저 나부가 중앙 국가권력의 통제를 받는 那라는 의미에서 '나부'로 표현되고 있는 반면, 조나와 주나 등은 독립적인 정치체라는 의미에서 단순히 '나'라고만 표기되고 있다고 보았다.[37] 이 견해에서는 나와 나부의 관계에서 '통합'을 중요시하는 바, 읍락(곡집단)의 통합에 의해 나국이, 나국의 통합에 의해 소연맹체가 형성되었으며, 이 소연맹체가 건국 주도세력으로 등장하여 고구려를 형성하면서 나부로 편제되었다고 보았다.[38] 대략 5개의 소연맹체 세력이 각각의 통합력에 의해 비교적 균질하게 분포되어 있었다고 파악하는 것이다. 이후 나국 단계의 세력집단을 세분화하여, 통합을 주도했던 중심 나국과 그에 예속된 피복속 나국으로 나눠보고, 나부는 여러 단계의 통합과 복속을 거쳐 다양한 세력집단으로 구성되어 있었고, 나집단 단계 이상의 세력집단은 자치권도 보유하고 있었음을 주장하기도 하였다.[39] 이때 나국이 존재하는 하한은 1세기 중엽 전후로 보았으며, 5나부 체제가 완성된 것 역시 주변 나국의 복속이 마무리되는 태조대왕대에 완성된 것으로 보았다. 또한 나부의 구성과 영역은 어떠했는지에 대한 연구도 제출되었는데,[40] 최근 공간에 대한 이해가 점차 심화되고 있다는 점[41]은 매우 고무적이다.

---

36) 盧泰敦, 1975, 앞의 글 ; 盧泰敦, 1999, 앞의 책.

37) 林起煥, 1987, 「고구려 초기의 地方統治體制」『慶熙史學』 14 ; 余昊奎, 1992, 「고구려 初期 那部統治體制의 成立과 運營」『韓國史論』 27 ; 金賢淑, 1995, 「고구려 前期 那部統治體制의 運營과 變化」『歷史教育論叢』 20.

38) 林起煥, 1987, 위의 글 ; 金賢淑, 1995, 위의 글.

39) 여호규, 2014, 앞의 책.

40) 조영광, 2010, 「고구려 5那部의 성립과정과 영역 검토」『대구사학』 98.

41) 여호규, 2012, 「고구려 국내성 지역의 건물유적과 도성의 공간구조」『한국고대사연구』 66 ; 여호규, 2013, 「고구려 도성의 의례공간과 왕권의 위상」『한국고대사연

계루부를 제외한 여타 나부와 그 내부에 편제되어 있는 개별 나국의 관계를 특별히 규명하지 않은 채, 계루부가 다른 那(=군장사회)를 국가 지배구조 속으로 편제하는 과정에서 나부가 인위적, 의도적으로 만들어졌다고 보는 경우도 있다.[42] 또한, 고조선 이래 후국제·봉국제의 형식을 통해 왕족이나 국왕의 측근자를 제후로 책봉하거나 지방의 우두머리를 제후로 책봉하거나, 집단적으로 예속시키는 등의 방법을 통해 전국 규모의 통치기구를 조직하고 운영하여 왔다고 상정하기도 한다.[43] 왕권에 의한 통치 범위가 다섯 개의 나부 단위보다 하위까지 이른다고 보고 있는 것이지만, 아직 고구려 전기 국가구조와 정치체제 전반을 검토하지는 못한 상태라는 지적을 받고 있다.[44]

王과 那部의 관계

나와 나부의 관계를 바라보는 시각의 차이는 나부와 왕권의 관계를 어떻게 설정하느냐 하는 문제와 밀접하게 연관된다. 나의 통합에 의해 유력한 다섯 개의 소연맹체가 형성되고 이들이 건국 주도세력으로 등장하였다고 보는 경우, 왕권과 나부의 관계를 살피는 과정에서도 여러 단위 정치체가 중층적으로 결합하면서 왕권이 초월적이지 못했다고 보았다. 그 결과 국가 성립 이후의 나부를 자치권을 지닌 단위정치체로 파악하였고,

---

구』 71 ; 기경량, 2017, 『고구려 왕도 연구』, 서울대 박사학위논문.

42) 琴京淑, 1995, 「고구려 前期의 정치제도 연구」, 고려대 박사학위논문 ; 朴京哲, 1996, 앞의 논문.

43) 고조선이나 부여의 정치체제를 계승하여 '고대의 봉건 원리'를 再造하는 형태로 고구려 초기 통치체제를 성립시켰다는 견해라 하겠다.(이인재, 2006, 앞의 글 ; 이준성, 2011, 「고구려 초기 연노부의 쇠퇴와 왕권교체」 『역사와현실』 80, 한국역사연구회. ; 장병진, 2014, 「초기 고구려의 주도세력과 현도군」 『한국고대사연구』 77, 한국고대사학회.)

44) 여호규, 2014, 앞의 책.

나부 내부의 단위집단으로 부내부를 설정하기도 하였다.[45] 나부의 자치력을 인정하는 것은 동일하지만, 초기 정치체제나 사회구조가 전반적으로 나부를 중심으로 운영되었다는 점을 강조하는 입장을 강조하는 견해가 있는 반면,[46] 계루부가 나부를 통해 이 지역 전체에 통치력을 관철했다는 점을 강조하기도 한다.[47]

다음으로, 나부를 왕권 아래 편제된 하나의 군사 단위로 파악하기도 하였다. 이 경우 고구려 왕권은 이미 초기에 가계급을 일반화된 지배계급으로 편입하고 규제할 만큼 강력하였음을 전제로 태조왕 이후 지배권력이 국왕에게 집중된 集權的 支配體制로 전환되었다고 본다.[48] 또한 행정·관료조직이 이른 시기부터 정비되었다고 보면서, 나부를 계루부 왕권에 의해 편제된 지방통치조직으로 파악하거나,[49] 왕권에 의해 분획된 하부 단위 정치 조직으로 파악하는 것이다.[50]

한편, 那部가 기본적으로 엇비슷한 세력과 권한을 갖는 복수의 부내부로 구성되었음을 받아들이면서도, 이들 부내부의 장은 모두 부장으로 불렸다는 견해가 제시되었다. 기존 논의에서 부내부장으로 불려왔던 존재들이 실제로는 '부장'으로 불린 것이며, 이들 사이에 서열은 존재했지만 상호간의 통속관계나 종적 질서로서의 지배 피지배 관계를 형성하고 있었던 것은 아니었다는 것이다. 이는 복수의 나국을 나부로 편제하며 독자성을 제한하고 종속성을 강화하고자 했던 계루부 왕권의 의도인데, 나부 내에는 나부

---

45) 盧泰敦, 1975, 앞의 글 ; 盧泰敦, 1999, 앞의 책.

46) 林起煥, 1987, 앞의 글 ; 金賢淑, 1995, 앞의 글.

47) 余昊奎, 1992, 「고구려 初期 那部統治體制의 成立과 運營」『韓國史論』 27 ; 여호규, 2014, 앞의 책.

48) 金光洙, 1982, 「고구려 전반기의 '加'계급」『建大史學』 6 ; 金光洙, 1983, 「고구려 古代 集權國家의 形成에 관한 연구」, 연세대 박사학위논문.

49) 李鍾旭, 1982, 「高句麗 初期의 中央政府組織」『東方學志』 33 ; 李鍾旭, 1982, 앞의 글.

50) 朴京哲, 1996, 앞의 글.

전체를 통할하는 부장이 존재하지 않는 대신 단지 복수의 부장급 협의체 정도에 해당하는 기구가 존재하였으리라고 파악한 것이다.[51] 이와 결을 같이 하여 국가 체제(연맹왕국)가 성립한 이후 나(국)과 나부가 병존했을 것으로 상정하는 견해도 주목된다. 나(국)은 연맹권역 내에서 독자세력을 형성한 존재, 나부는 近畿에 포함되어 연맹 왕실과 견고하게 결속된 존재였다는 것이다.[52]

실제로 민중왕 4년(서기 47) 낙랑으로 가서 한나라에 투항한 蠶支落部 대가 대승의 사례나 고국천왕 원년(179) 3만여 명을 거느리고 공손강에게 가서 항복한 발기의 사례, 고국천왕 12년에 있었던 4연나의 반란 등 고구려 전기에 독자 기반을 가진 세력의 집단 이탈 양상이 종종 확인되는 것으로 볼 때 위 두 견해의 추정은 향후 더 세밀하게 검토할 필요가 있다.

지금까지 고구려가 성립된 이후 국가구조를 那와 那部의 관계, 王과 那部의 관계 등 두 가지 범주로 나눠 살펴보았다. 다만, 那와 那部의 관계, 王과 那部의 관계를 통해 국가 전체의 구조를 살피기에는 미흡한 점이 있다. 국가구조가 분권적인지 혹은 집권적인지를 파악하기 위해서는 지방 통치방식이나 수취체제, 대외관계 등에 대한 논의가 더욱 활발해져야 하리라 생각한다.

한편 고구려 전기의 정치체제를 살피는 연구는 관등 체계의 변천과 회의체의 성격 등을 해명하면서 진행되었다.

加와 官制

고구려 전기의 관등에 대해서는 아래 사료 C가 참고된다.

---

51) 조영광, 2010, 앞의 글 ; 조영광, 2011, 『高句麗 初期의 國家 形成』, 경북대학교 박사학위논문.

52) 김두진, 2009, 「고구려 초기의 沛者와 국가체제」 『한국학논총』 31.

사료 C.

其國有王 其官有相加 對盧 沛者 古雛加 主簿 優台 丞 使者 皁衣 先人 尊卑各有等級. 東夷舊語以爲夫餘別種 言語 諸事 多與夫餘同 其性氣 衣服有異. 本有五族 有涓奴部 絶奴部 順奴部 灌奴部 桂婁部. 本涓奴部爲王 稍微弱 今桂婁部代之. 漢時賜鼓吹技人 常從玄菟郡受朝服衣幘. 高句麗令主其名籍 後稍驕恣 不復詣郡. 于東界築小城 置朝服衣幘其中 歲時來取之. 今胡猶名此城爲幘溝漊 溝漊者 句麗名城也. 其置官 有對盧則不置沛者 有沛者則不置對盧. 王之宗族 其大加皆稱古雛加. 涓奴部本國主 今雖不爲王 適統大人 得稱古雛加 亦得立宗廟 祠靈星社稷. 絶奴部世與王婚 加古雛之號 諸大加亦自置 使者 皁衣 先人 名皆達於王 如卿大夫之家臣 會同坐起 不得與王家使者 皁衣 先人 同列.(『三國志』 卷30, 魏書 東夷傳 高句麗條)

사료 C에는 고구려에 상가부터 선인까지 총 10개의 관명이 보이는데, 각각 尊卑에 따라 등급이 나눠졌다고 한다. 이때 존비의 기준이 무엇인지에 따라 고구려 관제의 성격이 달라질 수 있지만 그 기준이 무엇인지는 명확하게 설명되어 있지 않다. 대다수의 연구는 관등을 제가 세력과 왕권의 기반을 보여주는 것으로 파악하였다.[53]

고구려 전기 관등 연구는 구체적인 내용에서는 상이한 점이 있지만 앞서 나열된 10개의 관등이 일원적이지 않은 성립 배경이나 기능을 가지고 결합되었다고 보는 점,[54] 그리고 그 운영에 있어서 당대 지배세력의 존재 양식과 밀접한 관련성을 지녔다고 보는 점에서는 대체로 동의한다. 그것을 이원적으로 파악하여 패자·우태·조의 등 제가 세력을 누층적으로 편제한 관등과 대로·주부·사자 등 왕권의 성장을 뒷받침하며 성립한 관등으로 나누기도 하고,[55] 더욱 세분화하여 나부의 다양한 지배세력을 편제하던

53) 개별 관등의 성격에 대한 연구사 정리는 임기환, 2004, 앞의 책 ; 조영광, 2011, 『高句麗 初期의 國家 形成』, 경북대학교 박사학위논문 ; 여호규, 2014, 앞의 책.
54) 武田幸男, 1978, 「高句麗官位制とその史的展開」『朝鮮學報』 86.

관등, 계루부 왕권을 뒷받침하던 관등, 그리고 나부의 자치권을 뒷받침한 관등 등과 같이 다원적으로 구성되어 있었다고 보기도 한다.[56] 이상의 견해는 관등의 授受를 통해 계루부 왕권과 나부의 지배세력이 역관계를 조정하고 통치력을 행사했음을 논증한 것이다.

한편,『삼국사기』에는 관등의 사여와 함께 몇몇 승급의 사례가 확인되는 만큼 당시 관등제가 기존의 세력을 정태적으로 반영하여 편제한 것에 그쳤던 것이 아니라 소속 부의 차이를 넘어 5부인들을 왕실을 중심으로 한 하나의 정치체로 결집시키는 데 일정한 작용을 하였다고 본다.[57] 관등제 자체의 운영 원리에 의해 왕실을 중심으로 5부인을 하나의 정치체로 결집시켜 나갔다는 점에서 동태적 파악을 강조한 것으로, 앞으로의 연구에서도 이러한 문제의식에 유념해야 할 것이다.

여러 대가가 사자·조의·선인을 自置할 수 있지만, 그 명단은 왕에게 보고해야 한다는 점과, 대가가 자치한 사자·조의·선인은 왕가의 사자·조의·선인과 회동 시 같은 열에 앉지 못하는 점에 주목하여 고구려의 관등제가 지닌 '봉건제적 요소'에 주목하기도 하였다.[58] 이 경우 최근 중국사 연구에서는 봉건제에서 군현제로, 작제에서 관료제로 전환되는 과정에 대한 연구가 심화되고 있는 상황과 맞물려 이해할 여지가 있다.[59] 그럴 경우 고구려 초기 관제의 일국사적 연원과 동아시아적 상관성이 함께 검토될 수 있으리라 기대한다.

---

55) 임기환, 2004, 앞의 책.

56) 여호규, 2014, 앞의 책.

57) 盧泰敦, 1999, 앞의 책.

58) 盧泰敦, 1999, 위의 책, 149쪽 ; 하일식, 2006, 「삼국 관등제가 지닌 봉건제적 요소」『신라 집권 관료제 연구』, 혜안 ; 이준성, 2016, 「고구려 초기 대가(大加)의 성격과 상위 관제(官制)의 작적(爵的) 운영」『동북아역사논총』 53.

59) 민후기, 2000, 「戰國 秦의 爵制 硏究 : 爵制에서 官僚制로의 이행을 중심으로」『동양사학연구』 69집, 동양사학회 ; 민후기, 2004, 「古代 中國에서의 爵制의 形成과 展開-殷商에서 戰國까지-」, 연세대학교 박사학위논문.

좌·우보와 국상

다음은 좌·우보와 국상이 처음 등장하는『삼국사기』의 기사이다.

사료 D.

(1) 春正月 拜乙豆智爲左輔 松屋句爲右輔.(三國史記』「高句麗本紀」第2 대무신왕 10년, 서기 27)

(2) (전략) … 王卽賜狗山瀨·婁豆谷二所 仍封爲讓國君 拜荅夫爲國相 加爵爲沛者 令知內外兵馬兼領梁貊部落 改左·右輔爲國相 始於此.(三國史記』「高句麗本紀」第4 新大王 2年, 166년)

전기 정치체제 운영 양상과 관련된 관직으로는 좌·우보와 국상이 주목되었다. 먼저 좌·우보는 대체로 군신 중 최고 관직으로 핵심적인 위치에 있다는 데에 이견이 없다. 다만 좌·우보를 연맹체를 구성하는 족적 기반이 강한 세력자로 이해하는 견해[60] 이래 좌·우보가 기초하고 있는 정치 기반이 주목되었다. 먼저 좌·우보의 출신 부에 주목하여 정치 운영의 변화를 상정하였다. 즉, 대무신왕 이후 태조대왕대까지 좌·우보에 임명된 인물이 모두 계루부 출신인 것은 당시까지 왕권이 계루부의 독자적 세력만을 기반으로 하였던 것이지만, 이후 좌·우보 임명 방식이 계루부와 나머지 나부들의 대표자가 각각 1인씩 임명되는 방향으로 변화하면서,[61] 계루부를 중심축으로 비교적 세력이 강했던 비류부와 연나부가 밀접한 연합을 전개했다고 보았다.[62] 반면 좌·우보를 왕권과 밀접한 군신집단의 대표,[63] 혹은

60) 노중국, 1979,「高句麗 國相考」「韓國學報』16·17합집.

61) 金賢淑, 1995, 앞의 글.

62) 林起煥, 1987, 앞의 글.

63) 李鍾旭, 1982, 앞의 글.

加 권력을 전제로 하는 集權的 지배신분층이 임명되는 관직[64]으로 보기도 하였다. 두 견해는 고구려 전기에 이미 국가로서의 성격을 체계적으로 갖추고 있었다고 보는 점에서 공통된다.

한편, 좌·우보의 직무 변동을 상정하기도 하였다. 설치 시의 좌·우보는 왕의 측근으로서 국왕을 보좌하였으나, 이후 국가 전체 차원에서 처리해야 할 행정 실무가 증대되자 일상실무를 담당하던 나부의 대리인을 좌·우보에 임명하여 실무적 기능을 강화했다고 보는 것이다.[65] 좌·우보가 왕을 견제하는 역할과 왕권을 지지하는 역할을 아울러 수행하였다고 보기도 한다.[66] 두 견해 모두 좌·우보를 통한 정치 운영방식 혹은 직무의 변화를 설정하였다는 점이 주목된다. 최근에는 좌우보제의 기원을 고구려의 지배층이 지니고 있던 유목 문화의 전통에 찾으면서 흉노의 좌우현왕과 좌우골도후와 비교하기도 하였다.[67]

다음으로 국상에 대한 연구는 『삼국지』에 등장하는 상가와의 관계를 어떻게 설정하느냐에 따라 견해가 나뉜다. 먼저, 국상과 상가를 별개의 존재로 이해하는 경우, 국상은 왕의 측근 관직으로 보면서 계루부를 제외한 4부의 부장에게 부여한 일종의 작위인 상가와 구별하여 이해한다.[68] 반면 국상과 상가를 동일한 것으로 보고, 제가 회의의 장으로서 왕권과 제가 세력 사이의 관계를 조정하였다고 본다.[69] 국상제의 성립 의미를 5나부 세력의 참여를 기반으로 하였다는 점에서 찾기도 하였다. 좌·우보제로 대표되는 초기 정치 운영 체제의 한계를 극복하였다는 것이다.[70] 국상=상가

---

64) 金光洙, 1982, 앞의 글.

65) 余昊奎, 1992, 앞의 글.

66) 琴京淑, 1995, 「고구려 전기의 정치제도 연구」, 고려대 박사학위논문 ; 琴京淑, 2004, 앞의 책.

67) 조영광, 2011, 앞의 논문 ; 조영광, 2016, 「高句麗 左, 右輔의 起源과 性格」 『先史와 古代』 50.

68) 盧泰敦, 1999, 앞의 책.

69) 盧重國, 1979, 앞의 글 ; 金賢淑, 1995, 앞의 글.

설에 동의하면서도 국상은 국가 전체의 행정 실무를 총괄하기 위해 설치했다고 보기도 하는데,[71] 국가 행정 총괄이라는 임무가 좌·우보 설치시부터 계승 발전된 것으로 보거나,[72] 혹은 계루부 중심의 재편과정에서 새롭게 제기된 필요성을 충족하기 위한 것으로 보는 점에서는 차이가 있다.[73]

역시 국상=상가설에 동의하지만 제가회의의 성격을 달리 보기도 한다. 즉, 제가회의를 귀족회의로 보고, 국상은 귀족회의에서 선출되어 왕으로부터 형식상의 임명을 받은 존재로 보는 것이다.[74] 또한 相과 加를 분리하여 相은 군신회의의 장인 國相, 加는 토착 지배세력으로 이해하기도 한다.[75]

국상 직무의 변화 과정에 대한 검토도 이뤄졌다. 변화 시점을 미천왕 이후로 보아 왕권강화와 제가세력의 약화로 인해 국상제의 성격이 변화하였을 것으로 파악하기도 하고,[76] 3세기 중엽 제가회의가 상설적인 귀족회의기구로 변모하면서, 이에 최고위 관등을 소지한 인물이 국상에 임명되어 귀족회의 의장의 역할까지 겸하게 되었다고 보기도 한다.[77] 변화된 국상의 위상은 실무를 총괄하는 기능 이외에 진한의 승상처럼 왕에 대한 간쟁권, 관리 천거권 등 국정을 총괄하는 직책이라는 견해[78]와 유사한 측면이 있다.

---

70) 林起煥, 1987, 앞의 글 ; 임기환, 2004, 앞의 책.

71) 余昊奎, 1992, 앞의 글 ; 琴京淑, 1995, 앞의 글 ; 琴京淑, 2004, 앞의 책 ; 여호규, 2014, 앞의 책.

72) 금경숙, 1999, 「고구려의 諸加會議와 國相制 운영」 『강원사학』 15·16 ; 琴京淑, 2004, 앞의 책.

73) 余昊奎, 1992, 앞의 글. ; 여호규, 2014, 앞의 책.

74) 김영하, 2012, 앞의 책.

75) 李鍾旭, 1979, 「高句麗 初期의 左·右輔와 國相」 『全海宗博士華甲記念史學論叢』 ; 李鍾旭, 1982, 앞의 글.

76) 盧重國, 1979, 앞의 글.

77) 余昊奎, 1992, 앞의 글 ; 여호규, 2014, 앞의 책.

78) 金光洙, 1991, 「고구려의 '國相'職」 『李元淳敎授停年紀念歷史學論叢』, 敎學社.

제가회의

고구려 전기 정치 운영과 관련하여서 좌우보, 국상 등 최고위 관직과 함께 제가회의에 대한 논의가 활발하게 진행되었다. 제가회의의 존재와 관련하여서는 다음 사료 E가 주목되었다.

사료 E.

以十月祭天 國中大會 名曰東盟. 其公會 衣服皆錦繡金銀以自飾. 大加主簿頭著幘如幘而無餘 其小加著折風 形如弁. 其國東有大穴 名隧穴 十月國中大會 迎隧神還于國東上祭之 置木隧于神坐. 無牢獄 有罪諸加評議 便殺之 沒入妻子爲奴婢.

먼저 제가회의는 국정의 주요 사항들이 논의된 국가 운영의 중심적인 정치기구로 상정되었다.79) 제가를 자립성을 강조하는 경우, 특히 회의체를 통해 주요 상황을 결정함으로써 미약한 관료 조직과 집권력이 지닌 취약성을 보완하고 5부 전체에 걸친 통합력과 동원력을 확충하는 데에 불가결한 것으로 보았다.80) 그러면서도 회의의 구성원인 제가가 회의의 구성원인 제가가 왕이 사여하는 관등을 지녔고, 그 관등에 따라 회의에서의 位次가 정해져 있었음을 보아 제가회의는 근본적으로 왕의 권위 아래 귀속되어 있던 존재로 파악하기도 한다.81)

반면 제가의 독자성이 왕이 허용하는 범위 안에서만 인정된다고 보는 경우 제가회의는 국가의 중대사나 중범죄가 있을 경우 자문을 하는 한정된 기능을 수행한다고 보거나82) 비상설적 자문기구로서 일부 왕권을 견제하는

---

79) 盧重國, 1979, 앞의 글 ; 尹成龍, 1997, 「高句麗 貴族會議의 成立過程과 그 性格」 『韓國古代社會의 地方支配』, 신서원.

80) 盧泰敦, 1999, 앞의 책.

81) 盧泰敦, 1999, 앞의 책.

82) 金光洙, 1983, 앞의 글, 155~157쪽.

성격을 지니고 있었다고 파악하였다.[83] 또는 제가회의 대신 왕 직속의 군신회의만을 설정하기도 한다.[84]

제가회의의 성격이 수장회의에서 귀족회의로 변동되었다고 보기도 한다. 그 시기는 국상으로 하여금 제가회의를 대표하도록 한 2세기 후반으로, 3세기 이후 국정운영 방식은 왕권이 한층 성장하고 중앙집권력이 강화된 한편, '諸加 聯合的' 국정운영 방식이 유지되는 전환기적 면모를 보이는 것으로 파악하였다.[85]

한편, '제가회의'를 처음부터 귀족세력의 이익을 보장하는 귀족회의체로 규정하기도 한다. 귀족회의의 구성은 왕족과 전왕족, 왕비족과 재지 기반의 수장층 등이 포함되었다는 것이다. 특히 귀족회의와 왕의 권력관계를 검토함으로써 당시 귀족세력의 정치적 위상을 가늠할 수 있다고 보면서 고대국가의 핵심적인 사안인 전쟁이나 왕위계승 후보 결정 등에 귀족회의가 영향력을 발휘한 것으로 파악하였다.[86] 국왕과 귀족, 관료의 권한을 어떻게 설정하는지에 따라 회의체의 성격 및 운영 양상이 달라지는 바, 정치세력이나 정치 사상에 대한 연구가 진전될 필요성이 제기된다.[87]

이상 고구려 전기의 정치체제와 운영을 살펴보았다. 눈에 띄는 점은 좌·우보나 국상 최상위 관직의 직무나 회의체의 성격을 검토하면서 그것을 고정 불변적인 것으로 파악하는 대신, 국가 중대사에 대한 의결권과 행정 실무 집행권의 운용방식에 따라 역동적으로 변화하는 모습을 추적하는 연구가 진행되고 있다는 점이다. 이런 시각에서의 분석이 지속된다면 앞으로 시간의 경과에 따라 왕권과 귀족층의 권력관계, 고구려인의 의식 등 여러 면에서 변화가 일어나는 양상을 고려하고, 그와 더불어 제도 자체가

---

83) 금경숙 1999, 앞의 글 ; 琴京淑, 2004, 앞의 책.
84) 李鍾旭, 1979, 앞의 글 ; 李鍾旭, 1982, 앞의 글.
85) 이정빈, 2006, 「3세기 高句麗 諸加會義와 國政運營」『진단학보』 102.
86) 김영하, 2012, 앞의 책.
87) 임기환, 2003, 앞의 글.

수정, 발전되는 과정을 상세하게 규명할 수 있게 될 것[88]으로 기대한다.

Ⅳ. 결론 : 향후 과제와 전망

선행 국가, 주변 세력의 영향력 고려

국가구조나 정치체제는 선행했던 국가구조나 정치체제의 유형에 따라 영향을 받을 수 있다. 즉, 소위 '시간의 맥락'에 대한 고려가 필요하다. 이에 앞으로는 개별 연구의 대상을 고구려에 한정하였던 연구 경향에서 벗어나 古朝鮮, 夫餘와의 관련성을 적극적으로 고려할 필요가 있다.[89]

뿐만 아니라 주변 세력의 영향력에 대한 고려가 다각도로 이뤄져야 한다. 선진시대의 국가구조와 정치체제가 東夷 사회에 어떻게 영향을 미쳤는지, 그리고 漢의 통일제국 형성과 팽창이 가져온 영향과 압박에 어떻게 대처해 나갔는지,[90] 북방 사회 혹은 유목 세력의 영향력은 어떻게 봐야 하는지[91]에 대해 정치사 연구에서도 적극적인 고려가 필요하다.

이를 통해 국가구조의 형성 과정이 단선적으로 진행되지 않으며 여러

---

88) 金賢淑, 1995, 앞의 글.

89) 金光洙, 1994, 「高句麗 官名의 系統的 理解」『歷史敎育』 56 ; 문창로, 2009, 「부여의 관제와 그 계통적 접근」『한국학논총』 31 ; 박경철, 1996, 「부여의 사회구조」『韓國古代史硏究』 9.

90) 기수연, 1999, 「현도군과 고구려의 건국에 대한 연구」『고구려연구』 29 ; 權五重, 2002, 「漢과 高句麗의 關係」『高句麗硏究』 14 ; 김미경, 2002, 「제1현도군의 위치에 대한 재검토」『실학사상연구』 24 ; 윤용구, 2006, 「고구려의 흥기와 책구루」『고구려의 역사와 대외관계, 서경 ; 윤용구, 2008, 「현도군의 군현지배와 고구려」『요동군과 현도군 연구』, 동북아역사재단 ; 이성제, 2011, 「현도군의 개편과 고구려」『한국고대사연구』 64 ; 장병진, 2014, 앞의 글.

91) 金浩東, 1993, 「북아시아 유목국가의 군주권」『동아사상의 왕권』, 한울 ; 조영광, 2016, 앞의 글 ; 조영광, 2017, 「夫餘, 高句麗 社會의 北方文化的 要素에 대하여」『東洋學』 66.

맥락에서 변화해간다는 입장에서의 분석이 필요하다고 생각한다. 그렇다면 선행했던 사회 및 국가, 그리고 동시대 주변 세력의 역사적 경험이 선택적으로 채택되고 공유된 측면이 있음을 염두에 두면서 국가구조 및 정치체제의 일국사적 연원과 동아시아적 상관성이 함께 면밀히 검토할 수 있을 것이라고 생각한다.[92)]

정치세력의 설정

그동안 고구려사 연구는 앞서 살펴본 국가구조나 정치체제 등이 중심이 되어왔다. 정치세력이나 정치 사상에 대한 연구는 그만큼 생소한데, 그것은 물론 현존하는 사료의 조건상 매우 어려운 작업임에 분명하다.[93)] 그렇지만 고구려를 구성하는 종족에 대한 연구가 꾸준히 축적되어 왔고,[94)] 기존 연구에서 이미 토착 세력과 이주민, 왕과 귀족, 왕비족[95)]에 대한 해명이 이뤄져 왔을 뿐만 아니라 왕실 교체[96)] 연구와 천도[97)] 등의 정치적 사건을

---

92) 임기환은 기존 연구에서 정치체제를 단선적으로 파악한 이유로 사료적인 측면에 대한 문제제기를 한 바 있다. 즉, 고구려 고유의 역사적 경험과 사회적 특질이 후대의 사료 정리과정에서 제대로 반영되기 어려웠을 것이며, 이 때문에 고구려사회가 갖는 유목사회적 요소나 다종족 구성의 측면, 정복국가로서 제국적 통치질서, 정치·문화의 국제성 등등의 측면을 고스란히 복원하고 설명하기에 더더욱 큰 어려움을 겪게 된다는 것이다. 고구려 정치사 관련 사료를 해석하는 데에 있어서도 새로운 방법론에 대한 모색이 필요할 것이라는 지적이 나온 이유이기도 하다.(임기환, 2003, 앞의 글.)

93) 임기환, 2003, 앞의 글.

94) 김현숙, 2007, 앞의 글 ; 송호정, 2007, 「고구려의 족원과 예맥」『고구려연구』 27 ; 조영광, 2010, 「초기 고구려 종족 계통 고찰」『동북아역사논총』 27 ; 여호규, 2014, 「고구려의 기원과 국가 형성」『고구려 초기 정치사 연구』, 신서원.

95) 李基白, 1959, 「高句麗王妃族考」『震檀學報』 20.

96) 田美姬, 1992, 「高句麗 初期의 왕실교체와 五部」『朴英錫敎授華甲記念韓國史學論叢(上)』 ; 金賢淑, 1994, 「고구려의 該氏王과 高氏王」『大邱史學』 47 ; 강경구, 1999, 「고구려 계루부의 왕실교체에 대하여」『한국상고사학보』 30 ; 이준성, 2011, 앞의 글 ; 장병진, 2014, 앞의 글.

통해서 지배 세력의 교체를 상정하는 등 정치세력과 관련된 연구가 꾸준하게 연구되어 왔다고 볼 여지도 있다. 앞으로 본격적으로 정치세력의 설정과 그 변화, 그리고 그것에 기인한 정치 제도 및 체제의 변화 등에 대한 이해가 가능하지 않을까 생각한다.

고고학 성과의 활용

문헌자료의 한계가 뚜렷한 상황에서 고구려의 국가 성립과정과 전기 국가구조 및 정치체제 등 정치사 영역의 제양상을 살피기 위해서 고고학적 성과의 적극적 활용이 필요한 상황이다.[98] 압록강 중상류 유역을 중심으로

---

97) 노태돈, 1998, 「고구려의 기원과 국내천도」 『한반도와 중국동북3성의 역사와 문화』, 서울대 출판부 ; 김종은, 2003, 「고구려 초기 천도기사로 살펴본 왕실교체」 『숙명한국사론』 3 ; 余昊奎, 2005, 「高句麗 國內 遷都의 시기와 배경」 『한국고대사연구』 38 ; 조법종, 2007, 「고구려 초기 도읍과 비류국성 연구」 『백산학보』 77 ; 권순홍, 2014, 「고구려 초기의 都城과 改都 -태조왕대의 왕실교체를 중심으로-」, 성균관대학교 석사학위논문.

98) 姜賢淑, 1999, 「고구려 적석총의 등장에 대하여」 『경기사학』 3 ; 강현숙, 2000, 「石槨積石塚을 통해 본 高句麗 五部」 『외대사학』 12 ; 오강원, 2002, 「遼寧~西北韓지역 中細型銅劍에 관한 연구」 『淸溪史學』 16·17 ; 오강원, 2004, 「萬發撥子 유적을 통하여 본 통화지역 선원사문화의 전개와 초기 고구려문화의 형성과정」 『북방사논총』 1 ; 김희찬, 2005, 「국내성 지역에서 발굴된 와당 연구」 『고구려연구』 20 ; 오강원, 2005, 「오녀산과 환인지역의 청동기문화와 사회」 『북방사논총』 3 ; 양시은, 2005, 「환인 오녀산성 출토 고구려 토기의 양상과 성격」 『북방사논총』 3 ; 심광주, 2005, 「고구려 국가형성기의 성곽연구」 『고구려의 국가형성』, 고구려연구재단 ; 이남규, 2005, 「고구려 국가형성기 철기문화의 전개양상」 『고구려의 국가형성』, 고구려연구재단 ; 池炳穆, 2005, 「고구려 성립기의 고고학적 배경」 『고구려의 국가형성』, 고구려연구재단 ; 崔鍾澤, 2006, 「고구려고고학의 최근 연구성과와 과제」 『한국선사고고학보』 12 ; 池炳穆, 2007, 「高句麗 起源의 考古學的 考察」 『고구려연구』 27 ; 鄭好燮, 2011, 『고구려 고분의 조영과 제의』, 서경문화사 ; 여호규, 2011, 「고구려 적석묘의 내외부 구조와 형식분류」 『동아시아의 고분문화』, 서경문화사 ; 오강원, 2012, 「高句麗 初期 積石墓의 出現과 形成 過程」 『고구려발해연구』 43 ; 여호규, 2012, 「고구려 국내성 지역의 건물유적과 도성의 공간구조」 『한국고대사연구』 66 ; 여호규, 2013, 「고구려 도성의 의례공간과 왕권의 위상」 『한국고대사연구』 71 ; 강현숙, 2013, 『고구려 고분 연구』, 진인진 ; 양시은, 2016, 「고구려

성장한 고구려의 국가 성립과정을 살피기 위해서는 두 가지 질문에 대해 고민하는 과정이 필요하다. 하나는 '계층의 분화 양상과 지역적 편차'를 어떻게 해명할 수 있는가 하는 질문[99]이고, 다른 하나는 '국가의 출현'을 고고학적으로 어떻게 해명할 수 있을까 하는 질문[100]이다. 이 두 가지 질문은 고고학계에서 매우 오랫동안 다뤄온 주제이면서도 아직 명확한 해명이 어려운 것들이기는 하지만, 중국 동북지역의 발굴 사례가 점차 늘어나고 있는 상황이라는 점은 고무적이다. 무덤을 통해 사회구성원들 사이의 분화 정도가 파악되고, 성곽을 통해 중심지와 지배기구의 대두 등이 설명되고 있는 바, 취락 유적의 발굴 사례가 늘어난다면 사회의 계층화 과정 및 주변 지역과의 관계망이 이야기될 수 있을 것이다.[101]

성 연구」, 진인진.

99) 한국고고학회 편, 2007, 『계층 사회와 지배자의 출현』, 사회평론.

100) 일반적으로 '국가' 단계 사회 존재를 파악하는 데 이용하고 있는 고고학 자료들은 다음의 네 가지로 나누어 생각하여 볼 수 있다. ① 기념비적 혹은 종교적인 건축물의 조사. ② 무덤 축조에 드는 노동력과 관련하여 무덤의 외형적인 규모와 질적인 면으로 무덤 내부에서 나오는 부장품들의 양과 질의 검토. ③ 출토 유물과 발굴된 유적지의 기능적 다양화와 유적지들 상호 의존 관계. ④ 취락구조 형태의 분석 등이 그것이다.(강봉원, 1999, 「한국 고대 복합사회 연구에 있어서 신 진화론의 적용 문제 및 '국가'단계」『韓國古代國家形成論-考古學上으로 본 國家』, 서울대학교 출판부, 355~370쪽 ; 한국고고학회 편, 2008, 『국가 형성의 고고학』, 사회평론.)

101) 다만 동시에 물질문화의 분석을 통해 정치의 양상을 살피는 것이 매우 어려운 작업일 뿐 아니라 유의미한 결과를 도출할 수 있는지에 대한 근본적인 고민을 아울러 해야 할 것이다.

강 진 원

고구려 國家祭祀 연구의 경향 및 쟁점
-한국학계의 동향을 중심으로-

Ⅰ. 머리말

의례는 사회적 유대와 균형을 유지하는 데 중요한 역할을 하였고,[1)] 해당 사회의 사고관념과 실상을 보여주기도 한다.[2)] 국가제사는 '국가권력의 주도 아래 국가적인 관심 속에 치러지며, 해당 공동체 내의 제례 가운데 손꼽힐 수 있는 위상과 비중을 가진 제사'를 말한다. 즉 왕권의 의지가 투영되어 그 격이 높아진 제사이다.[3)] 따라서 국가권력과 밀접한 관계가 있다. 나아가 풍요 기원과 수확 감사, 재이 방지와 국토·사회 보전, 국가의 번영과 군주의 안녕 등을 목적으로 이루어지므로,[4)] 당시 공동체의 상황을 반영하는 측면도 있다. 따라서 국가제사 연구는 과거의 실상을 복원하는

1) Alfred Regninald Radcliffe-Brown, 1965, *Structure and Function in Primitive Society, Cohen & West* ; 김용환 옮김, 1985, 『원시 사회의 구조와 기능』, 종로서적, 27쪽, 162~164쪽.

2) Anthony F. C. Wallace, 1966, *Religion : an anthropological view, Random House*, 102쪽, 106쪽.

3) 姜辰垣, 2015, 「高句麗 國家祭祀 硏究」, 서울大學校博士學位論文, 2쪽.

4) 中村英重, 1999, 『古代祭祀論』, 吉川弘文館, 57쪽.

데 적지 않은 비중을 차지한다.

『三國史記』 및 『三國志』 등의 중국 측 사서에 나타나는 고구려의 국가제사는 祭天大會(東盟), 始祖廟 제사, 宗廟·社稷 제사, 夫餘神廟·登高神廟 제사, 朱蒙祠(朱蒙廟) 제사, 太后廟 제사 등을 거론할 수 있고, 최근에 주목받기 시작한 墓祭 역시 그 범주에 넣을 수 있다. 각 제사별로 일정한 논의가 축적되어 왔으므로, 현재까지의 연구 성과를 정리해볼 필요가 있을 것이다.

이 글에서는 이들 국가제사를 각기 살펴본 뒤, 쟁점 사항을 파악하고 필요한 부분에 관해서는 사견을 덧붙이고자 한다. 특히 한국학계의 성과를 중심으로 언급하고자 하는데, 일본학계의 경우 연구 초창기에 중요한 논의들이 이루어졌으나, 최근에는 양적·질적인 측면에서 별다른 성과가 축적되지 않았고, 중국학계의 경우 동북공정 이후 연구가 진전되었으나, 관련 기록을 피상적으로 나열하는 수준에 그치고 있기 때문이다.[5] 따라서 일본학계의 성과는 초창기 연구에, 중국학계의 성과는 독특한 견해를 제시했다고 여겨지는 경우에 한하여 소개할 것이다. 역량 부족으로 인하여 선학의 발자취를 제대로 따라가지 못할까 우려된다. 아낌없는 꾸짖음을 바랄 따름이다.

Ⅱ. 祭天大會 東盟

고구려 국가제사 가운데 현재 가장 활발한 논의가 오간 것은 東盟이라고도 일컬어진 10월 祭天大會이다. 아마도 『魏略』 逸文이나 『三國志』에 그 사정을 자세히 기술하고 있을 뿐 아니라, 『舊唐書』나 『新唐書』에까지 그 존재를 남기고 있기 때문에, 많은 주목을 받기에 이른 것이 아닐까 한다.

관련 연구를 본격적으로 시작한 것은 일본 연구자들이었다. 三品彰英은

---

5) 이승호, 2017, 「2007년 이후 중국의 고구려 종교·사상사 연구 동향」 『高句麗渤海研究』 57, 高句麗渤海學會, 45쪽 참조.

고대 穀靈信仰과의 관련성에 주목하여, 그것이 수확제이며 치제되는 대상 또한 穀神으로서의 성격이 짙다고 하였다.[6] 井上秀雄은 『三國志』의 사료적 가치가 『後漢書』보다 높다고 한 뒤, 제천대회가 수확제라는 점을 인정하고 동맹에서의 제천의례가 바로 隧神 관련 제의라고 주장하며, 간략하게나마 시간에 따른 변화상을 모색하였다.[7] 이들 연구는 제천대회의 기본적인 성격을 규명하였으며, 오늘날까지도 많은 영향을 끼치고 있다. 다만 농경의례라는 측면에만 관심을 기울여, 국가제사에 국가권력의 의도가 함께한다는 점을 소홀히 하였다.

그 면에서 제천대회의 정치·사회적 의미와 역할에 주목한 한국 연구자들의 성과가 눈길을 끈다. 최광식은 그것이 쌀벼(稻米) 수확의례가 아니라 잡곡 수확의례이며, 公會로 이루어졌기에 단순한 민속의례로 보기 어려움을 지적하였다.[8] 노태돈은 부체제기 제천대회의 역할에 관심을 두어, 그 主祭者는 왕이었고 왕실 조상신에 대한 제사로서의 성격도 있었으며, 고구려 5부를 결속케 함과 아울러 왕실의 신성함과 5부의 우월성을 내세우는 정치적인 기능도 담당하였다고 파악하였다.[9] 윤성용 또한 제천대회가 제가회의의 결정사항에 대한 구속력을 강화시켰다고 여겼다.[10]

이와 함께 제천대회를 국가제사란 측면에서 종합적으로 다룬 성과들도 등장하기 시작하였다. 대표적인 것이 서영대의 연구이다. 여기서는 관련 기록의 대조와 아울러 의례가 나타내는 바와 그 명칭, 기능과 참가 범위 및 존속 기간 등에 대해 다각도로 검토하였다. 그 결과 제천대회는 주몽의

---

6) 三品彰英, 1973, 『古代祭政と穀靈信仰』, 平凡社, 158~203쪽.
7) 井上秀雄, 1978, 『古代朝鮮史序說-王者と宗敎-』, 寧樂社, 92~104쪽.
8) 최광식, 1994, 『고대한국의 국가와 제사』, 한길사, 151~153쪽.
9) 노태돈, 1999, 『고구려사 연구』, 사계절, 159~164쪽 및 450쪽 ; 盧泰敦, 1991, 「高句麗의 歷史와 思想」 『韓國思想史大系 2』, 韓國精神文化硏究院, 17~20쪽.
10) 윤성용, 2005, 「고구려 建國神話와 祭儀」 『韓國古代史硏究』 39, 한국고대사학회, 23~27쪽.

탄생을 재연한 의례였고, 한국 고대에는 천신과 조상신을 명확히 구분하지 않았기에 始祖祭가 제천의례로 행해질 수 있었으며 국내도읍기에 전형적인 모습을 보였다고 규정하였다.[11] 제천대회에 얽힌 여러 가지 문제들에 대해 논한 성과였기에, 오늘날까지도 해당 의례를 살펴봄에 참조가 된다. 최근에는 강진원이 기본적인 사항의 재검토와 아울러, 시기적 추이에 따른 변화상을 다루기도 하였다.[12]

그간의 제천대회 연구는 몇 가지 문제를 두고 중점적으로 논의가 이루어졌다. 따라서 이하에서는 그에 대한 입장 정리를 중심으로 논의를 정리해보겠다.

우선 해당 의례를 구성하는 제의의 수와 아울러 수신 관련 제의가 나타나는 바에 대해서이다. 제천대회에서는 하나의 제의, 즉 隧神 관련 제의가 있었으며,[13] 이때의 수신은 始祖母이므로 그 제의 과정은 왕실 시조신화의 재연이라고 보는 입장이 대부분이다.[14] 그러나 상반된 견해도 존재한다.

---

11) 徐永大, 2003, 「高句麗의 國家祭祀-東盟을 중심으로-」『韓國史硏究』 120, 韓國史硏究會, 3~28쪽.

12) 강진원, 2014(a), 「고구려 祭天大會의 성립 시기와 그 추이」『東方學志』 165, 延世大學校 國學硏究院.

13) 최광식, 1994, 앞의 책, 152~153쪽 ; 三品彰英, 1973, 앞의 책, 163~169쪽 ; 井上秀雄, 1978, 앞의 책, 95~97쪽 ; 徐永大, 2003, 앞의 글, 16~20쪽 ; 윤성용, 2005, 앞의 글, 23쪽 ; 김영준, 2006, 「평양천도 이후 고구려의 정기적 국가의례」, 仁荷大學校碩士學位論文, 6~7쪽.

14) 徐永大, 1991, 「韓國古代 神觀念의 社會的 意味」, 서울大學校博士學位論文, 190~191쪽 ; 朴昊遠, 1997, 「韓國 共同體 信仰의 歷史的 硏究-洞祭의 形成 및 傳承과 관련하여-」, 韓國精神文化硏究院博士學位論文, 26쪽 ; 김기흥, 2002, 『고구려 건국사』, 창작과비평사, 95쪽, 129~130쪽 ; 김화경, 2002, 『일본의 신화』, 문학과지성사, 243~245쪽 ; 나희라, 2003, 『신라의 국가제사』, 지식산업사, 83쪽, 228쪽 ; 김재용·이종주, 2004, 『왜 우리 신화인가-동북아 신화의 뿌리, 「천궁대전」과 우리 신화-』, 동아시아, 257~258쪽 ; 三品彰英, 1973, 위의 책, 169쪽, 174쪽 ; 大林太良, 1984, 『東アジアの王權神話-日本·朝鮮·琉球』, 弘文堂, 208~209쪽 ; 田中通彦, 1982, 「高句麗의 信仰과 祭祀-특히 東北아시아의 豚聖獸視를 중심으로-」『亞細亞學報』 16, 亞細亞學術硏究會, 110쪽 ; 盧泰敦, 1991, 앞의 글, 19쪽 ; 金和經, 1998, 「高句麗 建國神話의 硏究」『震檀學報』 86, 震檀學會, 35쪽 ; 권오영, 1999, 「한국 고대의 새(鳥) 관념과 제의」『역사와

김두진은 수신 관련 제의를 복속집단 지배층의 조상제사로 보아 제천의례와의 구별을 시도하였다.15) 조우연은 이 논의의 연장선상에서 수신을 왕실 조상신이 아닌 공동의 地母神으로 보았다.16) 이재성은 양자를 별개로 파악한 것에서는 같으나, 5부의 지배 성원 전체가 참여한 것이 제천이고, 계루부 성원들만 참여한 것이 수신 관련 제의라 하였다.17) 이상의 논의는 세부적인 부분에서 차이는 있으나, 제천대회가 복수의 의례로 이루어졌다는 점에서는 공통된다. 이러한 입장은 이정빈, 이준성, 이춘우에게까지 이어지고 있다.18) 또 『三國志』에서 보이듯 3세기 중엽까지도 消奴部(涓奴部) 등이 독자적인 제사 시설을 갖추고 있었으므로, 왕실 시조신화보다는 부여 동명설화가 재연되었을 가능성이 제기되기도 하였다.19) 그밖에 소노부와

현실』 32, 한국역사연구회, 103쪽 ; 張志勳, 1999, 「韓國 古代의 地母神 信仰」 『史學研究』 58·59, 한국사학회, 83~84쪽 ; 金基興, 2001, 「高句麗 建國神話의 검토」 『韓國史研究』 113, 韓國史研究會, 18~19쪽 ; 徐永大, 2003, 위의 글, 13~15쪽 ; 전덕재, 2003, 「신라초기 농경의례와 공납의 수취」 『강좌 한국고대사 2 : 고대국가의 구조와 사회(1)』, 가락국사적개발연구원, 362쪽, 주57) ; 최원오, 2003, 「한국 신화에 나타난 여신의 위계 轉換과 윤리의 문제」 『比較民俗學』 24, 비교민속학회, 288쪽 ; 나희라, 2004, 「고대 한국의 이데올로기와 그 변화」 『韓國思想史學』 23, 한국사상사학회, 182쪽 ; 오세정, 2004, 「신화 소통에 관한 제의적 기호작용 연구」 『기호학연구』 16, 한국기호학회, 316쪽 ; 윤성용, 2005, 위의 글, 24쪽 ; 김영준, 2006, 위의 글, 14~18쪽 ; 조영광, 2006, 「河伯女신화를 통해서 본 고구려 국가형성기의 상황」 『北方史論叢』 12, 고구려연구재단, 284쪽 ; 채미하, 2006, 「高句麗의 國母信仰」 『北方史論叢』 12, 고구려연구재단, 350~351쪽 ; 金昌錫, 2007, 「신라 始祖廟의 성립과 그 祭祀의 성격」 『역사문화연구』 26, 한국외국어대학교 역사문화연구소, 215쪽.

15) 金杜珍, 1999, 『韓國古代의 建國神話와 祭儀』, 一潮閣, 103~104쪽.

16) 趙宇然, 2010, 「4~5세기 高句麗 國家祭祀와 佛敎信仰 研究」, 仁荷大學校博士學位論文, 60~64쪽 ; 조우연, 2011, 「고구려 祭天儀禮의 전개」 『高句麗渤海研究』 41, 高句麗渤海學會, 57~60쪽.

17) 李在成, 2008, 「고구려 초기 桂婁部의 神堂과 宗廟」 『전통문화논총』 6, 한국전통문화대학교 한국전통문화연구소, 160~166쪽.

18) 이정빈, 2006, 「고구려 東盟의 정치의례적 성격과 기능」 『韓國古代史研究』 41, 한국고대사학회, 173~174쪽 ; 이준성, 2013, 「고구려 국중대회(國中大會) 동맹(東盟)의 구성과 축제성」 『역사와 현실』 87, 한국역사연구회, 324쪽 ; 이춘우, 2013, 「高句麗의 東盟祭·隧神祭와 神廟」, 釜山大學校碩士學位論文, 7~8쪽.

단군이 관련되었다는 전제 아래서 수신을 熊女로 보거나,[20] 웅녀와 시조모(河伯女)가 배합된 의례로 파악하기도 하였다.[21]

이에 대하여 강진원은 관련 기록에서 제의 과정을 언급하고 있는 것은 수신 관련 제의이고, 왕실을 제외한 고구려 지배집단들이 수신 관련 제의에서 유추되는 전승을 숭배할 만한 바탕을 공유하였는지 확신할 길이 없기에 공동의 신격을 치제했다는 데 거리를 둔 뒤, 제천대회가 왕권의 주관 아래 치러진 國中大會인 점,[22] 왕실 시조를 모시는 始祖廟 제사가 거국적으로 행해진 점, 국가체제가 확립했다고 보기 힘든 흉노의 蘢城大祭에서 族祖가 치제된 점, 『舊唐書』·『新唐書』를 볼 때 해당 의례의 주신이 바뀌지 않았다는 점을 근거로 제천대회에서 시조의 출생담이 재연되었으며, 이는 왕실 조상신에 대한 치제이자 곧 제천의례였다고 파악하였다.[23]

다음으로 제천대회 안에 별도의 행사가 포함되었는지에 대해서이다. 대개는 제천의례가 곧 국중대회이며, 그 이름이 동맹이라는 데 동의하고 있다.[24] 그러나 다른 입장도 존재한다. 류현희는 국중대회가 수렵대회·제

---

19) 여호규, 2014, 『고구려 초기 정치사 연구』, 신서원, 63~65쪽 ; 장병진, 2016, 「고구려 출자 의식의 변화와 「集安高句麗碑」의 건국설화」 『人文科學』 106, 연세대학교 인문학연구원, 217쪽, 223쪽.

20) 최일례, 2010, 「고구려인의 관념에 보이는 단군신화의 투영 맥락－비류부의 정치적 위상을 중심으로」, 『韓國思想과 文化』 55, 한국사상문화학회, 203~205쪽.

21) 이병도 역주, 1996(b), 『삼국사기(하)』, 을유문화사, 173쪽 주38).

22) 여호규, 2014, 앞의 책, 287쪽.

23) 姜辰垣, 2015, 앞의 박사학위논문, 26~37쪽 ; 강진원, 2014(a), 앞의 글, 7~11쪽 ; 강진원, 2017, 「「集安高句麗碑文」 건국신화의 성립과 변천」 『史林』 61, 首善史學會, 7~9쪽.

24) 최광식, 1994, 앞의 책, 151쪽 ; 李鍾泰, 1996, 「三國時代의 「始祖」認識과 그 變遷」, 國民大學校博士學位論文, 150쪽 ; 朴承範, 2002, 「三國의 國家祭儀 硏究」, 檀國大學校博士學位論文, 46쪽 ; 三品彰英, 1973, 앞의 책, 162~163쪽 ; 朴承範, 2001, 「고구려의 국가제사」 『史學志』 34, 檀國史學會, 98쪽 ; 朴承範, 2004, 「祭儀를 通해서 본 高句麗의 正體性」 『高句麗硏究』 18, 高句麗硏究會, 445쪽 ; 徐永大, 2003, 앞의 글, 3쪽 ; 윤성용, 2005, 앞의 글, 25쪽 ; 李在成, 2008, 앞의 글, 161쪽 ; 최광식, 2007(a), 「고구려의 신화와 국가 제사」 『고구려의 문화와 사상』, 동북아역사재단, 35쪽.

천행사·제가회의 등으로 구성되었다고 보았다.[25] 국동대혈로 가는 과정에서 수렵이 이루어졌다는 것은 『三國史記』 東明聖王本紀에 전하는 주몽의 善射 전승이 이때 이루어졌다고 보았던 데 원인이 있다. 하지만 제천대회가 성립될 무렵 『三國史記』에서 전하는 바와 같은 신화가 확정되었다고 볼 근거도 없거니와, 신화의 모든 장면이 의례에서 재연되었다고 확신할 수도 없다. 또 『三國志』가 반영하는 3세기 중·후반 무렵 이미 제천대회와 제가회의는 분리되었으므로,[26] 양자가 결합하여 행해졌다고 보는 것은 무리가 따르고, 행사가 진행될수록 참여 인원이 줄어든다는 주장 역시 근거가 모호하다.

강경구는 부여 시조 東明을 모시는 祭祖와 大木을 숭배하는 제천 및 수신을 모시는 祭地 행사가 아울러 치러졌고, 종묘·영성·사직·시조묘 치제도 함께 행해졌으며, 후한의 제천행사와 마찬가지로 5일에 걸쳐 이루어졌다고 여겼다.[27]

이정빈은 『後漢書』에서 수신 관련 제의 기사 뒤에 公會에서의 衣冠 기사가 나오는 점이나,[28] 『魏略』 逸文에서 의복 기사 앞에 軍事 시의 제천 언급이 있다는 점을 들어, 수신 관련 제의를 제천과 별개로 본 뒤, 公會 또한 제천과 구별되는 별도의 정치의례로 파악하였다.[29] 이준성은 여기에 더하여 재판이나 음주가무 등의 행사도 함께한 축제형 의례의 전형이라 하였다.[30] 제천대회에 어울림의 요소가 있었음은 이미 지적되었다.[31] 문제는

---

25) 류현희, 2000, 「高句麗 '國中大會'의 구조와 기능」『白山學報』 55, 白山學會, 116~126쪽.

26) 여호규, 2014, 앞의 책, 283쪽.

27) 강경구, 2004, 「高句麗 東盟祭 序說」『白山學報』 68, 白山學會, 32~53쪽.

28) 『後漢書』 卷85, 列傳 第75, 東夷, 高句驪, "以十月祭天大會 名曰東盟 其國東有大穴 號襚神 亦以十月 迎而祭之 其公會衣服 皆錦繡金銀以自飾 大加主簿皆著幘 如冠幘而無後 其小加著折風 形如弁."

29) 이정빈, 2006, 앞의 글, 175~177쪽.

30) 이준성, 2013, 앞의 글, 308~327쪽.

公會의 이해이다. 이에 대해 강진원은 『後漢書』를 비롯한 후대의 기록에서 '祭天'과 '國中大會'를 결합하여 '祭天大會'라 하였고, 『魏略』 逸文에서 "以十月會祭祭天名曰東盟"이라 하였으므로, '제천=국중대회=동맹'이며, 『三國志』에서 "國中大會名曰東盟其公會衣服"이라 하여 '其公會', 즉 공회가 국중대회 동맹임을 말하고 있음을 들어, 공회를 별도의 행사로 보지 않았다.[32]

東盟이란 용어의 의미에 대한 접근도 이루어졌다. 종래는 고구려의 시조인 東明이나 朱蒙,[33] 혹은 부여 시조 東明[34]을 音借한 것으로 보는 견해가 많았다. 그런데 「광개토왕비문」이나 『魏書』를 보면 고구려의 시조는 '鄒牟' 혹은 '朱蒙'이라 칭해짐에 비해, 東明은 부여 시조로 나오고 있다. 즉 고구려 시조 朱蒙과 부여 시조 東明은 구별되는 존재였으므로, 애초부터 시조를 동명으로 부르지는 않았을 것이다. 조우연은 부여의 '迎鼓'와 동예의 '舞天'이 한문식 표현이라는 점을 들어, 동맹은 "東쪽에서 盟하였다"란 뜻이라고 추정하였다.[35] 강진원 또한 영고나 무천이 訓借라는 데 동의하며, 동맹을 '(國都) 동쪽에서 이루어진 회합'으로 이해하였다.[36] 이춘우는 '東'에 '으뜸(首)'이라는, '盟'에 '희생례'라는 뜻이 있다 하여 '(나라에서) 으뜸으로 행하는 희생례'로 보기도 한다.[37] '東'과 '盟'에 함축적 의미가 있다고 보는 것인데,

31) 徐永大, 2003, 앞의 글, 22~23쪽.

32) 姜辰垣, 2015, 앞의 박사학위논문, 23~25쪽 ; 강진원, 2014(a), 앞의 글, 5~6쪽.

33) 최광식, 1994, 앞의 책, 152쪽 ; 김기흥, 2002, 앞의 책, 91쪽 ; 김열규, 2003, 『동북아시아 샤머니즘과 신화론』, 아카넷, 11쪽 ; 류현희, 2000, 앞의 글, 120쪽 ; 장재웅, 2006, 「중국어 역사음운론을 통한 고구려신화에 반영된 언어자료 분석-東明·朱蒙 동음설 및 東盟·東明 동음설을 중심으로-」 『中國言語研究』 23, 한국중국언어학회, 508쪽 ; 서영대, 2007, 「토착 신앙과 풍속 문화」 『고구려의 문화와 사상』, 동북아역사재단, 50쪽.

34) 여호규, 2014, 앞의 책, 64쪽 ; 강경구, 2004, 앞의 글, 35쪽 ; 朴承範, 2004, 앞의 글, 446쪽.

35) 조우연, 2011, 앞의 글, 56~57쪽.

36) 姜辰垣, 2015, 앞의 박사학위논문, 25쪽 ; 강진원, 2014(a), 앞의 글, 6~7쪽.

37) 이춘우, 2013, 앞의 글, 11~12쪽.

글자 그대로 이해해도 큰 무리가 없는 이상 다소 무리한 해석이 아닐까 한다.

제천대회의 치제 대상인 天의 성격에 대한 문제도 관심을 끌었다. 종래에는 天(神)을 고구려 왕실과 직접 연결된 존재로 파악하는 경우가 다수였다. 다만 근자에 이르러 달리 보는 시각들도 제기되었다. 박승범은 애초의 天은 인격신적 측면과 자연신적 측면이 혼재되어 있었으나, 『魏書』 단계 이후 자연신적 측면만 남게 되었다고 보았다.[38] 반대로 조우연과 이춘우는 원래의 天은 왕실과의 관련성이 적은 비인격적 자연신이었으나, 4~5세기 이후 왕실 시조와 결합하여 인격신으로서의 면모도 갖추게 되었다고 파악하였다.[39] 제천행사와 왕실 조상신에 대한 제사가 분리되어 4세기 말 郊祀 혹은 郊祭가 실시되었으리라는 설[40]도 그 연장선상에 있다.

최근 강진원은 日光感精을 나타내는 제의가 말기까지 유지되고 있었고, 각종 금석문에서 天과의 혈연적 연결을 드러내는 표현이 나타난 점을 들어, 후대에 자연신적 성격만 남게 되었다는 데 부정적인 견해를 표명하였다. 또 북방종족이나 고구려 귀족가문들이 본디 天과의 혈연적 관계를 내세우는 전승을 가지고 있었던 것이나,[41] 북위 황실의 사례에서 보이듯 이후에도 그러한 흐름을 지속적으로 유지해 나갔다는 것, 그리고 중국 天 관념의 추이에 주목하여, 훗날 천신의 인격신적 면모가 두드러지게 되었다는 데 회의적 입장을 표하고, 郊祀의 실시 가능성도 낮게 보았다.[42]

그밖에 한 해의 시작을 알리는 紀元儀禮로서 제천대회를 바라보는 견해도

38) 朴承範, 2001, 앞의 글, 98~99쪽 ; 朴承範, 2004, 앞의 글, 454쪽.

39) 趙宇然, 2010, 앞의 박사학위논문, 31~71쪽 ; 조우연, 2011, 앞의 글, 52~53쪽 ; 이춘우, 2013, 앞의 논문, 12~15쪽.

40) 전덕재, 2003, 앞의 글, 369~370쪽, 주74).

41) 徐永大, 1995, 「高句麗 貴族家門의 族祖傳承」『韓國古代史硏究』 8, 한국고대사학회, 171~178쪽.

42) 姜辰垣, 2015, 앞의 박사학위논문, 31쪽, 49~56쪽 ; 강진원, 2014(a), 앞의 글, 19~21쪽.

제기되었다. 김일권, 김영준, 이정빈의 성과가 대표적이다.[43] 여기서는 중국의 신년의례인 元會와의 관련성에 주목하고 있다. 단 흉노에서 중국 신년 조회의 영향을 받은 의례는 정월에 행해졌으므로,[44] 고구려에 그러한 기원의례가 도입되었다면 정월에 이루어지는 것이 상식적이고,[45] 거란이나 몽골 등 북방종족들은 풀이 돋는 시기를 새해의 시작으로 간주하였기에,[46] 조금 더 살펴보아야 할 문제가 아닌가 한다.[47]

한편 『舊唐書』나 『新唐書』에서 제천대회 시의 合祀 대상으로 언급된 靈星神·日神·箕子神·可汗神의 실체에 대한 검토도 이루어졌다. 영성신은 시조모로 보기도 하지만,[48] 대개 농경과 관련된 천체 영성의 신격화로 이해한다.[49] 일신은 주몽이라 하거나,[50] 시조의 부친으로서 해모수[51]나 태양신[52]을 지칭한다고 여기기도 하였다. 그러나 고구려시기 해모수에 관한 기록이 존재하지 않고, 가한신·기자신·영성신 등 다른 치제 대상들은 시조 주몽과

43) 金一權, 2002, 「한국 고대인의 천문우주관」 『강좌 한국고대사 8 : 고대인의 정신세계』, 가락국사적개발연구원, 46~52쪽 ; 김영준, 2006, 앞의 글, 12~13쪽 ; 이정빈, 2006, 앞의 글, 185~195쪽.

44) 김수태, 2010, 「한국 고대의 축제와 사면」 『韓國古代史研究』 59, 한국고대사학회, 282~283쪽.

45) 제천행사에서 분리된 제가회의는 연초를 비롯하여 사시에 개최되었으므로(여호규, 2000, 「고구려 초기 정치체제의 성격과 성립기반」 『韓國古代史研究』 17, 한국고대사학회, 149쪽), 굳이 원회의 성격을 가진 예를 들자면 연초의 제가회의가 더 적합할 것이다.

46) 박원길, 2001, 『유라시아 초원제국의 샤마니즘』, 민속원, 33~34쪽.

47) 실상에 다가가기 위해서는 고구려의 歲首가 애초 9·10월이었으나 어느 시기부터 정월로 바뀌었을 가능성도 염두에 두어야 할 것이다. 이는 이정빈 선생님의 가르침에 힘입은 바가 크다. 이 자리를 빌려 감사의 말씀을 전한다.

48) 盧明鎬, 1981, 「百濟의 東明神話와 東明廟-東明神話의 再生成 現象과 관련하여-」 『歷史學研究』 10, 全南大學校 史學會, 62쪽.

49) 대표적인 성과로 서영대, 2005, 「고구려의 社稷과 靈星에 대하여」 『고구려의 사상과 문화』, 고구려연구재단을 들 수 있다.

50) 강경구, 2004, 앞의 글, 33쪽.

51) 盧明鎬, 1981, 앞의 글, 62쪽.

52) 서영대, 2007, 앞의 글, 52쪽.

직접적인 혈연관계를 상정할 수 없는 존재들이며, 당시 天과 日이 분화되었다고 보아, 일신을 천제로서의 태양이 신격화된 것으로 파악하기도 한다.[53]

기자신의 경우 箕子를 '居西', 즉 君長이나 王이란 의미로 파악하여 시조 주몽이라 보기도 한다.[54] 그러나 주몽의 치제는 따로 존재할 뿐 아니라 명백히 箕子로 언급된 대상이므로 전설상의 賢者인 기자를 가리키며, 이를 숭배하는 집단이 고구려 경내에 존재하였다고 여기기도 한다.[55] 가한신은 단군[56]이나 시조신[57], 당태종[58]이라 보기도 하지만, '可汗'號가 북방종족의 군주를 뜻한다는 데 착안하여, 고구려 경내에 머물던 거란족 등이 신격화하여 숭배하던 전설적 수장이라 하는 설도 있다.[59] 기자신과 가한신을 하나로 파악하여 箕子可汗, 즉 箕子大王으로 보기도 하지만,[60] 『新唐書』 기재에 따라 양자를 달리 여기는 편이 자연스럽다. 최근 강진원은 합사의 배경에 주목하여, 7세기에 이르러 수당제국과의 긴장관계가 지속되는 등 난국이 가중되자 이를 타개하기 위해 왕실과는 직접적인 관계가 없는 신들을 국가제사 차원에서 함께 치제하였다고 보았다.[61]

마지막으로 제천대회의 성립 시기와 『三國志』가 전하는 3세기 이후의

53) 姜辰垣, 2015, 앞의 박사학위논문, 60~61쪽 ; 강진원, 2014(a), 앞의 글, 23~24쪽.

54) 鄭求福·盧重國·申東河·金泰植·權悳永, 1997(b), 『譯註 三國史記 4 : 주석편(하)』, 韓國學中央硏究院, 41쪽.

55) 井上秀雄, 1978, 앞의 책, 104쪽 ; 姜辰垣, 2015, 앞의 박사학위논문, 62쪽 ; 朴光用, 1980, 「箕子朝鮮에 대한 認識의 變遷」 『韓國史論』 6, 서울大學校 國史學科, 254쪽 ; 李在成, 2011, 「麗唐戰爭과 契丹·奚」 『中國古中世史硏究』 26, 中國古中世史學會, 211쪽 ; 강진원, 2014(a), 앞의 글, 24쪽.

56) 金成煥, 1998, 「高麗時代 平壤의 檀君傳承」 『文化史學』 10, 한국문화사학회, 135쪽 ; 최일례, 2010, 앞의 글, 210쪽.

57) 강경구, 2001, 『고구려의 건국과 시조숭배』, 학연문화사, 326~327쪽.

58) 孫顥, 2007, 「高句麗的祭祀」 『東北史地』 2007-4, 東北史地雜誌社, 43쪽.

59) 姜辰垣, 2015, 앞의 박사학위논문, 63~64쪽 ; 李在成, 2011, 앞의 글, 210~211쪽 ; 강진원, 2014(a), 앞의 글, 25~26쪽.

60) 이병도 역주, 앞의 책, 174쪽 주44).

61) 姜辰垣, 2015, 앞의 박사학위논문, 59~66쪽 ; 강진원, 2014(a), 앞의 글, 22~26쪽.

양상에 대해서도 약간의 논의가 이루어졌다. 성립 시기의 경우 서영대는 『三國志』에서 전하는 전형적인 제천대회는 계루부 왕권이 확립된 태조왕 이후일 가능성이 많다고 본 반면,[62] 강진원은 卒本을 오가는 시조묘 친사가 행해지고, 國相制를 통하여 왕권이 일정 정도 제고된 신대왕대 이후로 파악하였다.[63]

이후의 양상에 대하여 김영준은 제천대회의 필요성이 낮아짐에 따라 그 위상과 의미가 퇴색한 반면 神廟가 부상하였다고 보았으며,[64] 이춘우 또한 유사한 견해를 제기하였다.[65] 조우연은 『三國史記』 溫達傳 기사[66]에 주목하여, 제천의례가 수렵행사의 일부로 축소되었다고 여겼다.[67] 여호규는 규모가 축소되어 국중대회로서의 위상을 상실했다고 주장하였다.[68] 강진원은 4세기 이후 집권력이 강화됨에 따라 제천대회에서의 회합적 측면이 와해되고 정치적 기능이 줄어들었으며, 후기에는 위에서 언급한 것처럼 왕권의 주관 아래 여러 신격이 합사되기에 이르렀다고 보았다.[69]

이상을 보건대 제천대회는 관련 기록이 상대적으로 풍부한 편이라 상당한 성과가 축적되었다. 그러나 입장이 정리되지 못한 채 논의가 여러 방면으로 확산된 감이 있고, 『三國志』의 기술이 반영하는 시기에 관심이 몰린 경향이 있다.

---

62) 徐永大, 2003, 앞의 글, 27쪽.

63) 姜辰垣, 2015, 앞의 박사학위논문, 38~44쪽 ; 강진원, 2014(a), 앞의 글, 14~16쪽.

64) 김영준, 2006, 앞의 글, 22~24쪽.

65) 이춘우, 2013, 앞의 글, 51쪽.

66) 『三國史記』 卷第45, 列傳 第5, 溫達, "高句麗常以春三月三日 會獵樂浪之丘 以所獲猪鹿祭天及山川神."

67) 趙宇然, 2010, 앞의 박사학위논문, 70~71쪽 ; 조우연, 2011, 앞의 글, 65~66쪽.

68) 여호규, 2013(b), 「고구려 도성의 의례공간과 왕권의 위상」 『韓國古代史研究』 71, 한국고대사학회, 87쪽.

69) 姜辰垣, 2015, 앞의 박사학위논문, 45~66쪽 ; 강진원, 2014(a), 앞의 글, 17~26쪽.

Ⅲ. 始祖廟 제사

시조묘 제사 기사는『三國史記』의 고구려 제사 기록 대부분을 차지할 뿐 아니라, 일정 기간을 제외하면 전 시기에 걸쳐 나타나고 있다. 따라서 그 무게감은 상당하다.

제천대회와 마찬가지로 시조묘 제사 또한 일본 연구자들에 의해 검토가 시작되었다. 三品彰英은 관련 기록의 원전이 국내 전승 사료임을 밝혔고,[70] 井上秀雄에 의하여 기본적인 문제들이 검토되기에 이르렀다. 그는 東明王廟와 시조묘를 동일시한 뒤 대부분의 제사가 즉위의례로 치러졌으며, 2·4월 치제는 預祝祭, 9월 치제는 收穫祭로서의 성격을 지녔고, 치제 기록에 수반하는 巡問·賑給·慮囚 등을 의례의 일환으로 파악하였다.[71] 이러한 입장은 오늘날까지도 시조묘 제사 이해의 기본적인 틀이라 할 수 있기에 그 의의가 적지 않다. 다만 동명왕묘 건립을 후대의 가공으로 보는 등『三國史記』초기기록을 전면 불신하였고, 穀靈信仰에 근거한 농경의례라는 측면에만 주목하여 해당 제의가 왕권이 결부된 국가제사라는 점을 도외시하는 한계도 있었다.

한국학계에서 이를 중점적으로 다룬 성과로는 강진원의 논의가 대표적이다.[72] 이에 따르면 신대왕대 시조묘 친사는 국가제사로서 확립하였고 주몽은 국가적 시조로 공인되었는데, 집권력이 궤도에 오르기 전에는 新王이 통치를 원활히 하는 데 기여하였다고 보았다. 또 5세기 이후 시조묘 제사의 위상이 약해졌으나 종종 친사가 행해졌던 까닭은 해당 의례가 시조의 神性을 직접 체득할 수 있었고 행행으로의 성격도 강하였기 때문이라 여겼다. 최근 최일례는 시조묘 제사의 정치적인 측면에 주목하여 논의를

70) 三品彰英, 1953,「三國史記高句麗本紀の原典批判」『大谷大學研究年報』6, 大谷大學大谷學會, 26쪽.

71) 井上秀雄, 1978, 앞의 책, 106~111쪽.

72) 姜辰垣, 2007,「高句麗 始祖廟 祭祀 研究-親祀制의 成立과 變遷을 중심으로-」, 서울大學校碩士學位論文 ; 姜辰垣, 2015, 앞의 박사학위논문, 67~124쪽.

개진하기도 하였다.[73]

기왕의 시조묘 제사 연구 성과 또한 제천대회와 마찬가지로 몇 가지 사항에 논의가 집중되었다. 먼저 시조묘와 동명왕묘의 일치 여부이다. 양자를 동일시하는 입장이 일반적이다.[74] 그러나 동명왕묘에는 부여 시조 동명이 모셔졌다고 보아 시조묘와 그 주신이 달랐다고 여기기도 한다.[75] 강경구는 시조묘의 주신을 태조왕의 부친으로 전하는 古鄒加 再思에 비정하였고,[76] 이도학은 동명왕묘와 시조묘를 별개로 보면서 양자 모두 부여 시조 동명을 제사지냈다고 하였다.[77]

親祀의 기본 성격 또한 주된 논의 대상이었다. 즉위 초에 치러진 친사는 즉위의례로 보는 것이 일반적이나,[78] 특별한 정치적 목적 등이 있을 때 한시적으로 행해졌다고 여기기도 하였다.[79] 시기에 따라 성격에 변화가

---

73) 최일례, 2015, 「고구려 시조묘 제사의 정치성 연구」, 全南大學校博士學位論文.

74) 최광식, 1994, 앞의 책, 179~180쪽 ; 李志暎, 1995, 『韓國神話의 神格 由來에 관한 研究』, 太學社, 242쪽 ; 김기흥, 2002, 앞의 책, 161~162쪽 ; 朴承範, 2002, 앞의 박사학위논문, 30쪽 ; 서대석, 2002, 『한국신화의 연구』, 집문당, 168쪽 ; 趙宇然, 2010, 앞의 박사학위논문, 98쪽 ; 정호섭, 2011, 『고구려 고분의 조영과 제의』, 서경문화사, 252쪽 ; 姜辰垣, 2015, 앞의 박사학위논문, 73~75쪽 ; 최일례, 2015, 위의 박사학위논문, 26~30쪽 ; 盧明鎬, 1981, 앞의 글, 45쪽 ; 朴賢淑, 1999, 「三國時代 祖上神觀念의 形成과 그 特徵」 『史學研究』 58·59, 한국사학회, 112쪽 ; 姜辰垣, 2007, 앞의 글, 8~12쪽 ; 이귀숙, 2007, 「高句麗 初期의 王統變化와 朱蒙 始祖認識의 成立」 『歷史教育論集』 39, 역사교육학회, 163쪽 ; 조우연, 2010, 「고구려의 왕실조상제사-4~5세기 '始祖 朱蒙'의 위상과 의미 변화를 중심으로-」 『韓國古代史研究』 60, 한국고대사학회, 46~47쪽 ; 이춘우, 2013, 앞의 글, 21~22쪽 ; 鄭媛朱, 2013 「安藏王의 始祖廟 親祀와 政局運營」 『白山學報』 96, 白山學會, 185~186쪽.

75) 강경구, 2001, 앞의 책, 348~353쪽 ; 朴承範, 2002, 「高句麗의 始祖廟儀禮」 『東洋古典研究』 15, 東洋古典學會, 112~113쪽 ; 장병진, 2016, 앞의 글, 222~223쪽.

76) 강경구, 2001, 위의 책, 367~372쪽.

77) 李道學, 2005, 「高句麗와 百濟의 出系 認識 檢討」 『高句麗研究』 20, 高句麗研究會, 186~190쪽.

78) 최광식, 1994, 앞의 책, 181쪽 ; 전덕재, 2003, 앞의 글, 362쪽 주57) ; 서영대, 2007, 앞의 글, 39쪽.

79) 최일례, 2015, 앞의 박사학위논문, 2~5쪽, 11~12쪽 ; 朴賢淑, 1999, 앞의 글, 112~113쪽 ; 閔喆熙, 2001, 「高句麗 陽原王·平原王代의 政局變化」, 檀國大學校碩士學位論文,

있었다는 견해도 있다. 강진원의 성과가 대표적으로, 애초 즉위의례의 일환으로 치러졌으나, 4세기 말 修宗廟 조치 이후 정국 쇄신을 꾀한 군주들에 의해 선택적으로 치제되었다고 하였다.[80)]

한편 시조묘의 외양에 대해서는 시조왕릉 주변의 사당으로 보는 견해가 많았다.[81)] 다만 종래는 그 이유에 대한 설명이 부족하였는데, 강진원은 이에 동의하면서도 한국 고대의 廟 관련 기록을 검토한 뒤, 넓게 보자면 始祖王陵 전체를 아우르는 개념으로 이해할 수 있다고 하였다.[82)] 최일례도 비슷한 견해를 표명하였다.[83)]

시조묘 소재지의 경우, 강진원은 애초 졸본을 喇哈城址로 보아 覇王朝村 인근 산지 일대를 주목하였으나,[84)] 이내 高力墓子村 일대를 졸본에 비정하여 그 동쪽 언덕 지역으로 비정하였다.[85)] 최일례는 고력묘자촌 고분군 안에 있었으리라 추정하였고,[86)] 양시은도 그 일대를 주목하였으며,[87)] 김기흥은 桓仁 米倉溝將軍墓로 보았다.[88)]

마지막으로 5세기 전후 시조묘 제사 기록이 나타나지 않고 있기에, 그 이유에 대한 언급도 이루어졌다. 정치체제가 안정되어 굳이 시조묘 제사를 할 필요가 사라졌다거나,[89)] 불교의례나 중국으로부터의 책봉의례

27~29쪽 ; 朴承範, 2002, 앞의 글, 115~124쪽 ; 鄭媛朱, 2013, 앞의 글, 185쪽.

80) 姜辰垣, 2015, 앞의 박사학위논문, 90~94쪽, 115~119쪽 ; 姜辰垣, 2007, 앞의 글, 36~37쪽, 72~78쪽.

81) 최광식, 1994, 앞의 책, 181쪽 ; 耿鐵華, 2004, 『高句麗考古研究』, 吉林文史出版社, 147쪽 ; 朴承範, 2002, 앞의 글, 114쪽 ; 서영대, 2007, 앞의 글, 60쪽 ; 최광식, 2007(a), 앞의 글, 39쪽.

82) 姜辰垣, 2015, 앞의 박사학위논문, 70~73쪽 ; 姜辰垣, 2007, 앞의 글, 8~10쪽.

83) 최일례, 2015, 앞의 박사학위논문, 30~34쪽.

84) 姜辰垣, 2007, 앞의 글, 12~18쪽.

85) 姜辰垣, 2015, 앞의 박사학위논문, 75~78쪽..

86) 최일례, 2015, 앞의 박사학위논문, 43~48쪽.

87) 양시은, 2014, 「고구려 도성 연구의 현황과 과제」 『高句麗渤海研究』 50, 高句麗渤海學會, 47쪽.

88) 김기흥, 2002, 앞의 책, 69~70쪽.

가 즉위의례로 대체되었던 데 원인이 있다고 보기도 하였다.[90] 그러나 신라의 神宮 제사나 일본의 大嘗祭에서도 나타나듯 체제정비와 무관하게 종래의 거국적인 제사는 그대로 이어졌다. 또 고구려에서 성대한 불교의례 기록이 남아있지 않을 뿐 아니라, 책봉의례가 즉위의례로 기능하였다고 보기는 무리가 있기에, 이상의 입장을 따르기는 어렵지 않을까 한다. 강진원은 修宗廟 조치를 계기로 종묘 제사가 부상하여 즉위의례 또한 종묘에서 행해지게 된 결과, 시조묘 제사가 간헐적으로 이루어지게 되어 관련 기사도 뜸해졌다고 파악하였다.[91]

이상을 보건대 시조묘 제사 연구는 일정 정도의 진전을 이루었다. 그러나 사료의 가치에 비해 본격적인 성과는 드문 편이다. 기왕의 국가제사 연구가 제천대회를 중심으로 행해졌기 때문이 아닐까 한다.

Ⅳ. 宗廟·社稷 제사

고구려의 종묘와 사직에 관한 기록은 매우 단편적이다. 따라서 이를 총체적으로 다룬 성과는 드물며, 몇몇 사항에 관한 입장 표명이 주를 이루었다.

종묘를 전적으로 다룬 성과로 우선 거론할 수 있는 것은 강경구의 논의이다. 여기서는 종묘와 사직이 한고조 시기, 즉 消奴部 집권기부터 존재하였고,

---

89) 임기환, 2004, 『고구려 정치사 연구』, 한나래, 267~268쪽. ; 이춘우, 2013, 앞의 글, 23쪽 ; 林起煥, 1992, 「6·7세기 高句麗 政治勢力의 동향」『韓國古代史硏究』 5, 한국고대사학회, 11쪽 ; 曺泳光, 2008, 「長壽王代를 전후한 시기 고구려의 政局과 體制 변화－장수왕의 集權策과 그 영향 분석을 중심으로－」『軍史』 69, 국방부 군사편찬연구소, 25쪽.

90) 朴賢淑, 1999, 앞의 글, 112~113쪽.

91) 姜辰垣, 2015, 앞의 박사학위논문, 108~113쪽.

종묘 제사는 일상적이고 연례적인 행사였을 것이라 추정하였다.[92)]

조우연은 애초 始祖 주몽을 모시는 시조묘와 太祖(王)을 모시는 종묘의 '2廟 체제'가 유지되었는데, 태조왕대 이후 부자상속에 따른 종법질서 확립과 아울러 종묘체제가 갖추어졌으며, '왕족+왕비족' 출신 왕과 '왕족+제3세력' 출신 왕은 종묘에서 달리 배치되었고, 4~5세기 이후 종묘 제사의 중심이 태조왕에서 주몽으로 바뀌었다고 여겼다.[93)]

강진원은 4세기 말 修宗廟 조치를 기준으로 시기를 나누어 종묘의 양상을 파악하였다. 종묘는 부체제가 확립된 태조왕대 이후 조촐한 형태로나마 존재하였고, 3세기에는 궁궐과 분리된 형태의 종묘가 등장하였는데, 왕실 종묘는 國內城址 안 왕궁 구역 근처에 조성되었으며, 수혈과 함께한 '呂'字形 건물지일 가능성을 제기하였다. 당시는 유교적 예제의 영향이 크지 않았기에 廟號制나 昭穆制가 실시되지 않았고, 왕실 종묘는 국가의 상징이 아니라 왕실의 제장이었으며, 태조왕계 군주들이 모셔졌다고 보았다. 수종묘 이후에는 추모왕계 군주들도 함께하고, 종묘가 일원화되어 다른 세력의 종묘 건립은 불허되었으며, 世室 즉 不毁之廟가 두어지고 位次論에 의거하여 近祖를 모시는 등 유교적 방식에 상당히 다가간 모습을 보였다고 추정하였다. 다만 그럼에도 유교적 예제에 어긋난 朱蒙祠나 朱蒙廟가 공존하는 등 필요한 부분에서의 선택적 수용과 수식이 이루어졌다고 보았다.[94)]

사직을 총체적으로 다룬 성과로는 徐永大의 연구가 주목된다.[95)] 이에 따르면 고구려에 독자적인 농경신앙이 존재하였음을 보여주는 사직은 그 역사가 오래되었는데, 沸流那部 등의 사직은 3세기 중엽 曹魏의 침공

92) 강경구, 2001, 앞의 책, 375~388쪽. 종묘에서 일반적인 제사가 행해졌을 것이란 점은 이전에도 언급되었다(최광식, 1994, 앞의 책, 181쪽.).

93) 趙宇然, 2010, 앞의 박사학위논문, 91~124쪽 ; 조우연, 2010, 앞의 글.

94) 姜辰垣, 2015, 앞의 박사학위논문, 139~153쪽, 177~187쪽 ; 강진원, 2015(b), 「고구려 宗廟制의 전개와 변천」『高句麗渤海研究』53, 高句麗渤海學會, 31~40쪽, 42~49쪽.

95) 徐永大, 1991, 앞의 박사학위논문, 214쪽 ; 서영대, 2005, 앞의 글, 16~45쪽.

이후 재건되지 못하였고, 國社는 유교적 예제에 입각하여 건립한 사직이다. 국사가 유교적인 제의 건축이라고 보는 입장은 이전에도 있고,[96] 시대적 흐름을 생각하면 타당하다고 본다. 단 비류나부 출신 국상 陰友의 존재에서도 드러나듯,[97] 3세기 중·후반에도 비류나부는 그 세력을 잃지 않고 있었고, 아직 집권력이 궤도에 오르지는 못한 상황이었다. 따라서 조위와의 전쟁 이후 개별적인 사직의 위상이 이전보다 약화되었을 것이겠으나, 그것이 이때 사라졌는지에 대해서는 재고의 여지가 있다.

조우연도 사직에 대해 중점적으로 언급하였는데, 수신 신앙이 사직 제사의 원류이고, 애초 사직은 여러 세력 집단들이 개별적으로 세울 수 있었으나, 이후 그 의례는 수신 관련 제의로 흡수되었다고 보았다. 또 社主는 목제일 가능성이 크고, 사직의 초창기 외양은 桴京과 비슷하리라고 추정하였다.[98]

개별적인 문제들에 대한 견해를 정리해보면, 먼저 『三國志』 東夷傳 高句麗條에 나오는 宮室 근처의 大屋과 거기서 치제된 鬼神을 거론할 수 있다. 이를 각기 종묘와 조상신으로 보는 데 큰 이견은 없다.[99] 최근 이재성은 大屋에서의 치제 대상이 여러 신령 및 정령이었으며, 國東大穴을 종묘라

---

96) 辛鍾遠, 1984, 「三國史記 祭祀志 硏究-新羅 祀典의 沿革·內容·意義를 중심으로-」 『史學硏究』 38, 한국사학회, 9쪽.

97) 『三國史記』 卷第17, 高句麗本紀 第5, 中川王 7年 4月, "國相明臨於漱卒 以沸流沛者陰友爲國相."

98) 趙宇然, 2010, 앞의 박사학위논문, 71~90쪽. 社主를 석제로 보는 견해도 있다(方起東, 1982, 「集安東臺子高句麗建築遺址的性質和年代」 『東北考古與歷史』, 文物出版社 ; 嚴長錄 옮김, 1994, 「集安 東臺子 고구려 건축유지의 성격과 연대」 『中國境內 高句麗遺蹟硏究』, 예하, 442~444쪽).

99) 최광식, 1994, 앞의 책, 175~176쪽 ; 강경구, 2001, 앞의 책, 377쪽 ; 趙宇然, 2010, 앞의 박사학위논문, 105쪽 ; 盧明鎬, 1981, 앞의 글, 73쪽 ; 盧明鎬, 2004, 「高麗太祖王建 銅像의 流轉과 문화적 배경」 『韓國史論』 50, 서울大學校 國史學科, 188쪽 주69) ; 서영대, 2005, 앞의 글, 29쪽 ; 金昌錫, 2007, 앞의 글, 202~203쪽 ; 전덕재, 2010, 「新羅 上代 王宮의 變化와 宗廟」 『新羅文化』 36, 東國大學校 新羅文化硏究所, 8~9쪽 ; 조우연, 2010, 앞의 글, 50쪽.

하였다.100) 그러나 『三國志』에 따르면 비류나부의 종묘가 왕실의 대옥과 짝을 이루기 때문에, 궁실 근처에 세워진 대옥은 역시나 종묘로 보는 편이 합리적이다.101) 이와 관련하여 일찍부터 무덤과 사당이 분리되었음을 밝힌 견해도 제기되었다.102)

다음으로 소노부(消奴部) 즉 비류나부의 종묘·사직 건립이 의미하는 바이다. 이를 部가 단위정치체로서의 면모를 지니고 있었던 흔적으로 이해하기도 하였고,103) 이전 왕가에 대한 예우 차원에서 예외적으로 허락된 일이라 보기도 하였다.104)

종래 가장 관심을 모은 것은 고국양왕 말년(391)의 '立國社·修宗廟' 조치이다. 修宗廟의 경우 처음에는 종묘를 수리하였다는 뜻으로 받아들였다.105) 그러나 강진원은 수종묘가 佛法 崇信 및 國社 건립 등 신앙과 제사체계 방면에서 큰 의미가 있는 사건과 함께 실시되었고, '修宗廟' 내지 '修太廟'란 표현이 종묘 개편 및 정비와 관련하여 나올 때가 많기에, 이를 '종묘 개편'으로 보았다.106) 조우연은 '修宗廟'의 "修"와 '立國社'의 "立"을 같은 의미라 하여 새로운 종묘의 설립으로 여겼다.107)

---

100) 李在成, 2008, 앞의 글, 169~186쪽.

101) 서영대, 2006, 「'桂婁란 말의 뜻-高句麗의 祭祀 記事에 대한 分析을 통하여'를 읽고」 『제92회 한국고대사학회 정기발표회 토론문』, 2쪽 참조.

102) 盧明鎬, 2004, 앞의 글, 191~193쪽.

103) 노태돈, 1999, 앞의 책, 114쪽 ; 서영대, 2005, 앞의 글, 29~30쪽 ; 이재성, 2008, 앞의 글, 163~164쪽 ; 이춘우, 2013, 앞의 글, 6쪽 ; 田村專之助, 1944, 「魏志東夷傳にみえたる宗廟·社稷·靈星について」 『東洋社會紀要』 4, 東洋史會, 129~134쪽. 최일례, 2010, 앞의 글, 195쪽에서도 유사한 입장이 표명되었는데, 여기서는 소노부의 치제 대상을 단군으로 본 것이 특징적이다.

104) 최광식, 1994, 앞의 책, 149쪽.

105) 이병도 역주, 1996(a), 『삼국사기(상)』, 을유문화사, 417쪽 ; 鄭求福·盧重國·申東河·金泰植·權悳永, 1997(a), 『譯註 三國史記 2 : 번역편』, 韓國精神文化硏究院, 341쪽.

106) 姜辰垣, 2015, 앞의 박사학위논문, 109~111쪽 ; 姜辰垣, 2007, 앞의 글, 55~56쪽 ; 강진원, 2015(b), 앞의 글, 40~42쪽.

107) 趙宇然, 2010, 앞의 박사학위논문, 114~115쪽 ; 조우연, 2010, 앞의 글, 55쪽.

수종묘에 따른 변화상 추정은 다양한 방면에서 이루어졌다. 이때에 이르러 추모왕계 신주가 종묘에 合祀되었으리라 보기도 하고,[108] 전통적인 종묘에 유교적 수식을 가미하여 체계화시켰다거나,[109] 계루부 왕실의 종묘가 고구려 국가 전체의 종묘가 되도록 건축물의 규모나 祭禮法을 높여 정비되었다고 여기기도 하였다.[110] 또 계루부의 종묘와 사직 제사가 폐지되었다거나,[111] 七廟制가 운영되었다고 추정하기도 하였다.[112] 강진원은 이를 계기로 조상제사의 중심이 무덤에서 종묘로 옮겨짐에 따라 즉위의례가 종묘에서 행해지게 되었으며, 앞서 언급한 바와 같이 유교적 예제에 근접한 방향으로 변모하였다고 파악하였다.[113] 조우연 또한 종묘가 중시되었다는데 동의하면서 유리왕과 대무신왕이 不遷之主로 모셔졌으리라 유추하였다.[114]

立國社, 즉 국사 건립이 가져온 변화상에 대한 검토도 행해졌다. 왕실 사직이 국가를 대표하는 제사장소로 전환되었다거나,[115] 다원적이었던 사직 제사체계가 국왕 중심으로 일원화되었다고 보기도 하였고,[116] 계루부

---

108) 노태돈, 1999, 앞의 책, 93쪽 ; 趙仁成, 1991, 「4,5세기 高句麗 王室의 世系認識 변화」 『韓國古代史硏究』 4, 한국고대사학회, 72~73쪽.

109) 盧重國, 1979, 「高句麗律令에 관한 一試論」 『東方學志』 21, 延世大學校 國學硏究院 ; 延世大學校 國學硏究院 編, 1987, 『高句麗史硏究』 1, 延世大學校出版部, 272쪽, 274쪽 ; 이춘우, 2013, 앞의 글, 36~37쪽.

110) 강경구, 2001, 앞의 책, 387쪽 ; 盧明鎬, 1981, 앞의 글, 74쪽 ; 趙法鍾, 1995, 「廣開土王陵碑文에 나타난 守墓制硏究-守墓人의 編制와 性格을 중심으로-」 『韓國古代史硏究』 8, 한국고대사학회, 198~199쪽.

111) 朴承範, 2001, 앞의 글, 100쪽.

112) 辛鍾遠, 1984, 앞의 글, 8~9쪽.

113) 姜辰垣, 2015, 앞의 박사학위논문, 111~113쪽, 178~183쪽 ; 姜辰垣, 2007, 앞의 글, 65쪽 ; 강진원, 2015(b), 앞의 글, 42~47쪽.

114) 趙宇然, 2010, 앞의 박사학위논문, 116~120쪽 ; 조우연, 2010 앞의 글, 56~58쪽.

115) 盧明鎬, 1981, 앞의 글, 74쪽.

116) 강경구, 2001, 앞의 책, 387쪽 ; 盧重國, 1987, 앞의 글, 272쪽 ; 趙仁成, 1991, 앞의 글, 72쪽 ; 趙法鍾, 1995, 앞의 글, 198~199쪽.

의 사직이 폐지되고 국가 차원의 사직이 새로 건립되었다고 여기기도 하였다.[117] 사직의 일원화가 이루어졌다는 것인데, 여기에 큰 이견은 없다. 서영대는 유교적 예제에 입각한 국사의 국토 지배권이 확립되었음을,[118] 조우연은 이때부터 사직이 국가와 영토의 상징으로 여겨졌음을 주장하였는데,[119] 타당한 견해라 여겨진다. '國'字를 넣은 것 또한 이 제사건축이 한 국가를 대표하는 사직이었기 때문으로, 이 무렵 비류나부 등의 사직이 완전히 사라졌음을 보여주는 것이 아닐까 한다.

이와는 달리 국사의 실체를 사직이 아니라고 보는 설도 있다. 김두진은 시조모를 제사지내는 神廟로,[120] 이춘우는 시조 신앙 관련 구조물이라고 추정하였다.[121] 하지만 국사는 종묘와 함께 언급되고 있고 '社'字가 들어간 이상, 사직으로 이해하는 편이 합당하다. 이를 지방신의 社로 보기도 하지만,[122] 그렇다면 왜 '國'字가 들어가는지 해명하기 어렵다.[123] 陵園制와 관련된 것으로 여기는 설[124] 또한 뚜렷한 근거가 없다. 한편 고구려 고분벽화에 그려진 수목을 사직과 관련짓기도 하였다.[125]

사직의 소재지에 대한 논의도 오갔다. 국사 건립 이전의 사직에 대해서는 山城子山城, 즉 丸都城 宮殿址에서 발견된 팔각 평면 형태의 2·3호 건축 유구에 주목한 견해가 있다.[126] 단 해당 遺址가 평양천도 이후의 산물일

---

117) 朴承範, 2001, 앞의 글, 100쪽.
118) 서영대, 2005, 앞의 글, 40~41쪽 ; 서영대, 2007, 앞의 글, 57쪽.
119) 趙宇然, 2010, 앞의 박사학위논문, 87~88쪽.
120) 金杜珍, 1999, 앞의 책, 110쪽.
121) 이춘우, 2013, 앞의 논문, 34~35쪽.
122) 井上秀雄, 1978, 앞의 책, 114쪽.
123) 姜辰垣, 2015, 앞의 박사학위논문, 13쪽.
124) 東潮, 2006, 「高句麗王陵と巨大積石塚-國內城時代の陵園制-」『朝鮮學報』119·200, 天理大學朝鮮學會, 33쪽.
125) 전호태, 2000, 『고구려 고분벽화 연구』, 사계절, 48쪽.
126) 서영대, 2005, 앞의 글, 33~34쪽 ; 서영대, 2007, 앞의 글, 56~57쪽.

수도 있거니와,[127] 불교 건축으로 볼 여지도 있다.[128] 국사의 경우에는 方起東이 東臺子 유적을 거론하였다.[129] 그러나 유교 문화에 대한 이해가 진전된 시점에 세워진 국사가 非禮에 해당하는 지붕을 가진 구조였다고 보기에는 문제가 있다.[130] 또 국사 건립보다 후대에 조성되었을 가능성이 클 뿐 아니라,[131] 난방 장치까지 마련되어 있기에,[132] 재고의 여지가 있다.

전통시대 종묘와 사직이 가지는 역사적 비중은 재언을 요하지 않는다. 고고학적 성과의 활용을 통한 실체 구명과 함께 지속적인 관심이 필요하다.

Ⅴ. 墓祭

墓祭는 陵墓에서 항구적으로 지내는 제사를 의미한다.[133] 한국 고대의 경우 묘제의 편린을 찾을 수 있는 기록들은 존재하지만, 본격적인 검토가 이루어진 것은 최근의 일이다. 강진원은 4세기 말 修宗廟 조치, 즉 종묘 개편을 계기로 조상제사의 중심이 무덤에서 종묘로 옮겨짐에 따라, 묘제의 비중 또한 경감되었다고 보았다.[134] 이후 2012년 集安 麻線河 부근에서

127) 여호규, 2012, 「고구려 國內城 지역의 건물유적과 都城의 공간구조」『韓國古代史研究』 66, 한국고대사학회, 78~79쪽.

128) 趙宇然, 2010, 앞의 박사학위논문, 88~89쪽. 이에 대해 유구가 궁전지 한쪽에 치우쳐 있고 나란히 존재하기 때문에 塔址로 여기기 어렵다는 견해(奇庚良, 2017, 「高句麗 王都 研究」, 서울大學校博士學位論文, 100쪽)도 존재한다.

129) 方起東, 1994, 앞의 글, 442~447쪽.

130) 서영대, 2005, 앞의 글, 23~25쪽, 43쪽.

131) 강현숙, 2010, 「中國 吉林省 集安 東台子遺蹟 再考」『韓國考古學報』 75, 韓國考古學會, 194쪽 ; 여호규, 2012, 앞의 글, 76쪽.

132) 송기호, 2005, 『한국 고대의 온돌-북옥저, 고구려, 발해-』, 서울대학교출판부, 38~39쪽.

133) 來村多加史, 2001, 『唐代皇帝陵の研究』, 學生社, 440쪽.

발견된 集安高句麗碑에 守墓烟戶의 제사 행위가 명기되어 있어 묘제가 이루어졌음이 확인됨에 따라[135] 관련 성과들이 축적되기 시작하였다.

먼저 묘제의 주기로, 「집안고구려비문」의 "四時祭祀"라는 문구가 주목되었다. 춘하추동 四季라는 이해도 있고,[136] 이는 관용적 표현일 뿐 다양한 제사를 거행했을 것으로 보기도 하였다.[137] 단순히 생각하기에는 후자가 타당하다. 조우연은 국가제사로서의 묘제가 5세기 전후 사라졌기에 비문의 '사시제사' 운운은 일종의 유교적 관용구로 보았다.[138] 그러나 비문을 보면 사시제사는 오래 전부터 이루어졌던 일이기 때문에 그렇게까지 볼 필요는 없다.[139] 한편 조우연은 사시제사가 고구려보다 일찍 성립하였을 수 있으며, 시조묘 제사가 이루어진 2·4·9월에 묘제가 행해졌다고 추정하였으나,[140] 강진원은 각 묘주의 기일에 더하여 사회적으로 존중하던 절기에 맞춰 이루어졌으리라고 여겼다.[141]

다음은 제의 공간이다. 강진원은 애초 별도의 뚜렷한 제의 공간을 갖추지 않았다가 4세기 이후 陵園制 정비와 맞물려 寢(廟)의 역할을 하는 묘상건축이

---

134) 姜辰垣, 2007, 앞의 글, 65~70쪽.

135) 강진원, 2013(a), 「고구려 陵園制의 쇠퇴와 그 배경」『한국문화』 63, 서울대학교 규장각한국학연구원, 208~209쪽.

136) 孫仁杰, 2013(a), 「集安高句麗碑文識讀」『東北史地』 2013-3, 東北史地雜誌社, 52쪽 ; 孫仁杰, 2013(b), 「집안 고구려비의 판독과 문자 비교」『韓國古代史硏究』 70, 한국고대사학회, 227쪽.

137) 孔錫龜, 2013, 「『集安高句麗碑』의 발견과 내용에 대한 考察」『高句麗渤海硏究』 45, 高句麗渤海學會, 44~45쪽 ; 여호규, 2013(a), 「신발견 〈集安高句麗碑〉의 구성과 내용 고찰」『韓國古代史硏究』 70, 한국고대사학회, 89~90쪽.

138) 趙宇然, 2013, 「集安 高句麗碑에 나타난 왕릉제사와 조상인식」『韓國古代史硏究』 70, 한국고대사학회, 161쪽.

139) 강진원, 2013(b), 「신발견 〈集安高句麗碑〉의 판독과 연구 현황-약간의 陋見을 덧붙여-」『木簡과 文字』 11, 한국목간학회, 126쪽.

140) 趙宇然, 2013, 앞의 글, 159~160쪽.

141) 姜辰垣, 2015, 앞의 박사학위논문, 137쪽 ; 姜辰垣, 2014(b), 「고구려 墓祭의 전통과 그 배경」『震檀學報』 122, 震檀學會, 13쪽.

조성되었다고 파악하였다.[142] 조우연은 東臺子 유적이나 장군총 근방의 건축지 등에서 묘제가 이루어졌고, 태왕릉 출토 銅鈴도 묘제에 쓰였으리라 추정하였다.[143]

한편 「집안고구려비문」 Ⅲ-9~12 "以▨河流"를 통하여 묘제의 양상에 접근한 성과들도 축적되었다. 우선 제사 장소 자체를 河流, 즉 麻線河로 보는 설이 여러 연구자에 의해 제기되었다.[144] 이와는 달리 하류의 물을 제사에 이용했다는 뜻으로 이해하기도 하였다.[145]

묘제의 추이 또한 관심을 모았다. 기본 토대를 이룬 것은 종묘 개편으로 묘제의 역할이 축소되었다는 강진원의 논의였다. 공석구는 본래 수묘인의 陵役에는 묘제가 포함되어 있었으나, 5세기 이후 수위와 청소 등의 경감된 역이 부과되었다고 파악하였다.[146] 여호규는 「집안고구려비문」의 판독을 통하여 수묘제 문란으로 제사 시설이 망실(神亡)되었기에 종묘(世室)를 作興하였고, 결국 왕릉에서 거행하던 조상제사가 종묘제사로 변화했다고 보았다.[147] 조우연은 고국양왕대 이후 거국적인 정치의례로서 왕이 친사하는 형태의 조상제사는 종묘 내지 시조묘에서 치러졌고, 특정 선왕의 능묘는 私祭의 대상이 되었으리라 추정하였다.[148] 이상의 논의는 고국양왕대 이후

142) 姜辰垣, 2015, 위의 박사학위논문, 129~137쪽 ; 姜辰垣, 2014(b), 위의 글, 6~13쪽.

143) 趙宇然, 2010, 앞의 박사학위논문, 103~105쪽 ; 조우연, 2010, 앞의 글, 45~46쪽.

144) 李道學, 2013, 「高句麗 守墓發令碑에 대한 接近」 『韓國思想史學』 43, 한국사상사학회, 105쪽 ; 耿鐵華, 2013(a), 「集安高句麗碑考釋」 『通化師範學院學報』 2013-3, 通化師範學院, 3쪽 ; 耿鐵華, 2013(b), 「중국 지안에서 출토된 고구려비의 진위(眞僞) 문제」 『韓國古代史硏究』 70, 한국고대사학회, 265쪽 ; 耿鐵華·董峰, 2013, 「新發現的集安高句麗碑初步研究」 『社會科學戰線』 2013-5, 吉林人民出版社, 7쪽 ; 孫仁杰, 2013(b), 앞의 글, 222쪽 ; 魏存成, 2013, 「關于新出集安高句麗碑的幾點思考」 『東北史地』 2013-3, 東北史地雜誌社, 38쪽.

145) 여호규, 2013(a), 앞의 글, 90~91쪽 ; 徐建新, 2013, 「中國新出"集安高句麗碑"試析」 『東北史地』 2013-3, 東北史地雜誌社, 27~28쪽.

146) 孔錫龜, 2013, 앞의 글, 45~47쪽.

147) 여호규, 2013(a), 앞의 글, 91~92쪽.

148) 趙宇然, 2013, 앞의 글, 160~161쪽.

묘제의 위상이 하락하였으리라 보는 데 공통점이 있는데, 김창석은 그와는 달리 묘제가 유지되었으되, 종래 수묘인이 제사를 담당하던 것에서 국가가 주관하는 방식으로 변화했다고 보았다.[149)]

묘제에 대해 본격적으로 살펴보기 시작하였던 강진원은 최근 관련 문제를 중점적으로 다룬 성과들을 내놓았다. 이에 따르면 墓祭는 늦어도 2세기 전반 존재하였고, 수묘인들이 평상시 일상적인 제사를 담당하였는데, 원래는 무덤 중시 풍조가 있었기 때문에 묘제의 위상이 종묘에서의 그것보다 높았다. 그러나 4세기 후반 이후 여러 원인으로 말미암아 무덤 중시 풍조가 동요되었고, 반대로 종묘와 그 제사는 부각된 결과, 4세기 말 不毁之廟 정비 등을 포함한 종묘 개편 조치로 묘제는 이전의 위상을 상실하기에 이르렀다.[150)] 아울러 「집안고구려비문」의 검토를 통하여 '신망'은 왕릉이나 묘역의 훼손으로 왕의 신주가 위험에 빠진 일을 가리킨다고 본 뒤, 이때 대상으로 거론할 수 있는 것은 고국원왕릉, 소수림왕릉, 그리고 동천왕 이전 어떤 왕릉일 것이라 추정하였다.[151)]

묘제는 중요한 제사임에도 불구하고 최근에야 조금씩 논의가 시작되었다. 제장이 무덤 부근이란 점을 감안하면, 고고학적 성과의 활용과 아울러 守墓制 및 왕릉 연구와도 연계하여 실상을 살펴야 할 것이다.

---

149) 김창석, 2015, 「고구려 守墓法의 제정 경위와 布告 방식-신발견 集安高句麗碑의 분석-」『東方學志』 169, 延世大學校 國學硏究院, 86쪽.

150) 姜辰垣, 2015, 앞의 박사학위논문, 125~139쪽, 152~177쪽 ; 姜辰垣, 2014(b), 앞의 글 ; 강진원, 2015(a), 「고구려 墓祭의 변화와 그 배경-무덤 중시 풍조의 약화와 관련하여-」『사학연구』 117, 한국사학회 ; 강진원, 2015(b), 앞의 글, 41~44쪽.

151) 강진원, 2016, 「고구려 守墓碑 건립의 연혁과 배경」『韓國古代史硏究』 83, 한국고대사학회, 206~209쪽.

VI. 기타 제사

1. 夫餘神廟·登高神廟 제사

이를 중점적으로 다룬 연구자는 강경구이다. 그에 따르면 『三國史記』의 柳花神廟가 곧 부여신묘인데, 평양 천도와 아울러 남하하여 大城山에 자리하게 되었고, 등고신묘는 定陵寺 구역 안에 병존하였으며, 시일이 지남에 따라 전국적으로 등고신묘 건립이 확산된 결과 朱蒙祠가 등장하였다고 주장하였다.[152] 주몽사와 등고신묘가 같다는 확실한 근거가 없고, 신묘 소재지의 경우도 추론이 지나친 감이 있다.

개별 사항에 관한 논의는 소재지 문제에 집중되었다. 도읍,[153] 도읍으로부터 멀리 떨어진 곳,[154] 혹은 도읍과 원거리에 각기 존재했다고 보는 입장으로 나뉜다.[155] 강경구 외에도 구체적인 지점을 지목한 연구자들이 있었는데, 장지훈은 國東大穴 부근에 부여신묘가 존재하였다고 여겼고,[156] 최광식은 앞서 언급한 山城子山城(丸都山城) 내 八角建物址 2기를 부여신묘와 등고신묘로 파악하였다.[157]

그밖에 이춘우는 부여신과 등고신을 주몽이나 유화와는 별개의 존재로 여긴 뒤, 두 신묘는 시조묘·주몽사·주몽묘 내지 柳花神廟와 별개의 구조물로

---

152) 강경구, 2001, 앞의 책, 306~325쪽.

153) 盧重國, 1987, 앞의 글, 273쪽 ; 朴承範, 2004, 앞의 글, 453쪽 ; 채미하, 2006, 앞의 글, 359쪽 주66) ; 서영대, 2007, 앞의 글, 61쪽 ; 여호규, 2013(b), 앞의 글, 83쪽.

154) 姜辰垣, 2015, 앞의 박사학위논문, 119~120쪽 ; 盧明鎬, 1981, 앞의 글, 61쪽 ; 梁志龍, 2008, 「關于高句麗建國初期王都的探討」 『졸본시기 고구려역사 연구-2008년 한·중 고구려역사 연구 학술회의-』, 41쪽.

155) 朴承範, 2001, 앞의 글, 102~106쪽.

156) 張志勳, 1999, 앞의 글, 82~83쪽.

157) 최광식, 2007(a), 앞의 글, 38쪽 ; 최광식, 2007(b), 「한·중·일 고대의 제사제도 비교연구-팔각건물지를 중심으로-」 『先史와 古代』 27, 韓國古代學會, 262쪽.

보고, 부여신이 국가 최고신이었기에 사직 제사의 위상이 강하지 않았다고 하였다.[158] 그런데 『周書』나 『北史』 등에 그 주신을 시조와 시조모로 여기고 있고, 부여신에게 지모신적 면모가 있다 하여도 해당 시기까지 사직 제사에 대한 인식이 미비했다고 보기는 어렵기에, 취신하기에는 무리가 있지 않을까 한다. 채미하는 신묘 건립 시기의 상한은 4세기 후반, 하한은 7세기 무렵이라 추정하였다.[159] 강진원은 『三國史記』에 시조와 시조모를 모신 곳으로 시조묘와 유화신묘가 언급되었다는 점에 착안하여, 시조묘가 등고신묘이고 유화신묘가 부여신묘라 파악하였다.[160] 또 최일례는 부여신이라는 칭호가 문자명왕대 부여 왕실 내투(494) 이후의 산물이며, 부여인과의 통합을 염두에 둔 조치로 이해하였다.[161]

2. 朱蒙祠(朱蒙廟) 제사

朱蒙祠나 朱蒙廟의 존재는 지방 사회에까지 주몽 신앙이 퍼져 있음을,[162] 즉 주몽을 중심으로 한 지역민들의 고구려화를 나타낸다고 보았다.[163] 고구려 동류의식의 상징으로 시조 제사 권한을 각지에 부여했다는 조우연의 설[164]도 그 연장선상에 있다. 이외에 김두진은 미녀를 婦神으로 삼고자 했던 바에 주목하여 天地神의 합사 전통을 논하였고,[165] 방용철은 武神으로서의 면모가 강화된 흔적을 눈여겨보기도 하였다.[166] 강진원은 이들이

158) 이춘우, 2013, 앞의 글, 47~51쪽.
159) 채미하, 2006, 앞의 글, 358~359쪽.
160) 姜辰垣, 2015, 앞의 박사학위논문, 119~120쪽.
161) 최일례, 2010, 앞의 글, 208~209쪽.
162) 盧明鎬, 1981, 앞의 글, 64쪽 ; 盧明鎬, 1989, 「百濟 建國神話의 原形과 成立背景」 『百濟研究』 20, 忠南大學校 百濟研究所, 58쪽.
163) 노태돈, 1999, 앞의 책, 365~366쪽, 450쪽.
164) 조우연, 2010, 앞의 박사학위논문, 120~121쪽 ; 조우연, 2010, 앞의 글, 58~60쪽.
165) 金杜珍, 1999, 앞의 책, 184~185쪽 주32).

지방에 설치된 廟라는 점에서 전한시기의 郡國廟와 상통하는 바가 있으며, 非禮라 할 수 있는 해당 제사건축의 존재를 통하여 고구려 국가권력의 유교 문물에 대한 태도를 엿볼 수 있다고 하였다.[167]

3. 太后廟 제사

주로 실체와 소재지를 두고 논의가 오갔다. 柳花神廟와 동일하게 보아 그 주신을 시조모로 여기거나,[168] 태조왕의 모친인 扶餘太后로 보았다.[169] 소재지는 타국으로서의 부여,[170] 卒本(扶餘),[171] 혹은 椽那部 내 扶餘王 從弟 세력 거주지,[172] 대무신왕대 복속된 부여의 일부 지역으로 파악하였다.[173] 이외에 태후묘가 태후의 장지 혹은 무덤과 관련되었으리라는 추정 아래 졸본 내지 연나부 내 부여계 세력 거주지로 보기도 하였다.[174]

---

166) 방용철, 2013, 「7세기 고구려 불교정책의 한계와 國祖神」『韓國古代史研究』72, 한국고대사학회, 217~218쪽.

167) 姜辰垣, 2015, 앞의 박사학위논문, 184~186쪽.

168) 최광식, 1994, 앞의 책, 178쪽 ; 金杜珍, 1999, 앞의 책, 108~109쪽 ; 金烈圭, 1991, 『韓國神話와 巫俗研究』, 一潮閣, 48쪽 ; 강경구, 2001, 앞의 책, 310~312쪽 ; 김화경, 2005, 『한국 신화의 원류』, 지식산업사, 70~72쪽 ; 井上秀雄, 1978, 앞의 책, 109쪽 ; 辛鍾遠, 1984, 앞의 글, 6쪽 ; 趙法鍾, 1995, 앞의 글, 193~194쪽 ; 朴承範, 2001, 앞의 글, 101쪽 ; 朴承範, 2004, 앞의 글, 451쪽 ; 채미하, 2006, 앞의 글, 342~347쪽 ; 채미하, 2016, 「한국 고대 신모(神母)와 국가제의(國家祭儀)-유화와 선도산 성모를 중심으로-」『東北亞歷史論叢』52, 동북아역사재단, 18~19쪽.

169) 李鍾泰, 1996, 앞의 박사학위논문, 75쪽 ; 趙宇然, 2010, 앞의 박사학위논문, 96쪽 ; 姜辰垣, 2015, 앞의 박사학위논문, 15쪽 ; 李鍾泰, 1990, 「高句麗 太祖王系의 登場과 朱蒙國祖意識의 成立」『北岳史論』2, 北岳史學會, 89쪽 ; 김영준, 2006, 앞의 글, 22쪽 주57) ; 이귀숙, 2007, 앞의 글, 152쪽 주82).

170) 김화경, 2005, 앞의 책, 70~72쪽 ; 朴承範, 2001, 앞의 글, 101쪽 ; 채미하, 2016, 앞의 글, 18쪽.

171) 강경구, 2001, 앞의 책, 313~314쪽 ; 金賢淑, 1994, 「高句麗의 解氏王과 高氏王」『大邱史學』47, 大邱史學會, 32~33쪽 ; 김영준, 2006, 앞의 글, 22쪽 주57).

172) 이귀숙, 2007, 앞의 글, 154~155쪽.

173) 李鍾泰, 1990, 앞의 글, 89쪽.

Ⅶ. 맺음말

이상을 보건대 고구려 국가제사 연구는 각 방면에서 일정 정도의 성과를 축적해 왔다. 다만 더 해명해야 할 부분도 있다. 먼저 각 제사의 실체이다. 물론 대부분의 경우 그에 접근하려는 노력이 이루어졌다. 그러나 제천대회에서 드러나듯 상반된 견해가 평행선을 달리거나, 중요한 사항에 대한 입장이 정리되지 못한 채 논의의 범주가 확대되어 실상을 밝히는 데 어려움을 주고 있다. 이러한 측면에의 재검토가 필요하다.

다음으로 시간적인 흐름에 따른 변화상의 파악이다. 간헐적으로 등장하는 제사의 경우는 그것이 힘들 것이다. 하지만 제천대회나 시조묘 제사 등 비교적 긴 시간동안 모습을 드러내는 사례들에 대한 관심도 그간 덜 기울여졌기에 아쉬움이 있다. 정치체제가 변화하듯 넓게는 제사체계, 좁게는 각 제사의 양상 또한 미묘한 변동이 있었을 것이다. 그러므로 전후 사정을 면밀히 살펴 그 추이를 가늠해보는 작업이 요구된다.

시기별, 혹은 제사별로 드러나는 특징적 면모의 배경에 대한 논의도 면밀히 이루어져야 한다. 어떤 일이 일어난 데는 원인이 있기 마련인데, 그 부분에 대한 천착이 다소 부족하였다. 사상적 측면 외에 정치·사회적 측면까지 아울러 생각해볼 필요가 있다. 특히 국가제사에 정치권력이 개입되어 있다는 점에 주목해야 할 것이다.

마지막으로 총체적인 시야에서 고구려 국가제사 전반을 다룬 연구가 드물다는 점을 거론하고 싶다. 관련 기록들이 산발적으로 기재되어 있고, 일목요연하게 정리된 祀典이 존재하지 않는 상황이므로, 이는 당연한 결과일지도 모른다. 하지만 그간 각 제사의 실상이 어느 정도 밝혀졌으니, 이제 보다 큰 틀에서 바라볼 수 있는 여건이 조성되었다고 생각한다.

---

174) 姜辰垣, 2015, 앞의 박사학위논문, 15쪽, 72쪽.

고대에 의례, 그 중에서도 제사의 역할이 막중하였음은 주지의 사실이다. 그런 만큼 고구려 국가제사 연구가 앞으로도 다채롭고도 깊이 있게 이루어지기를, 그리고 그 성과가 고구려, 나아가 한국 고대의 실상에 다가가는 데 유의미한 디딤돌이 될 수 있기를 바란다.

안 정 준

고구려 영역지배에 대한 연구현황과 과제

Ⅰ. 머리말

전근대 국가의 영역지배는 지배세력이 피지배층을 효과적으로 수취하기 위한 목적으로 人的·物的 자원을 조사하고 이를 동원하는 체계 혹은 그 행위이다. 국가가 주민들이 거주하는 지역 공간을 어떻게 조직해 운영했는지, 그리고 시기별로 지방관의 성격과 통제의 강약은 어떻게 변화해갔는지에 대한 검토를 통해 한 국가의 체제가 갖추어지는 史的 전개과정을 일관되게 살펴볼 수 있다. 또한 구성원들의 특성을 고려한 지배 유형들을 통해 국가의 성격을 전체적으로 조망해볼 수도 있는 주제이기도 하다.

고구려는 한반도와 만주 일대를 포괄하는 넓은 영역을 다스렸는데, 그 지역에는 여러 종족들이 다양한 자연환경 속에서 거주해왔다. 고구려 초기 이래의 발전사는 곧 영역 내의 자연적·지형적 특성을 고려하는 가운데 다양한 구성원들을 효율적으로 지배하는 통치체제를 갖추어가는 과정이기도 했다. 이에 고구려 정치체제의 단계적 발전과정과 더불어 영역지배 형태의 전환을 함께 논의하는 연구가 이어졌다. 특히 1970년대 이래로 고구려의 那·部를 통한 초기 국가체제 성립과정에 대한 연구와 더불어

「광개토왕비문」 등 금석문 자료에 대한 치밀한 연구가 진행되면서 고구려의 시기별 정치체제 변동 과정에 대한 논의가 본격화되었고, 영역지배 연구 역시 이와 관련한 중요한 주제로 자리매김하게 되었다.

그러나 그동안의 고구려사 연구는 국가 형성과정 및 官制 연구 등 주로 정치체제 연구가 주를 이루었으며, 영역지배 연구는 기존 체제 연구를 뒷받침하는 하나의 근거로서 부수적으로 다루어진 측면이 있다. 이후 영역지배의 다양한 개별 양상에 주목하면서 지방제도를 전론으로 다룬 연구들도 등장했지만, 중앙의 통치체제 연구의 틀 속에서 다소 도식적인 결론으로 귀결되는 경우도 많았으며, 지역별·유형별 사례 연구가 충분하지 못한 한계도 드러내고 있다. 이처럼 영역지배 연구가 양적으로 축적된 가운데 일정한 한계도 드러냄에 따라 그동안의 연구 성과에 대한 정리와 더불어 향후 과제에 대한 논의가 필요한 시점이라고 생각된다.

고구려의 정치체제 연구는 대체로 사료상 고유명 부가 소멸하고 방위명 부가 주로 나타나는 3세기 말~4세기 초를 중앙집권적 지방지배의 기점으로 보고 前後시기를 크게 구분하여 보는 것이 일반적이다. 또한 귀족연립정권 시기이자 새로운 지방관 명칭이 사서에 등장하는 6세기 중·후반을 기점으로 다시 구분되기도 하는데, 이는 대체로 史料의 시기별·유형별 차이에 따른 구분이기도 하다. 본고에서도 고구려사 관련 주요 자료들의 유형별 분기가 되는 건국~3세기, 4~5세기, 6~7세기로 크게 구분하였다. 또한 지역 지배 및 종족 지배 연구에 대해서도 별도의 장을 통해 검토해보고, 문제점과 향후 과제들을 제시해보고자 한다.

II. 建國~3세기의 영역지배

1) 5部와 초기 국가체제에 대한 이해

초기 고구려의 영역지배 문제는 5那部·방위명 部의 성격과 관련하여 언급되었다. 주로 日人학자들에 의해 이루어진 이 연구는 중국 측 문헌기록에 등장하는 部의 실체를 논의하는 과정에서 정치체제의 성격과 더불어 영역지배에 대한 단서들을 단편적으로 제시하였다.[1] 이 연구들은 대개 혈연적 기반에 입각한 5部와 행정구역 성격을 지닌 방위명 部의 성격 규명에 그쳤으며, 국가체제의 성립 및 발전과정을 논의하는 데는 이르지 못했다.[2]

그러나 1970년대에 이르러 漢郡縣의 영향권에 대한 재해석과 더불어 『삼국사기』 초기기록을 적극적으로 활용하는 가운데 삼국의 성립시기를 올려보는 연구도 나왔다.[3] 이와 더불어 那가 국가형성 이전부터 地緣적 성격을 갖는 가운데 고구려라는 국가로 결집되는 과정이 검토되기도 했다.[4] 특히 아래의 연구들을 통해 3세기 이전의 고구려는 국가 형성상의 과도기가 아닌, 국가체제가 확립된 독자적인 시기로 상정되었다.

---

1) 今西龍, 1921, 「高句麗五族五部考」『史林』 6-3 ; 今西龍, 1937, 『朝鮮古代の研究』, 近澤書店, 407~446쪽 ; 池內宏, 1926, 「高句麗の五部及五族」『東洋學報』 16-1, 1~47쪽 ; 三品彰英, 1954, 「高句麗の五族について」『朝鮮學報』 6, 13~57쪽.

2) 관련 연구사는 李鍾旭, 1982, 「高句麗 初期의 地方統治制度」『歷史學報』 94·95, 79~81쪽을 참고하기 바람.

3) 金元龍, 1967, 「三國時代의 開始年代에 대한 一考察」『東亞文化』 7, 16~34쪽.

4) 那의 기원을 語義上 강가나 계곡에 자리 잡은 지역 기반의 정치체(地緣적 성격)로 본 것은 三品彰英의 연구에서 비롯되었다(三品彰英, 1954, 「高句麗の五族について」『朝鮮學報』 6, 13~57쪽). 또한 고구려의 王妃族이 존재했던 故國川王~西川王代의 시기를 부족국가에서 고대국가(왕족 중심의 귀족사회)로 넘어가는 과도기로 보는 가운데, 이 시기를 거쳐 血緣的·族制的 요소가 강한 五部族制가 地緣的·行政的 요소가 강한 五部制로 개편되었다고 보기도 했다(李基白, 1959, 「高句麗王妃族考」『震檀學報』 20, 81~97쪽).

우선 那·部를 단위정치체로 보는 가운데 초기 국가체제의 성립과정을 검토한 연구가 있었다.[5)] 이는 3세기 중후반까지 고구려 사회가 반자치적인 단위 정치체들의 누층적인 결합으로 이루어졌고, 이후에는 계루부 왕권의 집권력 강화 및 공동체적 관계의 약화에 따라 나부가 점차 소멸하고, 행정구역인 방위부로 개편되었다고 보았다.[6)] 나부체제론은 초기 那部의 독자적인 지배 구역과 주변 복속지에 대한 간접적인 지배 형태를 추론할 수 있는 토대를 제공했다. 또한 3세기 중후반을 기점으로 고구려 정치체제의 계기적인 발전 가능성을 제시하였다.

한편 단위정치체로서의 部의 존재를 부정하고 행정·관료 기구와 지방통치조직이 일찍부터 왕권 아래 정비되었다고 보는 견해도 제기된 바 있다.[7)] 여기서는 『삼국사기』 고구려본기의 기록을 중심으로 검토하는 가운데, 那部에서 방위명 5部로 개편되었다는 종래의 설을 부정하고, 태조대왕 초기에 이미 독립소국으로서의 那들이 계루부에 정치적으로 복속되었다고 보았다(나 연합체적 통치체제).[8)] 이때 방위명 部에 대해서는 계루부 내의 王畿에 일찍부터 설치된 행정구획으로 보았다.

양자 모두 『삼국지』 등에 나타난 3세기까지 고구려의 역사상을 국가체제가 확립된 독자적인 시기로 상정함으로써 체계적인 영역지배의 가능성을 제시하였다. 다만 집권제체론에서는 초기의 지배세력이 국가권력에 의해 만들어진 집권적 지배신분층이었으며, 복속지역도 초기에 이미 지방관이 파견되었다고 보는 등 3세기 전후에 본질적인 체제 변화가 있었다고 보지

---

5) 盧泰敦, 1975, 「三國時代의 部에 관한 硏究」 『韓國史論』 2.

6) 林起煥, 1987, 「高句麗 初期의 地方通治體制」 『慶喜史學』 14(朴性鳳敎授回甲紀念論叢) ; 余昊奎, 1995, 「3세기 후반~4세기 전반 고구려의 교통로와 지방 통치 조직－南道와 北道를 중심으로－」 『韓國史硏究』 91.

7) 李鍾旭, 1982, 「高句麗 初期의 地方統治制度」 『歷史學報』 94·95 ; 琴京淑, 1989, 「高句麗의 '那'에 관한 硏究」 『江原史學』 5.

8) 那部를 계루부 왕권에 의해 편제된 군사단위로 파악하는 견해도 있다(金光洙, 1983, 「고구려 고대 集權國家의 성립에 관한 연구」, 연세대 석사학위논문).

않는다. 반면에 부체제론에서는 3세기까지 자치권을 지닌 諸加 세력을 느슨하게 편제한 형태로 보는 가운데, 3~4세기의 전환기적 양상과 제도 정비 과정에 크게 주목하였다. 이 글에서는 현재 일반적으로 받아들여지는 나부체제론의 입장을 토대로 3세기 후반 전후의 지배방식을 크게 구분하여 검토하기로 하겠다.

2) 5部와 복속민에 대한 지배 방식

일반적으로 연구자들은 건국 이후 봉상왕대까지를 고구려 초기로 규정하고, 전후 시기의 국가체제 및 지방통치 방식이 질적으로 큰 변화를 겪었다고 보고 있다. 이에 초기의 지방통치는 나부연맹체 지역의 지배와 연맹체에 예속된 주민 집단에 대한 지배로 크게 구분하였으며, 나부민과 복속민 모두 중앙정부로부터 기존 공동체를 인정받는 가운데 간접적인 통치를 받았다고 이해하는 것이 일반적이다.

우선 임기환은 『삼국사기』 고구려본기의 기사들에 대한 검토를 통해 지역단위정치체인 谷이 연맹체 내에서 가장 보편적인 단위집단이자, 나부체제 하에서 지방통치의 기본단위였다고 보았다. 5나부 연맹체가 확대되는 과정에서 여러 那國과 谷집단이 연맹체의 단위집단으로 편제되었는데, 중앙 집권력의 부재 속에서 토착수장층인 諸加의 자치력을 인정하는 가운데 이들을 통한 간접지배가 이루어졌다고 파악하였다. 즉 나부 연맹체 지역의 통치방식은 나부 제가들의 토착적 세력기반을 전제로 하는 것이며, 中央－那部－谷집단의 구조로 파악할 수 있다는 것이다.[9)]

또한 연맹체 외곽의 정복지에 대해서는 연맹체의 하부에 예속민 집단으

9) 林起煥, 1987, 「고구려 초기의 지방통치 체제」 『慶熙史學』 14 ; 林起煥, 1995, 「地方統治體制의 構造와 運營」, 「高句麗 集權體制 成立過程 硏究」, 慶熙大 博士學位論文, 117~122쪽.

로 편제하여 정치적으로는 반자치적, 경제적으로는 貢納을 통한 지배가 이루어졌다고 보았다. 임기환은 고구려본기에 城邑으로 편제했다고 기록된 北沃沮·東沃沮를 대표적인 경우로 들었는데, 이를 통해 고구려는 3세기 당시 동옥저 지역에 대해서 邑落을 기본단위로 하는 사회구성과 渠帥들의 지배권을 어느 정도 인정하는 가운데 다스렸다고 보았다.10) 이러한 지배방식은 屬民－貢納 지배의 가장 대표적인 형태이며, 동옥저 이외에 동예·북옥저·숙신부락 등에 대해서도 이러한 지배가 관철되었다고 파악했다.11)

한편 여호규는 나부체제기에 이원적인 영역지배가 이루어졌다는 점에 기본적으로 동의하는 가운데, 지방의 군사동원체계를 검토하여 이를 더욱 보강하고 있다. 그는 주로 병력동원규모 그리고 전투를 치른 지역이 시기별로 다른 양상을 보인다는 점에 착안하였다. 고구려의 나부체제기에는 戰士層 중심의 군사동원체계였지만,12) 2세기 나부체제의 확립 이후에는

10) 3세기 당시 고구려는 동옥저의 토착 지배층 가운데 '大人'을 使者로 삼아 주민을 관할하는 데 이용하였고, 또 한편으로는 大加로 하여금 각 邑落의 租稅를 統責하게 했다고 전한다["句麗復置其中大人爲使者 使相主領 又使大加統責其租稅 貊布·魚·鹽·海中食物 千里擔負致之 又送其美女以爲婢妾 遇之如奴僕"(『三國志』 魏書 東夷傳 東沃沮)]. 이를 동옥저 안의 세력가(大人)를 使者로 삼아 서로 主領하게 하고 고구려 중앙의 大加로 하여금 해당 지역에 대한 부세를 책임지게 했다고 보기도 하며(金基興, 1991, 『三國 및 統一新羅 稅制의 硏究』, 역사비평사, 71쪽), 중앙정부의 相이 통괄하는 행정 조직과 大加가 각 邑落의 租賦를 統責하는 수취구조가 있었다고 해석하기도 한다(徐毅植, 1990, 「新羅 中古期 六部의 部役動員과 地方支配」 『韓國史論』 23, 서울大學校 國史學科, 127~129쪽). 당시까지 아직 왕권에 의한 직접적인 군사동원체제가 마련되지 않았으며, 大加 세력들이 각 속민집단으로부터의 공물수취와 분배에 참여할 수 있었던 것은 해당 지역을 복속시키는 과정에서 大加들의 군사력이 동원된 결과라고 보았다.

11) 특히 이러한 屬民집단들은 고구려의 지배력 약화 내지 중국 군현의 침투를 계기로 이탈할 가능성이 존재했기 때문에 수시로 왕의 巡狩를 통해서 지배권을 공고하게 했다고 보기도 하였다(金瑛河, 1985, 「高句麗의 巡狩制」 『歷史學報』 106, 30쪽 ; 林起煥, 1995, 앞의 논문, 124~131쪽).

12) 余昊奎, 1995, 「3세기 후반~4세기 전반 고구려의 교통로와 지방 통치 조직－南道와 北道를 중심으로－」 『韓國史硏究』 91 ; 여호규, 1997, 「1~4세기 고구려의 政治體制 연구」, 서울대 박사학위논문, 109쪽.

계루부 왕권이 각 나부의 군사력을 동원할 수 있게 되면서, 동옥저·동예 등 중국 군현 지배하에 있던 지역들과 太子河 상류·蘇子河 연안·압록강 하류의 주민집단들까지 복속시켰다고 보았다.[13] 이에 계루부 왕권은 복속지에 대해 토착세력을 매개로 지배력을 행사하는 한편, 征服戰에 참여한 각 나부의 大加들로 하여금 조세를 統責하게 했다고 보았다. 결국 복속지에 대해서는 토착사회의 유력자를 매개로 간접적·집단적 지배를 실시했다고 파악한 것이다.[14]

한편 김현숙도 나부체제기의 이원적 지배가 이루어졌다는 큰 틀에 따르고 있다. 그러나 영역지배 양상을 통해 나부 통치체제의 규명에 치중해왔던 한계에서 벗어나, 나부 및 복속민 내부 단위집단의 통치가 어떻게 이루어졌는지를 보다 구체적으로 검토하고자 하였다. 우선『삼국사기』초기기록에 등장하는 고구려의 영역 확장 및 지배 관련 기사들을 상당 부분 인정하는 관점에서 이 시기의 복속지 지배를 살폈다. 이를 통해 북옥저·동옥저·행인국 등을 城邑 혹은 郡縣으로 삼은 경우에는 경제적 혹은 정치·군사적 목적에 의한 부분적 재편 가능성을 제기하였고, 또 복속지를 食邑으로 사여하여 그 지역 주민과 토지에 대한 제반 관할권을 주고, 이를 통해 주민에 대한 租庸調 수취 및 부역을 강제하게 하는 지배 형태도 있었다고 보았다.[15] 이처럼 고구려본기 초기기록에 대한 적극적인 해석을 통해 복속지 지배의 다양한 유형을 제시하고자 한 것이 특징이라고 할 수 있다.[16]

반면 조기 집권체제론에서는 국가 성립 이후의 那部를 자치권을 지닌

---

13) 여호규, 1997, 위의 논문, 116~118쪽.

14) 여호규, 2014,『고구려 초기 정치사 연구』, 신서원, 341~351쪽.

15) 金賢淑, 1997,「高句麗 中·後期 地方統治體制의 發展過程」『韓國古代史研究』11 ; 김현숙, 2005,『고구려의 영역지배 방식 연구』, 모시는사람들, 99~115쪽.

16) 그 밖에도 북옥저에 부여의 망명 집단을 안치시켜 동부여를 건국하게 한 기사를 주목하면서, 책성 지역에 대한 고구려의 강한 지배력을 강조하고, 요충지에 군사 주둔 및 지휘관을 파견했을 가능성을 제기하였다(金賢淑, 2000,「延邊地域의 長城을 통해 본 高句麗의 東夫餘支配」『國史館論叢』88, 152~158쪽).

단위정치체가 아닌, 지방통치조직17) 혹은 계루부에 의해 편제된 군사 단위로18) 파악하였다. 특히 이종욱은 那部에서 방위명 5部로 개편되었다는 기존의 설을 부정하고, 고유명 部와 방위명 部는 각각 별개의 행정구획으로서 유지되었다고 보았다. 이 가운데 계루부 지역은 王畿였으며 이후 중앙귀족의 수가 늘어남에 따라 王畿 안을 동서남북의 방위명 部로 행정구획을 하여 통치했다는 것이다.19)

또한 王畿와 4那 이외의 지역에 대한 통치에 대해서는 고구려본기 초기 기사의 내용을 상당부분 신뢰하는 가운데 태조대왕 이래로 城을 거점으로 한 지방통치가 이루어졌다고 보았다. 특히 3세기 이전에 이미 정복한 지역을 성읍 혹은 군현으로 편제하고 지방관을 파견하여 통치하였으며,20) 봉상왕대 정도에 성 단위 통치체계가 이미 완비된 것으로 파악하기도 하였다.21)

현재 연구자들은 대체로 4세기 중반 이후 소수림왕과 광개토왕의 시기를 거치면서 고구려의 국가체제 및 지방통치 방식이 질적으로 큰 변화를 맞았다고 보는 것이 일반적이다. 그리고 그 이전 시기인 3세기까지의 영역지배를 대체로 부체제론과 같이 나부 연맹체 지역의 지배와 연맹체에 예속된 주민 집단에 대한 지배로 크게 구분하였으며, 양자 모두 중앙정부로

---

17) 李鍾郁, 1982,「高句麗 初期의 地方統治制度」『歷史學報』94·95.

18) 金光洙, 1983,「高句麗 古代 集權國家의 成立에 관한 硏究」, 연세대 석사학위논문.

19) 王畿에 那출신귀족들이 점차 이주해오면서 정착하여 중앙귀족이 되었다. 이러한 轉化과정은 1세기 동안이나 계속됐으며,「충주고구려비」가 건립될 당시까지도 고유명 部와 방위명 部는 각각 별개의 행정구획으로서 유지되었다고 본다(李鍾郁, 1982,「高句麗 初期의 地方統治制度」『歷史學報』94·95).

20) 군현제 실시여부는 분명하지 않지만, 대체로 고구려의 중앙이 직접 지배할 수 있는 형태였다고 본다(최희수, 2011,「지방화 과정을 통해 본 고구려 초기의 지방통치」『한국고대사탐구』7, 21~32쪽). 반면 금경숙은 고구려본기의 '성읍', '군현'도 토착세력을 통한 간접지배가 이루어진 것으로 파악했다(琴京淑, 1995,「고구려 전기의 地方統治 고찰」『史學硏究』50).

21) 李鍾旭, 1982,「高句麗 初期의 地方統治制度」『歷史學報』94·95.

부터 기존 공동체를 인정받는 가운데 간접통치를 받았다는 점을 공통적으로 지적하고 있다. 이 과정에서 연구자들은『삼국지』위서 동이전의 동옥저조에 보이는 고구려의 동옥저 지배방식을 '복속민' 지배의 전형으로 삼는 가운데 그 이외의 유형들에 대한 논의를 적극적으로 진행하지 않고 있다.

그러나 비록 후대의 사료이지만「광개토왕비문」의 연구를 통해 4~5세기에도 여전히 고구려 내에서 韓·穢人과 漢人, 商賈집단 등을 대상으로 매우 다양한 유형의 지배가 이루어졌으며, 이는 3세기 이전부터 형성된 일종의 '종족지배'에서 비롯되었다고 보는 연구도 있었다.[22] 즉 후대 기록을 통해 초기 성장과정에서 이행되었던 다양한 지배 유형의 가능성을 제시한 것이다. 이러한 선행 연구의 시각을 전적으로 수용할 수는 없겠지만, 이후 시기와의 관련성을 고려하는 가운데 초기 지배 유형들을 다양한 방식으로 추론하는 접근 방식은 주목할 필요가 있다. 이러한 연구와 관련한 자세한 논의는 다음 장에서 후술하겠다.

III. 4세기 이후 집권체제의 정비와 영역지배

1) 4~5세기의 城(谷)단위 지배 확립

4~5세기의 고구려 정치·제도사 연구는 문헌자료의 부족으로 금석문 자료를 주로 활용하는 가운데 이루어졌다. 武田幸男은 官位(官等)制 연구 등을 통해 4세기를 고구려 국가 발전의 劃期로 보는 가운데[23] 이 시기 지배체제의 전환 과정을 지방제도의 변화상을 통해 검토하였다. 그는 5세기 초·중엽의 상황을 보여주는「광개토왕비」,「모두루묘지」등의 금석

22) 武田幸男, 1979,「廣開土王碑からみた高句麗の領域支配」『東洋文化硏究所紀要』78.
23) 武田幸男, 1989,『高句麗史と東アジア』, 岩波書店, 375~376쪽.

문 자료를 주요 검토대상으로 하여, 城·谷 중심의 행정단위가 만들어진 자연적·사회적 기초 및 역사적 전개 과정을 검토했다.[24)]

이에 따르면 고구려는 초기에 계곡 근처의 평지에 취락생활을 영위하는 '谷'단위가 주류였다가 대략 3~4세기경을 分期로 하여 山城을 포함하는 '城'지배가 새로 개척된 영역을 중심으로 출현했다고 본다. 특히 5세기 초반의 「광개토왕비」 수묘인연호조에서는 城·谷의 병존이 나타나는 가운데 城지배의 상대적 우위가 드러나는데, 이는 6세기 이후 城의 누층적 편제를 특징으로 하는 영역지배 형태로 이어졌다고 파악하였다.[25)]

또한 그는 永樂 6년(396)에 攻取했다고 전하는 舊百濟領의 新領域('新來韓穢')에서는 農耕定住 양식 기반의 '村'을 基底社會로 하는 城·村지배가 이루어졌던 반면, 비슷한 시기에 영역화한 다른 新領域에서는 遊牧可動 양식의 '營'을 基底社會로 하는 주민집단(稗麗)을 대상으로 한 또 다른 지배형태가 나타난다는 점에 주목하였다. 이처럼 異種族을 대상으로 한 '종족지배' 형태는 수묘인연호의 差定이 이루어졌던 韓·穢 지역 가운데서도 일부 나타나며, 新領域보다 훨씬 이전에 획득된 舊民 지역에서도 樂浪·帶方故地의 漢人집단과 일부 異種族, 商賈집단 등을 대상으로도 이루어졌다고 보았다.[26)] 이를 통해 초기 이래로 다양한 종족 집단들의 토착적 존재양태를 반영한 지배 유형이 형성되는 史的 전개과정을 살펴보고자 했던 것이다.

武田幸男은 이 과정에서 「광개토왕비」에서 나타나는 여러 地名들의 시기별·형태별 특징과 守墓役 운영과의 연관성을 중요한 기준으로 삼았다.

---

24) 「牟頭婁墓誌」에는 牟頭婁가 북부여수사직을 역임했으며, 그의 선조대부터 이미 北道의 城民·谷民을 관할한 것으로 기록되어 있는데(武田幸男, 1981, 「牟頭婁一族と高句麗王權」 『朝鮮學報』 99·100合 ; 1989, 위의 책, 319쪽), 이를 통해 대략 4세기 전반부터 고구려가 북부여에 지방관을 파견하여 北道 즉 옛 부여지역으로 나아가는 교통로 주변 지역의 통치를 담당하게 했다고 해석하였다(武田幸男, 1989, 앞의 책, 329~330쪽).

25) 武田幸男, 1989, 위의 책, 21~54쪽.

26) 武田幸男, 1989, 위의 책, 59~102쪽.

그의 이러한 연구는 당대 금석문 기록을 동시대의 역사상을 보여주는 사료로서 뚜렷하게 자리매김하였고, 이후 영역지배 연구에 접근하는 연구 방법과 기본적인 인식의 틀을 제시한 것으로 평가된다.

한편 1990년대 이후 연구자들은 4세기 이후 중앙집권적 지배체제의 확립에 주목하는 가운데 영역지배의 문제에 접근하였고, 자연히 '종족지배'보다는 城 단위 지배의 확립과정을 검토하는데 주력하였다. 임기환은 「광개토왕비」의 수묘인연호조에 대한 검토를 통해 4~5세기의 고구려 수묘제는 일반적인 國役의 부과방식으로 운영되고 있었으며, 그 동원대상인 新來韓穢와 舊民 수묘인이 국가의 공적인 국역을 부담하는 烟戶 일반, 즉 國烟과 看烟이라는 보편적인 民 편제단위로 구분되었다고 파악하였다. 이러한 편제는 고구려의 중앙권력이 지방행정체계를 통해 개별 烟戶와 人丁을 직접적으로 파악·지배하는 과정에서 성립되었다고 본 것이다.[27] 이를 통해 4~5세기에는 초기 나부체제나 그 외곽에 존재했던 屬民-貢納지배라는 간접 지배방식이 극복되고, 중앙권력에 의한 직접 지배를 실현하는 城·谷 단위의 지방통치체제가 보편적으로 확대된 상태였다고 파악하였다.

한편 여호규는 3세기 후반~4세기경에 교통로를 통한 지방통치조직의 정비 과정에 주목하였다. 그는 4세기 전반에 이미 함경도 동해안 일대, 요동방면의 太子河·蘇子河·渾河 일대, 송화강 방면의 옛 부여 지역에 교통로를 매개로 지방통치구역이 설정되었으며,[28] 지배 조직은 城·谷을 기본 단위로 했다고 보았다.[29] 또 지방관의 위상을 통해서 통치구조를 살펴볼 수 있는데, 「광개토왕비」와 「모두루묘지」에 등장하는 守事는 大兄·大使者級

27) 임기환, 1994, 「광개토왕비의 국연(國烟)과 간연(看烟)-4·5세기 고구려 대민편제의 일례-」『역사와 현실』 13 ; 1995, 「地方統治體制의 構造와 運營」, 「高句麗 集權體制 成立過程 硏究」, 慶熙大 博士學位論文, 158~202쪽.

28) 두만강 하류의 동해로 방면에는 3세기 후반, 요동이나 부여 방면에는 4세기 전반부터 교통로를 매개로 한 지방통치 조직의 정비 양상이 확인된다고 한다.

29) 여호규, 2014, 앞의 책, 475~550쪽.

의 최상급 지방관으로 각 지역의 전략적 요충지에 파견되어 여러 城이나 谷을 관할하였으며, 이보다 하위에는 각 성과 곡에 파견된 小兄級의 宰가 두어졌다고 하였다. 그리고 이러한 수사(태수)–재의 2단계 통치조직은 新城太守(守事), 新城宰 등의 관련 기록이 나오는 3세기 후반~4세기 전반에는 이미 갖추어졌을 것으로 추정하였다.[30)]

김현숙은 대체로 3세기 말~4세기 초에 나부체제가 끝나고 중앙집권적 지배체제로 전환되었을 것으로 보는 가운데, 3세기 말부터 점차 중앙에서 각 지역을 연결하는 주요 교통로를 따라 산성이 두어지고, 이를 중심으로 지배가 이루어졌다는 기존 연구에 공감하고 있다. 이를 기반으로 지방지배는 곧 초기의 점적·단위 지역 중심의 거점 지배에서 4~5세기에 면적·중층적인 권역 지배로 전환되었다고 파악하였다.[31)]

구체적으로 3세기 말~4세기 초에는 각 지역 중심지와 군사 요충지에 거점식으로 지방관이 파견되는 형태였으나, 4세기 중후반경에 늘어난 개별 행정 단위들을 중층적으로 조직해 명령계통과 방어 체계를 재구축하고, 주민과 토지 상황을 보다 직접적으로 파악하는 체제 정비가 이루어졌다고 보았다.[32)] 즉 단위지역 중심의 지방 조직에서 권역지배로 재편되었다는 것이다. 특히 광개토왕대에 다수의 행정단위들을 포괄한 광역을 설정하고, 전국의 주요 중심 광역별로 守事를 두었다는 견해 등을 특징으로 들 수 있다.[33)]

---

30) 이후 4~5세기의 지방통치조직은 각 방면 교통로가 아니라 각 지역별 행정구역을 설정하는 형태로 전환되었다고 추정하였다(여호규, 2014, 위의 책, 523~548쪽).

31) 金賢淑, 1997, 「高句麗 中·後期 地方統治體制의 發展過程」『韓國古代史硏究』 11 ; 2005, 『고구려의 영역지배 방식 연구』, 모시는사람들.

32) 고국원왕대에 이미 북부여 지역 등 전력 요충지를 우선적으로 재편하기 시작한 가운데, 소수림왕대까지 권역지배로의 전환 과정이 이루어졌다고 보았다.

33) 「모두루 묘지」에서 4세기 중후반경 모두루의 祖와 父가 □道의 城民·谷民을 관할한 것은 예하 여러 행정단위들을 포괄한 광역을 다스렸던 상황이며, 「충주고구려비」의 고모루성 수사 역시 한강 유역의 郡級과 縣級 행정단위를 포괄한 광역을

위 연구들은 공통적으로 5세기에 城단위 지배가 중심이 되었다는 점을 지적하는 가운데 지방통치조직과 그 구조에 대한 논의를 심화시키고 있다. 이는 크게 守事와 태수를 동급으로 보는지 혹은 상하관계로 보는지 여부에 따라 守事(太守)－宰 2단계,[34] 혹은 守事－太守－宰의 3단계로 보는 설로[35] 갈려있다. 이 문제는 「충주고구려비」와 「모두루묘지」에 등장하는 守事를 4~5세기 집권력의 확대에 의한 광역단위의 지방관으로 볼 수 있는지, 郡制가 광역 단위로 실시되었는지 여부에 대한 논쟁이기도 하다. 다만 각급 지방관의 권한과 통치조직에 대한 기록이 소략한 상황이므로 현재로서는 명확한 결론을 내리기는 어려워 보인다.

한편 4~5세기의 지방통치구조와 관련하여 郡制가 실시되었다는 견해도 제기된 바 있다. 초기에는 북한학계에서 『삼국사기』 지리지의 고구려 계통 군현명, 그리고 「덕흥리벽화고분」의 墓誌에 나오는 묘주(鎭)의 출신지 표기('□□郡 信都縣 都鄉 中甘里')와 그가 다스렸다고 기록한 幽州 및 예하 13郡의 행정단위명(州·郡)을 근거로 郡이 두어졌다고 보기도 했다.[36] 이후 남한학계에서도 『삼국사기』 지리지의 고구려 지명 가운데 군현명이 발견된다는 점, 『翰苑』 所引 「高麗記」에 전하는 고구려의 武官名인 末若의 異稱이 '郡頭'로 나타난다는 점, 「모두루묘지」에 "此國郡最聖"이라는 표현이 등장한다는 점 등을 근거로 고구려에 郡縣 단위가 일시적으로 두어졌을 가능성을 제시하

관장했던 지방관이라고 보았다(김현숙, 2005, 앞의 책, 283~296쪽).

34) 林起煥, 1995, 앞의 논문 ; 여호규, 1995, 앞의 논문 ; 노태돈, 1996, 「5~7세기 고구려의 지방제도」 『韓國古代史論叢』 8 ; 금경숙, 1996, 「4~5세기 고구려의 지방통치에 대한 시론적 고찰」 『한국사학보』 창간호.

35) 김미경, 1996, 「高句麗의 樂浪·帶方地域 進出과 그 支配形態」 『學林』 17 ; 김현숙, 1997, 「고구려 중후기 지방통치체제의 발전과정」 『한국고대사연구』 11 ; 최희수, 2012, 「5~6세기 고구려 지방통치의 운영」 『한국고대사탐구』 10.

36) 이러한 견해들은 묘주 鎭이 고구려 출신이며, 그가 역임했던 官도 고구려에서 수여했던 것이라는 전제에서 논의된 것이다(리승혁, 1987, 「고구려의 주군현에 대하여」 『력사과학』 21 ; 손영종, 1990, 『고구려사(1)』, 과학백과사전종합출판사).

였다.[37]

이러한 郡制의 시행은 분명한 사료적 근거를 통해 뒷받침되었다고 보기는 어려운 측면이 있다. 다만 이러한 논의가 활발하게 이루어진 배경은 6세기 중·후반 이후 귀족연립정권이라는 중앙 지배구조의 변화상을 고려한 가운데 전후의 지방통치제도를 구분해보려는 의도에서 비롯되었다고 생각된다. 이를 통해 강력한 왕권과 중앙집권체제를 바탕으로 지방 곳곳에 郡制가 시행된 5세기, 그리고 6세기 이후 城을 중층적으로 편제한 가운데 욕살－처려근지－루초라는 새로운 지방관의 명칭이 등장하는 지방통치상을 구분해 보고자 한 것이다.

5~6세기 고구려의 한강유역 영역화 및 직접지배 여부를 郡制와 더불어 논의하는 연구들 역시 이러한 문제의식을 토대로 진행되었다. 고구려가 5세기 후반에서 6세기 중반의 기간 동안 백제로부터 빼앗은 한강 유역에 군현을 두고 직접 지배를 시행했다는 견해는 단순히 특정한 지역지배의 유형이 아닌, 6세기 이전까지 이루어진 직접지배의 확산으로서 이해되기도 하였다.[38]

지금까지 고구려사의 획기적인 전환기라고 할 수 있는 4~5세기 영역지배에 대한 다양한 연구들을 살펴보았다. 이와 관련해 연구자들이 이 시기 중앙집권적 지배체제의 확립과정을 규명하는 데 치중하면서 충분히 해명하지 못한 몇 가지 과제들이 있다고 생각한다. 우선 기존에 武田幸男의 연구에서 제시했던 '종족지배'론과 그 근거자료들에 대한 비판적 검토가 필요하다. 그는 광개토왕비에 기록된 신영역(新來韓穢)과 구영역(舊民)을 대상으로 이루어진 종족지배의 유형을 지배 대상의 거주형태뿐만 아니라 지배력이

37) 林起煥, 1995,「地方統治體制의 構造와 運營」,「高句麗 集權體制 成立過程 研究」, 慶熙大 博士學位論文, 149~157쪽 ; 노태돈, 1999, 앞의 책, 266~284쪽.

38) 노태돈, 2005,「고구려의 한성 지역 병탄과 그 지배 양태」『鄕土서울』19 ; 金賢淑, 2009,「高句麗의 漢江流域 領有와 支配」『百濟研究』50 ; 양시은, 2010,「남한 내 고구려 성곽의 구조와 성격」『고구려발해연구』51.

미치는 정도, 주민의 이념적·사상적 지향, 심지어 職種까지 포괄하는 광범위한 범주로 파악했다. 이는 4세기 이후 갖추어진 城단위의 집권적 지배유형 성립과는 극명하게 대비되는 초기적 지배의 연장선상에서 바라본 것이다.

결국 4세기 이후 고구려의 집권적 지배체제가 확립되어가는 史的 전개과정을 심도 있게 파악하고자 한다면, 이 시기에 나타나는 성·곡 단위가 아닌 地名들의 출현 배경과 그것이 당시 영역지배에서 갖는 의미를 보다 상세하게 밝힐 필요가 있다. 특히 武田幸男이 주요 논거로 활용했던 「광개토왕비문」의 종족적 지배 양상, 즉 「'營'을 단위로 하는 稗麗에 대한 지배형태」, 「수묘인연호조의 城·谷 단위가 아닌 地名들의 실체」 문제에 대해서 나름의 체계적인 분석과 새로운 대안 제시가 요구된다고 생각된다.

또한 일부 지방관직의 세습과 본적지 출신 임용 사례도 문제이다. 중국왕조의 경우 秦·漢代의 郡縣制에서는 지방관의 독자세력화를 방지하기 위해, 그 本籍地에는 임용하지 않는 '回避制'가 철저하게 지켜졌고, 동일한 지방관직의 父子 世襲은 금지되었다. 그러나 이후 六朝시대로 접어들면서 왕조권력의 교체기 혹은 내란기와 같은 대규모 혼란 시기에 이러한 원칙이 일시적으로 깨지기도 했다.[39] 그런데 고구려의 경우 5세기 이후에도 일부 지방관의 세습 혹은 본적지 출신자의 임용 사례가 나타나고 있다.

예컨대 5세기 고구려 城·谷 단위지배의 대표적인 사례인 「모두루묘지」에서는 모두루 일가가 북부여 지역의 지방관직을 世傳한 사례가 나타나며, 비록 후대이지만 「李他仁 墓誌銘」에서는 '遼東 柵州' 출신인 이타인이 고구려에서 원래 출신지인 '柵州都督兼摠兵馬'를 역임하였던 사례가 나타난다.

39) 중국에서는 지방관으로 本籍地 출신을 임용한 사례가 주로 永嘉亂부터 東晉의 건국에 이르는 시기, 東晉 멸망에서 宋의 초기에 걸치는 시기, 劉宋의 泰始年間 내란기에서 南齊 건국에 걸친 시기, 梁末에서 陳初에 이르는 시기에 집중되고 있다고 한다. 즉 왕조 권력의 교체기 혹은 내란기와 같은 대규모 혼란 시기에 국가권력이 동요하면서 불가피하게 그 지역의 호족이나 본적지 출신을 그 지역의 지방관에 임명한 것이다(窪添慶文, 2003, 「魏晉南北朝における地方官の本籍地任用について」『魏晉南北朝官僚制研究』, 東京 : 汲古書院, 273~328쪽).

이것이 당시 고구려 지배체제의 '未備'인지, 혹은 매우 특수한 사례들에 불과한지 여부를 밝히는 것도 향후 해결해야할 과제라고 할 수 있다.

2) 6~7세기의 지방제도 개편과 통치구조

6세기 이후 사료에 나오는 고구려의 지방통치조직은 城을 단위로 하여 그 규모에 따라 지방관의 지위를 설정하고 이를 중층적으로 편제한 형태인데, 郡·縣(혹은 州·縣)을 단위로 하는 중국왕조의 일반적인 통치방식과는 외형상 일정한 차이를 보인다. 현재 연구는 4세기 이래로 중앙집권적 지방지배가 지속되는 가운데, 城·谷 통치체제가 점차 확대되었고, 6세기에는 성을 보편적인 통치단위로 하여 이를 중층적으로 편제하는 구조가 갖추어졌다고 보고 있다. 이에 대한 연구도 주로 『翰苑』 所引 '高麗記'의 기록 등을 근거로 고구려 지방통치 구조 및 각 지방관의 권한과 상하 통속관계 여부, 그리고 內評·外評·5部의 실체에 대한 접근을 중심으로 논의되었다.

초기 연구들은 고구려 말기의 지방통치조직과 군사조직이 일체화되어있는 특수성을 주목한 가운데, 內·外評과 5部의 관계를 주로 논의하였다. 예컨대 末松保和는 고구려 멸망기의 기록에 등장하는 5部를 초기부터 이어져온 고구려 정치·사회의 중추 조직으로 보고, 그 군사조직으로서의 성격에 주목하였다.[40] 이후 山尾幸久는 『隋書』 고려전의 內評을 王都의 5개 군사집단,[41] 外評을 王都 밖의 5군데 常設 軍事管區로 해석했는데, 이 역시 外評 5부가 갖는 군사조직으로서의 성격을 강조한 것이 특징이다.

---

40) 末松保和, 1965, 「朝鮮三國·高麗の軍事組織」『靑丘史學』 1 : 1996, 『高句麗と朝鮮古代史』, 末松保和朝鮮史著作集(3), 吉川弘文館, 60~64쪽.

41) 이는 연개소문의 군사정변 당시 東部兵의 역할 등을 근거로 王都의 5部를 지역·행정조직이 아닌, 정치적·군사적 성격을 지닌 부족 조직으로 해석한 전제에서 나온 것이다(山尾幸久, 1974, 「朝鮮三國の軍區組織」『古代朝鮮と日本』, 155~160쪽).

지방통치단위로서 기능했던 성들이 모두 군사조직 그 자체라고는 볼 수 없으나, 일체화된 부분이 있다는 점에 대해서는 현재 연구자들도 대부분 인정하고 있다. 그러나 王都의 5부를 정치적·군사적 성격을 지닌 부족조직으로 해석하거나, 지방관의 군사령관으로서의 성격만을 지나치게 강조한 초기 연구는 4세기 이래 고구려의 국가적 성장과 집권체제 구축, 그리고 이에 따른 民지배의 계기적 변화상을 살피지 못한 한계를 드러내고 있다.

한편 6세기 이후의 지방통치 구조에 대해서는 褥薩－道使(處閭近支)－可邏達－婁肖의 4단계로 보기도 했지만,[42] 可邏達을 욕살과 道使의 屬官으로 보아 褥薩－道使(處閭近支)－婁肖의 3단계로 보는 설이 제기되기도 하였다.[43] 이와 관련해 노태돈은 『三國史記』 卷37, 雜志6 地理4 三國有名未詳地分條 말미에 기록된 總章 2년 2월조 이하 압록강 이북의 未降城, 已降城, 逃城, 打得城 관련 기록(이하 '목록')을 지방제도에 접근하는 주요 근거로 삼았다. 이 '목록'은 開戰 초기인 667년에 唐軍 진영에서 작성한 일종의 戰況表로 볼 수 있는데, 고구려 말기의 압록강 이북 각 城의 위치와 등급을 파악하는 데 적극 활용되면서 이후의 연구에도 중요한 기준이 되었다.

또한 통치구조와 관련해서는 당의 지방제도가 貞觀 원년(627) 이후 기본적으로 주·현 2등급제였고, 州 자사와 도독의 군사권이 대폭 축소되어 도독부가 실제 州의 상급기관으로서의 의미가 없어졌다는 점, 중국측 사서에 등장하는 고구려의 욕살과 처려근지가 각각의 군사 관할권을 쥐고 있으며 상하 관계가 보이지 않는다는 점 등을 근거로, 욕살과 처려근지의 상하 영속 관계를 부정하였다. 즉 고구려 후기의 지방제도에서 욕살과 처려근지는 기본적으로 병렬적인 관계였다고 본 것이다.[44]

---

42) 盧重國, 1979, 「高句麗律令에 關한 一試論」 『東方學志』 21, 147쪽.

43) 武田幸男, 1980, 「朝鮮三國の國家形成」 『朝鮮史硏究會論文集』 17, 41~43쪽.

44) 다만 고구려 말기에 당과 전쟁을 치르면서 전국에 몇 개의 광역 군사·행정구역이

한편 김현숙도 고구려가 6세기에 직면한 대내외적인 문제들로 인해 지방통치조직의 재정비가 불가피했다고 보았다. 대체로 6세기의 지방제도 개편은 戰時에 대비한 체제 개편이라는 점에서 재량권이 강화된 대성의 욕살을 중심으로 방어체계가 구축되었다는 점, 광역별로 비교적 자율적인 운영이 이루어지기도 했지만 전반적으로 중앙집권적 형태의 통치체제는 유지되었다는 점 등을 강조하고 있다.[45)]

구체적으로 6~7세기에도 이전 시기와 같은 3단계의 구조를 유지했다고 보았는데, 大城의 지방관인 褥薩은 전대의 守事에서 대체된 것이며, 처려근지는 전대의 太守級이자 지방통치에서 가장 중심적인 역할을 담당했던 중간단계의 지방관으로 보았다. 예하의 가라달은 군사적 요충지에, 루초는 일반지역에 파견된 현급 지방관으로서 몇 개의 자연촌이 소속된 지역을 관장했다고 보았다. 즉 6~7세기 고구려의 지방통치구조는 전략지역의 경우 大城(욕살)－諸城(처려근지)－小城(가라달), 일반지역의 경우 大城(욕살)－諸城(처려근지)－小城(루초)의 3단계라고 파악한 것이다.[46)]

그 외에도 연구자들은 가라달의 성격과 관련하여『한원』고려기에서 唐代의 長史에 비유되고 있다는 점, 고구려의 大城들이 주로 군사적 요지에 밀집해있다는 점 등에 주목하여 다양한 해석을 제시하기도 했다. 가라달이 관내에 있는 특수한 군사단위인 鎭·堡·戍·關 등의 군사적 소성들을 통괄하였다고 보거나,[47)] 상급 성에 대한 군사적 警報 및 방어준비시간을 마련해주는 기능을 했다는 견해,[48)] 욕살·처려근지가 관장하는 치소 주변의 행정적 보조성 혹은 군사적 성격의 성곽들을 관장한다는 견해[49)] 등이 제기되었

설정되었고 중심이 되는 성들의 통제력이 상대적으로 강화되었을 것으로 보았다 (노태돈, 1999,『고구려사 연구』, 사계절, 242~257쪽).

45) 김현숙, 2005, 앞의 책, 303~378쪽.

46) 김현숙, 2005, 위의 책, 346~355쪽.

47) 노태돈, 1999, 앞의 책, 245~246쪽.

48) 나동욱, 2009,「6~7세기 고구려 지방군사운용체계」『사학연구』95, 9~11쪽.

다.[50] 이러한 논의는 향후 고고자료의 검토를 통한 고구려의 성곽 유적 분포 및 각급 지방관의 관할 범위와 역할 문제가 구체화되면 보다 진전이 있을 것으로 생각된다.

위 6~7세기의 영역지배 연구와 관련해 한 가지 지적할 것이 있다. 보통 중국왕조에서는 중앙집권적 지방지배가 철저하게 이루어진 秦·漢代 군현제도는 원칙상 軍政과 民政이 구분되어 있었다. 그런데 이후 六朝시대에 이르러 편호제민 지배에 기반한 중앙집권적 군현·관료지배체제가 붕괴되면서 주요 州·郡의 刺史·太守가 領兵하며 軍·民政을 모두 겸하게 되었던 것이다.[51]

고구려의 경우 大城들의 장관인 욕살과 처려근지가 軍事와 民政을 모두 管掌했다는 사실이 구체적으로 지적된 이래로, 軍事와 民政이 일체화된 특징을 갖는다는 견해가 일반적이다. 이처럼 중앙집권체제가 갖추어진 5세기 이후에도 군사적 성격의 城을 중층적으로 편제하여, 각급 지방관이 軍·民 兩政을 겸직하는 체제를 3백여 년 가까이 유지했다고 보는 것이다. 그렇다면 고구려에서 軍·民 兩政이 합치된 형태의 영역지배가 장기간 유지된 배경을 당시 고구려의 국가적 특성이나 중앙 정치제제와의 관련 속에서 해명하는 작업이 병행되어야 할 것으로 생각된다.

한편 고구려 지방통치제도의 특징 가운데 하나는 군사적 목적으로 쌓았던 산성들이 지방을 통치하는 치소성으로도 활용되었던 점이라고 할 수 있다.[52] 이러한 독특한 지방통치의 실상을 기반으로 하여 고구려시기에

---

49) 임기환, 2015, 「요동반도 고구려 성 현황과 지방지배의 구성」『한국고대사연구』 77, 144~145쪽.

50) 이외에도 『翰苑』 所引 「高麗記」에서 諸大城－諸城－諸小城의 순서, 그리고 諸小城(可邏達) 뒤에 '又城'관련 설명이 이어지고 있다는 점에 주목하여 "可邏達의 城에 (縣令에 비견되는) 婁肖가 있었다고 해석하기도 했다. 이에 따르면 고구려 지방통치구조는 욕살－처려근지－가라달·루초의 3단계 구조가 된다는 것이다(李慶美, 2017, 「鴨綠江~遼河 유역 고구려 성곽과 지방통치 연구」, 한국외대 박사학위논문, 150~155쪽).

51) 李成珪, 1996, 「中國의 分裂體制模式과 東아시아 諸國」『韓國古代史論叢』 8, 288~289쪽.

사용된 성곽 유적에 대한 조사보고를 통해 통치권역을 구획하고 통치조직을 구체적으로 규명해보려는 연구가 이루어져 왔다.[53] 구체적으로 지리적으로 산맥이나 하천으로 주변 지역과 격절된 곳, 그리고 주변 교통로를 비롯해 산성 유적이 다수 분포한 곳을 하나의 지역권으로 설정하였다. 그리고 해당 지역 내의 산성 규모와 구조, 분포 양상을 조사해 방어 체계의 변천 양상을 추정하여, 궁극적으로 지방통치의 실태를 밝히고자 한 것이다.

여호규는 자연지형상 하나의 지역권을 이루며 고구려성도 비교적 조밀하게 분포한 지역, 구체적으로 遼河 中上流 東岸地域과 압록강 중상류 연안, 두만강 유역 등을 검토대상으로 하여 통치구역의 범위와 각 단계별 행정구역들 간의 상호관계를 규명하고자 하였다. 우선 6세기 이후의 遼河 中上流 東岸地域은 북방의 거점성인 北扶餘城과 서방의 거점성인 新城 사이에 위치하였는데, 처려근지가 관할하는 중심 성곽과 중소형 성곽으로 이루어진 지방통치조직이 갖추어졌다고 보았다. 그 내부에서는 각 지류의 하곡평지권이나 山間盆地圈을 바탕으로 하여 하위 행정구역인 小城을 설정하였고 이를 중간급 지방관인 처려근지가 관할하는 형태로 운영됐다고 보았다.[54]

---

52) 고구려의 포곡식 산성 가운데는 평상시 관아가 있고 지방관이 거주하였던 치소의 기능을 했던 곳도 다수였을 것이라는 지적이 있었다(三上次男, 1990, 『高句麗と渤海』, 吉川弘文館, 106~108쪽 ; 노태돈, 1999, 『고구려사 연구』, 사계절, 283쪽). 포곡식 산성을 구체적으로 산상형과 하곡평지형으로 나누고, 대체로 하곡평지형이 치소성의 성격이 두드러진다고 보는 견해도 있다(양시은, 2014, 「고구려 산성 연구」, 서울대 박사학위논문, 152~153쪽).

53) 19세기 후반에 일본학자들에 의해 고구려의 중심지였던 압록강 중류 일대의 고구려 성 유적이 조사되기 시작하였으며, 1970~1980년대에 이르러 중국학자들에 의해 압록강 중상류 및 요하 일대에 대한 전반적인 조사가 이루어졌다. 그리고 이를 통해 고구려성 분포현황과 개별 성곽의 구체적인 상황이 파악되기 시작했다. 1990년대까지 압록강 중류 및 요하 일대의 고구려 성 유적 관련 연구사에 대해서는 여호규, 1998, 『高句麗 城(鴨錄江 中上流篇)』Ⅰ, 國防軍史硏究所, 3~7쪽과 여호규, 1999, 『高句麗 城(遼河流域篇)』Ⅱ, 國防軍史硏究所, 3~9쪽 ; 양시은, 2016, 『高句麗城 硏究』, 진인진, 8~17쪽을 참조.

54) 余昊奎, 2002, 「遼河 中上流 東岸地域의 高句麗 城과 地方支配」『역사문화연구』 17, 26~30쪽.

또한 압록강 중상류 연안의 성곽들은 각종 물자를 도성까지 운송할 수 있는 압록강 수로의 중요성과 더불어 요동지역으로부터의 침공 등을 고려하여 구축되었음을 밝혔다.[55] 두만강 유역의 경우 축조 성곽 유적들을 검토하여 「李他仁墓誌銘」에서 柵城褥薩인 이타인이 관할한 '12州 高麗'의 통치 범위를 구체화하였고, 이를 통해 고구려가 두만강 유역을 크게 평원이 넓게 발달한 중핵지역과 주변부, 그리고 백산말갈의 집단 거주구역인 외곽지역 등으로 구분해 통치했을 것으로 파악하였다.[56]

한편 임기환은 요동반도의 千山山脈 서북부와 동남부 지역 주요 하천을 중심으로 고구려 성곽의 현황을 살펴보았고, 이를 크게 3개의 권역(천산산맥 서부·천산산맥 동남부 碧流河 유역·천산산맥 동남부 大洋河 유역)으로 나누어 제시하였다. 이 권역들의 주요 하천과 그 지류 유역에는 각각 지방지배의 치소로 추정되는 성들이 분산되어 있으며, 전략적 거점성인 大城이 주요 하천에, 그 주위에는 군사적 목적의 소형 산성이나 보루성이 분포한다고 파악하였다. 또한 각 성의 전략적 위상과 규모를 통해 욕살·처려근지·루초 등 지방관을 비정해본 결과, 각 권역의 지리적 환경에 따라 지방성의 구성과 분포양상 및 욕살·처려근지·루초의 비율이 차이가 있음을 재확인하기도 했다.[57]

위 연구들은 공통적으로 각 주요 하천과 그 지류의 유역권, 산간 분지권 등을 설정하였는데, 이 가운데 전략적 거점이 되는 곳에 대형 산성이 축성되었고, 그 주변에 군사적 목적의 소형산성과 보루성이 위치하고 있다는 점을 먼저 밝혔다. 또 문헌자료에 나타난 6세기 이후 고구려 지방관인

55) 여호규, 2008, 「鴨綠江 중상류 연안의 高句麗 성곽과 東海路」 『역사문화연구』 29, 132~160쪽.

56) 여호규, 2017, 「두만강 유역 고구려 성곽의 분포현황과 지방통치의 양상」 『역사문화연구』 61, 143~149쪽.

57) 임기환, 2015, 「요동반도 고구려성 현황과 지방지배의 구성」 『한국고대사연구』 77, 115~145쪽.

즉 욕살—처려근지—루초의 위계는 각 성이 갖는 전략적 위상이나 성곽 규모와 연관될 것이라는 점을 전제하여 논의하고 있다.[58)]

城의 분포에 대한 연구는 고구려의 군사방어전략 및 지방지배방식을 이해하는 데 필수적인 작업이다. 특히 기존에 문헌에 보이는 城의 규모와 각급 지방관의 위계만을 기준으로 지방통치구조를 파악해왔던 연구의 한계를 극복할 수 있는 접근 방법이라고 생각된다. 다만 현재 중국의 발굴조사 보고서는 개개의 산성 내부에 대한 면밀한 조사가 이루어지지 못한 한계가 있는 상황이다. 따라서 이것이 단순한 군사적 목적에서만 사용되었는지, 혹은 평상시의 民政과 관련한 行政治所로도 기능했는지 여부에 대한 기준 확립과 동시에,[59)] 문헌 자료와의 병행 연구가 필요하다.

Ⅳ. 지역 지배 및 종족 지배 연구

중앙집권적 지배체제가 갖추어진 4세기 이후에도 고구려의 영토 내에서 토착사회의 종족적·문화적 다양성에 기인한 특수한 지배가 이루어진 지역이 주목되기도 했다. 이는 4세기 초반에 영역화되었던 낙랑·대방 故地를 비롯해, 동부여·靺鞨·穢 등 여러 異種族의 지배를 논의하는 과정에서도 제기되었다. 이 지배 유형들이 특수한 사정으로 인해 해당지역의 통치가 未備했던 예외적인 사례인지, 혹은 장기간 지속된 하나의 지배유형이었는지 여부가 주요 쟁점이라고 할 수 있다. 이 글에서는 대표적으로 낙랑·대방 故地와 북방 靺鞨, 한반도 중부의 穢에 대한 연구를 다루기로 한다.

---

58) 최근에 李慶美, 2017, 앞의 논문에서도 압록강~요하 유역의 고구려 성곽과 지방통치 문제를 다룬 바 있다. 이 글을 작성하는 시점에서 위 논문의 내용을 충분히 검토할 시간이 부족해서 관련 내용을 제대로 반영하지 못했음을 밝혀둔다.

59) 이와 관련해 5세기 이후 고구려의 중대형 포곡식산성에서 官司와 관련한 유적·유물이 존재하는지 여부를 주목하기도 한다(양시은, 2016, 앞의 책, 17쪽).

① 樂浪·帶方 故地 지배

1910년대 이래로 이루어진 황해도와 평안도 지역에 대한 발굴 조사에서는 낙랑·대방군과 관련한 유적·유물뿐만 아니라, 2군 소멸 이후에도 고구려에 잔존했던 전축분 계통의 고고자료들이 발견되었다. 이와 더불어 해방 이후에는 冬壽·鎭과 같은 중국계 망명인의 고분들이 차례로 나오기도 했다. 이 지역의 중국계 토착민·망명인 고분 및 관련 자료에 대한 연구는 대체로 고구려의 2군 고지에 대한 지배력 문제에 관심을 두고 이어졌다.

1950년대 이래의 초기연구에서는 일부 금석문 자료, 특히 안악 3호분과 덕흥리벽화고분에 피장된 주인공의 출신 혹은 신분 문제를 주요 논거로 하여 고구려의 2군 고지 지배 문제에 접근하였다. 이후 남한과 일본에서는 1980~90년대 이래로 고분에 기록된 묘주의 출신지와 중국식 관직, 그리고 벽화 인물의 服飾 등에 대한 연구가 진행되면서 묘주의 실체에 대한 논쟁이 중대 전환점을 맞았다.[60] 2군 고지의 전축분 및 석실봉토벽화분 등의 고고자료 발굴과 관련 연구가 진행되면서 이 지역의 중국계 토착주민과 망명인의 존재가 분명해졌고, 양자 간의 관계에 대한 접근이 이루어지기도 했다.

최근에는 고구려 정권과 2군 고지 망명인 간의 관계, 그리고 이를 통한 고구려의 영향력 확대 및 지배방식을 파악하는 방향으로 연구가 이루어지고 있다. 이는 크게 두 가지 흐름으로 진행되었는데, 우선 옛 군현지배층과 중국계 망명인들이 2군 고지 내에서 독립적이고 자치적 성격이 강한 상태로 존속했다고 파악하는 견해가 있다.[61] 이는 당시 2군 고지에서 나타나는 양상을 기존의 토착 세력이 갖는 정치·사회적 기반의 연장선상에서 이해한

---

60) 武田幸男, 1989,「德興里壁畵古墳被葬者の出資と經歷」『朝鮮學報』130 ; 孔錫龜, 1989,「安岳 3號墳의 墨書銘에 대한 考察」『歷史學報』121 ; 1990,「德興里 壁畵古墳의 主人公과 그 性格」『百濟硏究』21.

61) 岡崎敬, 1964,「安岳第三號墳(冬壽墓)の硏究－その壁畵と墓誌銘を中心として－」『史淵』93, 九州大 九州史學會.

것이었다.[62] 특히 4세기 초반 이후에도 나타나는 과거 군현계통 토착세력의 전축분 조영과 그 부장품인 명문전에 주목하는 가운데, 이 지역의 강고한 토착적 전통이 지속되었다는 점을 주요 논거로 제시하기도 했다.[63]

그러나 1990년대 이후로 2군 고지에 안치된 중국계 망명인들이 고구려의 지원 속에 정치·사회적 지위를 유지했다는 점이 지적된 가운데, 2군 고지를 이미 영역화한 고구려 중앙정권의 영향력을 보다 강조하는 경향이 이어지고 있다. 구체적으로 2군 고지의 중국계 망명인들이 칭한 官號를 분석하는 가운데, 冬壽 등의 망명인들은 고구려왕과의 관계에 의존한 非자립적인 존재이며 2군 고지에 안치된 중국계 이주민과 토착 漢人들을 고구려 정권에 협조적인 세력으로 포섭하고, 왕권 아래로 조직하는 데 일정한 역할을 했다고 본 것이다.[64]

한편 고구려가 4세기 이전부터 집요하게 공략하여 차지한 2郡 故地에 대해 거의 1세기 가까이 지배력을 점진적으로 확대해가는 과정에 있었다고 보기 어려우며, 오히려 313년 이전부터 2郡 故地 권역에 지속된 하나의 지배 유형으로 보아야 한다는 견해도 있었다. 이를 통해 4~5세기 당시의 주변 정세 속에서 다양한 종족 구성원의 이해관계를 반영한 점령지 지배가 부분적·한시적으로 이루어졌을 가능성을 제시하였다.[65]

---

62) 金元龍, 1960, 「高句麗 古墳壁畵의 起源에 대한 硏究－韓國 古代美術에 對한 中國의 影響－」『震檀學報』 21, 41~106쪽 ; 1979, 「高句麗壁畵古墳의 新資料」『歷史學報』 81, 167쪽 ; 武田幸男, 1989, 앞의 논문, 30~31쪽 ; 孔錫龜, 1989, 앞의 논문 ; 1990, 앞의 논문.

63) 孔錫龜, 1988, 「平安·黃海道地方出土 紀年銘塼에 대한 硏究」『震檀學報』 65.

64) 李成市, 1992, 「東アジアの帝國と人口移動」『アジアからみた古代日本－新版·古代日本2－』, 角川書店, 378~384쪽 ; 林起煥, 1995(b), 「4세기 고구려의 樂浪·帶方地域 경영」『歷史學報』 147 : 2004, 『고구려 정치사 연구』, 한나래, 161~199쪽 ; 김미경, 1996, 「高句麗의 樂浪·帶方地域 進出과 그 支配形態」『學林』 17 : 2007, 「高句麗 前期의 對外關係 硏究」, 연세대 박사학위논문, 172~179쪽 ; 余昊奎, 2009, 「4세기 高句麗의 樂浪·帶方 경영과 中國系 亡命人의 정체성 인식」『韓國古代史硏究』 53, 181~192쪽.

65) 안정준, 2016, 「高句麗의 樂浪·帶方郡 故地 지배 연구」, 연세대 박사학위논문.

위 연구들은 4세기 초반 이후에도 여전히 2군 고지에 잔존해 있던 군현계 토착세력의 고분 조영 전통, 그리고 중국계 망명인들의 활동상을 보여주는 官號를 중심으로 검토가 진행되었다. 고구려가 2군 고지의 토착 주민과 새롭게 안치시킨 중국계 이주민을 실질적으로 통치했던 양상에 대해서는 관련 문헌자료가 매우 제한적인데다, 현재까지 2군 고지에서 발견된 고고자료들이 주로 일부 지역의 중국계 고분으로만 한정된다는 문제가 있다. 향후 평안도·황해도 지역의 추가 발굴을 통해 단서들이 나온다면 보다 활발한 연구가 진행될 수 있을 것으로 기대된다.

② 북방 靺鞨 지배

중국 사서에서 시기별로 肅愼－挹婁－勿吉－靺鞨의 명칭으로 내려오는 북방 靺鞨은 渤海가 성립하기 이전까지도 정치적 통합을 하지 못한 채 여러 개의 부락으로 나뉘어 있었다. 隋·唐代에 이르러 말갈족은 서쪽으로 北流 松花江, 남으로 太白山, 북으로 東流 松花江, 동으로 연해주 지방에 걸쳐 분산되어 있었으며, 이 가운데 유력 부락이 『隋書』와 『唐書』에 7部로 구분되어 나타난다. 이들은 주로 수렵과 목축에 치중했으며 공동체적 성격을 강고하게 지니고 있었기 때문에 일찍부터 농경을 주산업으로 했던 예맥족과는 사회·문화적인 면에서 차이가 컸을 것이다.[66)]

고구려의 말갈 지배는 北界 문제와 더불어 논의되고 있는데, 말갈 7부에 대한 고구려의 지배 또는 영향이 미치는 정도는 그 지역의 편입시기와 세력의 크기 및 지리적 위치 등에 따라 각기 다르게 나타난다.[67)] 우선 고구려가 白山·伯咄·安居骨·號室部를 강하게 예속시켰을 것으로 보는 가운

66) 金賢淑, 1993, 「高句麗의 靺鞨支配에 관한 試論的 考察」 『韓國古代史硏究』 6, 226~227쪽.

67) 靺鞨 7部의 위치에 대한 논의는 金樂起, 2010, 「6~7세기 靺鞨 諸部의 내부 구성과 거주지」 『高句麗渤海硏究』 36, 183~197쪽을 참조.

데, 비교적 큰 규모 부락의 수장들이 갖는 대표적 지위를 인정해주면서도 세력집중을 막기 위해 각 수장들과 고구려 지방관을 개별적으로 연결시켜 분열시키는 이중적인 지배를 시행했다고 보기도 했다.[68]

한편 黑水部 이외의 6부가 대체적으로 고구려의 영향권 하에 들어왔다고 보는 가운데, 속말과 백산말갈 지역은 '附庸' 상태였던 다른 말갈 部들보다 고구려에 대한 종속도가 더욱 높았다고 보기도 했다. 특히 속말·백산말갈 지역에 고구려 산성들(길림시 용담산성, 동단 산성, 삼도령 산성)이 설치되었다는 점, 이들에 대한 군사 동원의 규모가 방대하고 활동 기간도 장기간에 걸쳐 있다는 점 등이 지적되기도 했다. 이를 통해 속말·백산말갈은 5세기 후반 이래로 고구려의 지방관에 의해 통치된 고구려민으로 보았던 것이다.[69]

말갈에 대한 구체적인 지배형태에 대해서는『隋書』東夷列傳 高麗條에 등장하는 '遊人' 기사를 주목하기도 한다. 별도의 사회 집단을 유지하며 고구려에 복속해 있던 靺鞨이 고구려에 군사적 조력을 했다는 점을 세제상의 우대혜택이 주어진 배경으로 이해하고 있는 것이다. 이에 국가가 집단적으로 편제된 말갈 주민을 그 우두머리를 통하여 간접적으로 수취를 했던 것이 '유인'의 전형이라고 보았으며,[70] 고구려 내의 말갈족과 일부 거란족 중에서도 軍役이란 특수직역을 가진 주민집단으로 범위를 좁혀서 파악하기도 했다.[71]

한편「李他仁 墓誌銘」을 근거로 말갈에 대한 지배 문제에 접근하는 연구도

68) 농경문화의 영향이 강하여 고구려인과 융화되기 쉬웠던 속말·백산부의 경우에는 고구려인에 의한 직접지배도 가능했을 것으로 보았다(盧泰敦, 1981,「渤海 建國의 背景」『大邱史學』19, 13~16쪽).

69) 구체적으로 고구려인 지방관이 말갈 부락의 수장을 매개로 통치하는 형태를 상정하고 있다(金賢淑, 1993, 앞의 논문 ; 2005, 앞의 책, 469~478쪽).

70) 김기흥, 1991,『삼국 및 통일신라 세제의 연구-사회변동과 관련하여-』, 역사비평사, 45쪽.

71) 金賢淑, 1993, 앞의 논문, 247~250쪽.

있다. 기록에 의하면 '柵州都督兼摠兵馬'였던 이타인이 "12州 高麗를 관할하고 37部 靺鞨을 통솔하였다"고 되어있다. 즉 책성 산하에 '高麗'와 구분되는 37部의 '靺鞨'이 존재했다는 것이다. 이들은 그 위치상 백산말갈로 보이는데 기록형태를 고려할 때 고구려인들과 명확히 구분되었으며, 城 단위로 재편되지 않고 원래의 부락 형태로 지배되었던 것으로 보인다. 이를 통해 고구려가 다수의 백산말갈인들이 거주하는 책성 지역에 지방관을 파견하여 말갈인 부락을 고구려인과 별도로 관할했음을 알 수 있다. 후기 기록에 보이는 말갈에 대한 지속적인 군사 동원은 이러한 지배를 통해 가능했을 것으로 보기도 한다.[72] 또 위 기록을 통해 책성에서는 말갈 부락 내부의 통치는 기존 수장의 권한을 상당 부분 인정하되, 보고된 호구부를 바탕으로 군사 징발을 비롯한 稅役을 간접적으로 수취하는 지배 형태였다고 추정하기도 하였다.[73]

③ 한반도 중부의 穢

『三國史記』 신라본기와 백제본기, 고구려본기에는 5~6세기 靺鞨이 등장하는데, 이는 고구려와 隋·唐과의 전쟁 과정에서 자주 등장하는 북방 만주 일대의 靺鞨과는 다르며, 한반도 중부 지역의 穢族과 관련 있다고 보는 것이 일반적이다.[74] 구체적으로 穢族 가운데서도 약탈을 위해 한반도 중서부까지 출몰한 동예로 보는 견해,[75] 그리고 출몰 지역에 따라 한반도

72) 김종복, 2005, 「高句麗 멸망 전후의 靺鞨 동향」 『북방사논총』 5, 177~178쪽.

73) 안정준, 2013, 「「李他仁墓誌銘」에 나타난 李他仁의 生涯와 族源-高句麗에서 활동했던 柵城지역 靺鞨人의 사례-」 『木簡과 文字』 11, 214~215쪽.

74) 茶山 丁若鏞이 만주 지역의 靺鞨과 구분되는 僞靺鞨설을 제기한 이래(丁若鏞, 1961, 「靺鞨考」 『丁茶山全書』 下, 문헌편찬위원회, 877쪽), 한반도 중부 지역에 거주하던 濊 혹은 濊貊 족속을 가리킨다고 보는 견해가 일반적이다. 이와 관련한 연구사는 李康來, 1985, 「『三國史記』에 보이는 靺鞨의 軍事活動」 『領土問題研究』 1, 高麗大學校 民族文化研究所, 31~37쪽을 참고.

75) 兪元載, 1979, 「三國史記 僞靺鞨考」 『史學研究』 2, 韓國史學會, 41쪽.

중서부의 영서예와 함경남도 남부와 강원 북부의 동예를 가리킨다고 보는 설이 있어왔다.[76)]

이들의 활동 범위는 대략 경기도 동·북 지역과 남한강 동·북 일대를 포괄한다고 보는데, 5세기 이후의 '靺鞨'(穢) 지역은 고구려의 영역화된 상태였고, 이후 이들은 고구려의 군사 작전에도 참여하고 있다. 정치적으로 통합된 세력을 이루지 못했던 穢族이 5~6세기 기간 동안 고구려군과 합세하여 신라·백제와의 전쟁에 일조한 배경에 대해서는 이들을 복속시켰던 고구려(5세기 이후)의 영향으로 보는 설이 제기되기도 했다. 늦어도 468년 이후의 '靺鞨'(穢)은 고구려의 군사 활동에 완전히 附屬된 존재로서 파악되며, 이는 5세기대 고구려의 남방 경략에 의해 '靺鞨'(穢) 세력이 그 영역 내로 편입되었던 것이 그 배경이라는 것이다.[77)] 이러한 해석은 곧 5세기 이래 경기도 동·북 지역과 남한강 동·북 일대 지역의 '靺鞨'(穢)에 대해 성－촌 지배가 아닌 토착 수장층을 통한 간접 지배가 이루어졌을 가능성을 제기한 것이기도 하다.[78)]

Ⅴ. 맺음말

기존 연구에서는 일반적으로 3세기 말~4세기 초를 기점으로 나부와 그 외곽에 존재했던 복속지에 대한 간접지배가 점차 극복되고, 이후 城 단위의 일원적인 지배가 보편적으로 확대된 것으로 파악하고 있다. 구조적으로는 2단계 혹은 3단계의 상하계통을 통한 지배가 이루어졌음을 논하는 가운데 각급 지방관의 기능과 관할범위를 구체적으로 추정하는 단계에

76) 문안식, 2003, 『한국고대사와 말갈』, 혜안, 23~30쪽.

77) 李康來, 1985, 위의 논문, 56~61쪽 ; 문안식, 2003, 위의 책, 47~51쪽.

78) 盧泰敦, 1996, 앞의 논문, 249~250쪽.

와있다. 그러나 집권체제의 단계적 발전이라는 외형을 증빙하는데 치우쳐 왔으며, 지배의 속성을 통해 고구려의 국가적 성격을 전체적으로 조망하는 데는 미흡한 점이 있었다고 생각된다.

또한 전체 편호민 가운데 漢人이 절대 다수의 비중을 차지했던 중원왕조들과 비교해 볼 때, 고구려의 다종족 구성은 그 독특한 정치제도 및 사회·문화상을 이해하는 데서 간과할 수 없는 측면이다. 따라서 그동안 고구려 영역지배의 실상을 체제의 변동과정에 맞춰 획일적이고 도식적으로만 이해해왔던 것은 아닌지 되돌아보는 가운데 그 실질적인 운영 형태를 파악할 필요가 있다.

다행히도 근래에 요동 일대의 산성 유적 및 평안도·황해도 일원의 고분 등 고고자료가 꾸준히 축적되어오고 있으며, 北朝·隋·唐代에 작성된 고구려 계통의 유민 묘지명도 다수 발견된 상황이다. 기존의 주요 문헌과 금석문 자료에 더하여 새로운 자료들에 대한 충분한 검토가 이루어진다면 위에서 언급한 과제의 해명뿐만 아니라, 다양한 지역과 종족들을 포괄하는 고구려의 국가적 성격에 대해서도 재고해보는 계기가 마련될 것으로 기대된다. 이를 통해 영역지배 연구가 정치체제 논의의 부수적 주제가 아닌, 그 자체로 국가의 단계적 발전과정을 보여주는 주요 연구주제로 자리할 수 있어야 할 것이다.

범 은 실 이준성(국사편찬위원회 편사연구사) 옮김

중국학계의 고구려 지방통치제도 연구동향 분석*

Ⅰ. 중국학계의 고구려 지방통치제도 연구 약술

1. 기나긴 발족기

중국 역사학계의 구분에 의하면 고구려사는 민족사·지역사 범주에 속하는 것으로 종전에는 族系源流·중원왕조와의 관계·지역 여러 민족집단(族群) 사이의 상호관계 등의 연구과제만이 제한적으로 다루어졌다. 이에 더하여 문헌자료의 결핍과 고고자료의 부족 등으로 인해 고구려 지방통치제도 연구는 장기간 관심의 대상이 되지 못하였다.1)

뒤늦게 1980~90년대에 들어서서 새로운 학술 번영기를 맞이하면서 많은 연구성과가 배출되었는데 이에는 고구려 지방통치제도 관련 저술들도 포함된다. 먼저 통사류 저서들이다. 예를 들어 董萬倫의 『東北史綱要』는 고구려 초기사를 다루면서 다음과 같이 서술하고 있다.

---

* [基金項目] 國家社科基金項目"高句麗史上的族群問題研究"(17BMZ027).

1) 孫進己, 「高句麗歷史研究綜述」『社會科學戰線』 2001년 2기.

전국은 5개의 행정구역으로 나누었는데 매 행정구역은 한 部族을 중심으로 구성되었다. 이 5부로는 계루부·연노부·절노부·순노부·관노부가 있다. 계루부는 5부 중에서 內部·黃部로서 주몽계열의 部인데 지금의 渾江과 압록강 중류에 위치하였다. 나머지 4부는 모두 계루부에 의해 정복당한 부들이다. 그중 연노부는 5부 중 西部·右部에 속하는데 沸流水 상류(富爾江)에 위치한다. 원래는 비류국이었으나 주몽에 의해 정복되었다. 절노부는 5부 중 北部·後部에 속하는데 지금의 揮發河 유역에 위치하였으며, 순노부는 5부 중 東部·左部에 속하는데 蓋馬大山(지금의 백두산 및 그 남쪽으로 한반도에 진입하는 낭림산맥) 동쪽에 위치하였다. 관노부는 5부 중 南部·前部에 속하는데 압록강 하류 및 청천강 일대에 위치하였다. 계루부는 국왕이 직접 통할하고 나머지 4부는 각기 각 부의 대가(大加, 大家)가 통괄하였는데 이 4부의 대가는 국왕에게 복종하였다. 또한 4부는 모두 관리를 두어 分治하였으며 (중략) 食邑制가 보편적으로 존재하였다.2)

한편 고구려 후기의 지방통치제도에 대해서는『북사』·고구려전의 기록을 그대로 인용하면서 별다른 설명을 가하지 않고 있다.3) 朴眞奭 또한『朝鮮簡史』에서 고구려 초기와 후기의 지방통치제도를 간략하게 서술하고 있다.

고구려는 건국초기에 국내성을 중심으로 한 지역을 계루·연노·순노·절노·관노의 5부로 나누었다. 국왕은 계루부를 직접 관할하였는데 기타 4부에 대한 통제권을 지니고 있었다.4)

더불어 고구려의 지방행정구역 또한 변화를 가져왔다. 5~6세기에 이르러 고구려는 5부3경의 지방행정제도를 실시하는데 전국을 동·서·남·북·중의

2) 董萬侖, 1987,『東北史綱要』, 黑龍江人民出版社, 73쪽.
3) 董萬侖, 1987,『東北史綱要』, 黑龍江人民出版社, 97쪽.
4) 朴眞奭, 1996,『朝鮮簡史』, 延邊大學出版社, 51쪽.

5부로 나누고 국왕이 관리를 파견하여 통치하였으며, 국내성과 한성을 別都로 칭하고 평양성과 함께 3경으로 정하였다. 5부 밑에는 여러 城邑을 두었는데 이러한 성읍은 행정기구와 군사방어가 결합된 지방지역에 속한다. 자료에 근거하면 고구려는 5~6세기에 200여 곳의 성읍을 두었다.5)

다음으로, 이 시기에 들어서서 본격적으로 "고구려사" 관련 저서가 나타났다는 점은 중요한 의미를 지닌다. 이로써 고구려 지방통치제도에 대한 토론이 보다 구체화된 추세를 보이고 있다. 이 부류의 저서 중에 보다 이른 시기에 나온 것으로는 李殿福·孫玉良의 『高句麗簡史』이다. 하지만 이 저서는 한글판으로 1990년에 한국 삼성출판사에서 출판하였기 때문에, 오히려 중국 국내에는 잘 알려지지 않았다. 한편 손옥량은 같은 시기에 佟冬이 主編한 『中國東北史』 제1권의 집필에 가담하기도 하였는데 제6장 「고구려정권의 건립과 강성」에는 고구려 지방통치제도에 관한 언급이 거의 보이지 않고 있다.6)

또 다른 중요한 저서로는 劉子敏의 『高句麗歷史研究』가 있다. 여기에서는 전·후기로 나누어 고구려 지방통치제도를 전문적으로 다루고 있다. 먼저 고구려의 전기 지방통치제도에 대하여 아래와 같이 서술하였다.

그 정치제도는 중원의 郡縣制가 아닌 分封制와 더 가깝다. 최고 통치자는 국왕인데 (중략) 국왕의 직할지역은 계루부 즉 王畿지역이다. 기타 4부는 그 長官인 대가가 주관한다.7)

고구려는 封君制와 食邑制가 병존하는 것은 고구려의 통치계급이 중원의

5) 朴眞奭, 1996, 『朝鮮簡史』, 延邊大學出版社, 56쪽.
6) 佟冬, 1987, 『中國東北史』, 吉林文史出版社.
7) 劉子敏, 1996, 『高句麗歷史研究』, 延邊大學出版社, 75~76쪽.

여러 옛 제도를 답습한 것에 그 원인이 있고 새로운 역사적 상황 속에서 채택한 일종의 분봉제의 잔존 형태라 하겠다. (중략) 고구려의 정치제도는 주로 분봉제였으나 『삼국사기』의 기록으로 보아 군현제 요소도 일부 보이고 있다.8)

이른바 '군현제 요소'라는 것은 『삼국사기』에서 나오는 '守'·'太守'·'宰' 등 기록을 말한다.

> '수'·'태수' 등 官稱은 명백히 중원으로부터 유래된 것으로 이들은 郡의 최고 장관이다. 하지만 고구려의 '5부'제는 사실 분봉제인 것으로 군현제가 아니다. 이러한 '수'·'태수'는 특례에 불과하다.9)

물론 류자민은 『삼국사기』 기록의 일부 문제점을 지적하기도 하였다.

> 『삼국사기』에는 대무신왕이 친히 蓋馬國을 쳐서 "그 땅을 군현으로 삼았다"(以其地爲郡縣)는 기록이 보이는데 (중략) 여기에서 "그 땅을 군현으로 삼았다"는 것은 ○○ 땅을 "성읍"으로 삼았다는 것과 동일시되는 것으로 실질적으로 군현제를 실행한 것은 아니다.10)

고구려 후기에 들어서서는 군현제를 실시하였다고 보았는데 그 근거로 『삼국사기』 지리지의 기록을 제시하고 아래와 같이 지적하였다.

> 고구려가 군현을 설치함에 그 착안점을 경제가 아닌 정치와 군사에 둔 듯하여 그 한계가 있다. 그렇지만 군현제는 결국 중앙집권 봉건통치의 산물인

8) 劉子敏, 1996, 『高句麗歷史硏究』, 延邊大學出版社, 78쪽.
9) 劉子敏, 1996, 『高句麗歷史硏究』, 延邊大學出版社, 79쪽.
10) 劉子敏, 1996, 『高句麗歷史硏究』, 延邊大學出版社, 79쪽.

만큼 고구려의 군현제 실행은 고구려 사회가 봉건화의 길로 발전하였음을 의미한다.[11]

이상과 같이 고구려 지방통치제도에 대한 연구는 긴 發展期를 거쳐 1990년대에 이르러서야 보다 체계적인 성과가 나타나기 시작하여 연구의 기본적 구조가 형성되었다.

2. 연구의 번영기

21세기에 이르러 기왕 연구성과의 기초 상에서 학자들의 관심, 국제학술 교류의 확대 전개와 더불어 고구려 지방통치제도에 대한 연구는 번영기를 맞이하게 되었는데 특히 일련의 중요 문제에 대한 토론에서 주목할 만한 성과를 이룩하였다.

(1) 나부체제

고구려 초기의 지방통치체제를 논함에 있어서 일본과 한국학자가 '나부체제론'을 제기한 바 있다. 이들은 고구려 초기국가는 부(나)를 중심으로 구성되고 운영하였는데 특히 那로부터 那部로의 변화를 고구려 국가형성의 과정으로 보았다.[12] 국제학술교류가 확대 전개됨에 따라 일부 중국학자들도 이러한 논리를 받아들인 경우가 있다. 薛海波는 다음과 같이 지적하였다.

고구려 건국신화는 고구려의 건국시점에 그 지방체제가 각 지역의 부동한 민족집단(族群)을 기본 단위로 나뉘어졌음을 잘 보여주고 있다. 이러한 '나부체

11) 劉子敏, 1996, 『高句麗歷史研究』, 延邊大學出版社, 243쪽.

12) 林起煥, 2004, 「高句麗政治史的研究現況與課題」『韓國高句麗史研究論文集』, 高句麗研究財團, 56쪽.

제'는 압록강유역의 지리환경과 각 민족집단의 정치 발전상황과 긴밀히 연관된다. 고구려는 지역 구분 하에 지리적, 혈연적으로 각 민족집단을 초보적으로 통합하여 지방 각 민족집단과 중앙정부 및 왕족을 이어주는 지방1급 형정관리 체제를 구축하였는데 그 내부에는 상대적으로 간단한 관료체계를 갖추었을 뿐만 아니라 酋邦에서 국가로 과도하는 等級制 요소가 존재한다. 1세기 중전기~2세기 중후기, 지방의 여러 那와 중앙정부 및 왕족사이의 권력 치중은 변화가 있었지만 비장의 여러 那는 상당한 실력을 지닌 정치세력으로 고구려 정치 발전에 중요한 영향을 미쳤다.[13]

다음으로 劉炬는 다음과 같이 서술하고 있다.

那 혹은 那部는 고구려 지역에서 형성된 왕국 건립 이전이나 건국 초기에 광범하게 존재한 구조형식인데 이는 5부 형성의 구조적 기초이기도 하다.[14]

고구려 각 나부의 내부 구조에 있어서 (중략) 이러한 나부는 모두 씨족부락 단계에 처해 있으며 나부에는 하급 단계의 조직을 두었는데 흔히 "나"로 칭하였다.[15]

종래 고대 史家로부터 '國'으로 표기되었던 정치집단은 고구려 연맹에 가입하면서 '나'나 '나부'로 되어 고구려 연맹의 기반을 이루게 된다. 이러한 '나'나 '나부'가 그대로 유지되고 그 수령 또한 '왕'이나 '主'로 봉한 것으로 보아 '나'나 '나부'는 막대한 권력과 자주권을 지니고 있는 독립집단으로

---

13) 薛海波, 「高句麗早期"那部體制"探析」『東北史地』 2007-2.

14) 劉炬, 2014, 「高句麗地方行政體制與官僚硏究」『高句麗官制硏究』 東北亞硏究叢論(八), 東北師範大學出版社, 200쪽.

15) 劉炬, 2014, 「高句麗地方行政體制與官僚硏究」『高句麗官制硏究』 東北亞硏究叢論(八), 東北師範大學出版社, 203쪽.

생각된다.[16)]

태조대왕 이후 고구려의 '지방체제'는 보다 많은 인위적 정치경향을 지녔는데 나부체제의 기본 특징은 혈연성과 天然性이다. 그러므로 태조대왕 시기는 고구려가 나부체제에서 5부체제로 이전하는 전환점이라 하겠다.[17)]

(2) 族名五部

현재 중국 학계에서는 보편적으로 태조대왕에 이르러 고구려 초기 5부체제가 형성되었다고 보고 있다. 물론 이 시기의 5부는 族名으로서의 5부이다. 정치제도의 발전과정에 있어서 고구려 초기에 '나부'체제시기(즉 酋邦 또는 부락연맹시대)가 있었다고 한다면 고구려가 보다 높은 차원의 정치체로 발전한 다음 단계는 바로 5부(족명5부)로 안정적인 정치공동체를 결성한 시기일 것이다. 이에 劉炬는 다음과 같이 지적하고 있다.

나부제와 5부제의 근본적 차이는 나부제 하의 나부는 인위적인 것이 아니라 자연 발생한 것이며 5부제 하의 나부는 인위적 색채를 띤 정치적 산물인 것이다.[18)]

초기 5부 시기의 지방통치제도에 대하여 楊軍은,

고구려국가는 곧 5부와 그에 속해있는 部의 조합이며 5부는 국가기구이면서

16) 劉炬, 2014, 「高句麗地方行政體制與官僚硏究」『高句麗官制硏究』東北亞硏究叢論(八), 東北師範大學出版社, 203쪽.
17) 劉炬, 2014, 「高句麗地方行政體制與官僚硏究」『高句麗官制硏究』東北亞硏究叢論(八), 東北師範大學出版社, 202쪽.
18) 劉炬, 2014, 「高句麗地方行政體制與官僚硏究」『高句麗官制硏究』東北亞硏究叢論(八), 東北師範大學出版社, 211쪽.

도 지방조직이기도 하다. 국가관리(官員)은 곧 5부의 部長이었는데 이들은 상당한 권력을 가지고 있었고 5부 또한 일정한 독립성을 지녔다.

고 주장하였으며, 5부 이외 새로이 정복한 部族에 대하여는 다음과 같이 지적하였다.

族屬이 다른 피정복자에 대해 고구려 초기의 통치방식으로 두 가지가 있었다. 하나는 部의 형식으로 5부 중의 어느 한 권력집단에 귀속시켜 그 영지인 食邑으로 하는 것이고, 다른 하나는 본 민족의 통치구조를 유지시키면서 고구려왕이 大加를 파견하여 통솔케 하는 방식으로 나라에서 직접 관리하는 것이다.[19]

楊軍·高福順·姜維公·姜維東이 공동 저술한 『高句麗官制硏究』에서 楊軍은 지방통치제도를 담당하였는데 그는 여기에서 고구려 족명5부 시기의 지방통치제도에 대해 보다 진전된 분석을 내어놓았다.

도성 내에 거주하고 있는 5부 대가는 자신의 부 및 그 영지와의 관계가 점점 소원해 지기 시작하였다. 멀리 떨어져 있는 곳에 살고 있는 5부 대가는 더는 자신의 부 및 그 영지를 직접적으로 관리할 수 없었으며, 나날이 넓어지는 영지를 더 작은 단위로 나누고 그 곳에 자신의 使者·皂衣·先人 등 家臣을 파견하여 관리케 하였다.

고구려 초기 국가에서 使者·皂衣·先人이 고구려왕과 5부 대가의 영지를 관리하는 작은 단위는 고구려국가의 최초 지방행정단위인 셈이다. 여기서 使者·皂衣·先人은 邑落 수령으로부터 고구려의 최초 지방관리(地方官)로 발전하였다.[20]

---

19) 楊軍, 「高句麗五部硏究」『吉林大學社會科學學報』 2001-4.

20) 楊軍 外, 2014, 『高句麗官制硏究』, 吉林大學出版社, 122쪽.

앞의 전국 5부제와는 달리 姜維東은 고구려 5부가 시종일관 도성5부제였음을 주장하였다.

> 고구려는 중앙집권을 강화하고 지방세력을 약화시키는 등 여러 요소를 고려하여 영향력이 가장 많은 네 부족을 도성으로 옮겨 계루부와 함께 도성의 5곳 거주지역을 구성하였는데 이를 아울러 5부라 하였다. 여기서 5부 대가는 곧 다섯 部族의 최고 수령이다. 나머지 小部族의 수령 또한 자신의 무리들을 거느리고 도성으로 옮겼는데 방위와 통솔 관계에 따라 각기 5부 내에 거주하였다. 이러한 小部族의 수령은 고구려 諸加 계층을 형성하였다. 원래 지역에 대한 통솔권은 처음에는 국왕에게 회수되지 못한 체 각 대가의 지역 대리인인 사자가 그 권리를 대행하였다.[21]

그렇지만 대부분 학자들은 역시 고구려 초기 5부는 전국5부로 보고 있는데 다만 계루부의 위치에 대하여 '환인설'과 '집안설'의 차이를 보이고 있고[22] 나머지 4부는 방위에 따라 수도 주변 지역에 분포하고 있음을 주장하고 있다.

(3) 초기 方位五部

『삼국사기』 기록을 보면 고구려 方位部名은 「고구려본기2」에 처음 보이기 시작하여 여러 곳에서 확인된다.

> [대무신왕 15년(32)] 남부 사자 추발소를 대신 (부류)부장으로 삼았다(『삼국

---

21) 姜維東, 2014, 「高句麗的五部與五部官制硏究」『高句麗官制硏究』東北亞硏究叢論(八), 東北師範大學出版社, 266쪽.

22) 李殿福·姜孟山 등은 환인설을, 劉子敏·耿鐵華·王綿厚·劉炬 등은 집안설을 주장하고 있다.

사기』 고구려본기2).

[고국천왕 12년(190) 가을 9월] 좌가려 등이 4연나와 더불어 반란을 꾀하였다. [13년(191) 여름 4월] 좌가려 등이 무리를 모아 왕도를 공격하였다. 왕은 기내의 군사를 동원하여 이를 평정하고 마침내 명령을 내렸다. "(중략) 이제 너희 4부는 각각 어질고 착한 사람으로서 아래에 있는 자를 천거하여라." 이에 따라 4부가 함께 동부의 안류를 천거하였다(『삼국사기』 고구려본기4).

[서천왕 2년(271) 봄 정월] 서부 대사자 우수의 딸을 왕후로 삼았다(『삼국사기』 고구려본기5).

남부·동부·서부 등 단어의 출현으로 보아 고구려는 일찍부터 족명5부와 함께 방위로 각 부를 칭하고 있었음을 알 수 있다. 이에 劉炬는 다음과 같이 지적하였다.

방위명의 출현은 단순한 명칭의 변경이 아니라 이는 고구려정권의 5부에 대한 통치의 강화와 국왕과 5부 사이의 관계의 한층 조화로움을 의미한다. 다만 방위5부가 나타남에도 불구하고 종전의 나부 명칭이 계속 등장하는 것은 여러 가능성이 존재한다. 하나는 각 부를 방위명으로 바꿨을 때 원 명칭을 즉시 폐지시키지 않았을 수 있고, 다른 하나는 원 명칭을 폐지시켰으나 긴 시간에 걸쳐 사람들이 원 명칭을 습관적으로 사용하였을 가능성도 있으며, 또 다른 하나는 고구려 5부의 개칭이 여러 번 반복되었을 수도 있다. 어떠한 경우를 막론하고 미천왕시기 이후 5부의 원 명칭은 다시 보이지 않고 방위명으로만 확인된다. 이는 고구려 정권의 5부에 대한 관리가 나날이 강화되었음을 증명하고 있다.[23]

(4) 고구려 초기의 중원군현제에 대한 모방

이 문제에 대하여 楊軍은 다음과 같이 지적하였다.

> 보다시피 고구려인은 고구려현과 교류하는 과정에서 군현의 행정설치나 太守·縣令과 같은 지방관리를 알아가기 마련이다. 그러므로 1세기 이후, 고구려의 대회확장과 더불어 고구려는 中原의 군현제를 모방하면서 자신의 지방관리체제를 건립하고 漢나라 지방 官稱으로 자신의 地方官체제를 구축하기 시작한 것이다.[24]

柵城守·東海谷守·新城太守 등의 명칭으로 보아 고구려인은 1세기 이후 새로 차지한 지역에 파견된 지방관은 한나라 지방관 관리명칭인 '태수'를 모방한 것으로 보이면 이를 '守'로 약칭하기도 하였다.[25]

> 2세기로부터 고구려에서는 점차 谷(城)－城－村의 지방행정체제가 형성되었는데 谷(城)의 長官은 태수, 城의 장관은 宰다. 村에는 공식적인 정부 官員이 존재하지 않았다. 고구려 국왕이 직접 통솔하는 이러한 새로운 정복 지역에는 흔히 위와 같은 지방행정기구를 두었다. 물론 새로운 정복지역을 사적인 領地로 삼을 경우 종래의 加－使者가 주축이 되는 관리방법을 채용하는 경우도 있었다. (중략) 166~300년은 신구 체제의 과도시기였는데 이 기간에는 두 체제가 병존하였다. 그러나 3세기 초부터 전통적인 가－사자의 지방통치구조는 이미 새 체제로 전환하기 시작하였다. 3세기 말~5세기 초는 太守－宰의 지방관리체제가 고구려 지방관리체제의 주도적 지위를 차지하는 시기였다.[26]

---

23) 劉炬, 2014, 「高句麗地方行政體制與官僚研究」『高句麗官制研究』東北亞研究叢論(八), 東北師範大學出版社, 214쪽.

24) 楊軍 外, 2014, 『高句麗官制研究』, 吉林大學出版社, 124쪽.

25) 楊軍 外, 2014, 『高句麗官制研究』, 吉林大學出版社, 124쪽.

26) 楊軍 外, 2014, 『高句麗官制研究』, 吉林大學出版社, 129쪽.

(5) 고구려 초기의 城邑制

고구려는 후기에 이르러 완벽한 성읍제를 갖추게 되었으나 일부 학자들은 이러한 성읍제의 출현은 보다 빨랐을 것으로 보고 있다. 王綿厚는 『삼국사기』의 옥저 땅을 성읍으로 삼았다는 기록을 근거로 고구려의 성읍제도가 일찍이 西漢시기, 고구려의 동명성왕(주몽)시기에 존재하였음을 제기하였다. 또한 고구려가 漢魏 군현을 차지하면서 성읍제도의 실행을 위해 漢郡縣을 성읍으로 고치기도 하였음을 지적하였다. 사료와 고고학 자료를 근거로 王綿厚는 고구려 성읍제도는 고대 중아시아와 유럽의 '城邦'제도와도 다르고, 중국 先秦시기의 '封邑'제도와도 구별되어 자신의 특징이 있음을 밝히고 있다. 고구려의 성읍제도에서 지역을 중심으로 한 매 中心城邑 지역은 독립적 城邦政權이 아닐 뿐더러 서방 城邦國家식의 완벽한 행정기능도 형성치 못하였다. 오히려 고구려 거주민의 '邑落' 분포를 핵심으로, 中心城市(그 대부분은 산성)를 바탕으로 部落居邑을 중심으로 하였다. 이러한 中心城邑은 군사적 방어를 목적으로 하면서도 부족의 행정관리 기능도 겸하고 있는데 고구려 번성시기의 '5부' 大人과 고구려 군주의 통솔 하에 있다. 그 아래로는 邑長·仟長·伯長 등을 두었다. 대형 中心城邑을 에워싼 여러 작은 성들은 군사적으로 중심성읍을 보호하고, 경제적으로 흩어져 있는 谷民과 下戶를 관리하며, 중심성읍의 大家(귀족)에게 공물을 바치는 의무를 지니고 있다.[27)]

劉炬는 『삼국사기』 고구려본기5에 보이는 '新城宰北部小兄高奴子'가 그 공을 인정받아 大兄으로 작위를 높이고 훗날 新城太守로 승진한 기록을 근거로 아래와 같이 지적하였다.

> 太守는 어느 城邑의 長官일 가능성이 높다. 宰라는 직은 4세기 초 미천왕시기

---

27) 王綿厚, 「高句麗的城邑制度與都城」 『遼海文物學刊』 1997-2.

의 鴨綠宰와 같이 기층 관리자에 해당된다. 고노자의 5부 官位와 城邑長官 관위 등급의 대응관계는 그 당시 성읍장관이 지방5부 관직 하급에 있었음을 설명한다. 그러나 위에서 언급했듯이 3세기 고구려의 5부제는 부족과 행정구분의 이중성격을 띠고 있다. 그러므로 5부 成員이 城邑長官을 지니는 동시에 그 부족 성원들을 성읍 내로 데리고 왔을 가능성을 배제할 수 없다. 그렇게 때문에 고구려의 성읍제는 고구려 영역확장정책에서 기원하였으며 제도의 측면에서 성읍제는 그 기원시기에 5부제와 일정한 관련성이 있을 것으로 판단된다.28)

薛海波는 고구려 중기에 있어서 성읍은 일종의 관리조직방식으로서 '나부체제' 및 그 후에 출현한 '5부체제'와 병존한 것으로 보았다. 3세기 말기~4세기 중후기, 성읍은 점차적으로 정복지역에 보편적으로 설치한 일종의 관리방식으로 채용되었으며 군사거점의 성격이 보다 뚜렷하였다. 4세기 후기~5세기, 성읍제는 고구려 영역확장과 더불어 군사적 역할과 지방통치 역할을 겸한 지역 내 백성통치와 물자관리를 통괄하는 정복지역에서 보편적으로 적용된 지방관리체제로 발전하였다.29)

(6) 후기 방위5부제

고구려 후기에 방위5부제도가 존재한 것은 분명하다. 주요 쟁점은 그것이 全國五部냐 아니면 京畿五部냐 하는 것이다. 지난 세기 중국학계에서는 보편적으로 고구려 5부는 시종일관 존재하였으며 그 성격을 같이 하고 있었다고 보았다. 다시 말하자면 줄곧 전국5부였다는 것이다. 하지만 새 세기에 들어서면서 이러한 전국5부설을 주장하는 학자는 드물다. 楊軍은 다음과 같이 주장하고 있다.

---

28) 劉炬·付百臣 外, 2008, 『高句麗政治制度研究』, 香港亞洲出版社, 252쪽.

29) 薛海波, 「論公元1世紀至5世紀高句麗的"城邑制"」 『通化師範學院學報』 2007-9.

南北朝 시대 이후 5부의 명칭에 변화가 생겨 내부·동부·서부·남부·북부로 불렸다. 『태평환우기·고구려국』에 "내부, 後漢시기 계루부이다."라는 기록을 보아 당나라시기의 5부의 명칭 또한 漢나라와도 다르다. 부족의 의미가 더는 중요하지 않기 때문에 사서에서는 『삼국지』와 같이 이를 "五族"이라 칭하지 않았다. 5부라는 것은 왕족을 중심으로 국토를 다섯 부분으로 나뉜 것을 말하며 지역적인 행정구분의 개념으로 사용되었다. 그러나 國相의 출자가 부동한 部에서 유래된 것과 국왕 신변에 5부병이 있는 것으로 보아 5부의 모든 무리가 5방에 널려 거주하고 있다는 것이 아니라 원래의 5부가 각기 한 쪽을 통솔하고 있으며 部長이 그 곳의 首領으로 임명되었음을 보여주고 있다. 즉 大城의 城主를 말하는 것인데 이가 곧 5부 褥薩이다.[30)]

더 많은 학자들이 고구려 후기의 5부가 京畿五部였다고 주장하고 있다. 姜維公은 고구려 5부는 시종일관 경기5부였다고 주장하면서 초기와 후기 5부의 차이점을 지적하였다.

고구려 초기 5부는 도성의 거주지역을 구성하였음에도 그 독립성이 강하고 部族적 색채가 농후하였다. 이를 구별하기 위해서는 필자는 고구려의 초기 5부제를 '部族式都城五部制'로 규정하고자 한다. (중략) 고구려 후기 5부는 사실상 고구려 수도의 5개 기초관리구역으로 이루어졌는데 그렇다면 우리는 기층관리구역의 격식에 따라 그 구조를 논의할 수 있다. (중략) 초기의 부족식도성5부제와 구별하기 위해 필자는 이를 '坊里式都城五部制'라 칭하겠다. 하지만 그 당시 대외 군사적 상황은 이보다 훨씬 후기인 고려와 조선시대에 비해 복잡하여 5부의 군사적 색채 또한 훨씬 짙을 수밖에 없었다. 고구려 건국 초기의 군사제도로 보아 그 5부 長官은 사실상 수도위수부대를 거느리는

---

30) 楊軍, 「高句麗五部研究」 『吉林大學社會科學學報』 2001-4.

최고 장관인데 漢南軍이나 唐北軍의 統領과 비슷한 존재로서 고구려 도성을 지키기 위함이다. 5부 욕살은 최고 장관보다는 그 직위가 낮은데 각기 한 部의 군사를 책임지고 있으며 그 밑으로 民事와 군사를 맡은 많은 관리를 두었을 것이다. 여기서 주시할 바는 이 시기 5부의 관리를 제외하고는 일반적으로 '5부'는 부족과 아무 상관없는 귀족계급의 상징으로 되었다는 것이다. 그렇기 때문에 『奉使高麗記』는 5부를 '貴人之族'으로 기록하고 있다.31)

劉炬는 고구려 후기의 지방통치제도는 주로 성읍제였다고 주장하였다.

성읍제 시대란 바로 학계에서 말하는 후기 5부를 지칭하는 것인데 이는 1급 지방조직이라기보다는 국왕이 5부 귀족에게 남겨준 정치권력인 것이다. 이렇게 볼 때 5부가 남아있다는 것은 5부 귀족이 자신의 특권을 지켜나가는 최저선인 셈이다. 비록 5부는 각기 자신들의 관할구역이 있긴 하지만 그 진정한 경계는 지역이 아닌 혈통에 있다.32)

성읍제 시대의 고구려 5부는 대체로 도성 관할지역 내의 한 구역이나 한 개의 縣에 해당한다. 그는 성읍과 나란히 하는 것으로 지배와 종속관계를 가지고 있지 않다.33)

(7) 후기 城邑制

고구려 후기 지방통치제도는 성읍제가 중심이었다는 것은 학계의 주된

---

31) 姜維公, 2014, 「高句麗五部的形成·發展與性質」『高句麗官制研究』, 吉林大學出版社, 247~248쪽.

32) 劉炬, 2014, 「高句麗地方行政體制與官僚研究」『高句麗官制研究』東北亞研究叢論(八), 東北師範大學出版社, 228쪽.

33) 劉炬, 2014, 「高句麗地方行政體制與官僚研究」『高句麗官制研究』東北亞研究叢論(八), 東北師範大學出版社, 230쪽.

인식이다. 이는 사료에서 명백히 고구려 후기에 네 부류의 성읍이 있다고 하였기 때문이다. 즉 당나라 陳大德의 『고려기』에 "큰 성에는 傉薩을 두는데 都督에 견준다. 諸城에는 處閭區를 두는데 刺史에 견준다. 또한 이들을 道使라고도 하는데 도사의 치소를 이름하여 備라고 한다. 여러 작은 성에는 可邏達을 두는데 長史에 견준다. 또한 성에는 婁肖를 두는데 縣令에 견준다."[34]는 기록을 근거로 삼은 것이다. 하지만 여러 성읍 간의 관계를 설명함에 차이를 보이고 있다.

楊軍은 위의 『고려기』 기록을 근거로 고구려 지방관리의 설치는 城급까지 이루어져 그 이전 시기와 마찬가지로 城급에 종속되어 있는 村급은 공식적인 정부 관원을 두지 않은 것으로 파악하였다. 각 단계의 지방관리는 모두 해당 城의 長官이므로 『신·구당서』에서 보이는 城主는 지방관원에 대한 통칭으로 생각된다. 그러나 성주라고 해서 다 같은 것은 아니며 등급의 차이가 있다. 성주의 관명은 褥薩·處閭·可邏達·婁肖의 네 가지로 나뉜다. 陳大德은 이들이 각기 당나라의 都督·刺史·長史·縣令에 해당되는 것으로 보았다. 보다시피 陳大德은 단지 中原의 해당 官稱으로 고구려 각 단계 성주의 관등을 설명하였을 뿐 행정상의 종속관계를 말하는 것은 아니다. 楊軍은 지방통치제도 중의 욕살은 곧 5부욕살이라고 보면서 5부 욕살의 소재지를 일일이 비정하였다. 구체적으로 서부 욕살은 新城, 남부 욕살은 五骨城, 동부 욕살은 柵城, 북부 욕살은 扶餘城, 중부 욕살은 國內로 보았다. 중부 욕살을 中里都督이라고도 하는데 후기의 3경인 평양, 국내, 한성 모두 '중리'의 구성부분으로 된다. 5부 욕살은 기능면에서 강한 군사성을 가졌음을 강조하는 동시에 고구려 각 단계 지방관리가 기능적으로는 줄곧 軍政合一이었음을 지적하기도 하였다. 특히 흥미로운 것은 각 단계 성읍에 대한 楊軍의 통계수치이다.

34) 高福順 外, 2003, 『"高麗記"硏究』, 길림문사출판사, 49쪽.

『구당서』 고려전에 "外置州縣六十餘城"으로 기록되어 있으나 여러 사서에는 당나라가 고구려를 평정하여 176성을 차지하였다고 적고 있다. 이는 『구당서』의 이른바 "置州縣"은 處閭 및 可邏達 관할하의 행정기구를 일컫는 것으로 婁肖 관할하의 행정기구는 포함하고 있지 않다. 단순하게 수치로만 분석한다고 하자. 대체로 5욕살에 3처려, 각 처려에 3가라달이라고 할 때 욕살·처려·가라달의 총 행정기구가 65개가 되므로 이는 '外置州縣六十餘城'이라는 기록에 부합한다. 이렇게 보면 누초의 총수는 약 110개 일 것이고 매 가라달은 2~3개 누초를 관할하는 셈이다. 당나라가 고구려를 평정한 후 9도독부, 42주, 100현을 설치한 것은 욕살급의 지방행정단위를 없애고 처려의 관할지역에 9도독부를, 가라달 관할지역에 42주, 누초 관할지역에 100현을 둔 것으로 생각된다. 각 단계의 행정설치가 고구려시기보다 적게 보이는 것은 전쟁으로 인한 일부 지역의 인구 유실 등의 원인으로 행정설치를 줄인 것으로 판단된다.[35)]

楊軍의 관점과는 달리 劉炬는 5부 욕살을 지방 욕살성과 별개인 경기지역의 제도로 보고 있다. 또한 사료 분석을 통해 지금까지 확인되는 지방의 욕살성은 오직 오골성과 책성뿐이며 요동 및 신성 등은 결코 욕살성이 아님을 주장하였다.

이러한 大城은 일반적으로 왕국의 중심지역에 설치되어 있는데 이는 통제에 유리할뿐더러 주변의 기타 지역을 통솔하는 데도 도움이 되기 때문이다. 그러므로 '대성' 여부를 판단할 때 주요하게는 욕살의 설치여부를 보아야 한다.

욕살은 곧 그가 몸을 담고 있는 성의 성주이다. 군사적으로 그는 주변의 일정한 지역 내에 주둔하고 있는 각 성의 군사에 대해 관할권을 지니고 있다.

---

35) 楊軍 외, 『高句麗官制研究』, 吉林大學出版社, 2014, 222~224쪽.

處閭近支, 比剌史를 둔 諸城에 대하여 劉炬는 다음과 같이 설명한다.

> 處閭近支는 그 관할구역 내에서 中原의 剌史와 같이 행정권·치옥권·재정권을 지니고 있었다.
>
> 성읍제시대의 고구려 諸城은 행정기능과 군사기능을 모두 겸비한 광범위한 자주권을 지닌 정치군사기구이다.

다음으로 可邏達(比剌史)를 둔 小城에 대해서는 다음과 같이 설명한다.

> 사실상 중심성읍의 衛城과 초소에 해당하는 중심성읍의 부속성으로 독립성을 지니고 있지 않다. 그러므로 이러한 성읍의 長官도 屬官의 성질이 있다.

마지막으로 婁肖(比縣令)을 둔 城에 대해서는 다음과 같이 설명한다.

> 諸城보다는 작지만 독립적 행정단위이다. 그 기능은 대체로 諸城과 같지만 관할지역의 범위나 관할인구는 諸城에 비해 많이 차이나는 편이다. 또한 이러한 성과 處閭近支 성 사이에는 종속관계가 존재하지 않는다.[36]

한편, 劉炬는 그가 공동편찬에 착수한 다른 한 저서에서 중국학계에서는 많이 다루어지지 않았던 內外評을 언급하였다. 여기에서 그는 고구려 후기에 "성읍제를 바탕으로 최고급의 행정구획을 두었다. 내평에는 고구려 수도 및 주변지역의 각 성읍이 포함되며, 외평에는 내평 이외의 적국 기타 지역의 수많은 성읍이 포함된"다고 주장하였다.[37]

---

36) 劉炬, 2014, 「高句麗地方行政體制與官僚硏究」『高句麗官制硏究』東北亞硏究叢論(八), 東北師範大學出版社, 231~238쪽.

37) 劉炬·付百臣 外, 2008, 『高句麗政治制度硏究』, 香港亞洲出版社, 272쪽.

(8) 후기에 군현제 전면 실시 여부

『삼국사기』 고구려 관련 기록에 郡·縣이란 글귀가 보이고 모두루묘지에 '此郡'이라는 대목이 확인되는 것을 근거로 일부 학자들은 고구려 후기에 군현제를 실시하였음을 주장하고 있다.[38] 물론 그 중요한 근거로 『삼국사기』 지리지의 관련 기록에 더 비중을 두고 있다. 그러나 더 많은 학자들은 이러한 기록은 믿을 수 없다고 보면서 고구려에서는 군현제를 실시하지 않았다고 주장하였다. 예를 들어 楊軍은 『삼국사기』 지리지의 고구려 후기의 지방행정 설치에 관한 기록은 고구려 전역을 포괄하지 못한 체 단지 훗날 신라가 차지한 고구려 남부지역에 제한되어 있다고 하였다. 또한, 徐德源의 논설을 근거로 「지리지」의 고구려 지명 중에 중국어 명칭과 고구려어 명칭이 병존하는 군과 현은 각기 24개, 43개인데 그 중에 18개와 38개는 고구려어 명칭에서 전혀 군과 현의 뜻을 찾아볼 수 없다는 것이다. 이로 아래와 같은 관점을 제시하였다.

> 이는 『삼국사기』 지리지의 고구려 군현에 관한 기록들이 모두 이러한 것이라는 점을 설명한다. 신라가 옛 고구려 남부지역을 차지하면서 군현을 설치하여 통솔한 것으로 고구려 통치시기 당시로는 이러한 군현 설치가 존재하지 않았다. 신라가 군현을 설치한 후, 고구려의 원 지명 뒤에 郡과 縣이라는 글귀를 덧붙인 것으로 보인다.[39]

38) 예를 들어 耿鐵華는 고구려가 정복지역에 대해 군현제를 실시하였다고 하였다(耿鐵華, 2002, 『中國高句麗史』, 吉林人民出版社, 353~357쪽).

39) 楊軍 外, 2014, 『高句麗官制硏究』, 吉林大學出版社, 195~200쪽.

Ⅱ. 필자의 관련 연구

다음으로 최근 2년간 필자가 내놓은 관련 연구성과를 소개하고자 한다. 주요하게 「고구려 초기 지방통치체제 발전과정 연구」,[40) 「호태왕시대 고구려 지방통치체제 연구」,[41) 「고구려 후기 지방통치체제 연구」[42) 등 3편의 논문인데 선학자들과 구별되는 견해는 다음과 같다.

1. 고구려 초기 지방통치제도 발전과정에서 고구려 민족집단(族群)의 상호 작용의 역할을 제시하였다. 고구려의 건국 초창기인 동명성왕·유리명왕시기에 대내로는 계루부를 중심으로, 대외로는 비류 등 부족과 동맹을 결성하는 방식을 취했다. 대무신왕시기에는 부여세력을 대표하는 연나부의 합류, 계루부와의 聯姻 등을 통해 왕권을 강화하는 계기를 맞이했다. 태조대왕시기에 이르러 계루부와 부여세력 사이의 밀접한 교류와 더불어 고구려의 왕권은 한층 더 강화되었으며 여러 部의 酋長에게 해당 정치 名號를 부여하는 조치를 통해 部에 대한 통치를 강화하였다.

2. 초기 방위5부의 출현은 옛 족명5부 간의 연맹체 관계의 변화이며 고구려 왕권강화의 표징이기도 하다는 것을 명확히 하였다. 이 와중에 관건적 역할을 한 것은 4부에 대한 국왕이 임명한 4부 大使者의 감독관리(監管)이다.

3. 정복지역에 왕권으로 직접 통송하는 성읍을 설치하여 종전의 부락조직을 타파하고 새로운 정치구도를 형성하였다. 이로써 후기에 왕권을 진일보로 강화하는 제도적 기반을 마련하였다.

4. 고구려 정치체제의 전환점은 고국원왕~호태왕시대이다. 옛 혈연적

40) 範恩實, 「高句麗早期地方統治體制演化歷程研究」 『東北史地』 2015-1.

41) 範恩實, 「好太王時代高句麗地方統治體制研究」 『通化師範學院學報』 2015-1.

42) 範恩實, 「高句麗後期地方統治體制研究」 『通化師範學院學報』 2015-6.

귀족통치체제를 깨뜨리게 된 계기는 고국원왕시기였다. 모용선비가 고구려 수도를 점령하여 '男女五萬餘口'를 약탈한 그 시기이다. 정치발전으로 볼 때 남녀 5만여 구를 약탈한 것은 '궁실을 불태우고 환도성을 무너뜨린'(焚其宮室, 毁丸都城) 것보다 그 물질적 손실 면에서 훨씬 컸다. 왜냐하면 모용연이 고구려 수도를 점령하였을 당시 고구려 왕 釗는 말을 타고 도망쳤는데 이에 대해 『삼국사기』에 상세한 내용이 적혀 있다. 즉 "왕은 單騎로 달려 斷熊谷으로 들어갔다. 이때 적장 慕輿埿는 왕모 주씨 및 왕비를 추격하여 사로잡아가지고 돌아갔다."[43]는 대목으로 보아 수많은 관료, 귀족들은 모두 환도성에 남아 포로로 되어 끌려갔으니 고구려의 전통적 정치문화, 통치구조가 치명적으로 흔들렸을 것이다. 물론 모용연이 남북 두 갈래로 침입해 왔기 때문에 고구려도 병사를 나누어 방어하였는데 왕이 '친히 약한 군사를 거느리고 남도를 방비'하였지만 대패하고 '아우 武를 보내 정병 5만 명을 거느리고 북도를 막게 함'으로써 연나라 군사를 물리쳤다.[44] 그렇다면 살아남은 이 5만의 主力으로 고구려의 전통적 정치를 유지할 수 있겠는가? 그렇지 않다. 왜냐하면 전쟁에 가담한 사람들은 그 대부분이 중하급 귀족, 무인 및 청장년인데 이들은 전통적 정치체제에서도 중하층에 해당되기 때문에 상층이 무너질 경우 그들 또한 자신 지위의 상승 등 현실적 변화를 추구하는 것은 당연한 일이다. 본래 왕족이 아니었으나 공을 이룬 신하에게 '高'씨 성을 하사하고 대가족은 그들의 가족에게 '原從功臣'으로 갖다 붙이는 등 현상은 이 시기 신흥 귀족이 궐기하는 표징이기도 하다.

5. 고구려는 호태왕시기에 대규모의 영역확장을 진행함으로 하여 초기에 이미 출현한 성읍제가 중대한 발전을 가져오게 되었다. 그 중에 중요한 성읍 및 그 소재지로는 책성(북옥저, 동부여)·비리성(동남부 신라 고지)·양

---

43) 『삼국사기』 卷18, 고구려본기6.
44) 『삼국사기』 卷18, 고구려본기6.

성(양맥)·고모루성(한예)·북부여성(북부여) 등이 있었다. 이러한 지역에 대한 통치는 다음과 같은 방식을 취하였다.

상대적으로 안정된 정복지역에서는 고구려는 일반적으로 守事를 파견하여 중심성읍을 중심으로 통솔케 하였다. 또한 그 지역에 고구려 백성을 보내 지키도록 하였다. 성읍 밖의 지역에는 谷民으로 불리는 당지의 토착민으로 하여금 수비케 하였을 것이다. 다만 略來韓穢 지역만은 백제시대의 경영방식으로 성－촌체제가 형성되었다.

6. 호태왕시기에 옛 요동·현토·낙랑지역에 산성을 축조하고 부분적으로 漢魏 옛 성을 계속하여 사용하면서 기본적으로 軍陣(산성)을 중심으로 주변 평지성과 小城을 통솔하는 구도를 형성하였다.

7. 호태왕시기에 옛 5부 중심지역에서 5부체제를 회복하려는 움직임도 있었다. 그러나 정복지역이나 군사대치지역에서의 성－촌제의 발전과 더불어 城에 대한 왕권의 직접 통솔이 주류를 이루게 되었을 뿐만 아니라 5부의 백성을 성읍에 파견하여 지키게 한 것은 部民의 離散을 가속화시켰다. 이렇게 5부체제는 점차적으로 쇠퇴해 나갔다. 물론 성·곡 등 기층 조직에서는 여전히 '千(小兄)－百(百頭)－十'의 半部落半行政의 民戶 관리체제가 주도적 지위를 차지하고 있었다.

8. 고구려 후기의 지방통치체제에는 수도지역과 일반 지방 두 조직체가 있었다. 북위 平城의 제도를 참고로 고구려 수도지역의 상황을 추측해 볼 수 있다. 수도지역에는 주로 귀족들이 살고 있었는데 이들은 초기의 血緣五部에서 유래되었으나 부락의 離散이 진행되면서 새롭게 方位五部를 형성하였다. 나라에서는 五部大人를 두어 5부 귀족들을 관리하였다. 이와 동시에 五部褥薩을 두어 5부 백성으로 구성된 군사를 통솔케 하였다. 그러므로 이들은 또 軍主로 불리기도 하였다. '평양성자사'(처려근지)의 존재로 보아 수도지역에도 귀족이 아닌 일반 백성들이 수많이 살고 있었음을 알 수 있다. 이들을 관할하는 방식은 지방의 그 관할 방식과 다름이 없었을

것이다.

9. 지방에는 보편적으로 褥薩－處閭近支－婁肖의 3급 통치기구가 형성되었다. 그 중에 욕살(도독에 해당 됨)은 鎭城의 城主이다. 특별한 군사 직책을 맡고 있음으로 하여 욕살(군주)의 칭호를 가지고 있다. 욕살은 특정 지역 내의 성읍에 대한 협조 방어의 의무를 지닌다. 그러나 처려근지에 대한 관할권은 극히 제한적이다. 처려근지(자사에 해당됨)는 일반적 大城의 성주로 그 성의 군사(軍)·백성(民)·형법(刑)·경제(財) 등 사무를 책임진다. 누초는 지방통치에서 가장 아래 급의 장관이다. 가라달이 욕살 아래 급의 관리라고 판단하는 것은 "(수)양제가 州를 폐지하고 대신 郡을 설치하고 다시 別駕를 두었다. 오직 都督府에 長史를 설치하였다. 永徽시기부터는 別駕를 長史로 고쳤다."[45]는 기록을 근거로 한다. 다시 말하면 수양제 大業(605~618) 초에 '주를 폐지하고 군을 설치'한 이 기간에 都督府에만 長史를 두었다는 것이다. 陳大德이 고구려에 出使한 것은 貞觀 15년(641)인데 이는 곧 도독부에만 장사를 둔 시기이다. 그러기 때문에 그는 가라달을 장사에 해당된다고 하였는데 이는 도독에 해당되는 욕살와의 관계를 고려하여 정한 것으로 보인다.

III. 향후 과제

결론적으로, 중국학계의 고구려 지방통치제도에 대한 연구는 그 시작이 비록 늦지만 최근에 일부 분야에서 주목할 만한 연구성과가 배출되어 국제학계의 연구수준을 따라가고 있다. 그러나 이 분야에 대한 연구에서 아직 많은 문제점을 안고 있음을 직시하여야 한다.

---

45) 『唐六典』 卷30, 三府都護州縣官吏.

첫째, 연구범위의 폭이 좁다. 현재 나부체제나 5부제 및 성읍제 등 특정 주제에 대한 연구가 집중적으로 이루어져 극히 제한적이라 하겠다. 물론 이들은 고구려 지방통치제도 연구에서 가장 중요한 부분이지만 700여 년간 존속한 정권의 정치제도는 이보다 그 내용이 더 풍부할 것이다. 이러한 의미에서 앞으로 우리가 해결하여야 할 과제는 아래와 같은 몇 가지로 생각된다.

① 지금까지의 연구는 주로 역사기록을 근거로 하였는데 이로 인해 개념의 정의가 특수성을 지니기 마련이다. 그렇다면 이러한 특수성과 인류사회 발전과정과 어떠한 관계가 있는가? 현재 문화인류학계에서 도출한 인류사회 발전단계로 游群·氏族·部落·酋邦(또는 부락연맹)·초기국가·왕국·제국 등이 있다. 그렇다면 고구려 정치제도 발전단계에 관한 논술과 위에 제시된 개념과는 어떠한 관계일까. 예를 들어 '나부체제'에서 '나'의 의미는 무엇인가? 『삼국사기』의 기록에서 '나'는 자주 등장하는 부락 명칭의 접미사로 출현하는데 고구려어 어미에 대한 漢譯으로 보인다. 이러한 글귀로 정의한 '나부체제'와 문화인류학계에서 통상적으로 사용되는 인류문화 발전단계의 부락, 酋邦 또는 부락연맹 등 명칭과 어떠한 같은 점과 다른 점이 있는가. 이러한 것들을 다 외면한 상태에서 굳이 '나부체제'라는 새로운 개념을 사용하는 것은 어떠한 논리에서 출발하는 것인가?

② 고구려 역사발전과 긴밀히 연관되는 정치체의 고구려 정치제도 발전에 대한 영향이라는 시각에서 보다 많은 연구주제가 있지 않을까 생각된다. 羅新이 내륙아시아사(內亞史) 시각으로 고구려 加와 兄을 고찰한 것은 참고할 만한 시도라 하겠다.

③ 지금까지의 연구는 주로 행정이나 군사제도를 둘러싸고 진행되었는데 재정에 대한 연구는 극히 드물다. 하지만 통치를 유지함에는 중앙재정에 대한 장악 또한 중요한 문제라 하겠다.

④ 제도사 연구에서 제도 및 구조 외에 이와 관련된 관리의 선발, 임명,

위치변경 등 인사문제 또한 중요하다고 생각된다. 특히 고구려 후기에는 더 그러하다.

둘째, 연구범위를 확대하고 연구시야를 넓히는 동시에 연구내용의 심화 또한 중요하다고 생각된다. 필자로서는 아래와 같은 몇 가지를 제언하고 싶다.

① 비문 및 묘지명 자료 : 고구려 금석문 자료는 고구려사 연구에서 빼놓을 수 없는 중요한 사료이다. 예를 들어 '호태왕비' 같은 것인데 비록 이러한 자료들이 여러 원인으로 극히 제한적으로 발견되고 있으나 그렇다고 해서 너무 비관적일 필요는 없다. 2012년에는 또 다른 고구려비인 '집안마선고구려비'가 발견되기도 하였다. 또한 최근 중국에서 다량의 수당 묘지명이 발견, 공개되고 있는데 그 중에는 고구려와 관련된 내용들도 적지 않다. 앞으로 더 많은 문자자료가 출현되기를 기대한다.

② 문자 이외의 기타 고고학자료 : 고고학 발견으로서의 문자자료는 극히 제한적이다. 이에 반해 유물, 건축, 무덤 등 실물자료는 매우 풍부함에도 불구하고 아직까지 이러한 실물자료를 활용하여 고구려 지방통치제도를 연구한 성과는 보이지 않고 있다. 앞으로 연구의 진전을 기대해 보겠다.

③ 비교연구 : 인류사회 발전과정에서 제도문명이란 늘 공통성을 지니기 마련이다. 특히 상호 공생관계가 존재하는 정치체는 더 그러하다. 사실 지금까지의 연구에서 이러한 연구방법을 이미 차용하고 있었다. 예를 들어 북위 平城제도와 고구려 5부제도를 비교 연구한 것, 성읍제와 군현제를 비교 연구한 것 등의 시도가 있었다. 앞으로 더 많은 비교 연구를 통해 고구려 정치제도를 보다 심도 깊이 연구하여야 할 것이다.

范 恩 实

中国学界高句丽地方统治制度研究述评*

一. 中国学界有关高句丽地方统治制度研究简述

(一) 漫长的起步期

在中国史学学科的划分中，高句丽史属于民族史·地区史的范畴，因此较为受到重视的研究课题集中在族系源流·与中原王朝关系·地区诸族群互动关系等方面，加上文献史料不足，考古材料难以为用等原因，高句丽地方统治制度研究在相当长时期内几乎无人问津。1)

20世纪80~90年代，随着新的学术繁荣期的到来，相关研究著述不断涌现，其中也开始出现一些有关高句丽地方统治制度的叙述。

一类是通史类著作。例如董万仑著『东北史纲要』，认为高句丽早期，“全国划分五个行政区域，每个行政区由一部族为核心组成，此五部是桂娄部·涓奴部·绝奴部·顺奴部·灌奴部。桂娄部是五部中的内部·黄部，是朱蒙一系的部，在今浑江和

* 本文为国家社科基金项目“高句丽史上的族群问题研究”(项目批准号:17BMZ027)的阶段性研究成果。

1) 参见孙进己，「高句丽历史研究综述」，『社会科学战线』2001年第2期。

鸭绿江中游。其他四部皆为桂娄部征服者。涓奴部是五部中的西部·右部，在沸流水上游(富尔江)，原为沸流国，后被朱蒙征服。绝奴部是五部中的北部·后部，在今辉发河流域，顺奴部是五部中的东部·左部，在盖马大山(今长白山及其南入朝鲜境内狼林山脉)东。灌奴部是五部中的南部·前部，在鸭绿江下游以及清川江一带。桂娄部由国王直接统辖，其余四部分别由各部大加(大家)统辖，四部大加皆服从国王。四部皆设官分治”。同时指出高句丽早期“食邑制普遍存在”[2]。至于高句丽晚期的地方统治体制，书中则直接引用『北史·高句丽传』的记载而未作阐发[3]。又如朴真奭先生所撰『朝鲜简史』，同样简单叙述了高句丽早·晚期地方统治制度：“高句丽建国初期，把以国内城为中心的地区，划分为桂娄·涓奴·顺奴·绝奴·灌奴五部。国王直辖桂娄部，并拥有控制其他四部的权力”[4]。“高句丽的地方行政区域也随之变化。到五六世纪，高句丽实行了五部三京的地方行政制度，即把全国分为东·西·南·北·中五部，国王直接派官治理。同时，把国内城和汉城称做别都，与平壤城一起统称三京。五部之下设置许多城邑。城邑是行政机构和军事防御相结合的地方区域。据资料，五六世纪时高句丽有二百个城邑”[5]。

另一类，也是更为重要的，这一时期出现了“高句丽史”的专著，其中自然对高句丽地方统治制度有了更多的讨论。在这类著作中，相对较早的是李殿福·孙玉良先生撰写的『高句丽简史』，但是该书是1990年由韩国三省出版社出版，中国国内很少见到。同一时期孙玉良先生还参与了佟冬主编的『中国东北史』第一卷的写作，但在所负责的第六章“高句丽政权的建立及其逐渐强盛”中，几乎未涉及高句丽地方统治制度[6]。

另一部重要的专著是刘子敏先生撰写的『高句丽历史研究』，书中分前·后两期专题讨论了高句丽的地方统治制度。其中前期“所实行的政治制度相似于中原的

2) 董万仑，『东北史纲要』，黑龙江人民出版社，1987年，第73页。
3) 同上，第97页。
4) 朴真奭，『朝鲜简史』，延边教育出版社，1986年，第51页。
5) 同上，第56页。
6) 佟冬主编，『中国东北史 第一卷』，吉林文史出版社，1987年。

分封制而不是郡县制。其最高统治者是国王……国王的直辖区是桂娄部，即王畿地区，其余四部皆由其长官大加主管"[7]。"高句丽的封君制和食邑制并存，实是高句丽统治阶级杂采中原古制，在新的历史条件下所采取的一种分封制残存形态的具体表现"。"高句丽所实行的政治制度虽然主要是分封制，但从『三国史记』的记载来看，其中也杂糅了某些郡县制的成分"[8]。所谓"郡县制的成分"是指『三国史记』有关"守"·"太守"·"宰"等的记载。刘先生认为"'守'·'太守'等官称显然是来自中原，应是一郡中的最高长官，但高句丽所行'五部'制实为分封制，而非郡县制，因此所置'守'·'太守'仅是个别现象"[9]。当然，刘先生也认识到『三国史记』的一些记载未必可靠："『三国史记』有大武神王亲征盖马国并'以其地为郡县'的记载……所谓'以其地为郡县'与以某某地为'城邑'的说法相同，并非真正搞郡县制。"[10] 至于高句丽后期，刘先生则认为"实行郡县制度"，其根据就是『三国史记·地理志』的记载，并特别指出："高句丽设郡县的着眼点似乎不在经济上而重点是政治和军事，其局限性比较大，但郡县制毕竟是加强中央集权封建统治的产物，高句丽实行郡县制，标志着其社会发展已走上了封建化的道路"[11]。

总的来看，高句丽地方统治制度研究经过了一个缓慢的发展期，到了上世纪90年代，终于有了相对系统的论述，并确立了基本的研究框架。

（二）研究繁荣期

进入21世纪以来，在前人研究成果的基础上，随着更多研究人员的加入，国际学术交流的开展，有关高句丽地方统治制度的研究进入繁荣期，特别是对一系列相关重要问题的讨论，取得了值得关注的成果。

---

7) 刘子敏，『高句丽历史研究』，延边大学出版社，1996年，第75~76页。

8) 同上，第78页。

9) 同上，第79页。

10) 同上，第79页。

11) 同上，第243页。

其一，那部体制。有关高句丽初期的地方统治体制，日·韩学者提出“那部体制论”，认为高句丽初期国家是以部(那)为中心来构成和运营的，特别是把从那到那部的变化看成是高句丽国家形成的过程[12]。随着国际学术交流的开展，也有中国学者借用了这一观点，并有所发挥。薛海波认为：“高句丽建国神话反映了高句丽建国前后其地方体制是以各地的不同族群为单位划分的，而‘那部体制’则是受鸭绿江流域的地理环境和各族群的政治发展水平所影响的。在按照地域划分，在地缘和血缘上对各族群进行初步的整合之后而产生的连接地方各族群和高句丽中央政府及王族的地方一级行政管理体制。其内部已具备了相对简单的官僚体系，并存在着由酋邦向国家过渡的因素－等级制，在公元1世纪中前期至2世纪中后期地方诸那和中央政府及王族之间的强弱虽然是呈此消彼长的态势，但地方诸那作为一股拥有相当实力的政治力量对高句丽的政治演变产生了重要影响。”[13]

刘矩指出：“那或那部应是高句丽地区自然形成且在王国建立之前乃至于建国初期广泛存在的组织形式，它是五部形成的组织基础。”[14] “关于高句丽各那部内部组织情况……大体而言，这些那部都处于氏族部落状态，那部之下还有次一级组织，一般称之为‘那’”[15]。“原本被古代史家们称之为‘国’的组织集团一旦加入到高句丽联盟，便成了‘那’或‘那部’，构成了高句丽联盟的基本单位。从这些‘那’或‘那部’被原封不动地保存下来且其首领依然被封为王或主这一点来看，这些‘那’或‘那部’肯定具有极大的权力和自主权，是一种具有独立性的集团”[16]。“自太祖大王之后，高句丽的‘地方体制’肯定有了更多的人为的政治色彩，而那部体制的基本特征即是血缘性和天然性。所以，太祖大王时代肯定是高句丽从那部体制转向

12) 林起焕，「高句丽政治史的研究现状与课题」，收入韩国高句丽研究财团·中国延边大学编著，『韩国高句丽史研究论文集』，韩国高句丽历史财团，2004年，第56页。

13) 薛海波，「高句丽早期“那部体制”探析」，『东北史地』 2007年第2期。

14) 刘矩，「高句丽地方行政体制与官僚研究」，收入姜维公主编，『东北亚研究论丛－高句丽官制研究(八)』，东北师范大学出版社，2014年，第200页。

15) 同上，第203页。

16) 同上，第203页。

五部体制的转折点。"[17]

其二，族名五部。现在看来，学界普遍认为到太祖大王时代，高句丽早期五部体制形成。当然，这个时期的五部是族名五部。就政治制度发展演化而言，如果我们承认在高句丽早期存在一个"那部"体制时期(实际上就是酋邦或部落联盟时代)，那么高句丽向更高层次政治体发展的第二个阶段就是五部(族名五部)结成稳定的政治共同体时期。刘炬认为："那部制与五部制的根本区别在于：那部制下的那部是自然产生而未经人为设计的；而五部制下的那部则明显带有人为设计的色彩，是政治操控的产物。"[18]

关于早期五部时期的地方统治制度，杨军认为："高句丽国家就是五部及其下辖部的组合，五部既是国家机构也是地方建置，国家官员就是五部的部长们。五部部长拥有相当大的权力，五部也具有很大独立性。" 至于五部以外的新征服部族，杨军指出："对于不同族属的被征服者，高句丽早期的统治方法主要有两种：一种是以部的形式归属于五部中的某一权贵统领，是其私人领地，即所谓'食邑'；另一种是保持其本民族的统治结构，由高句丽王另派大加统领，归国家控制。"[19] 在杨军·高福顺·姜维公·姜维东四人合著的『高句丽官制研究』一书中，杨军承担了地方统治制度研究的写作，其中进一步对高句丽族名五部时期的地方统治制度进行了解读："居住在都城中的五部大加与自己部众和领地的关系逐渐疏远起来。由于距离的遥远，居住在都城中的五部大加不可能再直接管理自己的部民与领地，而不得不将日益扩大的领地分割为更小的单位，任命隶属于自己的使者·皂衣·先人等家臣，来进行管理。" "在高句丽早期国家中，由使者·皂衣·先人负责管理的高句丽王和五部大加们领地的小的单位，构成了最早的高句丽国家的地方行政单位，使者·皂衣·先人由原来的邑落首领演变为高句丽最早的地方官。"[20]

---

17) 同上，第202页。

18) 同上，第211页。

19) 杨军，「高句丽五部研究」，『吉林大学社会科学学报』 2001年第4期。

20) 杨军等，『高句丽官制研究』，吉林大学出版社，2014年，第122页。

与上述全国五部制不同，姜维东认为高句丽五部自始至终都是都城五部制，“高句丽王出于强化中央，弱化地方势族等各方面因素的考虑，将四个影响最大的部族迁到都城，与桂娄部一起，组成都城的五个居住区，合称五部。五部大加就是五个部族的最高首领。其余小部族的首领也带族属迁到都城，按方位及统辖关系分别居住五部内。这批小部族的首领构成了高句丽诸加阶层。原地区的统辖权最初并未收归国王所有，而是由各大加在地方上的代理人－各级使者来代为施行。”[21]

当然，更多的学者还是认同高句丽早期五部是全国性的五部，只是桂娄部的位置有“桓仁说”与“集安说”的不同[22]，其他四部则按照方位分布在京畿四周的广大地区。

其三·早期方位五部。根据『三国史记』的记载，高句丽方位部名最早出现于『高句丽本纪第二』：大武神王十五年(32)，“遂使南部使者邹壳素代为(沸流)部长”。又据『三国史记·高句丽本纪第四』：(故国川王)十二年(190)秋九月，“左可虑等与四椽那谋叛。十三年(191)夏四月，[左可虑等] 聚众攻王都，王征畿内兵马平之。遂下令曰：‘……令汝四部，各举贤良在下者。’于是，四部共举东部晏留。”『三国史记·高句丽本纪第五』：西川王二年(271)，“春正月，立西部大使者于漱之女为王后”。南部·东部·西部等词语的出现，充分说明高句丽很早就在族名五部的同时，也用方位称呼各部。刘矩认为：“方位名的出现绝不仅仅意味着名称的改变，而意味着高句丽政权对五部统治的加强及王国与五部关系的进一步协调和理顺。至于在方位五部出现后原那部名仍不断出现的原因，则有诸多可能性。一是可能各部改为方位名之初，原名并未立即废除；二是原名虽废除，但在很长一段时间里，人们仍习惯于称其原名；三是也可能高句丽五部易名一事曾出现过反复，但不管如何，至美川王后，五部便不再以原名出现，而只以其方位名见于史册了。这

21) 姜维东，「高句丽的五部与五部官制研究」，收入姜维公主编，『东北亚研究论丛–高句丽官制研究(八)』，266页。

22) 持桓仁说的有李殿福·姜孟山等；持集安说的有刘子敏·耿铁华·王绵厚·刘矩等。

足以证明高句丽政权对五部的管理不断强化。"[23]

其四, 高句丽早期对中原郡县制的模仿。杨军认为 : "可以想见, 高句丽人在与高句丽县的交往中, 自然会对郡县的地方行政设置和太守·县令这样的地方官有相当的了解。所以, 在公元1世纪以后, 随着高句丽的对外扩张, 高句丽开始模仿中原的郡县制来建立自己的地方管理体制·引入汉代地方官称以构建自己的地方官系统。"[24] 从"栅城守"·"东海谷守"·"新城太守"等看, "高句丽人在1世纪以后派往新占领地区的地方官, 是模仿汉王朝地方官官名称'太守'的, 也省称'守'。"[25] "自2世纪开始, 高句丽逐渐形成谷(城)－城－村的地方行政体制, 谷(城)的长官是太守, 城的长官是宰, 村则不存在正式的政府官员。在由高句丽王直接管辖的新征服地区, 往往设立上述地方行政建置。当然, 将新征服地区分封为私人领地, 采用传统的加－使者的管理方法的情况也是有的……公元166~300年是新旧体制的过渡时期, 在此时期里两种体制是并存的。但是, 自3世纪初开始, 传统的加－使者地方统治结构就已经在向新体制转化。自3世纪末至5世纪初, 是太守－宰这种地方管理体制在高句丽的地方管理体制中逐渐占据主导地位的时期。"[26]

其五·高句丽早期的城邑制。尽管高句丽后期才形成较为完备的城邑制, 但是有的学者认为这种城邑制的起源甚早。 王绵厚根据『三国史记』有关取沃沮地为城邑的记载, 推断高句丽的城邑制度, 早在西汉时期的其始祖东明圣王(朱蒙)时代已经建立。而且当高句丽最初占据汉魏郡县地区以后, 为推行其城邑制度, 有时也把汉郡县改为城邑。根据史料记载和考古发现, 王先生认为高句丽的城邑制度既不完全等同于古代中亚和欧洲的"城邦"制度, 又不等同于中国先秦时代的"封邑"制度, 因而形成了自己的特色 : 高句丽的城邑制度中, 以地域为中心的每一个中心城邑地区, 并不是独立的城邦政权, 也没有形成如西方城邦国家式的完

23) 刘矩, 『高句丽地方行政体制与官僚研究』, 第214页。
24) 杨军等, 『高句丽官制研究』, 第124页。
25) 同上, 第124页。
26) 同上, 第129页。

备的行政管理职能。而是以高句丽居民的“邑落”分布为核心，以中心城市(大多为山城)为依托的部族居邑为中心。这种中心城邑以军事防卫为目的，兼有部族行政管理职能，其上统领于高句丽繁盛时期的“五部”大人和高句丽王庭。其下分设有“邑长”·“仟长”·“佰长”等。围绕各大型中心城邑的分散于高山曲谷中的小城，主要意义是从军事上对中心城邑的拱卫，同时在经济上，管理分散的“谷民”和“下户”，对中心城邑的“大家”(贵族)承担贡奉等义务[27]。

刘矩根据『三国史记·高句丽本纪第五』所载“新城宰北部小兄高奴子”因功加爵为“大兄”，后又升任“新城太守”的内容，判断“‘太守’很可能是某城邑的长官，而‘宰’一职与四世纪初美川王时期的‘鸭绿宰’一样，属于较为基层的管理者，而高奴子身份中的五部官位与城邑长官级别对应的关系说明当时城邑的长官是附属于地方五部官职之下，而如上文所述三世纪高句丽五部制具有部族和行政区划的双重性质，因而不排除在五部成员担任城邑长官的同时，也将其部族成员带到任职城邑情况的发生，因此认为高句丽的城邑制起源于高句丽的疆域扩张政策，在制度的层面城邑制在它的起源阶段与五部制有着一定的联系。”[28]

薛海波认为，高句丽中前期“城邑”作为地方一种管理组织方式，先后与“那部体制”及其后的“五部体制”并存。从3世纪末起至4世纪中后期，城邑逐渐成为在其征服地区普遍设置的一种管理方式，军事据点的性质较为明显。公元4世纪后期至5世纪，“城邑制”则随着高句丽领土扩张，在高句丽中央政权的控制下，成为在征服地域中普遍推行的，能够集军事功能·地方统治功能·整合属地民众和物资于一身，在其疆域内居于主导地位的地方管理体制[29]。

其六·后期方位五部制。高句丽后期存在方位五部制度是毋庸置疑的，主要争论在于五部是全国五部还是京畿五部。上个世纪，中国学界普遍认为高句丽的五

27) 王绵厚,「高句丽的城邑制度与都城」,『辽海文物学刊』1997年第2期。

28) 刘矩·付百臣等,『高句丽政治制度研究』，香港亚洲出版社，2008年，第252页。

29) 薛海波,「论公元1世纪至公元5世纪高句丽的“城邑制”」,『通化师范学院学报』2007年第 9期。

部是始终存在并且性质一致的，也就是说一直是全国五部。但是新世纪以来，维持这种全国五部观点的学者已经较少了。杨军认为："南北朝以后，五部的名称发生变化，也被称为内部·东部·西部·南部·北部。『太平寰宇记·高句丽国』：'内部，即后汉时桂娄部也'，证明唐时五部之称已不同于汉时。部族的意义在此已变得不重要，所以再也没有史书象『三国志』一样称其为'五族'，五部的含义主要是以王族为核心将国土分为五部分，成为地域的·行政区划的概念。但从国相的人选来自不同的部，国王身边有五部兵来看，这不是指五部部众全部分居五方，而只是反映着原五部已各自控制一方，部长被任命为一方的首领，即大城的城主，此即五部耨萨。"30)

有更多的学者认为高句丽后期五部是京畿五部。姜维东在认为高句丽五部自始至终都是京畿五部的同时，也认为早晚五部有所不同。"高句丽早期五部虽然构成了都城的居住区，但五部的独立性比较强，部族色彩浓郁，为了区别起见，笔者称高句丽早期五部制为'部族式都城五部制'……高句丽晚期的五部实际上已经成为高句丽首都的五个基层管理区，既然如此，我们可以按照基层管理区的模式探讨其结构……为了与早期的'部族式都城五部制'相区别，笔者在这里称之为'坊里式都城五部制'。但其时对外军事斗争远较王氏高丽·李氏朝鲜复杂激烈，因此其五部的军事色彩应该更加浓郁。而从高句丽建立之初的军事制度来看，其五部长官实际上是负责京师卫戍部队的最高长官， 相当于汉南军·唐北军之统领，为高句丽都城安危所系。而五部耨萨，职位低于最高长官，而各负责一部之军事。其下也应有相当的处理民事·军事的各级官吏。需要说明的是，这一时除了担任五部官者外，一般时候，'五部'已经成为贵族阶级的象征，但已经与部族完全无关了。所以『奉使高丽记』称五部为'贵人之族'"31)。刘矩认为高句丽后期的地方统治制度主要是城邑制，"城邑制时代亦即学界所讲的后期五部，与其说是一级地

30) 杨军，『高句丽五部研究』。

31) 姜维东，「高句丽五部的形成·发展与性质」，收入杨军等，『高句丽官制研究』，第247~248页；同上，第248页。

方组织，倒不如说是国王留给五部贵族的一块政治自留地。可以说，五部的保留，是五部贵族赖以维护自身尊严与特权的底线。五部的真正界限不是地域，而是血统，虽然五部也各有其辖区”32)。“城邑制时代高句丽五部大致相当于都城所辖的一个区或一个县。它与城邑是并行的，不存在统属关系”33)。

其七，后期城邑制。高句丽后期地方统治体制以城邑制为核心是学界的共识，且史料明确记载高句丽后期有四类城邑，即唐陈大德著『高丽记』所载：“大城置褥萨，比都督；诸城置处闾近支，比刺史，亦谓之道史。道史治所名之曰备。诸小城置可逻达，比长史。又城置娄肖，比县令”34)。但是在各类城邑之间的关系方面，还存在着一定的争论。

杨军根据上述『高丽记』的记载，认为高句丽地方官的设置只达到城这一级，与前一个时期一样，村一级不存在正式的政府官员，村都是隶属于城的。各级别的地方官都是其所在城的长官，因此，“两唐书”中出现的“城主”一词，当是对所有地方官员的通称。但“城主”之间存在不同的等级。“城主”的官名分为四种：褥萨·处闾·可逻达·娄肖，陈大德认为分别相当于唐王朝的都督·刺史·长史·县令。在唐代官制系统中，都督·刺史的属官中都有长史，因此，陈大德这里仅仅是用中原相应的官称来标识高句丽各级城主的不同官等，而不是谈其行政上的隶属关系。杨军认为地方统治制度中的耨萨就是五部褥萨，并分别比定五部褥萨的所在地：西部褥萨在新城·南部褥萨在乌骨城·东部褥萨在栅城·北部褥萨在扶余城·中部褥萨在国内。中部褥萨又称“中里都督”，后期三京平壤·国内·汉城均属“中里”的组成部分。五部褥萨的职能具有很强的军事性。同时又认为高句丽各级地方官在职能上一直是军政合一的。值得特殊提及的是，杨军对各级别城邑的数字的推断较具特色：“『旧唐书』卷199上「高丽传」记载：‘外置州县六十余城’，但诸书都记载，唐平高句丽得176城，说明『旧唐书』所谓的‘置州县’是指处闾所辖的地方行政

32) 刘矩，『高句丽地方行政体制与官僚研究』，第228页。

33) 同上，第230页。

34) 高福顺等，『〈高丽记〉研究』，吉林文史出版社，2003年，第49页。

建置和可逻达所辖的地方行政建置，而未包括娄肖所辖的地方行政建置。如果我们从数字上机械地分析，大约5褥萨各辖3处闾·每处闾辖3可逻达，这样，前三级行政建置总数约65个左右，符合'外置州县六十余城'的记载，则娄肖总数在110个左右，每可逻达约辖2~3个娄肖。唐平高句丽后设9都督府·42州·100县，是取消了褥萨一级地方行政单位，以处闾辖区改设9都督府·以可逻达辖区改设42州·以娄肖辖区改设100县，各级建置的数字都较高句丽时代为少，当是因战争破坏，部分地区人口逃散，原有建置不得不取消的缘故。"[35]

与杨军对褥萨的判断不同，刘矩认为五部耨萨(褥萨·耨萨均见于记载，刘矩使用后者–笔者。) 是都畿地区的制度，与地方上的耨萨城不同。并根据史料记载，认为目前所能确定的地方上的耨萨城只有乌骨城和栅城，而辽东·新城等均非耨萨城，进而推断："这些大城一般都设在王国腹地，一来便于控制，二来也便于其控制周边的其它城镇。因此，是否'大城'，重要看其是否设置耨萨"。"耨萨就是所在城的城主，但在军事上，他对周边一定区域内的各城的军队至少拥有一定的管辖权"。关于置"处闾近支，比刺史"的诸城，刘矩认为"处闾近支在辖区之内，可能如中原的刺史，拥有行政权·治狱权和财政权"。"城邑制时代的高句丽'诸城'肯定是一种兼具行政职能和军事职能并且拥有较大自主权的政治军事机构"。"置可逻达，比长史"的小城"实际就是中心城邑的卫城和哨卡，他们是中心城邑的附属城，并不具有独立性，所以该种城邑的长官也具有属官的性质"。至于"置娄肖，比县令"的城，刘矩认为"是小于诸城却又是独立的行政单位，其职能可能大致与诸城同，但其辖区和所属民户却大大少于诸城"，他们与处闾近支城之间并无隶属关系[36]。

在另一部刘矩参与主编的著作中，还涉及了中国学界较少论及的内·外评，认为高句丽后期"在城邑制基础上设立了内·外评最高一级的行政区划。 内评包括高句丽京畿及周边广大地区的各城邑， 外评则是除内评以外的全国其它地区的

35) 杨军等,『高句丽官制研究』, 第222~224页。

36) 刘矩,『高句丽地方行政体制与官僚研究』, 第231~238页。

众多城邑”[37]。

其八，后期是否全面实行了郡县制。由于『三国史记』有关高句丽的记事中出现过“郡”·“县”的字样，以及“冉牟墓志(一说牟头娄墓志)”被释读出“此郡”，当然，主要的证据还是『三国史记·地理志』的记载，因此有一些学者认为高句丽后期实行了郡县制[38]。但是更多学者认为上述记载并不可信，高句丽实际上并不曾实行郡县制。例如杨军指出，『三国史记·地理志』记载的高句丽后期的地方行政建置并没有包括高句丽的全部疆域，而只是后来为新罗所占据的高句丽南部地区。同时，又根据徐德源先生的考证，梳理出『地理志』所记载的高句丽地名中，汉语名与高句丽语名并存的郡和县分别有24个和43个，其中又分别有18个和38个在其高句丽语名字中找不到郡县的意思。从而“证明『三国史记·地理志』中所记载的高句丽郡县应都与此类似，是新罗占据高句丽南部故地以后，设置郡县加以管理，这些地区原来在高句丽统治时期是不存在郡县建置的。是在新罗设置郡县以后，才在高句丽原地名后面附加上了‘郡’或‘县’字的”[39]。

二. 笔者的相关研究

下面再简要介绍一下笔者近两年有关这一议题的一点研究成果。成果形式是三篇论文，即『高句丽早期地方统治体制演化历程研究』[40]·『好太王时代高句丽地方统治制度研究』[41]·『高句丽后期地方统治体制研究』[42]。其中与前人有所不

37) 刘矩·付百臣等，『高句丽政治制度研究』，第272页。
38) 例如耿铁华认为高句丽在征服地区实行了郡县制，『中国高句丽史』，吉林人民出版社，2002年，第353~357页。
39) 杨军等，『高句丽官制研究』，第195~200页。
40) 『东北史地』2015年第1期。
41) 『通化师范学院学报』2015年第1期。
42) 『通化师范学院学报』2015年第6期。

同的认识有 ：

其一，揭示了族群互动在高句丽早期地方统治制度演化过程中的作用。东明圣王·琉璃明王时期高句丽政治体初兴，内以桂娄部为核心，外则依靠联姻与沸流等部结成同盟；大武神王时期，随着代表夫余势力的掾那部的加入并与桂娄部结成联姻关系，为高句丽王权强化提供了契机；从太祖大王时期开始，伴随着桂娄部与夫余势力间联系的紧密，高句丽王权获得了更多提振，并通过授予诸部酋长层级化的政治名号强化了对诸部的统治。

其二，明确早期方位五部的出现，是对旧族名五部之间联盟体关系的改变，是高句丽王权强化的标志。其中发挥关键作用的是国王任命的四部大使者对四部的监管。

其三，在征服地区建立城邑，形成王权直辖城邑，打破旧部落血缘组织的新政治格局，为后期王权的进一步强化提供了制度先声。

其四，高句丽政治体制的转折发生在故国原王到好太王的时代，能够打破旧血缘贵族统治体制的契机是故国原王时期，慕容鲜卑攻破高句丽国都，掳掠"男女五万余口"。从政治发展的角度讲，掳掠"男女五万余口"远比"焚其宫室，毁丸都城"这些物质损失影响巨大。为什么这么说呢？因为慕容燕攻破了高句丽都城，高句丽王"钊单马奔窜"，『三国史记』则更详细的记作："王单骑走入断熊谷，将军慕舆泥追获王母周氏及王妃而归"[43]，说明大量官僚·贵族都留在丸都城成了俘虏。这些人最终被整体掳走，高句丽的传统政治文化·统治结构可以说遭到一次毁灭性打击。当然，由于慕容燕南北两路入侵，高句丽也是分兵防御，因此尽管王"自帅羸兵以备南道"而大败，但"遣弟武帅精兵五万，拒北道"却大败燕军[44]。那么是否有此五万主力就能延续高句丽的传统政治呢？答案是否定的，因为外出作战人员的特征是中下级贵族·武人及青壮派，他们在传统的政治体系中处在中下层，当上层被打破时，他们自然需要一些改变，以适应自身地位上升的现实。对非

43) 『三国史记』卷十八 高句丽本纪第六。

44) 同上。

王族的功臣赐姓“高”，大家族将家族史附会为“元从功臣”，都是这一时期新兴贵族崛起的表征。

其五，好太王时代高句丽进行了大规模的扩张活动，从而使高句丽早期已经出现的城邑制获得了重大发展。其中的重要城邑及其所在地域包括：栅城(北沃沮·东夫余)·碑利城(东南部新罗旧地)·梁城(梁貊)·古牟娄城(韩秽)·北扶余城(北夫余)。这些地区的统治方式为：在相对稳定的征服地区，高句丽基本上以一座中心城邑为镇城，派出“守事”加以统辖，并派遣高句丽本族民户前往戍守。至于城邑以外的广大地区，应该主要是当地的被征服土著民户，往往以“谷民”称之。只有新“略来韩秽”地区，由于百济时代的经营，而形成“城－村”体制。

其六·好太王时代在旧辽东·玄菟·乐浪地区，修建山城，并沿用了部分汉魏旧城，基本形成重要军镇(山城)对附近平地城·小城的统辖格局。

其七，好太王时代在旧五部核心区，一度曾试图恢复五部体制，但是，随着兴起于征服地区·军事对峙地区的“城－谷”制的发展，王权对城的直接支配日益成为主流；而五部之民被派往各地城邑戍守，则进一步加剧了部落民的离散。因此五部体制正在走向衰落。当然，在城·谷的基层组织中，占主导地位的仍然是“千(小兄)－百(百头)－十”的半部落半行政的民户管理体制。

其八，　高句丽后期的地方统治体制包括都畿地区与一般地方两套组织机构。参照北魏平城的制度建设，可以推论高句丽都畿地区的情况：这里主要生活着贵族人口，他们来源于早期的血缘五部，但是经过部落离散与分土定居，形成新的方位五部。国家设立五部大人管理五部贵族的日常事务；同时又设置五部褥萨，统率由五部人口组成的军事力量，因此他们又被称作“军主”。从存在“平壤城刺史(处闾近支)”看，都畿地区也生活着大量非贵族人口，他们的管理方式与一般地方相同。

其九，一般地方则形成以褥萨－处闾近支－娄肖为长官的三级统治机构。其中褥萨(比都督)是方面镇城的城主，由于负有特殊的军事职责，因此被授予褥萨(军主)的称号。褥萨对特定区域内的城邑具有军事协防义务，但是对处闾近支的管辖权较为有限。处闾近支(比刺史)是一般大城的城主，管理属城的军·民·刑·财等事务。娄肖(比县令)则是地方统治的最低一级长官。此外，还有比作长史的可逻达，他们是掌管着褥萨的特殊属城—军事卫城的长官。之所以判定可逻达仅为褥萨的属官，其根据是：自隋"炀帝罢州置郡，又改为别驾，唯都督府则置长史。永徽中，始改别驾为长史"45)，此后，州僚佐亦有长史。也就是说在隋炀帝大业(605~618年)初"罢州置郡"到唐永徽(650~655年)中"改别驾为长史"这一段时间内，只有都督府置长史。陈大德出使高句丽在贞观十五年(641)，正是唯有都督府置长史的时期，因此他把可逻达比作长史，极可能基于其与比作都督的褥萨的关系得来。

三. 对未来的几点展望

总的来说，中国学界高句丽地方统治制度研究尽管起步较晚，但是近年来也已经逐步赶上了国际学界的步伐，在主要议题上都有了自己的研究成果。当然，也必须承认，相关研究还存在着一定的不足。

首先，研究的广度还有所欠缺。目前的研究主要集中在那部体制·五部制和城邑制等几个主要议题上。尽管它们可能就是高句丽地方统治制度的主要架构，但是作为一个存在了600多年的政权，其政治制度的运作显然要比目前研究所梳理的架构更为丰富·多彩。愚意以为，未来解决相关研究的广度问题，可以从以下几个方面入手：

其一，目前的相关议题主要是从有关高句丽的历史记载中提炼出来，因此在概念的使用上具有很强的特殊性，那么这种特殊性与人类社会发展演进的共通性之间是何种关系？目前文化人类学界所概括的人类社会演进的各个阶段包括：

45) 『唐六典』 卷30 三府都护州县官吏。

游群·氏族·部落·酋邦(或部落联盟)·早期国家·王国·帝国等, 那么有关高句丽政治制度发展的各个阶段的论述与上述概念间是什么关系。例如"那部体制", "那"的含义是什么? 从『三国史记』的记载看, "那"是一个常见的部落名称的结尾字, 是高句丽语的一个语尾的汉译, 那么用这样一个字命名的 "那部体制"与文化人类学界常用的人类社会演进早期阶段的名称有何异同, 例如部落·酋邦或部落联盟等? 为什么要舍弃后者, 使用"那部体制"这一全新名词?

其二, 从与高句丽历史发展存在互动共生关系的政治体对高句丽政治制度发展产生影响的角度, 是否能够找到更多论题? 例如罗新先生利用内亚史视角所考察的高句丽的"加"与"兄"。

其三, 目前的相关议题主要围绕行政·军事制度展开, 至于财政制度, 目前还较少涉及, 然而从维系统治的角度说, 中央对财政的掌控同样重要。

其四, 对于制度史研究, 除了制度架构的探讨外, 相关人的因素—官吏的选拔·任免·迁转等也值得深入分析, 特别是在高句丽后期。

其次, 除了寻找更多的研究议题, 拓展研究视野外, 如何让相关研究深入下去, 即提高研究的深度也有待进一步思考。个人以为, 大致可以从以下几个方面入手 :

其一, 碑铭墓志材料。有关高句丽的碑刻史料, 一直是高句丽史研究的重要史料来源, 例如著名的"好太王碑"。由于石碑树立在地表, 因此尚未被发现的数量必定有限, 但是也不是毫无机会, 例如2012年发现的"集安麻线高句丽碑"。至于墓志材料, 近年来中国境内大量发现隋唐墓志, 其中有不少与高句丽有关的内容, 未来再有新发现的可能性很大。

其二, 文字以外的考古发现材料。考古发现的文字材料毕竟有限, 更多的则是器物·建筑·墓葬等实物材料, 目前几乎没有看到利用这些实物材料推进高句丽地方统治制度研究的, 未来应该是一个重要突破口。

其三, 横向比较研究。人类社会发展过程中的制度文明总是有各种各样的共通性, 更不要说那些相互间存在互动共生关系的政治体之间的相互影响和借鉴。

目前在相关研究中实际上已经采用了这一研究方法，例如通过借鉴北魏平城的制度建构情况深化对高句丽五部的认识·将城邑制与郡县制加以比较研究等。未来应该进一步考虑如何通过更多的比较研究深化对高句丽政治制度内涵的认识。

김 지 영

한국학계의 고구려와 모용 선비 관련 연구동향

Ⅰ. 머리말

鮮卑는 東胡의 한 支派로 鮮卑山에 의존해 살았기 때문에 붙여진 명칭이라 하는데, 檀石槐가 부족을 통합한 후 흉노에 필적하는 유목제국으로 발전하였다.[1)] 155년 북흉노를 정복한 단석괴는 요동에서 돈황에 이르는 점령지역을 통치하기 위해 선비의 땅을 東·中·西部로 나누었으며, 요동과 요서를 비롯한 중국의 변경을 지속적으로 공격하였다.[2)] 선비는 이후 三燕을 건국한 慕容部, 北魏를 건국한 拓跋部를 비롯해 宇文部, 段部, 土谷渾部 등 많은 씨족으로 분화하였다.[3)]

4세기에 西晉의 쇠퇴와 함께 북중국은 흉노를 비롯한 북방 유목민족들의 국가가, 남중국은 晉의 황족들이 양자강 이남으로 옮겨가 세운 南晉 혹은

1) 동북아역사재단, 2009, 『三國志·晉書 外國傳 譯註』, 61쪽, 주254) ; 동북아역사재단, 2009, 『後漢書 外國傳 譯註 下』, 441쪽 주231) 참고.

2) 『後漢書』 卷90, 烏桓鮮卑列傳 第80, 鮮卑.

3) 姜仙, 2003, 『高句麗와 北方民族의 관계 연구－鮮卑·契丹·柔然·突厥과의 관계를 중심으로－』, 숙명여대 사학과 한국사전공 박사학위논문, 30쪽 ; 박세이, 2014, 「4세기 慕容鮮卑 前燕의 성장과 고구려의 대응」 『한국고대사연구』 73, 43쪽.

東晉으로 지칭되는 한족 국가가 수립되어 병존하였다. 이러한 혼란기를 이용해 고구려는 요동지역으로의 진출을 도모하였고, 이 과정에서 국경을 접하고 대립한 가장 중요한 세력 중 하나가 慕容鮮卑였다.[4] 모용선비는 단석괴 때 3부로 나눈 선비의 무리 중 上谷郡에서 右北平에 이르는 中部에 속했던 선비로[5] 모용외의 증조부인 莫護跋이 魏 초에 諸部를 이끌고 遼西에 들어가 살다가 晉 宣帝때 公孫氏 정벌에 공을 세운 후 비로소 棘城 북쪽에 거주하며 慕容을 성씨로 삼았다. 이러한 모용선비가 遼東으로 옮겨 살게 된 것은 모용외의 아비인 涉歸 때부터였다.[6]

모용선비가 세운 前燕과 後燕은 요동의 패권을 두고 고구려와 대립하였으며, 전연과 후연을 이어 고구려계 유민인 高雲을 옹립해 세운 北燕[7] 역시 건립부터 멸망하기까지 고구려와 상당히 긴밀한 관계를 유지하였다. 이들 모용선비와 고구려의 관계에 대해서는 상당한 정도의 연구 성과가 축적되어 왔다. 본고에서는 고구려와 모용선비의 관계에 대한 한국학계의 기존 연구 현황을 전연, 후연, 북연의 시기별로 나누어 집중적으로 연구가 이루어진 주제를 중심으로 살펴보도록 하겠다. 그리고 맺음말에서 현재 한국학계에서 연구가 미진한

4) 모용선비의 전반적인 형성과 발전과정에 대해서는 朴漢濟, 1988, 『中國中世胡漢體制硏究』, 일조각 ; 池培善, 1997, 『中國 東北亞史 硏究－慕容王國史－』, 일조각 ; 孔錫龜, 1998, 『高句麗 領域擴張史 硏究』, 서경문화사 ; 姜仙, 2003, 『高句麗와 北方民族의 관계 연구』, 숙명여자대학교 사학과 박사학위논문 ; 김한규, 2004, 『요동사』, 문학과지성사 ; 박세이, 2016, 「高句麗와 '三燕'의 境界」 『고구려발해연구』 54 참고.

5) 박세이, 2014, 「4세기 慕容鮮卑 前燕의 성장과 고구려의 대응」 『한국고대사연구』 73, 45쪽.

6) 『後漢書』 卷90, 烏桓鮮卑列傳 第80, 鮮卑.

7) 북연의 건국 주체 세력이 고구려계 유민과 한족 관리임을 감안할 때 모용선비의 국가로 볼 수 있을지 문제가 되기도 한다. 그러나 건국 주체가 어떤 계열이었는가와 상관없이 북연을 건국한 이들은 이전의 모용선비 국가였던 후연과 같은 '燕'이라는 국호를 사용하였으며, 명분상으로는 모용보의 양자였던 모용운(=고운)을 그 주체 세력으로 내세웠으며, 후연시기 관리들을 거의 다시 등용했던 점이나 북연의 구성원 역시 묘용선비족이 대다수였던 점을 감안한다면 북연 역시 모용선비 국가의 하나로 파악해도 좋을 것이다. 때문에 본고에서는 고구려와 교류한 모용선비의 하나로 북연 역시 포함시키고자 한다.

부분과 향후 보다 연구가 진전되었으면 하는 방향을 제시해 보고자 한다. 다만 본고에서는 필자의 능력부족으로 고고학적 연구 성과는 제외하고 연구 성과가 너무 많이 집중된 분야는 기존에 정리된 연구사를 제시하여 대체하고자 한다.

Ⅱ. 전연 관련 연구동향

모용선비는 涉歸가 죽은 후 그의 아들인 慕容廆의 시기에 본격적인 발전을 이루게 된다. 모용부는 막호발이 공손씨 정권 토벌에 참여한 이후 한족 왕조와 지속적인 교섭관계를 맺어 왔으며, 모용외의 시기까지 중원왕조와의 밀접한 관계 속에 漢人 유민들을 끌어들이는데 성공하였다.8) 308년 흉노족의 일파인 劉淵이 태원을 기반으로 황제를 칭하고 北漢 혹은 前趙 왕조를 세우고, 다시 유연의 아들인 劉聰이 311년 낙양을 점령한 뒤 晉 황제를 사로잡아 죽이는 사태가 발생하자 결국 서진은 붕괴되고 남은 황족들은 남쪽으로 탈출하여 동진 왕조를 개창하게 된다.9)

이러한 북중국의 혼란 속에서 晉의 요동지역에 대한 지배력은 현저히 약화되었으며, 이를 계기로 모용외는 지속적으로 요동지역에 대한 영향력을 확대해 갔다. 이러한 상황에서 모용외를 견제하고자 한 平州刺史 兼東夷校尉인 崔毖의 주도로 결성된 高句麗·宇文部·段部의 연합공격을 효과적으로 막아 낸 모용외는 이후 요동지역에 대한 지배를 공고히 하게 된다.10) 그리고 다시 모용외의 아들인 慕容皝이 동생인 慕容仁의 반란을 진압한

8) 朴漢濟, 1988, 『中國中世胡漢體制硏究』, 일조각, 35~43쪽.

9) 르네 그루쎄 지음, 김호동·유원수·정재훈 옮김, 1998, 『유라시아 유목제국사』, 109~110쪽.

10) 박세이, 2016, 「高句麗와 '三燕'의 境界」 『고구려발해연구』 54, 13~14쪽.

후 스스로 燕王을 자칭하였다. 모용황은 342년 수도를 龍城으로 옮기면서 고구려에 대한 대대적인 공격을 감행하는데,[11] 그 결과 고구려는 환도성이 함락당하고 王母와 왕의 부친인 미천왕의 시신 및 5만여 인의 고구려인이 포로로 잡혀가는 심각한 피해를 입게 된다. 이후 고구려는 전연과 화친정책을 추진하며 요동에 대한 진출을 보류하고 연과 책봉-조공 관계를 맺게 된다.[12]

한편 348년 모용황 사후 왕위를 이은 慕容儁은 349년 황제를 자칭하고 수도를 龍城에서 薊로 옮겨 大燕이라 칭했다.[13] 그러나 모용준이 죽고 그의 아들인 慕容暐가 즉위하면서 東晉과 前秦이 전연을 지속적으로 침입하면서 전연은 약화되다가 결국 370년 전진에 의해 멸망한다. 이 과정에서 전연의 太傅인 慕容評이 고구려로 망명해 왔으나 고구려는 새롭게 등장한 苻堅의 전진에 모용평을 압송해 보내면서 전진과 우호적 관계를 맺게 된다. 이러한 고구려와 전진의 우호관계는 전진 멸망기까지 지속된다.[14]

전연과 고구려의 관계에 대해서는 대체로 다양한 연구 성과들이 축적되어 있다고 볼 수도 있지만[15] 연구의 중심 주제는 요동을 사이에 둔 전연과

11) 孔錫龜, 1998,『高句麗 領域擴張史 硏究』, 서경문화사, 27~36쪽 ; 김한규, 2004,『요동사』, 문학과지성사, 239~241쪽.

12) 孔錫龜, 1998,『高句麗 領域擴張史 硏究』, 서경문화사, 35~40쪽.

13) 김한규, 2004,『요동사』, 문학과지성사, 241쪽.

14) 孔錫龜, 1998,『高句麗 領域擴張史 硏究』, 서경문화사, 41~42쪽에서 이러한 우호관계를 유지한 이유로 고구려는 당시 전연의 침략 이후 백제와의 군사대치로 인해 요동으로 군사력을 분산시킬 여유가 없었고, 전진은 동진과 대립하면서 중원진출에 중점을 두고 있는 상황에서 고구려와의 전쟁을 원하지 않았기 때문이라고 보고 있다.

15) 박세이, 2014,「4세기 慕容鮮卑 前燕의 성장과 고구려의 대응」『한국고대사연구』 73, 43~44쪽에서는 종래 연구 경향을 고구려와 모용선비의 전쟁, 고구려 성장 및 영향, 영역확장, 군사전략 혹은 기병전술 운용, 중층적 국제질서, 전쟁과정에서 민의 이동 등으로 분류하고 있다. 한편 김영주는 지금까지의 연구 경향을 크게 고구려 대외팽창과정에서 요동을 둘러싼 갈등과 대립 관련, 한·중간의 조공관계 수립 관련, 전연 대외관계 규명 과정에서 그 일부로 고구려사를 언급한 연구 등으로 분류하였다(金英珠, 1997,「高句麗 故國原王代의 對前燕關係」『北岳史論』 4, 4~5쪽).

고구려의 대립과 충돌에 관한 것과 조공·책봉 관련 성과물로 압축해 볼 수 있다. 특히 342년 慕容皝의 고구려 침공으로 인한 양국의 대규모 충돌과 관련해 그 원인과 과정 및 결과에 관한 내용에 연구가 집중되어 있다.[16] 이 가운데서 모용황의 고구려 침공 루트와 관련해 남도와 북도의 구체적인 경로에 대해서 국내뿐 아니라 일본과 중국학자들까지 제각각 다양한 견해를 나타내고 있다.[17]

모용황의 침공 원인과 관련한 연구들은 대체로 모용황이 중원 진출을 도모하는 과정에서 후방 안정을 위한 조처로 고구려 공격을 단행한 것으로 파악하고 있다.[18] 이러한 전연의 고구려 침공에 이미 고구려가 319년 平州刺史 崔毖, 宇文氏, 段氏와 모용외를 연합 공격한 사건이나 전연이 요동지역에서 그 세력을 강고히 한 이후에도 宇文氏, 後趙 등과 함께 전연 협공을 시도하다가 위기에 몰리면 乞盟하는 등 끊임없이 대결과 투항을 반복하는

16) 池培善, 1986, 『中世東北亞史硏究』, 일조각 ; 孔錫龜, 1991, 「高句麗의 領域擴張에 대한 硏究－四世紀를 中心으로－」 『韓國上古史學報』 6 ; 李基東, 1996, 「高句麗史 발전의 劃期로서의 4世紀－慕容'燕'과의 항쟁을 통하여」 『東國史學』 30 ; 金英珠, 1997, 「高句麗 故國原王代의 對前燕關係」 『北岳史論』 4 ; 池培善, 1998, 『中世 中國史 硏究－慕容燕과 北燕史－』, 연세대학교출판부 ; 孔錫龜, 1998, 『高句麗 領域擴張史 硏究』, 서경문화사 ; 여호규, 2000, 「4세기 동아시아 국제질서와 고구려 대외정책의 변화－對前燕關係를 중심으로－」 『역사와현실』 36 ; 姜仙, 2001, 「고구려와 전연의 관계에 대한 고찰」 『高句麗硏究』 11 ; 공석구, 2003, 「高句麗와 慕容'燕'의 갈등 그리고 교류」 『강좌 한국고대사』 4, 가락국사적개발연구원 ; 공석구, 2007, 「고구려와 모용 '연'의 전쟁과 그 의미」 『동북아역사논총』 15 ; 박세이, 2014, 「4세기 慕容鮮卑 前燕의 성장과 고구려의 대응」 『한국고대사연구』 73.

17) 남도와 북도의 경로에 대한 대표적인 견해들은 余昊奎, 1995, 「3세기 후반~4세기 전반 고구려의 교통로와 지방통치조직」 『韓國史硏究』 91, 3~6쪽 ; 공석구, 2007, 「고구려와 모용 '연'의 전쟁과 그 의미」 『동북아역사논총』 15, 77~78쪽 ; 여호규, 2014, 『고구려 초기 정치사 연구』, 신서원, 480쪽 ; 기경량, 2016, 「4세기 고구려 '南道·北道'의 실체와 그 성격」 『한국문화』 73, 244~247쪽에 각 루트와 연구사가 정리되어 있다.

18) 池培善, 1998, 『中世 中國史 硏究－慕容燕과 北燕史－』, 연세대학교출판부, 292쪽 ; 姜仙, 2001, 「고구려와 전연의 관계에 대한 고찰」 『高句麗硏究』 11, 19쪽 ; 공석구, 2003, 「高句麗와 慕容'燕'의 갈등 그리고 교류」 『강좌 한국고대사』 4, 가락국사적개발연구원, 62~63쪽.

고구려 대외정책에 대해 불안정한 대외관계로 파악하는 견해나[19] 국방정책의 다변화로 파악하는 견해 등이 있는데[20] 이는 모두 당시 요동방면에 높아지는 긴장상태에 대한 고구려의 다양한 외교적 모색 및 요동 각국의 외교 행태를 보여주고 있어 이후 시기 국제관계의 진전 및 차별성을 찾아볼 수 있는 단초를 마련하고 있다.

모용황의 침공 이후 고구려와 전연관계에서 중요한 논쟁이 되는 사안은 전쟁의 결과로 고구려와 전연이 맺은 조공과 책봉관계에 관한 것이다.[21] 특히 이러한 조공·책봉관계에 대해 국내 연구자들은 일회적이고 형식적인 외교관계에 불과하다고 파악하는 데 반해[22] 중국학자들의 경우 고구려사를 중국사로 편입하기 위한 움직임의 하나로 355년 전연과 고구려의 조공·책봉관계의 체결로 고구려가 전연에 신속하게 되었다는 견해에서 더 나아가 고국원왕의 책봉호가 전연의 관직으로 구성되어 있음을 들어 고구려를 전연의 지방정권으로 파악하는 견해까지 제기되고 있다.[23] 최근 이루어진 연구에서는 전연과 고구려의 조공·책봉 관계에 대한 면밀한 분석을 통해[24]

19) 여호규, 2000, 「4세기 동아시아 국제질서와 고구려 대외정책의 변화–對前燕關係를 중심으로–」『역사와현실』 36, 45~46쪽에서는 이러한 대결과 투항을 반복하는 전연과의 관계는 이전시기 후한이나 공손씨 세력, 조위에게 보였던 대결과 내속을 거듭하는 종전의 대외인식에 기초한 것으로 파악하였다.

20) 박세이, 2014, 「4세기 慕容鮮卑 前燕의 성장과 고구려의 대응」『한국고대사연구』 73은 이러한 전연에 대한 고구려와 요동 각국의 합종연횡과 각 연합이 가지는 과정 및 특징 등 전연에 대한 견제책으로서 고구려의 연합책에 특히 주목하고 있다.

21) 전연과 고구려가 맺은 책봉체제의 의미에 대한 논의는 盧重國, 1985, 「高句麗對外關係史 硏究의 現況과 課題」『東方學志』 49, 311~312쪽·316쪽 ; 여호규, 2000, 「4세기 동아시아 국제질서와 고구려 대외정책의 변화–對前燕關係를 중심으로–」『역사와현실』 36, 36쪽 ; 여호규, 2006, 「高句麗와 慕容燕의 朝貢·冊封關係 연구」『한국 고대국가와 중국왕조의 조공·책봉관계』, 고구려연구재단, 16~18쪽 참고.

22) 여호규, 2006, 「高句麗와 慕容燕의 朝貢·冊封關係 연구」『한국 고대국가와 중국왕조의 조공·책봉관계』, 고구려연구재단, 16쪽, 주3) 참고.

23) 여호규, 2006, 「高句麗와 慕容燕의 朝貢·冊封關係 연구」『한국 고대국가와 중국왕조의 조공·책봉관계』, 고구려연구재단, 16~17쪽 주6)~9) 참고.

355년 양국의 조공·책봉 관계 체결은 형식적이고 일시적인 외교 전략이 아니며 이 시기의 조공·책봉 관계는 漢代~魏晋代까지의 관계와는 달리 책봉국과 피책봉국의 국가 위상과 현실적 지배력을 상호 인정하는 방향으로 조정되었다고 파악하기도 한다. 즉, 355년 고구려와 전연이 맺은 조공·책봉 관계는 양국이 상호 국가적 위상과 현실적 지배력을 인정함으로써 양국관계를 안정적으로 변화시켰다고 본 것이다.[25)]

한편 대체로 거의 모든 연구들은 342년 고구려의 패배와 관련해[26)] 전술상의 문제점 및 주도면밀한 전략의 부재를 언급하고 있는데 여기에 대해 고구려 내부의 중앙집권화와 연결해 언급한 연구가 있다. 이 연구는 고구려가 5만이라는 대규모 병력을 보유했음에도 왕 중심의 일원화된 편제와 지휘체계를 갖추지 못했음을 패배 원인으로 지적하면서 전연의 침공 이후 피해복구의 명분으로 국가체제를 중앙집권적으로 재정비할 수 있는 계기를 마련하고 있다고 파악하여 전연 관계가 고구려 내정에 미친 영향을 살펴봄으로써 앞으로 고구려와 전연관계에 있어 또 다른 연구방향을 제시해 주었다.[27)]

이외에도 모용황의 고구려 침입 이전인 봉상왕과 미천왕대 고구려와 모용선비의 충돌에 대한 연구들은 전반적인 충돌상황에 대해 개관하면서 충돌 이유나 모용선비의 요동진출을 견제하기 위한 고구려와 주변국의

---

24) 여호규, 2006, 「高句麗와 慕容燕의 朝貢·冊封關係 연구」『한국 고대국가와 중국왕조의 조공·책봉관계』, 고구려연구재단에서 고구려와 전연의 조공·책봉관계는 4세기 중반 이후 고구려와 중국왕조의 조공·책봉 관계의 효시로 이후 국제질서와 고구려의 대외정책 및 외교관계를 이해하는 데 중요한 사안임을 들어 이에 대한 면밀한 분석을 진행하였다.

25) 여호규, 2006, 「高句麗와 慕容燕의 朝貢·冊封關係 연구」『한국 고대국가와 중국왕조의 조공·책봉관계』, 고구려연구재단.

26) 여호규, 2000, 「4세기 동아시아 국제질서와 고구려 대외정책의 변화－對前燕關係를 중심으로－」『역사와현실』 36, 50쪽 주46)에서 북도에서의 전연군 격퇴를 언급하여 일방적 패배가 아님을 지적하고 있다.

27) 金英珠, 1997, 「高句麗 故國原王代의 對前燕關係」『北岳史論』 4.

연합, 당시의 급변하는 국제정세 등을 제시하고 있다.[28] 특히 이러한 충돌이 일어난 요동지역의 중요성에 대한 여러 가지 가설을 제기하였다.[29]

다만 고구려와 전연의 관계에 대한 연구 성과들은 연구자들이 자신들의 기존 연구 성과를 묶어서 재출간하거나 일부 수정하여 출간한 것들을 동일한 결과물로 파악한다면 수량 자체도 그다지 많지 않으며 주제 역시 요동과 부여 지역에 대한 각축 과정과 342년의 충돌에 초점이 맞추어져 있거나 후연까지 개괄적으로 파악하는 연구 성과들이 많다. 또한 이 과정에서 전진과의 관계는 대개 부차적으로 가볍게 언급하며 넘어가고 있다.[30]

---

28) 孔錫龜, 1998,『高句麗 領域擴張史 硏究』, 서경문화사 ; 姜仙, 2001,「고구려와 전연의 관계에 대한 고찰」『高句麗硏究』 11 ; 박세이, 2014,「4세기 慕容鮮卑 前燕의 성장과 고구려의 대응」『한국고대사연구』 73.

29) 孔錫龜, 1998,『高句麗 領域擴張史 硏究』, 서경문화사, 16~17쪽에서는 요동지역을 포함한 전반적인 고구려의 주변지역으로의 영역확장 시도를 곡창지대의 확보를 통한 경제적 기반의 취약성 극복으로 들고 있으며, 강선은 2001,「고구려와 전연의 관계에 대한 고찰」『高句麗硏究』 11, 14쪽에서 요동의 상권을 박세이는 철과 소금의 풍부한 산출을 들고 있다(박세이, 2014,「4세기 慕容鮮卑 前燕의 성장과 고구려의 대응」『한국고대사연구』 73, 50~51쪽).

30) 고구려와 전·후연의 관계를 함께 개괄적으로 파악한 연구 성과들로는 池培善, 1986,『中世東北亞史硏究』, 일조각 ; 李基東, 1996,「高句麗사의 발전의 劃期로서의 4世紀－慕容'燕'과의 항쟁을 통해서－」『東國史學』 30 ; 池培善, 1998,『中世 中國史 硏究－慕容燕과 北燕史－』, 연세대학교출판부 ; 孔錫龜, 1998,『高句麗 領域擴張史 硏究』, 서경문화사 ; 姜仙, 2003,『高句麗와 北方民族의 관계 연구』, 숙명여자대학교 사학과 박사학위논문 ; 공석구, 2003,「高句麗와 慕容'燕'의 갈등 그리고 교류」『강좌 한국고대사』 4, 가락국사적개발연구원 ; 姜仙, 2005,「4~6세기 동아시아 정세와 고구려의 대외정책」『軍史』 54 ; 박세이, 2016,「高句麗와 '三燕'의 境界」『고구려발해연구』 54들이 있는데 이들 논저들은 대체로 이후 시기인 북연까지의 고구려 관계를 함께 서술하고 있으며, 그 과정에서 전진과의 관계 역시 단순한 사실관계 정도만을 언급하고 있다. 다만, 전·후연과 고구려의 관계를 분석한 연구 중 여호규의 연구는 모용연의 성립에서 발전 및 쇠퇴과정에 거쳐 단순한 정세의 개관이 아닌 영역지배 방식에 대한 비교를 통해 보다 심층적인 고찰 방법을 제시해 주고 있다(여호규, 2012,「4세기~5세기초 高句麗와 慕容'燕'의 영역 확장과 지배방식 비교」『한국고대사연구』 67). 박세이, 2016년의 연구 역시 전연부터 북연까지 대체적인 변화 과정을 언급해 주면서 나아가 고구려와의 경계인 요하 주변의 양국 간 영향력 변화를 분석하였다.

III. 후연 관련 연구동향

370년 전연을 멸망시키고 순차적으로 북중국 일대를 통일한 전진은 383년 동진을 공격하지만 그 상류인 淝水전투에서 대패하였으며, 그 결과 북중국은 다시 혼란에 빠진다. 그러한 혼란 속에서 모용황의 제5자인 慕容垂가 384년 滎陽에서 燕王을 자칭하며 後燕을 건국한다. 모용수는 386년 中山에 도읍을 정하고 황제를 자칭하며 연호제정, 백관의 설치, 종묘사직 수리, 태자 책봉 등 일련의 국가 체제 정비를 개시하였다.[31]이러한 때에 고구려 역시 혼란한 북중국의 정세를 이용해 요동으로의 진출을 시도하면서 후연과 고구려는 다시 군사적인 대치상태로 들어선다.[32]

모용수를 이은 慕容寶의 시기엔 후연이 고구려 광개토왕을 平州牧 遼東帶方二國王으로 책봉하는 등 어느 정도 안정된 상태를 유지하게 되었다. 그러나 이러한 상황은 395~396년 모용보가 무리하게 탁발선비의 北魏를 정벌하는 과정에서 패하여 수도인 중산을 버리고 화룡으로 퇴각하는 사태가 발생하면서 변화하게 된다. 북위에 패배한 후연은 요서와 요동 일대로 지배 영역이 축소되었으며, 중산에 새로이 南燕이 건국되면서 세력이 분리된다.[33] 화룡으로 퇴각한 후연은 고구려와 요동지역을 두고 다시 각축을

31) 姜仙, 2002, 「高句麗와 五胡十六國의 關係－後燕·北燕과의 關係를 中心으로－」『高句麗硏究』 14, 고구려연구회, 274쪽 ; 김한규, 2004, 『요동사』, 문학과지성사, 242~243쪽 ; 여호규, 2012, 「4세기~5세기초 高句麗와 慕容'燕'의 영역확장과 지배방식 비교」『한국고대사연구』 67, 94쪽.

32) 孔錫龜, 1998, 『高句麗 領域擴張史 硏究』, 서경문화사, 42~45쪽 ; 姜仙, 2002, 「高句麗와 五胡十六國의 關係－後燕·北燕과의 關係를 中心으로－」『高句麗硏究』 14, 고구려연구회, 274쪽 ; 여호규, 2012, 「4세기~5세기초 高句麗와 慕容'燕'의 영역확장과 지배방식 비교」『한국고대사연구』 67, 94쪽.

33) 孔錫龜, 1998, 『高句麗 領域擴張史 硏究』, 서경문화사, 46~47쪽 ; 여호규, 2012, 「4세기~5세기초 高句麗와 慕容'燕'의 영역확장과 지배방식 비교」『한국고대사연구』 67, 94쪽. 南燕에 관한 연구성과로는 池培善, 1998, 『中世 中國史 硏究－慕容燕과 北燕史－』, 연세대출판부가 있다.

재개하게 된다. 398년 모용보가 피살된 후 아들인 慕容盛과 아우인 慕容熙가 차례로 왕위에 올랐으나 407년 결국 馮跋에 의해 모용희가 죽음을 당함으로써 후연은 24년 만에 멸망한다.[34]

고구려와 후연의 관계를 개설적으로 다룬 연구들을 제외한다면[35] 이 시기 관련 연구 성과들은 문헌 기록과 광개토왕릉비문 기록의 불일치에서 오는 여러 가지 논쟁점들 해결에 집중되어 있다.[36] 특히 요동 및 요서 지역에 대한 고구려의 영유권 문제와[37] 책봉호 관련[38]문제에 연구가 집중

34) 김한규, 2004, 『요동사』, 문학과지성사, 243쪽 ; 최진열, 2016, 「후연(後燕) '용성시대(龍城時代)'의 정치적·경제적 자멸(自滅)-광개토대왕(廣開土大王) 후연 공략의 대외적 배경-」 『동북아역사논총』 52.

35) 최근 발표된 최진열, 2016, 「후연(後燕) '용성시대(龍城時代)'의 정치적·경제적 자멸(自滅)-광개토대왕(廣開土大王) 후연 공략의 대외적 배경-」 『동북아역사논총』 52의 연구는 후연이 요동지역의 영향력을 상실하는 원인으로 후연 내부의 정치적 혼란 상황을 근거로 다뤄 후연의 내부 정치변화상을 자세히 서술하고 있어 고구려의 후연 공격 성공과 요서로의 진출과정의 당위성을 잘 보여주고 있다.

36) 후연관련 여러 가지 논쟁점들에 대해 최근에는 광개토대왕 비문의 특정 기사들을 부각시켜 분석한 연구 성과들이 나타나고 있다. 姜在光, 2009, 「高句麗 廣開土王의 遼東確保에 관한 新研究-廣開土王碑 '丁未年條'의 새로운 해석을 중심으로-」 『한국고대사탐구』 2 ; 신정훈, 2013, 「高句麗 廣開土王代의 稗麗 征討와 後燕과의 冊封이 가진 의미」 『중앙사론』 37 ; 신정훈, 2015, 「동아시아의 정치적 정세와 高句麗의 동향-397年(廣開土王 6年)~400年(廣開土王 9年)을 중심으로-」 『대구사학』 118 ; 신정훈, 2015, 「401年(廣開土王 10年)~404年(廣開土王 13年) 동아시아의 정세와 高句麗의 동향」 『국학연구론총』 16 ; 신정훈, 2016, 「405年(廣開土王 14年)~407年(廣開土王 16年) 高句麗」 『국학연구론총』 18.

37) 姜仙, 2002, 「高句麗와 五胡十六國의 關係-後燕·北燕과의 關係를 中心으로-」 『高句麗研究』 14 ; 여호규, 2005, 「「광개토왕릉비」에 나타난 고구려의 대중인식(對中認識)과 대외정책」 『역사와현실』 55 ; 지배선, 2009, 「고구려 광개토왕의 燕郡(北京) 침공원인에 대하여-고구려와 鮮卑慕容관계를 중심으로」 『白山學報』 83 ; 임기환, 2013, 「고구려의 요동 진출과 영역」 『高句麗渤海研究』 45. 한편 광개토왕릉비에 후연 관련 내용과 관련해서는 다음과 같은 연구 성과들이 있다. 文詳鍾, 2001, 「廣開土王陵碑 永樂17年條 기사에 대한 재검토」 『湖西考古學』 4·5합집 ; 姜在光, 2009, 「高句麗 廣開土王의 遼東確保에 관한 新考察-廣開土王碑 '丁未年條'의 새로운 해석을 중심으로」 『韓國古代史探究』 2 ; 孔錫龜, 2012, 「廣開土王의 遼西地方 進出에 대한 고찰」 『韓國古代史研究』 67 ; 정명광, 2012, 「고구려 광개토왕대의 후연 정벌」

되어 있다. 먼저 요동지역에 대한 지배 시기와 관련해서는 광개토왕의 후연 공격 기사 중 宿軍城(402)과 燕郡(404)[39] 공격 내용과 광개토왕릉비의 내용 중 영락 5년 조 稗麗 정벌과 요동 순수 기사, 영락 17년조 기사를 후연관련으로 파악할 것인지를 두고 의견이 갈리고 있다.[40]

요동 장악 시기에 대해 395년(영락 5) 이전이냐 그 이후 400~402년 무렵이냐 하는 점에서 기존 연구자들의 의견이 갈린다.[41] 전자의 견해는 대체로 광개토왕릉비 영락 5년 稗麗 정벌 기사 뒤에 나타나는 遊觀土境하였다는 요동지역에 대한 巡狩기사를 통해 이들 지역을 후연으로부터 탈취했었다는 사실과 402년 고구려의 숙군성 공격 및 404년 연군 공격 및 396년

『白山學報』 92 ; 井上直樹, 2012, 「廣開土王의 對外關係와 永樂 5年의 對稗麗戰」 『韓國古代史研究』 67.

38) 여호규, 2006, 「高句麗와 慕容燕의 朝貢·冊封關係 연구」 『한국 고대국가와 중국왕조의 조공·책봉관계』, 고구려연구재단 ; 이성제, 2012, 「4世紀 末 高句麗와 後燕의 關係－396년 後燕의 廣開土王 冊封 問題를 중심으로－」 『한국고대사연구』 68.

39) 燕郡의 위치와 관련해서는 현재 요녕성 義縣 일대로 보는 견해와 北京市 일대로 보는 견해가 있다. 현재는 요녕성 의현 일대로 보는 견해가 대다수이다. 관련 연구 성과는 孔錫龜, 2012, 「廣開土王의 遼西地方 進出에 대한 고찰」 『韓國古代史研究』 67, 141쪽 참고.

40) 영락 17년조 기사에 대해서는 다양한 견해가 존재하는데 이러한 견해는 孔錫龜, 2012, 「廣開土王의 遼西地方 進出에 대한 고찰」 『한국고대사연구』 67, 145~146쪽 주49)~52)에 잘 정리되어 있으며, 후연전으로 보는 견해는 임기환, 2013, 「고구려의 요동 진출과 영역」 『高句麗渤海研究』 45, 102쪽 주74) 참고.

41) 각각의 견해 및 관련 논문은 임기환, 2013, 「고구려의 요동 진출과 영역」 『高句麗渤海研究』 45, 79쪽 주4)와 5) ; 박세이, 2015, 「광개토왕의 遼西 공략과 後燕 관계」 『지역과 역사』 36, 38쪽 주2)와 3) 참고. 대체로 기존 견해를 정리해 보면 다음 표와 같다.

395년 이전설		400~402년설	
학자	근거	학자	근거
지배선, 공석구, 서영수, 임기환, 박세이, 최진열	광개토왕비문 영락 5년 패려 정벌 기사 뒤의 요동 순수기사, 402년·404년 숙군성과 연군 공격기사, 396년 모용보가 광개토왕을 平州牧 遼東·帶方 二國王으로 책봉한 기사	여호규	요동지역에 대한 후연 지배력 안정적, 고구려와 후연의 각축 기사 없음.
		이성제	광개토왕의 순수 경로에 평곽이 봉지 않음. 따라서 요하 이동지역을 후연과 고구려가 분점한 상태로 이해.

후연의 慕容寶가 광개토왕을 '平州牧 封遼東帶方二國王'에 책봉한 것을 근거로 들고 있다.[42] 그러나 395년 무렵에는 아직 요동지역에 대한 후연의 지배력이 안정적이었으며 고구려와 각축을 벌인 흔적이 없다는 점을 근거로 이 시기 요동 장악을 부정한 견해와[43] 광개토왕의 순수 경로에서 후연의 대고구려 전진기지였던 平郭이 보이지 않는다는 점에서 요하 이동지역을 고구려가 장악하고 있었다기보다는 후연과 분점하고 있던 상황으로 보는 견해도 있다.[44]

이러한 후자의 견해에 대해 최근에는 다시 전자의 견해를 보강해 요동지역 장악의 근거로 내세운 영락 5년 순수기사나 숙군성과 연군에 대한 공격 기사에 더해 400년과 406년 후연의 군사 행동에서 700里의 땅을 새로 개척했다는 사실과 3천里를 행군해서 목저성을 공격했다는 기사에서 보이는 거리에 주목해 새로운 교통로의 개척을 지적하고 있다. 그리고 이러한 새로운 교통로의 개척은 고구려의 요동지역 장악이 그만큼 견고했음을 방증하는 자료라고 파악하였다.[45]

요동지역에 대한 장악 시기는 책봉호 수수와도 관련을 맺고 있다. 즉, 395년 고구려가 이미 요동지역을 장악했다고 보거나 최소한 이 시기 이미 고구려가 후연을 압도하면서 요동을 장악해 갔다고 보는 경우 396년 후연이 광개토왕을 '平州牧 封遼東帶方二國王'에 책봉한 것은 후연의 일방적 책봉으로 고구려가 인정하지 않았다고 본다.[46] 그러나 이 당시 후연이 북위에

42) 임기환, 2013, 「고구려의 요동 진출과 영역」『高句麗渤海硏究』45에서 이러한 기존 견해에 논지를 좀 더 보강하고 있다.

43) 여호규, 2005, 「「광개토왕릉비」에 나타난 고구려의 대중인식(對中認識)과 대외정책」『역사와현실』55,34쪽.

44) 이성제, 2012, 「4世紀 末 高句麗와 後燕의 關係－396년 後燕의 廣開土王 冊封 問題를 중심으로－」『한국고대사연구』68.

45) 임기환, 2013, 「고구려의 요동 진출과 영역」『高句麗渤海硏究』45.

46) 임기환, 2003, 「南北朝期 韓中 冊封·朝貢 관계의 성격」『한국고대사연구』32, 16쪽 ; 이성제, 2012, 「4世紀 末 高句麗와 後燕의 關係－396년 後燕의 廣開土王 冊封 問題를

밀리고 있던 상황에서 고구려와의 관계 회복을 위해 이러한 책봉호를 수여한 것이 결코 후연의 일방적 행동은 아님을 지적하는 견해도 있다.[47] 이러한 연구들은 이때의 책봉호 수수가 단순히 고구려 서북방면에 대한 안정뿐 아니라 요동지역에 대한 영유권을 후연에게 인정받는 계기였다고 보고 있다.[48]

한편 광개토왕릉비에 후연관계를 반영한 부분의 논쟁으로 영락 17년(407)조 기사가 최근 들어서 재검토되고 있다.[49] 일반적으로 영락 17년조는 '沙溝城'이라는 지명이 백제가 417년 축조한 '沙口城'과 명칭이 유사하며

중심으로-」『한국고대사연구』 68, 38쪽 주2) 참고.

47) 공석구, 2003, 「高句麗와 慕容'燕'의 갈등 그리고 교류」『강좌 한국고대사』 4, 가락국사적개발연구원, 73~74쪽에서 고구려가 이 책봉을 받음으로써 요동지역의 행정권까지 장악할 수 있는 권한을 후연으로부터 공식적으로 인정받았다고 보았다. 여호규, 2006, 「高句麗와 慕容燕의 朝貢·冊封關係 연구」『한국 고대국가와 중국왕조의 조공·책봉관계』, 고구려연구재단, 46~50쪽에서는 당시 고구려 역시 후연과의 충돌을 미연에 방지하고 후연의 동향을 미리 파악하기 위해 먼저 사신을 파견하여 책봉호를 받았으며, 피책봉 이후에 長史 등의 속료를 설치하고 실제 외교관계에 이용한 것으로 보아 결코 후연에 의한 일방적 선언이 아님을 지적하였다. 井上直樹 역시 2012, 「廣開土王의 對外關係와 永樂 5年의 對稗麗戰」『韓國古代史硏究』 67, 205~209쪽에서 이러한 책봉호 수수는 모용보의 즉위와 함께 후연쪽에서 먼저 일방적으로 취한 조치였으나 고구려 역시 요동방면의 안정을 위해 받아들였던 것으로 파악하였다. 이성제도 책봉호 수여 이후 광개토왕이 장사·사마·참군과 같은 막부를 개설한 것을 통해 볼 때 고구려 역시 이 책봉을 수용하였던 것이며 이러한 수용 이유로는 백제와의 공방을 지적하고 있다(이성제, 2012, 「4世紀末 高句麗와 後燕의 關係-396년 後燕의 廣開土王 冊封 問題를 중심으로-」『한국고대사연구』 68, 41~44쪽).

48) 池培善, 1998, 『中世 中國史 硏究-慕容燕과 北燕史-』, 연세대출판부, 300~301쪽에서는 모용보에 의한 광개토왕 책봉 역시 어느 정도 고구려의 국력 신장을 반영하고는 있기는 하나 앞선 시기 전연으로부터 책봉 받는 것과 유사하다고 보아 책봉받는 행위 자체를 종속적인 관계의 설정으로 파악하고 있다.

49) 文詳鍾, 2001, 「廣開土王陵碑 永樂17年條 기사에 대한 재검토」『湖西考古學』 4·5합집 ; 姜在光, 2009, 「高句麗 廣開土王의 遼東確保에 관한 新考察-廣開土王碑 '丁未年條'의 새로운 해석을 중심으로」『韓國古代史探究』 2 ; 孔錫龜, 2012, 「廣開土王의 遼西地方 進出에 대한 고찰」『韓國古代史硏究』 67 ; 정명광, 2012, 「고구려 광개토왕대의 후연 정벌」『白山學報』 92 ; 井上直樹, 2012, 「廣開土王의 對外關係와 永樂 5年의 對稗麗戰」『韓國古代史硏究』 67.

‘婁城’ 역시 영락 6년조 백제 공격 기사에 보이는 58성의 명칭 중에 ‘婁’계열 성이 많다는 점과 영락 17년조에 공취했을 것으로 추정되는 6성과 영락 6년조 공취한 58성을 합하면 광개토왕대 공취했다는 64성 1400촌과 합치된다는 점 등에 근거해 대백제전으로 파악하는 것이 일반적이다.[50] 그러나 광개토왕릉비의 각국에 대한 차별적 인식을 감안했을 때 영락 17년조의 ‘斬殺蕩盡’이라는 표현과 전투의 주요 성과로 ‘所獲鎧鉀一萬餘領 軍資器械不可稱數’라는 기록을 고려할 때 백제와의 전투결과로 보기엔 어렵다는 점과 ‘婁’계열 성들 역시 백제가 아닌 후연지역에 편입된 부여지역의 성들로 볼 수 있음을 근거로 후연과의 전투성과를 모아서 기록한 것으로 파악하는 견해가 다수 대두되고 있다.[51]

이상에서 살펴보았듯 고구려와 후연의 관계에 대한 연구 성과는 편수에 비해 주제가 광개토왕대의 활동으로 더 한정·집중되어 있다.

Ⅳ. 북연 관련 연구동향

앞서 살펴보았듯 후연의 신하였던 漢人 관료 馮跋은 407년 모용희를 죽이고 모용보의 양자로 모용씨를 사성 받은 고구려계 유민인 高雲(=慕容雲)을 北燕왕으로 추대하였다. 그러나 고운은 즉위 후 2년여 만인 409년

50) 文詳鍾, 2001, 「廣開土王陵碑 永樂17年條 기사에 대한 재검토」『湖西考古學』 4·5합집, 225~233쪽에 대백제전의 근거와 이에 대한 반박이 자세히 제시되어 있다. 대백제전으로 파악하는 연구 성과들은 孔錫龜, 2012, 「廣開土王의 遼西地方 進出에 대한 고찰」『韓國古代史硏究』 67, 145쪽 주49) 참고.

51) 특히 임기환은 2013, 「고구려의 요동 진출과 영역」『高句麗渤海硏究』 45에서 영락 17년 기사를 후연과의 전쟁 기사로 규정한 후 이들 기사의 경로를 분석하여 당시 후연의 군사행동이 거란 혹은 그 경계인 요하 상류로 이어지는 경로를 통해 부여 지역에 대한 공격을 감행했음을 지적하고 있어 추후 후연과의 전투 관련해서 새로운 지역에 대한 검토 필요성을 제기해 주었다.

측근 세력에 의해 시해 당하였다.[52] 고운이 즉위하자 고구려는 북연에 먼저 사신을 보내 축하해주며 우호적인 관계를 맺고자 하였으며, 북연 역시 사신을 파견해 이에 화답하였다.[53] 고운이 죽고 풍발이 즉위한 이후에도 이러한 우호적인 관계는 크게 변화하지 않았다.[54] 그러나 북연은 풍발의 뒤를 이어 즉위한 馮弘의 시기에 탁발선비가 세운 북위의 침공을 받아 436년 고구려로 망명해 망명정부를 운영하다가 438년 남송과의 연결을 시도한 것이 드러나 고구려에 의해 풍홍이 제거되면서 결국 멸망하였다.[55]

북연과 관련한 연구성과로는 고구려 출자의 高雲이 한족인 馮氏 일가의 후원을 받아 북연을 개창할 수 있었던 북연 내부의 상황과 고구려의 약진을 다룬 연구를[56] 제외한다면 馮弘의 고구려 망명과 관련해 고구려와 북위 관계 및 당시 국제 관계의 변화를 지적한 연구들이 대부분이다.[57] 북연은

52) 池培善, 1987, 「北燕에 대하여(1)－高句麗王族 後裔 高雲과 그 在位時를 중심으로－」 『東方學志』 54·55·56합집, 866쪽 ; 池培善, 1998, 『中世 中國史 硏究－慕容燕과 北燕史－』, 연세대학교출판부, 307~313쪽 ; 姜仙, 2002, 「高句麗와 五胡十六國의 關係 －後燕·北燕과의 關係를 中心으로」 『高句麗硏究』 14, 고구려연구회, 278~280쪽.

53) 孔錫龜, 1998, 『高句麗 領域擴張史 硏究』, 서경문화사, 51~52쪽.

54) 孔錫龜, 1998, 『高句麗 領域擴張史 硏究』, 서경문화사, 50쪽에서는 이러한 양국간 우호관계가 유지된 것은 고구려의 경우 이미 요동지방에 대한 지배를 확고히 한 상태였으며 대외적으로 백제에 관심이 집중되어 있었기 때문으로 보았고, 고운의 경우도 내부의 안정과 권력 장악을 위해 고구려와의 관계가 악화되는 걸 원치 않았기 때문으로 보았다. 노태돈 역시 이 시기 고구려가 이미 요동을 장악한 상태에서 북연이 동쪽으로 팽창해 오는 북위를 막아주는 방파제 역할을 해 주기를 원했기 때문이라고 보았다(노태돈, 2014, 『한국고대사』, 115쪽).

55) 孔錫龜, 1998, 『高句麗 領域擴張史 硏究』, 서경문화사, 52~53쪽 ; 김한규, 2004, 『요동사』, 문학과지성사, 260~261쪽.

56) 池培善, 1998, 『中世 中國史 硏究－慕容燕과 北燕史－』, 연세대학교출판부 ; 池培善, 1987, 「北燕에 대하여(1)－高句麗王族 後裔 高雲과 그 在位時를 중심으로－」 『東方學志』 54·55·56합집.

57) 盧泰敦, 1984, 「5－6세기 동아시아의 국제정세와 고구려의 대외관계」 『東方學志』 44 ; 임기환, 2003, 「南北朝期 韓中 冊封·朝貢 관계의 성격－고구려·백제의 冊封·朝貢에 대한 인식을 중심으로－」 『韓國古代史硏究』 32 ; 박진숙, 2004, 「長壽王代 高句麗

전·후연 거의 대부분의 기간 동안 고구려와 상쟁관계에 있었던 것과는 대조적으로 건국 초부터 상당히 우호적인 관계를 유지하였다. 고구려계인 고운이 북연의 황제가 될 수 있었던 이유에 대해 고구려의 성장과 지속적인 전쟁 과정에서 사로잡혀 연으로 편입된 고구려 인구에 주목한 연구는 상당한 시사점을 준다.[58] 특히 몇몇 귀족계층의 망명이 아닌 일반 민이나 인질 형식의 다수의 귀족 자제들이 후연 내에 존재했다는 사실은 차후 이들의 활동이 고구려와의 관계에 어떠한 영향을 끼쳤는지 좀 더 분석이 필요한 부분으로 추후 연구에 새로운 방향을 제시해 주고 있다.[59]

고운 사망 후 馮跋이 즉위한 후 고구려와 북연 간에는 직접적인 교섭 사례가 나타나지 않는다. 그러한 이유로 고운 사망 이후 고구려와 북연의 관계는 여전히 우호적이었다고 파악할 뿐 실제적인 부분에 대한 연구는 이루어지지 않고 있다. 다만 양국 관계가 우호적인 관계였음을 북연 말 馮弘의 고구려 망명 사건을 통해 역으로 추정할 뿐이다. 북연과 고구려 관계에 대한 연구는 거의 없다. 그나마 풍홍의 고구려 망명 사건과 관련해 당시 국제관계의 변화와 특이점,[60] 남북조와 고구려 사이의 긴장 조성 및 당시 조공·책봉의 특징에 관한 연구[61] 성과들이 있을 뿐이다.

의 對北魏外交와 百濟」『韓國古代史硏究』 36 ; 李成制, 2004, 「高句麗 長壽王의 對北魏交涉과 그 政治的 의미－北燕을 둘러싸고 이루어진 對北魏關係의 전개」『歷史學報』 181 ; 시노하라 히로카타(篠原啓方), 2009, 「북연을 둘러싼 고구려의 정책과 국제질서인식－대북위, 대송관계를 중심으로」『한국사학보』 36, 고려사학회 ; 박세이, 2010, 「長壽王代 北燕民 刷還에 대한 一檢討」『백산학보』 86.

58) 池培善, 1998, 『中世 中國史 硏究－慕容燕과 北燕史－』, 연세대학교출판부 ; 池培善, 1987, 「北燕에 대하여(1)－高句麗王族 後裔 高雲과 그 在位時를 중심으로－」『東方學志』 54·55·56합집.

59) 박세이, 2010, 「長壽王代 北燕民 刷還에 대한 一檢討」『백산학보』 86에서는 북연말 북위와의 관계 악화를 무릅쓰고 북연왕 풍발을 고구려로 맞아들인 이유를 북연 내 거주하던 다수의 고구려 유민과 연결시키고 있다.

60) 盧泰敦, 1984, 「5~6세기 동아시아의 국제정세와 고구려의 대외관계」『東方學志』 44.

61) 임기환, 2003, 「南北朝期 韓中 冊封·朝貢 관계의 성격－고구려·백제의 冊封·朝貢에

풍홍의 고구려 망명 사건을 통해 본 당시 국제관계에서 고구려가 풍홍을 받아들인 이유로 북연의 지역적 중요성을 지적한 연구도 있으며,[62] 고구려의 행태로 볼 때 고구려가 마지막에 북위를 배반한 것으로 본 견해,[63] 고구려의 풍홍 망명을 위한 파병 목적은 고구려 포로들의 쇄환으로 이 결과 고구려의 세력이 더욱 신장되었다고 본 견해, 풍홍 망명 사건으로 표출된 고구려의 독자적 국제질서 인식에 대한 검증 연구[64] 등이 일부 있을 뿐이다.

이상 북연과 관련한 연구들은 북연의 비교적 짧은 존속 기간 때문인지 고구려와 전·후연 관련 연구들 보다 현저하게 분량도 적고 거의 대부분 풍홍의 고구려 망명이라는 특정 주제에 연결되어 있음을 알 수 있다. 다만, 최근 전연~북연까지 고구려의 西界와 관련한 연구가 북연 관련해서 새롭게 추가되었다.[65]

Ⅴ. 맺음말

본고에서는 4~5세기 대체적인 동아시아의 흐름과 모용선비 국가인 전연·후연·북연의 개창과 멸망과정 그리고 고구려와의 관계에 대해 개설적으로 살피고, 이들과 관련한 한국학계의 연구 성과들을 살펴보았다. 대체적인 연구 경향은 전·후연의 경우 요하 일대 세력권 확대와 관련한 양국의

대한 인식을 중심으로-」『韓國古代史硏究』 32 ; 시노하라 히로카타(篠原啓方), 2009, 「북연을 둘러싼 고구려의 정책과 국제질서인식-대북위, 대송관계를 중심으로」『한국사학보』 36, 고려사학회.

62) 李成制, 2004, 「高句麗 長壽王의 對北魏交涉과 그 政治的 의미-北燕을 둘러싸고 이루어진 對北魏關係의 전개」『歷史學報』 181.

63) 박진숙, 2004, 「長壽王代 高句麗의 對北魏外交와 百濟」『韓國古代史硏究』 36.

64) 박세이, 2010, 「長壽王代 北燕民 刷還에 대한 一檢討」『백산학보』 86.

65) 박세이, 2016, 「高句麗와 '三燕'의 境界」『고구려발해연구』 54.

충돌에 연구가 집중되어 있다. 이러한 충돌 와중에 간간히 한 번씩 나타나는 책봉 기사 역시 이후 본격화될 조공·책봉관계와의 관련성으로 연구가 집중되어 있음을 알 수 있었다. 북연은 짧은 존속 기간 때문인지 건국과 멸망이라는 딱 두 가지 주제에 연구가 집중되어 있다.

이상의 연구들을 살펴봤을 때 고구려와 모용연의 관계에 대한 연구는 진전시킬 수 있는 부분이 아직 많이 남아 있다고 본다. 특히 몇몇 연구들에서 잠깐 스치듯 밝힌 요동지역의 중요성을 먼저 규명할 필요가 있다. 요동은 고구려가 멸망하게 되는 7세기 말까지도 고구려와 중원 왕조들이 세력 확장을 놓고 반목하던 곳이다. 그렇다면 요동을 두고 각축이 시작된 전연 시기부터 이후 변화하는 각 시기별로 이 지역의 중요성은 무엇인지 이후에는 어떤 것이 그 지역을 중요하게 만들고 있는지에 대해 고민해 볼 필요가 있을 것이다.

다음으로는 앞선 연구들에서 주목한 이 시기 대규모 인구이동에 따른 문화·경제적 교류 양상을 파악하는 단계로 진전되어야 할 것이다.[66] 또한 이와 관련해 모용선비와 대치하고 교류하던 과정에서 선비계 문화나 문물만이 아닌 거쳐서 들어오게 된 문화나 문물까지도 면밀히 검토·분석하여

---

66) 池培善, 1986, 『中世東北亞史硏究』, 일조각 ; 池培善, 1998, 『中世 中國史 硏究－慕容燕과 北燕史－』, 연세대학교출판부 ; 孔錫龜, 1998, 『高句麗 領域擴張史 硏究』, 서경문화사 ; 공석구, 2003, 「高句麗와 慕容'燕'의 갈등 그리고 교류」 『강좌 한국고대사』 4, 가락국사적개발연구원. 이들 연구에서 이미 조금 더 나아가 대규모 포로나 유민이 아닌 고위 망명자들의 경우 망명지에서 어떠한 역할을 하고 있었는지에 대한 연구는 일부 진행되고 있으며, 박세이, 2010, 「長壽王代 北燕民 刷還에 대한 一檢討」 『백산학보』 86에서는 대규모 포로나 유민의 송환문제를 다루기는 했으나 이들의 고구려로의 유입이 어떤 식으로 고구려 세력 신장에 도움이 되는지 보다 구체적인 사실들이 필요하다고 보여진다. 그러한 면에서 李基東, 1996, 「高句麗사의 발전의 劃期로서의 4世紀－慕容'燕'과의 항쟁을 통해서－」 『東國史學』 30에서 제시하고 있는 것처럼 고구려로 유입된 중국계 유이민들이 고구려의 체제 정비에 참여하게 된 필요성이나 참여 결과 나타난 현상들, 실제 유입된 문물과 그 문물들에 의한 고구려 내의 변화·발전 양상을 제시해 준 것을 좀 더 구체화할 필요가 있을 것이다.

이들이 고구려에 어떤 식으로 유입·확산되어 영향을 주고 있는지 혹은 그 반대의 경우로 고구려의 문화나 문물이 이들 지역에 어떠한 형태로 나타나는지 고고학적 유물과 함께 비교 검토해 볼 수 있는 단계로 연구의 진전이 이루어졌으면 한다.[67]

또한 더 나아가 전연을 견제하기 위해 고구려가 연결하고자 했던 후조나 전진 등과의 연결 루트, 남연과의 연결 루트 및 실제 교류 사항과 그 배경 등에 대한 연구가 조금 더 진전되었으면 한다. 이러한 주변국들과의 연결 루트 및 교류 배경 등은 이후 고구려가 수·당 통일왕조 시기 끊임없이 이들 왕조의 후방으로 연결하고자 한 배경이나 교통로, 연결 고리가 된 여타 북방 유목민족들에 대한 이해에도 중요한 시사점을 줄 수 있다고 본다.

그 위에 전반적인 연구 성과들이 보다 풍부히 축적된다면 양국 관계의 다방면에 대한 비교 검토 역시 이루어질 수 있으며,[68] 이러한 다양한

---

67) 조윤재, 2015, 「考古資料를 통해 본 三燕과 高句麗의 문화적 교류」 『先史와古代』는 삼연의 고분 출토유물과 고구려 고분유물의 유사성을 비교하면서 전쟁으로 인한 대규모 고구려 유민의 삼연 유입을 들고 있으며, 정동민, 2011, 「재갈을 통해 본 高句麗와 前燕의 교류양상」 『역사문화연구』 39, 한국외국어대학교의 연구 역시 삼연의 영향을 받은 마구 종류의 분석을 통해 삼연과 고구려 문화의 교류 양상을 살피고 있다. 두 경우 모두 고구려와 삼연의 전쟁 과정 중에 특정 유물들이 영향을 주고 있는 것으로 파악하고 있으나 전자의 경우 전반적인 역사적 사실관계 파악이 후자의 경우 마구의 변화상이 초래한 고구려 사회 내 변화상에 대한 서술이 아쉽다. 공석구, 2003, 「高句麗와 慕容'燕'의 갈등 그리고 교류」 『강좌 한국고대사』 4, 가락국사적개발연구원의 연구에서는 제시하고 있는 교류의 부분이 좀 더 세분화되고 풍부해 지기를, 李基東, 1996, 「高句麗사의 발전의 劃期로서의 4世紀－慕容'燕'과의 항쟁을 통해서－」 『東國史學』 30의 경우는 제시하고 있는 금제 장신구나 기마술, 파르티아식 활쏘기, 등자 등 선비를 통해 들어온 문물의 실제 사례와 전래 경위, 이것들이 고구려에 끼친 영향들이 보다 세밀하게 분석되었으면 좋았을 듯하다.

68) 여호규, 2012, 「4세기~5세기 초 高句麗와 慕容'燕'의 영역확장과 지배방식 비교」 『韓國古代史硏究』 67에서 보여주는 비교사적 검토가 보다 다양한 분야에서 이루어질 수 있을 것이라고 생각한다.

연구 성과의 축적은 4~5세기 고구려와 당시 세계질서의 변동을 파악할 수 있을 뿐만 아니라 이후 동아시아 세계의 변동에 대처하는 고구려의 행동 배경을 이해할 수 있게 하는 초석이 될 것이다.

김 홍 배   조우연(연변대학 조선반도연구원 연구원) 옮김

中國學界의 高句麗와 慕容鮮卑 관계 연구*

Ⅰ. 머리말

고구려 정권은 前漢 建昭 2년(B.C.37)에 건국되어 唐 總章元年(A.D.668)에 나당연합군에 의해 멸망하기까지 총 705년을 존속하였다. 고구려의 국가 발전사는 대외확장과 정복의 역사였다고 할 수 있는데, 그 西進의 길에 맞닥뜨린 가장 큰 장애물은 遼西지역의 慕容鮮卑였다.

초기 모용선비는 유목민 성격의 집단으로서, 요서지역에 진출하기 이전에는 지역 환경의 제약을 받아 목축과 수렵에 크게 의존할 수밖에 없었다. 모용선비는 비교적 늦게야 開化되었다고는 하나, 주변 집단으로부터의 기술과 문화 답습을 게을리 하지 않아 빠른 사회적 발전을 이룰 수 있었다. 요서지역을 점거하고 나서는, 中原 및 遼東지역 농경민족과 빈번하게 왕래하였으며, 특히나 慕容廆 시기에 적극 漢化정책을 펴나가면서, 모용선비는 점차 후진적인 생산·생활 방식에서 탈피해갔다.

'오호의 난[五胡亂華]' 시기, 모용선비는 북방에서 이른바 '三燕' 정권을

* [基金項目] 2016年度國家社會科學基金項目"高句麗與鮮卑關係史研究"(項目編號 : 16@ZH012)

건립하였다. 또한 모용선비는 拓拔鮮卑에 앞서 중원으로 진출한 선비족이기도 하다. 고구려와 삼연 정권은 요동지역을 둘러싸고 치열한 쟁탈전을 전개하였는데, 그로 인해 양자는 수많은 은혜와 원한 관계로 얽히게 되었다.

중국학계의 慕容鮮卑 연구는 주로 起源, 漢化, 문화 등 측면에 치중되어 있다. 대외관계 측면에서는 모용선비와 晉, 後趙, 前秦, 北魏 등 중원 정권과의 관계에 주목하였을 뿐, 중국 동북변강지역의 여러 민족들과의 관계, 특히나 고구려와의 관계에 대한 언급은 많지 않다. 또한 고구려의 대외관계연구에도 고구려가 취한 '西進戰略'의 가장 큰 걸림돌이었던 모용선비에 관한 논의가 많지 않다. 양자의 관계는 당시 중국 동북지역 내지는 朝鮮半島(韓半島)와 동북아지역의 세력 균형과 정치적 판도의 변화에 큰 영향을 미쳤다.

현재 고구려와 모용선비 관계사에 관한 중국학계의 연구는 주로 고구려와 모용선비의 정치적 관계, 人的 왕래, 三燕文化의 전파 및 영향 등에 초점이 맞춰져 있다. 전문 연구논저가 있기는 하나, 내용이 중복되는 경우가 많으며, 체계적으로 깊이 있게 다룬 연구는 아직 미흡한 편이다.

Ⅱ. 고구려와 모용선비의 전쟁 및 화해에 관한 연구

중국 正史에서 '高句麗傳'이 수록되어 있는 것이 12책인데, 그 중,『三國志』,『魏書』,『北史』에 모용선비와 고구려 관계 기사가 산재해있다. 그리고『晉書』에서는 단독으로 '고구려전'을 수록하지는 않았으나, 人物載記(慕容廆, 慕容皝, 慕容寶, 慕容雲 등)에 고구려와 모용선비 정권 사이의 전쟁과 화해에 관한 내용이 언급되어 있다. 그 외,『資治通鑒』,『十六國春秋輯補』등 사료에도 고구려와 모용씨 여러 정권과의 관계 기사가 산재해 있다. 이들은 고구려와 모용선비 관계 연구에 있어서 가장 사료적 가치가 높다고 할 수 있다.

1930~40년대에, 중국 東北史 연구의 기초를 닦은 金毓黻[1]선생의 연구에서

이미 고구려와 모용선비 관계를 논한바 있는데, 양자의 관계에 대해 다음과 같이 기술하였다.

> "晉나라가 永嘉의 亂을 겪은 후, 平州刺史 兼 東夷校尉의 위엄이 나날이 추락하여 東夷를 제어할 힘을 잃게 되었다. 모용씨는 요서에서 궐기하였고, 고구려는 遼左(遼東)로 세력을 뻗쳤다. 결국 두 세력은 국경을 맞대게 되었으며, 이해관계에 따라 충돌을 일으키기도 했다. 처음에는 모용씨의 國勢가 성하고 군사가 강하여 고구려가 필적할 수 없었으므로, 늘 두려워하며 그에 굴복하였다. (후에) 모용씨의 국력이 쇠하여 요좌지역을 돌볼 경황이 없게 되었고, 이에 주객이 전도되어 고구려가 그 지역을 침공하여 아주 오랜 기간 동안 점거하였다. 이 지역은 동북의 한 모퉁이로서, 그 곳에서 발생한 흥망성쇠의 역사 또한 東北史에서 다루어야할 무시하지 못할 (중요한) 문제일 것이다."[2]

그는 자신의 저서 『東北通史』(上篇) 第2期 東胡와 夫餘 두 집단의 경쟁시대 부분에서 "모용선비와 고구려(慕容氏與高句麗)"라는 한 章을 할애하여 양자의 관계를 다뤘다. 金毓黻 선생은 晉元帝 太興 2년(319), 3部(宇文部, 段部, 高句麗)가 연합하여 慕容部를 토벌한 사건부터 다루기 시작하여, 慕容皝의 丸都 침입, 고구려의 遼東 점거, 北燕王 馮弘의 고구려 망명 사건 등 역사 사실에 대해 논술하였다.

傅斯年[3] 선생은 저서 『東北史綱』에서 더 심도 있게 양자 관계를 논하지는

---

1) 金毓黻(1887~1962)의 字는 毓黻이고, 號는 靜庵이다. 역사학자이자 目錄學家로서 遼寧省 遼陽 출신이다. 1916년에 北京大學을 졸업하고 (僞)滿洲國 奉天圖書館 副館長, 東北大學 敎師로 있었으며, 해방 후, 北京大學, 中國社會科學院 近代史硏究所에서 근무하였다. 그의 저서 『東北通史』는 東北史 연구의 기초를 닦은 대작으로 평가된다.

2) 金毓黻, 『東北通史』 上編, 社會科學戰線雜志社, 1980, 137쪽.

3) 傅斯年(1896~1950)의 字는 夢簪, 孟眞이며, 山東 聊城 출신이다. 중국의 저명한 역사학자이자 고전문학 연구자이며 교육자이다. '5·4 운동'을 주도한 학생 지도자

않았으나, 제5장 '한-진 시기, 동북지역 상황(漢晉間東北之大事)' 부분에서 이 시기 발생한 4대 역사적 사건을 曹操의 烏桓정벌, 公孫氏의 遼東 점거, 毌丘儉의 高句麗 평정, 慕容廆의 遼西 건국 등으로 지목하여 자세히 언급하였다. 이는 모용선비의 莫護跋, 木延, 涉歸 시기 고구려와 모용선비의 초기 관계 연구를 위해 역사적 배경지식과 여러 단서를 제공해주었다.

중국학계에서 鮮卑學을 크게 발전시킨 학자로 단연 馬長壽 선생을 손꼽을 수 있다. 1950년대 이래로 馬長壽 선생은 중국 민족사 연구에서 전통사학의 우수한 부분과 근대 서구 역사 방법론을 결합시켜 나름대로의 독특한 학문체계를 형성하였다. 그의 저서 『烏桓與鮮卑』[4]는 중국 내 鮮卑史 연구의 기반을 마련한 것으로 평가되기도 한다. 이 책에서는 族屬, 거주지역, 사회형태 및 건립한 정권 등에 초점을 맞춰 오환과 선비 두 족속에 대해 자세히 서술하였다. 그의 연구를 통해 오환과 선비의 민족 원류뿐만 아니라, 사회형태에 대한 윤곽이 분명해졌으며, 사회발전 법칙도 비교적 자세히 드러났다. 이 책에서는 두 곳에서 고구려와 모용선비 관계를 언급하고 있는데, 하나는 慕容皝이 동쪽으로 고구려를 정벌한 이른바 '丸都之戰'이고, 다른 하나는 北燕 말기 고구려가 馮弘을 구출한 사건이다. 그는 이 두 사건에 대해, "연나라가 동쪽으로 고구려를 멸하였다(燕國東滅高句麗)."[5], "많은 군인과 여성이 고구려군에 의해 약탈당하였다(兵家婦女多被高麗兵所掠)."[6] 라고 기술하였다.

1980년대부터 중국의 東北史 연구가 본격적으로 진행되기 시작했다. 薛虹 등이 편찬한 『中國東北通史』,[7] 張博泉 등이 편찬한 『東北曆代疆域史』,[8]

중의 한 명이며, 中央研究院曆史語言研究所 창립자이기도 하다. 傅斯年은 北京大學 代理 총장[校長], 國立台灣大學 총장 등 직을 역임하였다.

4) 馬長壽, 1962, 『烏桓與鮮卑』, 上海人民出版社.

5) 馬長壽, 1962, 『烏桓與鮮卑』, 上海人民出版社, 213쪽.

6) 馬長壽, 1962, 『烏桓與鮮卑』, 上海人民出版社, 230쪽.

7) 薛虹等 主編, 1991, 『中國東北通史』, 吉林文史出版社.

王綿厚의 『秦漢東北史』,[9] 程妮娜의 『東北史』,[10] 李德山의 『東北古民族與東夷淵源關系考論』,[11] 李治亭이 편찬한 『東北通史』[12] 등 대량의 東北史 연구 논저들에서 모두 고구려와 선비의 형성, 발달과 멸망에 대해 자세히 서술하였다. 그럼에도 양자의 관계에 대해서는 많은 필묵을 들어 논급하지는 않았다.

佟冬이 편저를 담당한 『中國東北史』의[13] 제1권의 제5장, 제6장 부분에서 고구려와 모용선비의 관계를 다뤘는데, 慕容皝이 동북지역을 통일해나가는 과정에서의 고구려 정벌 및 고구려 廣開土王의 遼東 점거 과정과 그 意義에 대해 간략하게 서술하였다.

耿鐵華 선생의 저서 『中國高句麗史』[14]의 제5장 '魏晉時期의 高句麗'에서는 고구려와 모용선비의 요동쟁탈전에 대해 비교적 자세히 저술하였다. 이 책에서는 고고학자료와 문헌자료를 적절히 활용하여 전면적이고도 객관적으로 고구려와 모용선비의 요동 쟁탈과정을 서술하였다.

苗威 선생은 移民史의 시각에서 慕容廆, 慕容皝, 慕容盛 시기의 모용씨 정권과 고구려의 관계를 다뤘다.[15] 그 외, 黃斌과 劉厚生 선생의 『慕容鮮卑史話』[16]에서는 모용선비와 고구려의 기초적인 단서들에 대해 살폈다. 이들 초기 논저들은 양자의 관계사를 다루는데 중요한 참고적 가치가 있다.

중국학계에서 발표된 고구려 관련 논문은 천여 편에 이르는데,[17] 그럼에도 고구려와 모용씨의 관계를 다룬 글은 많지 않다. 주로 張國慶,[18] 張久和,[19]

---

8) 張博泉, 蘇金源, 董玉英, 1981, 『東北曆代疆域史』, 吉林人民出版社.
9) 王綿厚, 1994, 『秦漢東北史』, 遼寧人民出版社.
10) 程尼娜, 2001, 『東北史』, 吉林大學出版社.
11) 李德山, 1996, 『東北古民族與東夷淵源關系考論』, 東北師範大學出版社.
12) 李治亭 主編, 2003, 『東北通史』, 中州古籍出版社.
13) 佟冬 主編, 2006, 『中國東北史』(五卷本), 吉林文史出版社.
14) 耿鐵華, 2002, 『中國高句麗史』, 吉林人民出版社.
15) 苗威, 2011, 『高句麗移民研究』, 吉林大學出版社.
16) 黃斌, 劉厚生, 李大鈞 著, 2006, 『慕容燕國史話』, 吉林人民出版社.
17) 耿鐵華, 「改革開放三十年高句麗研究成果統計與說明」 『東北史地』 2009年 第2期.

李宗勳,[20] 王禹浪[21] 등 학자들이 관련된 언급을 남겼을 뿐이다. 그들은 『三國史記』와 중국 正史, 『資治通鑒』에 수록되어 있는 관련 기록에 기초하여 遼東지역을 둘러싸고 전개된 고구려와 모용선비의 쟁탈과정을 主線으로 양자의 戰과 和 관계를 논하였다.

이들은 각자 착안점과 서술 방식에서 차이가 있는데, 우선 張國慶 선생의 연구를 살펴보도록 하자. 張國慶 선생의 전공은 遼史, 契丹史이다. 그가 1983년에 저술한 「略論高句麗與'三燕'的戰和關系」는 중국학계에서 최초로 발표된 고구려와 모용선비 관계를 다룬 글이다. 이 글에서는 모용선비가 동북지역에서 3燕 정권을 건립한 시간순에 따라 네 시기로 나누어, 前燕 건국 이전 고구려와 모용선비의 충돌, 고구려와 前燕·後燕의 전쟁과 화해, 고구려와 北燕의 우호적 관계 등 내용을 다뤘다. 이 글은 이어지는 관련 연구를 위해 하나의 큰 방향을 제시한 것으로 평가된다.

다음으로, 張久和 선생이 저술한 「兩晉十六國時期慕容鮮卑與高句麗的關系」는 張國慶에 이어 두 번째로 고구려와 모용선비 관계를 다룬 글이다. 이 글에서는 주로 『三國史記』 高句麗本紀의 기록에 근거하여, 3세기 말의 慕容廆와 烽上王 시기부터 5세기 초의 慕容熙와 廣開土王 시기에 걸친 두 집단의 전쟁과 정치적 관계에 초점을 맞추고 있다. 문장은 사건 서술 방식으로 구성되어 있어, 양 집단 사이의 중대사나 曆史地理 문제에 대한 깊이 있는 논의가 다소 미흡하다. 따라서 이 글은 단지 후속 연구를 위한 방향을 제시했다는데 의미가 있을 뿐이다.

앞의 두 연구와는 달리, 李宗勳과 王禹浪의 연구에서는 遼東을 둘러싸고

---

18) 張國慶, 「略論高句麗與'三燕'的戰和關系」 『遼寧教育學院學報』 1989年 第2期.

19) 張久和, 「兩晉十六國時期慕容鮮卑與高句麗的關系」 『黑龍江民族叢刊』 2003年 第3期.

20) 李宗勳, 馮立君, 2009, 「論高句麗與慕容鮮卑對遼東地區的爭奪」 『白山學報』 83.

21) 王禹浪, 2008, 「試論高句麗對遼東的經略」 『遼東半島地區的高句麗山城』, 哈爾濱出版社 ; 王禹浪, 「高句麗在遼東半島地區的防禦戰略－以遼東半島地區的高句麗山城爲中心」 『大連大學學報』 2012年 第2期.

전개된 고구려와 모용선비의 쟁탈전에 초점을 맞춰 양자의 관계를 살폈다. 王禹浪 선생은 「試論高句麗對遼東的經略」, 「高句麗在遼東半島地區的防禦戰略－以遼東半島地區的高句麗山城爲中心」, 「三燕故都古朝陽的曆史與文化及其民族融合」 등의 논문을 발표하여 양자의 관계를 다뤘다. 그는 고구려의 對遼東 경략에는 군사, 정치, 외교, 민족정책 등 다양하고도 풍부한 내용이 포함된다고 보았다. 고구려의 군사활동과 전략적 의도 및 중원왕조와 동북 할거정권의 관계, 외교적 책략 등을 기준으로, 고구려의 요동 경략을 窺視遼東, 逐鹿遼東, 稱雄遼東 및 兵敗遼東 등 네 단계로 구분하였다.[22] 그리고 그 중, 앞의 두 단계에서 고구려가 맞닥뜨린 장애물은 遼西지역에서 궐기한 모용선비였다고 보았다. 그는 또 A.D.5세기 초에 고구려는 모용씨의 3연 정권을 요동에서 축출하고 나서, 遼東城을 중심으로 고구려 정권의 存亡과도 밀접히 연관된 군사방어 요충지를 구축해나갔다고 했다. 요동지역의 방어 시설은 고구려의 정치중심을 효과적으로 보호할 수 있었는데, 압록강 상류에서 한반도의 대동강유역에 이르는 지역의 안전을 보장 받을 수 있었다고 보았다. 또 요동지역에는 鐵, 소금, 농업, 목축업, 漁獵, 採集, 수공업 자원이 풍부하였으며, 강과 호수, 바다가 교착되어 교통로가 발달되어 있었는데, 이는 고구려 후기의 번영과 발전에 아주 중요한 역할을 한 것으로 평가하였다.[23]

李宗勳 선생의 「論高句麗與慕容鮮卑對遼東地區的爭奪」에서는 고구려와 모용선비의 요동 쟁탈전 배경, 始末 및 그 영향 등을 살펴, A.D.3~5세기 고구려와 모용선비의 요동 쟁탈과정에 대해 정리하였다. 그는 양측의 力量 변화를 기준으로 요동 쟁탈전을 세 단계로 나누었는데, 前期(293~331)

22) 王禹浪, 2008, 「試論高句麗對遼東的經略」『遼東半島地區的高句麗山城』, 哈爾濱出版社, 12쪽.

23) 王禹浪, 「高句麗在遼東半島地區的防禦戰略－以遼東半島地區的高句麗山城爲中心」『大連大學學報』 2012年 第2期.

는 고구려와 모용선비의 힘이 대등하던 시기이고, 中期(331~383)는 고구려가 약세에 처해있던 시기이며, 後期(384~405)는 고구려가 요동을 탈취하던 시기라고 보았다. 그의 시기 구분은 앞의 연구들과는 다르나, 기술 방향에 있어서는 큰 차이가 없다. 다만 이 글에서는 고구려의 요동 장악을 앞의 연구들과는 달리 평가하였는데, 고구려의 요동 점거는 결국 고구려의 國防에 불리하게 작용하였다는 상반되는 결론을 내렸다. 그는 이 같은 결론에 대해 다음과 같은 두 가지 근거를 세시하였다. 첫째, 고구려의 요동 점거는 6~7세기 중국 왕조의 정벌을 불러온 주요 원인 중의 하나이다. 둘째, 고구려가 요동지역에서 구축한 방어선은 효과적인 南進에 방해가 되었다. 요동지역에 널리 분포돼 있는 대형 山城과 千里長城을 축조하기 위해, 고구려는 대량의 물력·인력을 소모할 수밖에 없었으며, 외교적으로 百濟 등의 나라에서 동아시아 정세에 발맞춰 펴나간 전략적 포위권에 들면서 고립되었다는 것이다.

고구려와 모용선비의 戰과 和의 관계에 대해 필자도 견해를 제시한 바 있다.[24] 金毓黻 선생이 언급했듯이, 모용선비는 동북지역에서 覇를 칭하고, 동북지역을 근거지로 삼아 中原을 도모하고자 했고, 고구려는 요동지역으로 세력을 확장하여 그 곳을 방어벽으로 삼아 실력을 키워가려고 했다. 고구려와 모용선비의 이 같은 전략적 의도에 따라, 요동지역은 양자 사이의 이해관계 충돌점이 될 수밖에 없었다.

고구려와 모용선비의 무력 충돌 시점과 관련해, 필자는 앞선 연구들과 다른 입장이다. 『三國史記』 기록에 따르면, 고구려와 선비는 琉璃明王 11년(B.C.9)에 처음 접촉을 가지게 된다. 중국학자들은 고구려와 모용선비의 관계를 논함에 있어, 慕容廆 시기를 기점으로 다루는 경우가 많다. 하지만 고구려와 모용선비의 첫 무력 충돌은 결코 金毓黻 선생이 언급한 것처럼

24) 金洪培, 「略論高句麗與慕容鮮卑的早期關系」 『人文科學研究』 2011년 10월 ; 金洪培, 2012, 「高句麗與北燕關系略論」 『朴文一教授80周年壽辰紀念史學論集』.

晉元帝 太興 2년(A.D.319)이 아니다. 첫 충돌은 毌丘儉의 고구려정벌 시기라고 할 수 있는데, 당시 모용선비의 수령 木延에게 "毌丘儉을 따라 고구려를 정벌하는 과정에서 공을 세웠으므로 左賢王의 號를 더해주었다."[25]

비록 문헌에서 모용선비의 군사와 고구려군의 교전 상황을 전하지는 않고 있으나, 위의 기록으로 미루어 양측의 전투가 전쟁 국면을 좌우한 것은 아니나, 적어도 충돌이 있었음을 알 수 있다. 이 사건은 모용선비와 고구려 무력 충돌의 서막을 열었으며, 마땅히 양자의 최초 무력 충돌이었다고 할 수 있다.

또 고구려와 北燕의 관계는 두 집단 관계 연구에서 소홀히 다뤄져왔는데, 단지 馮弘의 고구려 망명, 그리고 長壽王에 의해 피살된 사건에 대해서만 언급했을 뿐이다. 사실상, 고구려와 모용선비 관계사 중에서 북연과의 관계가 핵심 부분이라고 할 수 있다. 필자는 당시 중원의 정세, 한반도 및 동북아시아 정세가 양자 관계에 어떠한 영향을 미쳤는지, 고구려에서 강대한 北魏에 맞서면서까지 馮弘을 구출했던 원인은 무엇이었는지, 또 고구려 평양천도의 숨겨진 의미는 무엇인지 등 문제에 대해 자세히 논하였다.

필자는 고구려의 전략 중심이 서부와 남부에 있었다고 보았다. 초기 고구려의 西進은 모용씨의 연나라에 의해 좌절되었으며, 그 후, 광개토왕 시기에 遼東을 점거하고 나서부터는 中原지역의 정세에 큰 변화가 발생하였다. 北魏가 궐기하여 중국 북방지역의 장기간에 걸친 분열과 割據 국면을 종말 짓고 통일을 이루었다. 따라서 고구려에서는 서진 계획을 지속적으로 추진하기 어렵게 되었으며, 부득이 北燕과의 관계를 개선함으로써 東進해오는 북위에 대항할 수밖에 없었다. 고구려의 평양천도의 목적에는 평양의 교통요충지로서의 중요성도 있었겠으나, 더 중요한 것은, 북방지역을 통일한 강대한 북위가 고구려 서진의 길을 가로막았기 때문이었다. 따라서

25) 『北史』 卷95, 列傳第83 慕容廆 "從毌丘儉征高麗有功, 加號左賢王."

고구려로서는 부득이 통치 중심을 남쪽으로 이전함으로써 북방지역으로부터 오는 압력을 완화시고, 한반도에서의 기득권을 지켜나갈 수밖에 없었다. 한편으로 이는 국가의 발전을 위해 안정적인 환경을 마련하기 위한 정책이기도 했다. 평양천도는 고구려 대외전략의 중대한 전환을 의미한다.

漢나라 和帝 元興 元年(A.D.105) 봄에, 고구려의 太祖大王이 군사를 거느리고 요동의 여섯 縣을 침공하면서부터 晉나라 元興 3년(A.D.404)에 최종 요동지역을 점거하기까지 고구려는 漢, 曹魏, 公孫氏 정권, 慕容燕 정권과 3백여 년에 걸친 기나긴 전쟁을 진행하였다. 따라서 필자는 장수왕의 南遷은 사실상 부득이한 선택이었을 것으로 판단하고 있다.

Ⅲ. 고구려와 모용선비 관계사에 나타나는 일부 歷史地理 문제 연구

고구려와 모용선비 관계사 연구에서 歷史地理에 관한 연구가 약간 미흡한 편인데, 특히나 '고구려의 南北道'의 구체적인 위치비정 등 문제에 있어 견해가 엇갈리고 있다.

前燕이 건국되기 이전부터 고구려와 모용선비는 장기간에 걸쳐 대치상태에 있었다. 양측은 서로 정벌하였고 승부를 주고받았다. 慕容皝은 '燕王'에 봉해지고 나서, 고구려와 後趙가 결탁하였다는 명분을 내세워 339년에 동쪽으로 고구려를 정벌하였다. 당시 고구려는 연나라 군사를 당해낼 수 없었으므로, 故國原王은 부득이 모용황에게 稱臣할 수밖에 없었다. 이 역사 사건과 관련된 여러 戰役과 그 과정은 여러 사서들에 자세한 기록이 남아 있다. 모용황의 진군 노선, 즉 '고구려의 남북도' 문제를 놓고 중국학자들은 서로 다른 견해를 제시하였다.

金毓黻 선생은 『東北通史』 上卷에서 '고구려 남북도' 문제를 考證하였다.

"『(資治)通鑒』 기록의 고구려 地名 중에는 南道, 北道가 있는데 그에 대해 고증해보고자 한다. 남도에 대해 기록에서는 '南陝'이라고 했는데, '陝'이란 '狹(좁다)'는 의미이다. 남도가 좁고 험준하므로 '남협'이라고 했던 것이다. 북도에 대해 기록에서는 '北置'라고 했는데, '置'자는 '直'을 따르므로, 마땅히 평평하고 곧다는 의미일 것이다. 북도는 평활하고 驛站을 두었으므로 '北置'라고 이름을 붙였던 것이다. 이상 서로 다른 명칭에 대해 해석해보았다. 필자는 남도가 興京 인근에 위치해 있었을 것으로 짐작하는데, 지금의 渾河를 따라 올라가면 이를 수 있다. 북도는 마땅히 海龍(縣) 柳城의 동쪽 지역에 해당하는데, 輝發河를 따라 올라가면 이를 수 있다. 이 길 또한 산이 많으나 평활하다. 기록에 따르면, 南陝은 木底(일명 木底城이라고도 함)를 경유한다고 했다. 『滿洲曆史地理』에서는 지금의 興京 옛성[老城] 서쪽 40里에 있는 木奇站에 비정하고 있는데, 혹 그러할 수도 있다."

그 후, 佟達,[26] 王綿厚,[27] 梁志龍,[28] 耿鐵華,[29] 方起東,[30] 遲勇[31] 등 학자들도 논문을 발표하여 이 문제를 논한 바 있다. 吉林省文物志編委會에서 1984년에 편찬한 『集安縣文物志』에도 '고구려 남북도'에 관한 언급이 있다.

문헌에서 '고구려 남북도'에 관한 언급은 前燕의 군사가 고구려 國都로 향한 進軍路 부분에 등장한다. 따라서 학계에서는 진군로의 동쪽 끝은 丸都城이라는 점에 대해서는 공감하고 있다. 하지만 그 서쪽 시작 지점에 대해서는 의견이 엇갈리는데, 대체로 '兩地說'과 '一地說'로 나뉜다. '兩地說'에

26) 佟達, 「關於高句麗南北交通道」 『博物館研究』 1987年 第3期.
27) 王綿厚, 1990, 李健才, 『東北古代交通』, 沈陽出版社 ; 王綿厚, 「新城, 南蘇, 木底道與高句麗南北二道的關系」 『社會科學戰線』 1996年 第5期.
28) 梁志龍, 「高句麗南北道新探」 『社會科學戰線』 1995年 第1期.
29) 耿鐵華, 「高句麗南北道的形成與拓展」 『通化師院學報(社會科學)』 1996年 第1期.
30) 方起東, 「集安高句麗考古的新收獲」 『文物』 1984年 第1期.
31) 遲勇, 1993, 「高句麗都城的戰略防禦系統」 『高句麗研究文集』(耿鐵華, 孫仁傑 編), 延邊大學出版社.

서는 北道의 서쪽 시작점을 玄菟郡으로, 南道의 서쪽 시작점을 遼東郡으로 보고 있다. '一地說'에서는 서쪽 시작 지점에 대해, 혹 新城으로 보거나, 혹 新賓縣의 汪淸門에 비정하고 있다.

'南陝, 北置說'은 金毓黻 선생이 언급했듯이, 남북도의 자연환경과 地形地貌에 관한 묘사라고 할 수 있다. 따라서 『資治通鑒』과 『三國史記』에서 "북도는 평평하고 넓으며, 남도는 험준하고 좁다(北道平闊, 南道險狹)"고 기록했던 것이다.

이와 관련해, 王綿厚, 李健才 선생의 글에서는 다음과 같이 설명하고 있다.

> "東部지역의 山川地理 형세, 교통로, 文物·古跡의 분포상황으로 봤을 때, 지금의 遼陽, 沈陽지역에서 集安으로 통하는 교통로는 고대로부터 다음과 같은 세 갈래에 지나지 않는다. 하나는, 遼陽 혹은 沈陽에서 출발하여 渾河, 蘇子河를 따라 新賓縣 永陵鎭, 汪淸門에 이르는 길인데, 汪淸門부터 남, 북 두 갈래로 나뉜다. 남쪽 길은 富爾江을 따라 남하하여 渾江을 지나고, 다시 新開河를 따라 東南쪽으로 나가, 老嶺을 지나 麻線溝를 따라 集安에 이른다. 북쪽 길은 汪淸門에서 하천을 따라 북쪽으로 나가 通化縣城에 이르러, 다시 남쪽으로 渾江을 넘어 葦沙河, 淸河 계곡을 따라 남쪽으로 나가, 老嶺을 넘은 다음, 다시 通溝河 계곡을 따라 집안에 이른다.
>
> 둘째는, 遼陽에서 출발하여 太子河 연안의 산 계곡을 따라 동쪽으로 나가 新賓 혹은 桓仁을 거쳐 집안에 이르는 길이다.
>
> 셋째는, 沈陽에서 출발하여 渾河를 따라 동북쪽으로 나가, 輝發河 상류(지금의 柳河) 山城鎭에 이른 다음, 이곳으로부터 동쪽으로 나가 柳河, 通化를 거쳐 집안에 이르는 길이다.
>
> 고구려의 남북도는 이상의 세 갈래 교통로 중에서 찾아야 할 것이다. … 어느 두 갈래 도로를 통해 집안지역에 쉽게 이를 수 있는지, 그리고 어느

길 주변에 고구려 城郭, 古墳 유적이 많이 분포해 있는지에 검토하여 고증하면 모두가 공감할 수 있는 古道를 찾아낼 수 있을 것이다."32)

따라서 "新賓縣 汪淸門에서 출발하여 富爾江을 따라 남쪽으로 나가 渾江을 건너고, 다시 新開河를 따라 남쪽으로 나가 老嶺을 넘어 집안에 이를 수 있는데" 이는 마땅히 '南道險狹'으로 불린 고구려 南道라는 것이다. 그리고 "汪淸門 孤脚山高句麗山城에서 출발하여, 강을 따라 북쪽으로 나가다가 동쪽으로 우회하여 通化縣城(快大茂子)에 이르러, 다시 남쪽으로 渾江을 건너 葦沙河를 따라 老嶺을 넘어 집안에 이를 수 있다." 비록 이 길도 많은 계곡을 거쳐야 하나, 남도에 비해 행군하기 쉬우므로, 마땅히 '北道平闊'이라는 묘사에 부합하는 고구려 北道라는 것이다.33)

佟達 선생은 新城을 南北道의 門戶로 보고, 그 곳에서 동쪽으로 35㎞를 나가 鐵背山에 이르러 남북 두 갈래 길로 나뉜다고 했다. 남도는 蘇子河를 따라 동남쪽으로 나가 다시 남쪽으로 富爾江 계곡을 지나 新開河 계곡에 이르는 길이라고 보았다. 북도는 英額河 계곡을 따라 동쪽으로 직진하다가, 淸原 英額門의 石廟子를 경과하여 동남쪽으로 우회하고, 柳河 발원지까지 거슬러 올라가 계속해서 輝發河에 이르러 남쪽으로 通化縣(快大茂)에 도착한 다음, 渾江를 넘어 葦沙河 계곡에 이른다고 했다.

梁志龍 선생은 앞선 연구에 토대하여 고구려 남북도에 관한 자신만의 독특한 견해를 제시하였다. 그는「高句麗南北道新探」에서 다음과 같이 해석하였다.

"北道의 走向 : 新賓縣 永陵鎭 二道河子古城(玄菟郡 第2郡治)에서 출발하여 蘇子河를 거슬러 동쪽으로 나가, 新賓縣城을 지나고 다시 紅升鄕을 지나 旺淸門에

---

32) 王綿厚, 李健才, 1990,『東北古代交通』, 沈陽出版社, 126쪽.
33) 王綿厚, 李健才, 1990,『東北古代交通』, 沈陽出版社, 129~130쪽.

이르는데, 이곳에 孤脚山城이 있다. 남쪽으로 꺾어, 富爾江을 따라 下行하여 轉水湖村에 이르는데, 이곳에 轉水湖山城이 있다. 조금 더 내려가 響水河子鄕에 이르고, 더 하행하여 雙櫪子村을 경유하는데, 그 인근에 黑溝山城이 있다. 이어서 豹子洞村을 지나 桓仁縣 경내에 이른다. 城廠溝村에 이르는데, 주변 경작지에서 鐵鏃 등 무기류 유물들이 발견되고 있다. 이어서 老砬子村을 지나는데, 옛 이름이 高麗街였으며, 인근에 高麗道嶺이 있다. 다시 나가, 古年嶺을 지나는데, 『奉天通志』에 따르면 "고개[嶺] 남쪽에 古城 유적이 있다"고 한다. 또 西占城子을 지나, 東古城子를 에돌아가는데, 인근에 高句麗 고분군이 있다. 明나라 초기, 建州衛 首領 李滿住의 兀彌府가 바로 이곳이다. 다시 窪泥甸子, 新江, 老黑背 등 마을을 지나는데, 이들 마을 인근에서 모두 고구려 고분군이 발견된바 있다. 北甸子村을 지나면 富爾江이 渾江으로 흘러드는 지역에 이른다. 北甸子村 인근에 고구려시기 평지성[平原城] 유적인 喇哈城址가 있었는데, 현재는 渾江 저수지에 수몰되었다. 이 지역에도 고구려 고분군이 대거 분포해 있다. 渾江을 건너면 곧 吉林省 集安市 경내에 이르는데, 覇王朝山城이 마주해 있다. 新開河 계곡을 따라 동쪽으로 나가, 財源, 花甸子, 前鋒, 台上 등 村·鎭을 경유하고, 王八脖子嶺 인근을 지난다. 또 望波嶺 關隘를 지나 板岔嶺을 넘는데, 60년대에 板岔嶺公路를 건설하는 과정에서 馬鐙, 鐵矛, 鐵刀, 四齒器, 鐵鏃 등 유물이 대량 발견되었다. 그리고 毋丘儉紀功碑는 이 인근의 西北天溝에서 발견되었다. 다시 石廟子를 경유하여 최종 集安에 이른다. 이 길은 대체적으로 蘇子河, 富爾江, 新開河, 麻線河 네 갈래 水系로 구성되는데, '큰산과 깊은 계곡이 많은(多大山深谷)' 고구려 경내의 지형을 놓고 봤을 때 '平闊'하다고 표현할 수 있다. 이를 고구려의 南道라고 보기에는 문헌기록의 '狹隘'라는 묘사와 배치된다.

南道의 走向 : (북도와) 마찬가지로 新賓縣 永陵鎭 二道河子古城에서 출발한다. 남하하여 榆林鎭을 지나, 다시 哈山, 彭家, 都督 등 마을을 경과하여 岔路子에 이르러 嘎叭寨, 老道溝고개[嶺]를 넘는데, '老道'란 '옛 길'을 지칭한다. 고개를 넘어 桓仁 서쪽 경계에 이르러, 橫道河子 關隘를 지나, 남하하여 老營溝, 川裏村에 이르는데, 이곳에 고구려 고분군이 있다. 六道河 발원지를 지나 조금 더 나가면 高儉地村에 이르는데, 이곳에 高儉地山城(蒼岩)이 있다. 강을 따라 동쪽으로 나가 木盂子鎭을 경과하고, 또 蔡俄堡, 馮家堡子를 지나 柳林子에 도착한다. 마을 뒤편에 城子가 있는데, 현지인들은 이를 '高麗城'이라고 부른다. 그 인근에 고구려 고분군이 있다. 조금 북쪽으로 나가, 二戶來鎭(新賓 二道河子古城에서 二戶來에 이르는 다른 한 갈래 평행되게 뻗어 있는 支路가 있다)에 이르고, 계속해서 六道河를 지나 四道河子鄕에 이르는데, 이곳에 馬鞍山山城이 있다. 六道河子鄕을 경유하여 上古城子村에 이르는데, 이곳에 고구려 고분군이 있다. 조금 더 나가 下古城子村을 지나는데, 마을에 土城(卒本) 하나가 있다. 북상하여 10여 리를 나가면 五女山山城(紇升骨城, 唐代에는 '哥勿'이라고 함)에 이른다. 동남쪽으로 渾江을 건너서 二棚甸子鎭에 소속돼있는 馬大營子, 橫道川, 巨戶溝 등 여러 마을을 지나, 漏河를 따라 남하하여, 影壁山, 二道陽岔를 지나 幹溝子에 이르는데, 그 동쪽에 北溝關隘가 있다. 沙尖子鎭에 이르면, 그곳에 城牆砬子山城이 있다. 여기서 渾江을 따라 내려가 五里甸子鎭 瓦房溝에 이르는데, 이곳에 瓦房溝山城이 있다. 江崗에서 나오면 곧 集安 경내에 다다른다. 渾江 입구에서 동쪽으로 꺾어, 外岔溝에 이르는데, 그 인근에 頂子關隘 일곱 곳이 있다. 다시 老邊牆關隘를 지나서 에돌아 涼水鄕에 이른다. 동북쪽으로 나가, 楡林, 太平, 麻線 등 鄕·鎭을 지나 최종 集安에 도착한다. 이 길을 지나려면 산과 봉우리를 넘어야 하며, 도로가 굴곡이 심하고 험준하다. 따라서 이를 두고 '좁고 험하다(狹險)'라고 했는데, 결코 허무 맹랑한 과장된 표현이 아니다."

王健群 선생은 고구려 남북도의 서쪽 기점이 다르다는 '兩地說'을 주장하였다. 그는 남도와 북도의 서쪽 기점을 각각 遼東郡과 玄菟郡으로 보았다.[34)]

그 외, 1962년에 方起東 선생은 고구려 도읍인 國內城에서 출발하여 남북도에 대한 현장 고찰을 진행한 바 있다.

34) 王健群, 1984, 『好太王碑硏究』, 吉林人民出版社.

> "현재 嶺前縣城에서 渾江 沿岸에 이르는 길은 오직 두 갈래뿐이다. 하나는, 麻線溝(혹은 楡樹林子)를 경유하여 板岔嶺에 올라, 다시 新開河 협곡을 따라 굽이굽이 에돌아 내려가는 길인데, 그 것이 바로 南道이다. 다른 하나는, 老爺嶺을 넘어 葦沙河(大靑河)를 따라 굽이굽이 뻗어 있는 길인데 北道라고 불린다. 북도는 상대적으로 넓고 평평한데, 지금의 輯(安)－通(化) 국도가 바로 이 길을 따라있으며 교통이 번잡하다. 그에 비해, 남도는 험하고 좁아 行人이 희소하다."[35)]

그는 또, 「集安高句麗考古的新收獲」에서 자신의 견해를 진일보 표명하였다.

> "지금의 集安縣城에서 서쪽으로 渾江 유역에 이르는 통로는 두 갈래가 있다. 하나는, 老嶺을 넘어 葦沙河 계곡을 따라 나가는 北道인데, 넓고 평탄하다. 다른 하나는, 麻線溝를 에돌아 石廟子를 경유하여 板岔嶺에 올라, 新開河 계곡을 따라 선회하며 남하하는 南道인데, 가파르고 험준하여 가기 어렵다. 『資治通鑒』 卷97에서 '고구려에 두 갈래 길이 있는데, 그 북도는 평평하고 넓으며, 남도는 험하고 좁다(高句麗有二道, 其北道平闊, 南道險狹).'라고 했는데, 대체로 이 두 갈래 교통로를 지칭한다."

『集安縣文物志』 第2章 第1節 '南道와 北道'에서도 方起東 선생의 현장 고찰 결과를 거의 그대로 따라 다음과 같이 서술하였다. "고구려의 남북도는 지금의 集安에서 渾江으로 통하는 두 갈래 교통로를 말한다. 南道는 지금의 集安에서 출발하여, 麻線溝를 경유하고 老嶺을 지나, 雙岔河, 新開河를 따라 서북쪽으로 나가 渾江에 이른다. 北道는 지금의 集安에서 출발하여, 老嶺을

35) 吉林省博物館輯安考古隊, 輯安縣文物管理所, 「吉林輯安高句麗南北道上的關隘和城堡」 『考古』 1964年 第2期.

넘어 葦沙河를 따라 渾江에 이른다."[36]

劉子敏 선생은 저서『高句麗曆史硏究』第4章 第3節 '高句麗交通'에서 많은 지면을 할애해 이 문제를 전문으로 다뤘다. 그는 南蘇, 木底에 대한 고증에 입각하여 다음과 같은 결론을 도출해냈다.

> "南道의 출입구는 마땅히 지금의 本溪 일대에 위치해 있었을 것이다. 이 지역은 燕長城이 지나는 곳이자, 梁貊(후대의 高句麗)의 변두리 지대에 해당하며, 또한 南狹이 위치해 있는 곳이기도 하다. 慕容皝은 龍城에서 출발하여 이곳으로부터 고구려에서 遼東郡의 중심지에 통해 있는 남도에 진입했던 것이다. 하천 계곡을 다라 동쪽으로 나가, 高儉地山城(木底城)에 이르러 고구려 왕과 맞닥뜨려 격파하고, 霸王山城에 이르러, 新開河 계곡을 따라 동쪽으로 올라가 板岔嶺, 石廟子, 麻線溝를 경유하여 國內城에 다다랐다.
>
> 이 길은 또 다른 루트가 있는데, 高儉地山城에서 동쪽으로 나가 渾江을 건너 지금의 二鵬甸子, 殺尖子, 涼水를 경유해 집안에 이르는 길이다. 이 길이 관통하는 지역은 모두 평탄하여 다니기 쉽다. 그 북쪽 길은 지금의 撫順市에서 蘇子河口에 이르러, 동쪽으로 강 계곡을 따라 나가 旺淸門에 이른다. 이곳에서 남북 두 갈래 길로 나뉘는데, 北道는 동쪽으로 三棵榆樹, 英額布를 경유하여 通化(快大茂)에 이르고, 다시 渾江, 大青河 계곡을 따라 老嶺을 넘어 集安에 이른다. 南道는 富爾江 계곡을 따라 남하하여 渾江을 건너, 다시 앞서 언급한 新開河路 혹은 二棚甸子路를 거쳐 집안에 이른다."[37]

耿鐵華 선생은 거시적인 시각으로 고구려 남북도 문제를 고찰하였다. 그는 역사 사실과 문헌기록에 근거하여, 고구려 남북도를 새롭게 비정하였다.

---

36) 吉林省文物志編委會, 1984,『集安縣文物志』, 53~55쪽.
37) 劉子敏, 1996,『高句麗曆史硏究』, 延邊大學出版社, 213~218쪽.

우선, 그는 "고구려 남북도의 개척은 國都의 이전과 연관이 있는데, 국력이 강해지면서 강역이 점차 확대되어갔고, 그 과정에서 남북도가 개척되었다. 고구려의 세력 확장 역사는 곧 그 남북도 교통로가 변화된 역사이기도 하다."라는 전제를 설정하였다.

이어서, 그는 고구려 남북도 문제 연구에서, 고구려 도성을 중심으로 고구려인들의 대외교류의 입장에서 접근해야한다고 했다.

> "고구려인들과 遼東, 遼西의 왕래를 中原 政權과 각 민족 사이 왕래의 범주로 이해해야 한다. 그 사이의 교통로에 대해서, 그것이 고구려 통치영역내의 것은 얼마나 많은 갈림길이 있든 모두 '고구려 남도'의 범주로 보아야 하며, 반면에 고구려 통치 영역 밖의 부분은 마땅히 中原의 것으로 간주해야 하는데, 구체적으로는 遼東에서 고구려로 통해 있는 길이라고 할 수 있다. 거기에서 갈라져 나온 남북도 역시 요동에서 고구려로 통하는 南北路 혹은 南北道로 불려야 하는데, 이는 고구려의 남북도와는 완전히 별개의 개념이다. 고구려가 북방의 夫餘, 肅愼, 沃沮 등 민족과 왕래한 통로 중, 고구려 통치 영역내의 것을 고구려북도라고 부를 수 있다."[38]

필자는[39] 남북도의 서쪽 시작점이 두 곳이라는 설에 공감한다. 과학기술이 발달되지 못했던 고대사회의 교통로는 일반적으로 지리적 환경에 따라 점진적으로 개척해낸 경우가 많다. 특히나 생산력이 낙후돼있었던 북방지역에서 여러 민족 사이의 왕래는 주로 하천과 계곡과 같은 자연 지형을 이용하는 경우가 많았다. 인구와 차량 왕래가 빈번해지면서, 협소했던 道路가 점차 通道로 넓게 개척되었다. 慕容皝의 입장에서 봤을 때, 가장 용이한 고구려 진격 노선은 객관적으로 '蘇子河道'와 '太子河道'였을 것이다.

---

38) 耿鐵華, 「高句麗南北道的形成與拓展」『通化師院學報(社會科學)』 1996年 第1期.
39) 金洪培, 2011, 「高句麗與'三燕'關系硏究」, 延邊大學博士學位論文, 75~80쪽.

구체적으로, 北道의 시작점은 마땅히 新城이었을 것이고, 南道의 시작점은 遼陽이었을 것이다.

Ⅳ. 고구려와 모용선비의 인구 유동에 관한 연구

중국학계에서는 고구려 민족 상황에 대해 많은 관심을 보여왔으나, 대부분은 민족구성, 族源, 族屬 등에만 주목했는데, 耿鐵華의 「高句麗的民族起源與民族融合」, 楊軍의 「高句麗民族與國家的形成和演變」 등이 대표적이다. 고구려 移民에 대해서는, 대부분 멸망 후 遺民의 동향에 초점이 맞춰져 있는데, 李德山의 「高句麗族人口去向考」(『社會科學輯刊』 2006年 第5期), 楊軍의 「高句麗人口問題研究」(『東北史地』 2006年 第5期) 등이 대표적이다.

반면에 고구려와 모용선비 사이의 인구 유동과 민족융합에 관한 글은 많지 않다. 그리고 대부분 두 집단의 무력 충돌 과정에서 발생한 포로 약탈 등에 대해 언급하였을 뿐, 고구려와 모용선비 사이 인구 유동의 성격, 移民이 각자 토착사회에 미친 영향, 나아가 인구 유동이 가져온 문화교류 등 내용에 대해 체계적이고도 깊이 있게 고찰한 경우는 드물다.

현재 고구려와 모용선비 사이의 인구 유동에 관한 중국학계의 연구는 苗威와[40] 孫泓의[41] 성과가 가장 대표적이다. 苗威 선생은 『高句麗移民研究』, 「從高雲世家看高句麗移民」 등 연구에서 고구려와 모용선비 사이의 인구 유동에 관한 내용을 언급하였다. 그는 『高句麗移民研究』에서는 고구려민족에 융합된 異民族에 대한 검토를 통해 고구려의 민족 구성을 밝히고, 나아가 고구려 유민의 移居지역 검토를 통해 고구려 강역의 발전을 살폈다. 이

40) 苗威, 2011, 『高句麗移民研究』, 吉林大學出版社 ; 苗威, 「從高雲世家看高句麗移民」 『博物館研究』 2009年 第1期.

41) 孫泓, 「慕容鮮卑遷入朝鮮半島及其影響」 『朝鮮·韓國曆史研究』 2013年 第1期.

책에서는 제2장(3~4세기의 고구려 移民) 부분에 소절을 두어 모용씨의 燕 정권과 고구려 이민 安置 문제를 다뤘는데, 개별 사례를 분석하는 방식으로 전형적인 인물에 대한 자세한 검토를 통해 당시 고구려 이민자들의 생활상과 모용 연 정권의 이민 안치 정책을 살폈다.

그는 高雲을 예로 들면서, "高雲은 遼西지역으로 이주한 고구려인의 후예로서, 앞서 慕容皝이 고구려를 격파하였을 당시 그 가족을 青山(遼西 徒河縣에 해당)으로 이주시켰는데, 그 후부터 대대로 燕의 신하가 되었다."고 하면서, "고구려인들이 요서지역으로 이주되고 나서, 慕容皝의 記室參軍 封裕는 '(고구려) 사람들은 군사들을 동원하여 강제로 옮긴 것이니, 중국인들처럼 (우리를) 흠모하여 모여든 것이 아니므로, 반드시 돌아가고자 하는 마음이 있을 것입니다.'(『晉書』 卷109, 慕容皝載記)라고 우려하였다. 하지만 그러한 우려는 현실로 나타나지 않았다. … 고구려 지식인 혹은 여타 계층의 인물들은 '燕의 신하'가 될 수 있었으며, 高雲과 같은 고구려인 후예는 심지어 國王의 보위에까지 오를 수 있었다."42)

孫泓 선생은 고고학 발굴 성과에 근거하여 모용선비와 한반도 사이의 고고문화의 유사성을 제기하였다. 앞선 연구자들이 주로 문화교류에 주목하여, 이 시기 移民이 중요한 역할을 하였다고 보았다. 孫泓 선생은 鮮卑人 및 선비화된 漢人의 한반도 유입을 3회로 나누어 서술하였다. 처음은, 佟壽가 많은 사람들을 거느리고 한반도로 이주한 사건이고, 두 번째는, 前燕이 멸망하자(A.D.370) 慕容鎭이 대량의 선비인을 거느리고 한반도 북부로 이주하였고, 고구려에서 그를 '國小大兄', '中裏都督'에 봉한 사건이다. 세 번째는, 馮弘이 선비화된 한인과 선비인을 대거 인솔하여 고구려에 투항한 사건이다. 436년에 北燕이 北魏에 의해 멸망하자, 馮弘은 和龍城의 수십만 명을 거느리고 고구려로 도주하였다.

---

42) 苗威, 「從高雲世家看高句麗移民」 『博物館研究』 2009年 第1期.

이상의 두 학자는 서로 다른 측면에 주목하여 고구려와 모용선비 사이의 인구 이동과 왕래를 다뤘다. 苗威 선생은 주로 고구려인이 모용연이 지배하고 있던 遼西지역으로 이주한 상황에 대해 살폈고, 孫泓 선생은 선비인들의 고구려 이주 상황에 초점을 맞춰 연구하였다. 이 두 연구의 공동점이라면 모두 개별 사례를 연구대상으로 삼았다는 점이다. 따라서 이 두 연구는 두 집단 사이 왕래 인구의 전체적 규모에 대한 추정이나 고증이 부족하다.

고구려와 모용선비 사이에는 전쟁과정에서 강제 이주가 발생했을 뿐만 아니라, 평화 시기의 인적 왕래 및 문화교류도 있었다. 현존하는 문헌기록과 고고학 발견에 따르면, 두 집단 사이에 대규모 인구 이동은 주로 다음과 같은 몇몇 큰 사건에 의해 推動되었다.

첫 번째는, 慕容皝이 고구려를 정벌한 '丸都之戰'인데, 모용황은 "釗의 부친 乙弗利의 묘를 파헤쳐 그 시신을 싣고, 궁궐 창고에서 대대로 이어져 내려온 보물을 거두었으며, 남녀 5만여 명을 사로잡고 궁실을 불태운 뒤에 환도성을 무너뜨리고 돌아갔다."[43]

두 번째는, 慕容仁의 부하 佟壽(遼東人)가 모용씨의 내부 갈등 때문에 咸康 2년(336)에 군사와 친족들을 거느리고 고구려로 망명한 사건인데, 그는 고구려에서 22년을 생활하였다. 문헌기록에 이주 인원수에 관한 구체적인 언급이 없으므로 고증하기는 어렵다.

세 번째는, 436년에 北燕이 北魏에 의해 멸망되면서, 馮弘이 和龍城의 군사와 백성을 이끌고 고구려로 망명한 사건이다. 문헌기록에 따르면, "燕나라 왕이 龍城에 남아 있는 백성들을 이끌고 동쪽으로 이주하였다. … 부녀자들에게는 갑옷을 입혀 (행렬의) 안쪽에 서게 하고, 陽伊 등은 병사를 거느리고 (행렬의) 바깥쪽에 서게 하였으며, 葛盧와 孟光은 기병을 거느리고 후방을 보호하였다. 수레를 方形으로 나란히 몰아 진군하였는데,

43) 『資治通鑒』 卷第97, 晉紀19, 晉成帝 咸康8年條.

前後(길이)가 80여 리에 달하였다."[44] 동쪽으로 이주한 북연 백성들의 구체적인 인수에 대해, 역사 기록에서는 명확히 밝히지 않고 있다.

姜維公[45] 선생과 楊保隆[46] 선생의 글에 고구려로 이주한 북연 인구수에 관한 언급이 있다. 姜維公 선생은 30~40만에 달하는 北燕人이 동쪽으로 이주하였다고 보고 그 이유를 다음과 같이 밝혔다. "唐太宗이 친히 고구려 정벌에 나섰을 당시, 고구려에서는 15만의 대군을 보내 安市城을 구하게 했는데, 15만 명의 행군대열이 40리에 걸쳐 뻗어있었다. 이는 전투대열로서, 사람 사이의 간격이 적절하여 공격 시에 대열을 펼칠 수 있고, 복병의 급습을 받을 경우 서로 지원할 수도 있다. 그와 달리, 馮弘이 동쪽으로 도주할 당시에는 이 같은 대열을 이루기가 어려웠으며, 사람들의 밀도가 훨씬 높았을 것이다. 그러므로 당시 동쪽으로 이주한 馮氏의 무리가 대략 30~40만 명이 되었을 것으로 짐작된다." 그는 또 동쪽으로 이주한 북연인에는 다음과 같은 네 계층이 포함된다고 하였다. ① 북연의 관원과 그 가족, ② 和龍城 주민, ③ 전쟁에 앞서 성내로 옮겨진 성밖의 농민[農戶], ④ 북연의 군사.

楊保隆 선생이 추산한 수치는 크게 다른데, 그는 문헌기록에 근거하여 "동쪽으로 옮겨간 인구는 수만 내지는 10여 만에 달할 것"이라고 보고, 적어도 절반은 선비족일 것이라고 했다.

이상의 두 학자가 주장하고 있는 고구려로 이주한 북연인의 규모에는 크게 차이가 있다. 다만, 이 사건 이후 이들 선비족 집단에 관한 언급이 확인되지 않는다는 점에 대해, 고구려족에 융합되었고, 고구려 국력의 발전에 막대한 영향을 미쳤을 것이라고 추정하고 있다는 점에서는 일치한다.

---

44) 『資治通鑒』 卷第123, 宋文帝 元嘉13年 1月條.

45) 姜維公, 2004, 「北魏滅燕對海東局勢的影響」 『中國魏晉南北朝史國際學術硏討會論文集』.

46) 楊保隆, 「高句麗族源與高句麗人流向」 『民族硏究』 1998年 第4期.

Ⅴ. '三燕文化'와 고구려의 연관성에 대한 연구

역사적으로 고구려와 모용선비 사이에는 전쟁이 끊이지 않았으며, 심지어 그 정도가 극도로 잔혹하였다. 그럼에도 한편으로 평화적인 관계를 유지한 측면도 있다.

우선, 三燕(前燕, 後燕, 北燕)과 고구려는 서로 인접해 있었고, 모용선비의 漢化 정도가 고구려보다 높았다. 게다가 지리적인 위치로 봤을 때, 고구려가 중원문명을 수용하기 위해서는 반드시 삼연의 지역을 거칠 수밖에 없다.

다음으로, 평화시기의 상호 교류와 인구 유동이든, 아니면 전쟁 시기의 인구 약탈과 강제 이주든, 모두 객관적인 측면에서 양자의 문화교류와 민족융합을 촉진시켰다.

고구려와 삼연 관계에는 문화교류의 요소들이 내포되어 있다. 점점 더 많은 고고학 발견들이 입증해주듯이, 수많은 불교문화와 다양한 음악, 예술 등이 삼연을 통해 고구려로 전파되었다. 고구려는 모용선비 문화의 영향을 많이 받았으며, 한편으로 고구려는 대륙문화가 한반도로 전파되는 과정에서 매개체 역할을 하였다. '삼연문화'와 고구려의 관계에 대한 중국학계의 연구는 주로 '삼연' 불교문화의 고구려 전파, 遼西지역 선비계 馬具의 고구려 마구에 미친 영향, 모용씨 步搖 문화의 고구려 전파 등 세 측면을 둘러싸고 진행되었다.

1. 고구려와 '삼연' 불교 관계 연구

모용선비는 오랜 기간에 걸쳐 遼西지역을 점거하고 있었는데, 교통상의 편이에 힘입어 동북아지역의 여타 민족들보다 일찍 불교를 수용 및 신봉하였다. 前燕, 後燕, 北燕 정권은 모두 불교 숭상에 지극정성을 보였으며 불교가 크게 번성하였다. 이에 龍城은 東北 내지는 동북아지역의 불교 중심지가 되기도 했다. 모용선비는 고구려보다 일찍 불교를 수용하였고, 고구려와 모용선비 지역이 서로 인접해 있어, 삼연의 불교문화가 반드시 그 이웃인 고구려에 영향을 미쳤을 것으로 짐작된다. 이에 관한 대표적 연구로는 董高, 吳焯의 논저가 있다.

중국학계에서 가장 이른 시기 삼연과 고구려 불교의 관계에 대해 논한 학자는 董高 선생이다. 그는 「三燕佛教略考」[47]에서 세 측면에 주목해 양자의 관계를 살폈다. 첫째, 고구려 불교는 小獸林王 2년에 前秦으로부터 전래되면서 시작되었다. 하지만 그에 앞서 고구려에는 이미 불교에 귀의한 인물이 있었고, 中原지역의 인사들과 왕래하였다. 예를 들어, 東晉의 고승 支遁(314~366)이 高麗道人과 더불어 교신하였다는 기록이 있다. 이 '고구려도인'이 東北지역에서 中原으로 나가기 위해서는 모용씨의 전연과 연관이 있었던 것 같다. 둘째, 前秦의 승려 順道와 阿道가 長安에서 출발하여 당시 고구려 도읍인 丸都城에 이르는 과정에서 遼西의 중심지인 龍城을 경유하였고, 그 곳에서 현지 불교문화의 영향을 받았을 가능성이 있다. 셋째, 고구려와 삼연은 가까운 관계를 유지하고 있었는데, 두 집단의 초기 불교사와 (현재 발견된) 고고학자료의 편년문제, 多寡문제 등을 감안하면, 최초 고구려 불교는 전연에서 전래하였다는 사실을 보아낼 수 있다.

吳焯[48] 선생은 당시 중국 북방 정세와 燕—麗의 정치적 대치상황에 입각하여, '삼연'과 고구려 불교의 관계를 고찰하였다. 그에 따르면, 고구려와 모용선비는 장기간에 걸쳐 대치상태에 처해 있었으므로 양국은 서로 상대방을 신뢰하지 않았으며, 문화 전파와 침투를 차단하고자 했고, 이 같은 상황에서 불교가 당당하게 고구려로 진출하기는 어려웠을 것이라고 한다. 하지만 이는 불교가 고구려로 전파되었다는 단서가 전무함을 의미하지는 않는다고 하면서 佟壽墓를 예로 제시했다. 前燕 시기 慕容仁의 司馬였던

47) 董高, 「三燕佛教略考」 『遼海文物學刊』 1996年 第1期.

48) 吳焯, 「從相鄰國的政治關系看佛教在朝鮮半島的傳播」 『中國史研究』 2006年 第1期.

冬壽는 모용씨의 내부 투쟁에 휘말려 咸康 2年(336)에 군사와 가족을 거느리고 고구려로 망명하였다. 사망하여 지금의 조선민주주의인민공화국 황해북도 安岳지역에 묻혔다. 1949년에 朝鮮文化遺物調査委員會와 中央曆史博物館 등에서 冬壽墓(安嶽3號墓)에 대한 발굴 조사를 진행하였다. 이 무덤은 封土石室壁畫墓로서, 墓室 내에 채색 벽화를 그렸는데, 社會風俗을 주제로 한 다양한 그림이 묘사되어 있다. 거기에는 남녀 墓主像, 武官像, 侍從像, 出行儀仗, 樓閣, 車庫, 廚房, 井戶 및 日月星辰 등 圖像이 있다. '墓主人圖'에 있는 帳房 꼭대기에 연꽃[蓮花]이 묘사되어 있으며, 藻井에 역시 연꽃이 그려져 있다. "이같이 불교적 특징을 띠고 있는 圖案은 혹자 묘주 冬壽의 개인 신앙을 보여주는 것일 수도 있다. 그가 前燕에 있을 때 이미 불교를 신봉하였을지도 모르며, 망명하여 그 신앙을 고구려에 가져갔을 수도 있다. 다만 양국 관계가 좋지 못했으므로 널리 전파하지 못했을 뿐이다."라고 해석했다.

필자[49] 역시 이 문제를 다룬바 있는데, 吳焯 선생의 주장과 대체로 일치한다. 고구려 불교가 前秦으로부터 官方을 거쳐 전래하기에 앞서 전연불교의 영향이 컸을 것이라고 본다. 후대에 이르러, 後燕 특히나 北燕 시기 불교가 크게 성행하였는데, 그 또한 고구려 불교 발전에 큰 영향을 미쳤던 것 같다. 그 외, 張碧波, 董國堯가 편찬한 『中國古代北方民族文化史·民族文化卷』, 徐秉琨의 『鮮卑·三國·古墳－中國朝鮮日本古代文化交流』, 王宏剛의 「佛教在高句麗, 鮮卑, 渤海族中的傳播」 등 논저에도 간략한 언급이 있다.

2. 遼西지역 鮮卑 馬具가 고구려에 미친 영향에 관한 연구

三國, 兩晉, 南北朝 시기, 고구려와 모용선비는 동북아지역에서 치열한

---

49) 金洪培, 2012, 「三燕佛教文化東傳高句麗及其影響」『東北亞文化研究』 33.

爭覇戰을 전개하였다. 당시는 騎馬문화가 크게 번성하던 시기였다. 모용선비는 기병의 급속한 발전에 발맞춰 馬具기술에 대한 계승과 개량을 진행해나갔다. 모용씨의 마구 계통에 관한 연구는 이미 삼연문화 연구의 중요한 과제 중의 하나로 자리매김하고 있다.

고구려는 모용선비와의 전쟁과 교류를 통해 모용선비 마구의 영향을 많이 받았으며, 그것을 발전시켜 자신들만의 특징을 갖춘 마구를 창조해냈다. 고구려, 모용선비에 관한 고고학 연구가 심화되면서, 중국학계에서는 두 집단의 마구에 관한 일부 연구 성과가 발표되기 시작했다. 대표적인 논저로는, 徐秉琨의 『鮮卑·三國·古墳－中國, 朝鮮, 日本古代的文化交流』(遼寧古籍出版社, 1996), 郭物의 『國之大事－中國古代戰車戰馬』(四川人民出版社, 2004), 魏存城의 「高句麗馬具的發現與研究」, 董高의 「朝陽地區出土鮮卑馬具的初步形成」, 「公元3至6世紀慕容鮮卑, 高句麗, 朝鮮, 日本馬具之比較研究」, 楊泓의 「中國古代馬具的發展和對外影響」, 王巍의 「從出土馬具看三至六世紀東亞諸國的交流」 등이 있다.

중국학자들은 일반적으로 위진남북조 시기를 마구 발전의 高峰期로 보고 있는데, 삼연과 고구려의 마구는 이 시기 마구에서 중요한 위치를 차지한다. 그리고 모용선비 마구가 고구려 마구에 직접적인 영향을 미쳤다.

董高 선생은 요서지역의 모용선비 마구는 뚜렷한 지역 특징과 민족 風格을 띠고 있으며, 16국 시기에 직접 혹은 간접적으로 고구려와 한반도, 일본열도에 전파되어, 해당 지역 관련 문화의 발전에 중요한 역할을 하였다고 보았다. 나아가 이 유형의 마구를 '3~6세기 東北亞 鮮卑系 馬具'로 지칭하였다.[50)]

王巍 선생에 따르면, 고고학 자료로 봤을 때, 모용선비 마구가 고구려 마구에 비해 비교적 이른 시기에 형성되었으며 발전 수준도 더 높다고 한다. 고구려 마구와 모용선비 마구를 비교해보면 양자 사이에 유사한

---

50) 董高, 「公元3－6世紀慕容鮮卑, 高句麗, 朝鮮, 日本馬具之比較研究」 『文物』 1995年 第10期.

부분이 많음을 발견할 수 있다. ① 모두 鞍橋, 鐙, 轡具, 雲珠, 杏葉 등 부분으로 구성되어 있는데, 대부분 銅制이며 金을 입혔다. ② 鞍橋가 모두 높고 直立 형태이며 일부는 透雕 문양을 장식하기도 했다. ③ 모두 圓板 모양의 馬鑣와 十字 혹은 'X'형 透孔 環形 馬鑣가 유행했다. ④ 등자[馬鐙]가 모두 輪鐙인데, 鐙環은 원형 혹은 타원형으로 되어 있다. 연대가 올라가는 등자의 경우, 밟는 부분이 약간 돌출되어 있으며, 연대가 떨어지는 등자의 것은 아래로 파여 있다. 鐙柄은 모두 길던데서 짧은 형태로 변화한다. ⑤ 양자에는 모두 그물모양[網狀]의 鞧帶에 장식한 鑾鈴과 거기에 부착된 葉鞧 장식이 있다.

나아가 그는 "고구려와 삼연 마구에는 많은 공통점 혹은 유사한 요소들이 존재한다. 완전한 형태의 모용선비 마구세트의 출현은 3세기 말에서 4세기 후반기까지 거슬러 올라간다. 그에 비해, 고구려의 완비된 마구세트는 4세기 중엽 이후에야 등장한다. 시간상으로 봤을 때, 고구려에서 완성된 형태의 마구를 사용하기 시작한 시점은 모용선비에 비해 조금 뒤처진다. 馬鐙, 鞍橋, 橢圓形鑣 등은 모용선비의 영향을 많이 받았을 것으로 추정된다."[51]고 보았다.

郭物 선생 역시 이 같은 주장에 공감하고 있다. 그는 "조선반도 삼국시대의 마구 중, 北半部의 고구려 마구는 集安 고구려 마구가 연장·발전된 것이며, 남반부의 신라와 백제 마구는 주로 고구려와 모용선비의 영향을 많이 받았다."[52]고 보았다.

徐秉琨 선생도 集安七星山96號墓에서 출토된 圓板形 馬鑣 형태가 孝民屯과 袁台子墓에서 출토된 것과 동일하다는 점을 언급하면서, 고구려 마구와 선비족 마구 사이에 계승관계가 존재함을 역설하였다.[53]

51) 王巍, 「從出土馬具看三至六世紀東亞諸國的交流」『考古』 1997年 12期.

52) 郭物著, 2004, 『中國古代戰車戰馬』, 四川人民出版社, 159쪽.

53) 徐秉琨, 1996, 『鮮卑·三國·古墳－中國, 朝鮮, 日本古代的文化交流』, 遼寧古籍出版社,

『三燕文物精粹』에서는 선비족 마구의 전파 경로에 대해 다음과 같이 축약해 기술하였다. "東北亞 지역의 마구는 모두 慕容氏 馬具에서 기원하였다. … 동쪽으로의 전파에 대해, (학계에는) 공인된 명확한 결론(인식)이 있다. 즉, 모용씨의 마구(3세기 말~4세기 중엽)－고구려 마구(4세기 중엽)－한반도 마구(5세기)－일본열도 마구(6세기)의 순서로 전개되었다는 것이다."[54)]

3. 慕容氏 步搖 문화와 고구려에 관한 연구

金製 步搖 장식은 모용선비문화의 중요한 구성부분으로서, 삼연문화와 관련해서 자연스레 마구를 떠올리듯이, 모용선비 초기 유물을 논하기 위해서는 금제 보요 장식을 빼놓을 수 없다. 일각에서는 이를 '慕容氏搖葉文化'라고 지칭하기도 한다.[55)] 이 문화는 5세기 전반기에 北燕과 지금의 遼東지역을 차지하고 있던 고구려의 계승을 거쳐 한반도에 유입되었다. 20세기 중엽 이래로 (중국)東北과 內蒙古 지역에서 모용선비의 역사·문화와 관련된 대량의 고고학 자료들이 출토되었다. 이에 중국학계에서는 '삼연문화' 연구가 흥기하였는데, 금제 보요는 '삼연문화'를 대표하는 중요한 문화적 상징으로 인식되면서 많은 학자들의 관심을 받았다.

孫國平 선생은 최초로 보요 관식에 대해 종합적으로 연구한 중국학자이다. 그의 「試論鮮卑族的步搖冠飾」을 시작으로, 孫機,[56)] 萬欣,[57)] 黃學寅[58)] 등

150쪽.

54) 遼寧省文物考古硏究所 編, 2002, 『三燕文物精粹』, 遼寧人民出版社, 8쪽.

55) 萬欣 선생은 馮素弗墓 등 유적에서 수습된 步搖冠飾 16점에 대한 분석과 연구를 통해 '慕容氏搖葉文化'라는 새로운 개념을 제시하였다.

56) 孫機, 「步搖·步搖冠·搖葉飾片」『文物』, 1991年 第11期.

57) 萬欣, 2003, 「鮮卑墓葬, 三燕史跡於金步搖飾的發現與研究」『遼寧考古文集』, 遼寧民族出版社.

58) 黃學寅, 「鮮卑冠飾與中國古代冠帽文化」『內蒙古文物考古』 2002年 第1期.

학자들과 소장파 학자, 예를 들어, 王楠,[59] 王宇,[60] 趙丹[61] 등도 그에 관한 연구를 진행한바 있다.

현재 중국학계에서는 일반적으로 보요 문화는 서쪽에서 동쪽으로 전파되었으며, 그 경로는 中國北方→ 遼西慕容氏→ 高句麗→ 朝鮮半島南部→ 日本列島라고 보고 있다. 모용선비는 이 전파 경로상의 중요한 연결고리로서, 고구려, 한반도 남부, 일본열도의 보요문화는 모두 모용씨 보요문화의 영향을 받았다.

중국학계에서 이 분야의 대표 연구자로 孫機 선생을 손꼽을 수 있다. 그는 금제 보요 장식품은 여성의 머리장식(頭飾)이었을 뿐만 아니라, 복식 특히나 마구도 보요 葉片을 이용해 장식했다고 보았다. 3~5세기는 기마문화가 흥기할 무렵이었는데, 모용선비 마구가 고구려, 한반도, 일본열도로 전파되면서 보요 장식품도 乘馬와 함께 이들 지역에 유입되었다고 했다. 또 만약 금제 보요 장식이 없었다면 마구에 있는 鏤空과 搖葉은 일종의 '난데없는' 문화현상과도 같아, 그에 대한 정확한 해석이 어려워졌을 것이라고 했다.[62]

그의 연구에 따르면, 금제 보요 관식은 다음과 같은 과정을 거쳐 발전하였다고 한다.

사르마티아(薩爾馬泰)女王墓 출토 金冠(B.C.2세기)→ 아프가니스탄 金丘6號大月氏墓 출토 金冠(B.C.1세기 전후)→ 중국 燕代 지역(A.D.1~3세기)→ 遼西 房身, 十二臺, 甛草溝晉墓(A.D.3세기 말~4세기 초)→ 馮素弗墓(A.D.5세기 전기)→ 朝鮮의 新羅式'出'字形 金冠, 皇南大塚 北墳, 羅州新村里6號墓 등(A.D.5세기)→ 日本의 群馬縣 山王金冠塚, 奈良 藤之木古墳 출토 步搖冠 등(A.D.6세기).[63]

---

59) 王楠, 2007, 「中國東北地區金步搖飾品的發現與研究」, 吉林大學碩士學位論文.

60) 王宇, 「遼西地區慕容鮮卑及三燕時期墓葬研究」, 吉林大學碩士學位論文.

61) 趙丹, 2008, 「慕容鮮卑金步搖飾初探」, 內蒙古大學碩士學位論文.

62) 『"三燕文化"考古研究綜述』, 慕容文化傳播網(http://www.2008red.com).

63) 孫機, 「步搖·步搖冠·搖葉飾片」『文物』 1991年 第11期.

徐秉琨 선생은 자신의 저서『鮮卑·三國·古墳－中國, 朝鮮, 日本古代的文化交流』에서 한 節을 할애해 동아시아 騎馬文化의 중요한 服飾品 중의 하나인 步搖에 대해 다뤘다.

"중국의 고고학 발굴 과정에서 발견된 步搖 실물은 주로 모용선비 유적에서 출토되었다. … 步搖와 搖葉은 서역에서 중국으로 전파된 것인데, 비록 漢·晉 시기 문헌에서도 일부 관련 기록이 확인되나, 모용선비(문화권)에서 가장 유행한 것으로 나타난다. … 보요가 동쪽으로 전래하고 나서, 조선반도와 일본 열도에서 진일보 독특한 형태로 발전되었으며, 1, 2백년이라는 긴 시간동안 지속하였다. 그리하여 이 유형의 장식품은 당시 동아시아 기마문화가 공유하고 있는 하나의 특징으로 자리매김하였다."[64]

Ⅵ. 미비점 및 향후 연구 방향과 과제

晉 '永嘉의 亂' 이후, 中原王朝는 주변 민족 세력에 대한 통제권을 상실하였으며, 수많은 유목민족들이 분분히 중원으로 진출하여 정권을 건립하였는데, 역사상 이를 '오호의 난[五胡亂華]'이라고 한다.

이 시기, 중국 동북의 요서지역에서 모용선비가 궐기하였으며, 고구려 또한 요동지역으로의 세력 확장을 꾀하고 있어, 이 두 집단은 끊을 수 없는 관계를 가지게 되었다. 양자의 관계는 중국 동북변경지대의 역사와 민족문제 및 고대 中·韓 관계, 나아가 고대 동북아 역사 연구에서 없어서는 안 될 중요한 구성부분이다.

중국학계의 고구려와 모용선비 관계 연구 현황을 종합해보면 아직 다음과 같은 미비점들이 발견되고 있다.

---

64) 徐秉琨, 1996,『鮮卑·三國·古墳－中國朝鮮日本古代的文化交流』, 遼寧古籍出版社, 159~160쪽.

첫째, 양자의 관계를 다룬 전문저서가 아직 발표되지 못하고 있다. 비록 적지 않은 논저들에서 관련 내용을 언급하고 있으나, 그 篇幅이 한정적이어서 양자의 관계에 대해 자세히 고증하고 분석하지 못하고 있다. 또한 주로 양자의 전쟁관계에만 치중해 있고, 체계적이고도 깊이 있게 양자의 관계를 논하지는 못했다.

둘째, 아직 연구 시야가 제한적인데, 앞선 연구에서는 당시 동북아 및 동아시아 사회와 연관시켜 양자의 관계를 조명하지 못했으며, 거시적인 파악이 결여되어 있다.

셋째, 연구 성과가 비교적 적으며, 중복되는 현상이 나타나고 있다. 현재 발표된 고구려사 혹은 고구려 對外擴張史에 관한 논저에서는 거의 모두 고구려와 모용선비의 요동 쟁탈을 다루고 있다. 이들 논저는 각자 다른 서술 방식을 취하고 있다고는 하나, 내용 자체는 거의 대동소이하며, 양자의 관계를 깊이 있게 다루지 못하고 있다. 또한 고구려와 삼연이 전개한 요동 쟁탈전의 근본 원인에 대해 논급한 학자가 드물다.

넷째, '新城', '大棘城', '南蘇', '木底', '高句麗 南北道' 등 지명 고증 문제에 있어서, 진일보 깊이 있는 연구가 필요하다.

다섯째, 문화상의 상호 침투와 영향에 대해 자세히 밝히지 못했으며, 東·西 문화교류에서의 역할에 대해 충분히 주목하지 못했다.

중국학계의 고구려와 모용선비 관계 연구는 아직 보완되어야 할 부분이 많이 남아 있다. 예를 들어, 고구려 대외관계사에서 모용선비는 어떤 위치에 있었는지, 고구려의 대외 전략 중심은 어디에 있었는지, '南進'과 '西進'은 어떠한 내재적 연관성을 가지고 있는지, 고구려의 요동지역 경영과 개발 문제, 고구려와 모용선비의 문화적 연관성 등은 향후 중국 학계에서 깊이 있게 연구 및 논의해야할 과제라고 생각한다.

金洪培

中国学界有关高句丽与慕容鲜卑关系研究综述*

Ⅰ. 绪论

从西汉建昭二年(公元前37年)建国至唐总章元年(公元668年)被罗唐联军灭亡, 高句丽政权共存续705年。高句丽的国家发展史也可以说是一部对外扩张征服的历史, 而高句丽西进的阻力主要来自发迹于辽西地区的慕容鲜卑。慕容鲜卑初为游牧民族, 在进入辽西地区之前, 因居住环境所限, 主要以畜牧和射猎为生。慕容鲜卑虽开化较晚, 却能虚心学习·锐意进取。自占据辽西地区后, 与中原及辽东地区的农耕民族交往, 特别是在慕容廆推行的一系列汉化政策后, 鲜卑慕容部逐步摆脱了落后的生产和生活方式。五胡乱华时期, 慕容鲜卑在北方建立了"三燕"政权。慕容鲜卑也是先于拓拔鲜卑问鼎中原的鲜卑人。高句丽与三燕政权围绕辽东地区展开了激烈的争夺战, 两者之间有着道不尽的恩怨纠结。

纵观中国学界对慕容鲜卑的研究, 更多的集中在其起源·汉化·文化等方面, 在对外关系方面则关注慕容鲜卑与晋·后赵·前秦·北魏等中原诸政权的关系, 而少有人论及其与我国东北边疆诸民族之间的关系, 特别是与高句丽之间的关系；而

* 2016年度国家社会科学基金项目"高句丽与鲜卑关系史研究"(项目编号：16@ZH 012)

在论及高句丽对外关系时, 亦很少谈及其在"西进战略"中的主要对手－慕容鲜卑, 两者关系对当时中国东北地区乃至朝鲜半岛和东北亚地区的实力对比和政治格局都产生了重要影响。目前, 中国学界有关高句丽与慕容鲜卑关系研究主要围绕高句丽与慕容鲜卑的政治关系·慕容鲜卑与高句丽的人员往来·三燕文化东传高句丽及其影响等内容开展研究, 虽有专文论述, 但内容略显重复, 缺少系统和深入的研究成果。

Ⅱ. 有关高句丽与慕容鲜卑战与和方面的研究

中国正史中记有高句丽传的共有十二种, 其中『三国志』·『魏书』·『北史』中零星记载了一些有关慕容鲜卑与高句丽关系的记事。『晋书』虽未对高句丽单独立传, 但在人物载记(慕容廆·慕容皝·慕容宝·慕容云等)中却大量记载了高句丽与慕容诸燕政权之间的战与和情况。此外, 『资治通鉴』·『十六国春秋辑补』等史料中也零星记载了高句丽与慕容诸燕政权的关系, 这些都是研究高句丽与慕容鲜卑关系最有价值的史料。

上世纪三四十年代, 中国东北史研究的奠基者金毓黻[1]先生就曾涉猎高句丽与慕容鲜卑关系之研究。对于两者之关系金毓黻先生认为："自晋遭永嘉之乱, 平州刺史兼东夷校尉, 威信逐渐失坠, 无复有制统东夷之能力。慕容氏既崛起于辽西, 而句丽伸张其势于辽左, 终于同处一隅, 国境接触, 利害时有冲突。初则慕容氏国势方张, 士马精强, 高句丽度非其敌, 常畏而服之。迨慕容氏国力不競, 无暇顾及辽左, 而高句丽亦遂反客为主, 侵据其地, 为时甚久, 此为东北一隅, 存亡绝续之交, 亦谈东北史, 所不容忽视之问题也。"[2] 其所著『东北通史』(上篇)第二期

1) 金毓黻(1887~1962), 字毓黻, 号静庵。史学家·目录学家, 辽宁辽阳人。1916年毕业于北京大学, 曾任伪满奉天图书馆副馆长·东北大学教员, 解放后, 曾任职于北京大学·中国社会科学院近代史研究所。其所著『东北通史』是东北史研究的一部奠基之作。

东胡夫余二族竞争时代中设专章“慕容氏与高句丽”来考察两者关系。金毓黻先生从晋元帝太兴二年(公元319年)三部(宇文部·段部·高句丽)联合攻伐慕容部之战争开始, 对慕容皝入丸都·高句丽攻陷辽东·北燕王冯弘奔高句丽等史实进行了论述。

傅斯年3)先生在其『东北史纲要』中虽未对两者关系倾注更多的笔墨, 但其在第五章『汉晋间东北之大事』中介绍了汉晋间东北地区发生的四件大事。即曹操征乌桓·公孙氏据辽东·毌丘俭平高句丽·慕容廆创业辽西等内容, 为慕容鲜卑的莫护跋·木延·涉归时期即高句丽与慕容鲜卑的早期关系研究提供了历史背景和问题线索。

中国国内鲜卑学的集大成者莫过于马长寿先生。20世纪50年代后, 马长寿先生在中国民族史领域内, 融中国史学优良传统和近现代西方社会科学精华为一体, 发展成独具一体·自成体系的学派, 所著『乌桓与鲜卑』4) 堪称国内研究鲜卑历史的奠基之作。该书从族属·居地·社会状态及其所建政权等方面, 对这两个古代民族作了详细的论述, 不仅对它们民族的源流·社会面貌描绘得轮廓分明, 而且对它们的社会发展规律也充分予以呈现。书中有关高句丽与慕容鲜卑关系之内容涉及两处, 一是谈及慕容皝东征高句丽的“丸都之战”和北燕末年高句丽救援冯弘事件, 提出“燕国东灭高句丽”5)·“兵家妇女多被高丽兵所掠。”6)

20世纪80年代开始, 我国有关东北史方面的研究全面展开。出现了薛虹等主编的『中国东北通史』7)·张博泉等撰写的『东北历代疆域史』8)·王绵厚的『秦汉东

---

2) 金毓黻著, 『东北通史』 上编, 社会科学战线杂志社, 第137页。

3) 傅斯年(1896年3月26日~1950年12月20日), 初字梦簪, 字孟真, 山东聊城人, 著名历史学家, 古典文学研究专家, 教育家, 学术领导人。五四运动学生领袖之一·中央研究院历史语言研究所的创办者。傅斯年曾任北京大学代理校长·国立台湾大学校长。

4) 马长寿, 『乌桓与鲜卑』, 上海人民出版社, 1962年11月。

5) 同上, p.213。

6) 同上, p.230。

7) 薛虹等主编, 『中国东北通史』, 吉林文史出版社, 1991年12月。

8) 张博泉·苏金源·董玉英著, 『东北历代疆域史』, 吉林人民出版社, 1981年8月。

北史』[9]·程妮娜的『东北史』[10]·李德山的『东北古民族与东夷渊源关系考论』[11]·李治亭主编的『东北通史』[12]等一大批东北史研究方面的著作，对高句丽·鲜卑的形成·发展到消亡均有详尽的阐述，但对两者关系却未给与更多的笔墨和关注。

佟东主编的『中国东北史』(第一卷)[13]的第五章·第六章中对高句丽与慕容鲜卑关系有所涉及，简要介绍了慕容皝在统一东北过程中对高句丽的征战·高句丽广开土王称雄辽东的过程及意义。

耿铁华先生在其著作『中国高句丽史』[14]的第五章"魏晋时期的高句丽"中对高句丽与慕容鲜卑争夺辽东的过程进行了较为详细的论述。该书对考古和文献资料分析·运用得当，全面·客观地叙述了高句丽与慕容鲜卑争夺辽东的全部过程；苗威老师从移民研究的视角对慕容廆·慕容皝·慕容盛时期的慕容氏政权与高句丽的关系[15]。此外，黄斌·刘厚生先生的『慕容鲜卑史话』[16]描述了有关慕容鲜卑与高句丽关系的基本线索。这些前期研究成果对研究两者关系具有较高的参考价值。

国内有关高句丽方面的论文虽达千余篇,[17] 但撰写专文论述高句丽与慕容鲜卑关系的学者却不多，主要有张国庆[18]·张久和[19]·李宗勋[20]·王禹浪[21]等。他们

9) 王绵厚，『秦汉东北史』，辽宁人民出版社，1994年。
10) 程尼娜，『东北史』，吉林大学出版社，2001年版。
11) 李德山，『东北古民族与东夷渊源关系考论』，东北师范大学出版社，1996年。
12) 李治亭主编，『东北通史』，中州古籍出版社，2003年版。
13) 佟东主编，『中国东北史』(五卷本)，吉林文史出版社，2006年1月。
14) 耿铁华，『中国高句丽史』，延边大学出版社，1996年。
15) 苗威，『高句丽移民研究』，吉林大学出版社，2011年8月。
16) 黄斌·刘厚生·李大钧著，『慕容燕国史话』，吉林人民出版社，2006年3月。
17) 耿铁华，「改革开放三十年高句丽研究成果统计与说明」，『东北史地』2009年第2期。
18) 张国庆，「略论高句丽与'三燕'的战和关系」，『辽宁教育学院学报』1989年第2期。
19) 张久和，「两晋十六国时期慕容鲜卑与高句丽的关系」，『黑龙江民族丛刊』2003年第3期。
20) 李宗勋·冯立君，「论高句丽与慕容鲜卑对辽东地区的争夺」，『韩国白山学报』2009年第83号。
21) 王禹浪，「试论高句丽对辽东的经略」，『辽东半岛地区的高句丽山城』，哈尔滨出版社，

依据『三国史记』和中国正史·资治通鉴中的相关记载，以高句丽与慕容鲜卑争夺辽东地区为主线，论述了慕容鲜卑与高句丽的战和关系，但在论述的侧重点和叙述方式上有所不同。

首先是张国庆先生的研究。张国庆老师主要从事辽史·契丹史方面的研究，其在1983年撰写的"略论高句丽与'三燕'的战和关系"一文可以说是中国国内第一篇有关高句丽与慕容鲜卑关系方面的论文。该文按照慕容鲜卑在东北地区建立的三个燕政权的时间为序，分为四大部分，分别对前燕建国前高句丽与慕容鲜卑的武装冲突·高句丽与前燕·后燕的战与和关系·高句丽与北燕的睦邻友好等内容进行了论述，为日后学人研究两者关系捋出了一条线索。

第二是张久和先生的研究。张久和撰写的"两晋十六国时期慕容鲜卑与高句丽的关系"是继张国庆后第二篇专文论述高句丽与慕容鲜卑关系的文章。该文主要根据『三国史记』高句丽传的记载，重点考察了3世纪末慕容廆和烽上王到5世纪初的慕容熙和广开土王时期两者间的战争和政治关系。文章多以叙述为主，对两者关系中的重大事件·历史地理问题都没有做深入的探讨，更多的是起到了一个抛砖引玉的作用。

与前两者的研究思路不同，李宗勋和王禹浪则围绕高句丽与慕容鲜卑争夺辽东地区这一线索，展开了对两者关系的论述。王禹浪先生发表了"试论高句丽对辽东的经略"·"高句丽在辽东半岛地区的防御战略－以辽东半岛地区的高句丽山城为中心"·"三燕故都古朝阳的历史与文化及其民族融合"等涉及两者关系的文章。他认为：高句丽对辽东的经略包括军事·政治·外交·民族政策等诸多方面，内容十分宏富，……根据高句丽的军事活动与战略意图·与中原王朝和东北割据政权的关系·外交策略等因素，可将高句丽对辽东的经略划分为窥视辽东·逐鹿辽东·称雄辽东和兵败辽东等四个历史阶段。[22] 其中窥视辽东·逐鹿辽东阶段，

2008年12月；「高句丽在辽东半岛地区的防御战略–以辽东半岛地区的高句丽山城为中心」，『大连大学学报』 2012年第2期。

22) 王禹浪，「试论高句丽对辽东的经略」，『辽东半岛地区的高句丽山城』，哈尔滨出版社，

高句丽的主要阻力来自于崛起于辽西地区的慕容鲜卑。他进一步指出：在公元5世纪初高句丽人在将鲜卑人的慕容氏三燕政权驱逐辽东后，开始以辽东城为中心全力经营和打造这一关系到高句丽政权存亡的军事防御重地；辽东地区的防御措施也有效的保证了高句丽的政治统治中心，从鸭绿江上游迁到朝鲜半岛大同江流域的安全和稳定。辽东地区具有丰富的盐铁·农牧渔捞·狩猎·采集·手工业等资源和利用江河湖海行交通之便的地理区位优势，对于巩固高句丽后期的繁盛和发展起到了十分重要的作用。23) 李宗勋先生的"论高句丽与慕容鲜卑对辽东地区的争夺"一文主要阐述了高句丽与慕容鲜卑争夺辽东地区的背景·始末及其影响等内容，对公元3~5世纪高句丽与慕容鲜卑对辽东地区的争夺过程进行了系统的梳理。并根据双方力量对比变化将两者争夺辽东地区分为三个阶段：前期(293年~331年)，高句丽与慕容鲜卑均势阶段；中期(331年~383年)高句丽弱势阶段；后期(384年~405年)，高句丽夺取辽东阶段。其划分方式虽与前文所有不同，但基本思路相同。但该文与前文对高句丽夺取辽东地区的可定性评价，提出了高句丽占据辽东不利于高句丽的国防这一相反观点。提出这一观点的理由有二：一是高句丽占据辽东也是6~7世纪招致中国王朝征伐的主要原因之一；二是高句丽在辽东布置的辽东防线牵制了其有效南进，理由是基于军事上高句丽大型山城在辽东的广泛分布与千里长城的修筑，外交上高句丽受到百济等国利用东亚国际局势进行的战略包围提出的。

有关高句丽与慕容鲜卑的战与和关系，笔者24)也曾做过探讨。高句丽与慕容鲜卑关系正如金毓黻先生所言，慕容鲜卑欲称霸东北，并以东北为基地图谋中原，而高句丽欲将势力延伸至辽东地区，据辽东为屏障，以发展壮大自身的实力。高句丽与慕容鲜卑的战略意图，因欲占辽东之地成为二者间不可避免的利害冲

2008年12月，p.12。

23) 王禹浪，「高句丽在辽东半岛地区的防御战略-以辽东半岛地区的高句丽山城为中心」，『大连大学学报』2012年第2期。

24) [韩]金洪培，「略论高句丽与慕容鲜卑的早期关系」，『人文科学研究』2011年10月；「高句丽与北燕关系略论」，『朴文一教授80周年寿辰纪念史学论集』2012年10月。

突点。有关高句丽与慕容鲜卑武装冲突的开始时间问题，笔者有不同的看法。根据『三国史记』记载，高句丽与鲜卑在琉璃明王十一年(公元前9年)就有接触。中国国内学者在论述高句丽与慕容鲜卑关系时，大多从慕容廆时期谈起，而高句丽与慕容鲜卑的武装冲突并非如金毓黻先生所言始于晋元帝太兴二年(公元319年)，而应在毌丘俭征高句丽之役时，当时，慕容鲜卑首领木延则"从毌丘俭征高丽有功，加号左贤王"[25]。文献中虽未记载慕容鲜卑军队与高句丽军正面交战的情况，但从上述记载中可以推测，虽非双方主导之战事，但却有双方武装之冲突，可以说慕容鲜卑与高句丽武装冲突拉开了序幕，提出这应是慕容鲜卑与高句丽武装冲突之始。而有关高句丽与北燕关系则是两者关系研究中往往被忽略，只谈及冯弘败走高句丽，后被长寿王所杀。其实，在高句丽与慕容鲜卑关系史中，与北燕的关系是最为核心的部分，当时中原局势·朝鲜半岛及东北亚局势对两者关系产生了怎样的影响？高句丽面对强大的北魏为何要救援冯弘？高句丽迁都平壤的深层意义是什么？笔者在文中认为，高句丽的战略重点是其西部和南部。此前，高句丽的西进主要受挫于慕容燕政权。待高句丽好太王占据辽东后，中原地区的形势发生了重大变化。北魏的崛起和强大，使得北方长期的分裂割据局面逐步复归于统一。高句丽的西进计划难以继续实施，不得以与北燕修好，以抵御北魏的东进；而高句丽迁都平壤固然因平壤城地处交通要冲，又素有开发，更重要的是因为强大而统一的北魏使其西进受阻，不得已将统治中心南移，减少来自北方的压力，巩固在朝鲜半岛的既得利益，为自身的发展壮大赢得一个相对安定的环境，这也代表高句丽的对外战略发生了重大转变。要知道自汉和帝元兴元年(公元105年)春，高句丽太祖大王率众侵扰辽东六县，至晋元兴三年(公元404年)最终占领辽东地区，高句丽与汉·曹魏·公孙氏政权·慕容燕政权进行了长达三百年的战争。笔者以为，长寿王南迁都城实为无奈之举。

25) 『北史』卷九十五 列传第八十三 慕容廆。

Ⅲ. 有关高句丽与慕容鲜卑关系中的部分历史地理问题

高句丽与慕容鲜卑关系中的历史地理方面研究也略显不足，尤其对"高句丽南北道"的确切位置存在不同的看法。

前燕建国前，高句丽与慕容鲜卑长期处于对峙状态。双方互有征伐，互有胜负。慕容皝进封"燕王"后，因高句丽与后赵勾结，于公元339年东伐高句丽。高句丽军不敌前燕军，故国原王不得以向慕容皝称臣。

关于此次战役的过程，诸史书已有详尽的记载。在慕容皝的进军路线－"高句丽南北道"问题上，中国学者提出了不同的看法。金毓黻先生在『东北通史』上卷中就对"高句丽南北道"问题做了考证："通鉴所及高句丽之地名，曰南道北道者，宜一为考之。南道，载记作南陕，陕者狭也，南道险狭，故名南陕。北道，载记作北置，置字从直，应有平直之义，北道平阔，置有驿递，故名北置，此称名不同之释义也。愚谓南道应在兴京附近，循今浑河上溯可至，北道应在海龙柳城迤东，沿辉发河而上溯，然此路亦多山岭，鲜平阔之径，载记谓南陕路由木底(一称木底城)，满洲历史地理以今兴京老城西四十里之木奇站当之，傥或然欤。" 其后，佟达[26)]·王绵厚[27)]·梁志龙[28)]·耿铁华[29)]·方起东[30)]·迟勇[31)]等学者都发表过专题论文。 吉林省文物志编委会于1984年编辑出版的『集安县文物志』中也对"高句丽南北道"做了论述。

文献中出现的"高句丽南北道"即为前燕军队向高句丽国都的两条进军路线，其东端应为丸都城，对此学界已普遍认同。对于西端却分歧较大，莫衷一是，有

26) 佟达，「关于高句丽南北交通道」，『博物馆研究』1987年第3期。

27) 王绵厚·李健才著，『东北古代交通』，沈阳出版社，1990年11月；王绵厚，「新城·南苏·木底道与高句丽南北二道的关系」，『社会科学战线』1996年第5期。

28) 梁志龙，「高句丽南北道新探」，『社会科学战线』1995年第1期。

29) 耿铁华，「高句丽南北道的形成与拓展」，『通化师院学报(社会科学)』1996年第1期。

30) 方起东，「集安高句丽考古的新收获」，『文物』1984年第1期。

31) 迟勇，「高句丽都城的战略防御系统」，耿铁华·孙仁杰编，『高句丽研究文集』，延边大学出版社，1993年。

“两地说”和“一地说”。“两地说”认为，北道西端为玄菟郡，南道西端为辽东郡；“一地说”认为：西端或为新城，或为新宾县汪清门。而有关“南陕·北置”说，正如金毓黻先生所言，是对“南北道”自然环境及地形地貌的描绘。因此，『资治通鉴』和『三国史记』中记载为“北道平阔，南道险狭”。

王绵厚和李健才先生认为，“从东部山川地理形势·交通路线·文物古迹的分布情况来看，从今辽·沈通往集安的道路，自古至今不外以下三条道路。一是从辽阳或沈阳出发，沿浑河·苏子河到新宾县永陵镇·汪清门。由汪清门分为南北两路。南路沿富尔江南下，过浑江，再沿新开河东南行，越老岭沿麻线沟到集安；北路，从汪清门沿河流北行到通化县城，然后南行过浑江，沿苇沙河·清河山谷地南行，越老岭以后，再沿通沟河山谷地到集安。二是从辽阳出发，沿太子河山谷地东行，经新宾或桓仁到集安。三是从沈阳出发，沿浑河东北行，到辉发河上游(今柳河)山城镇，由此东行，经柳河·通化到集安。高句丽的南北道应从以上三条道路中求之，……主要看哪两条道路是通往集安比较近而易行的道路，那两条道路上的高句丽古城·古墓葬比较多，能明显地证明是一条令人信服的古道。”[32] 进而提出“从新宾县汪清门，沿富尔江南行过浑江，然后沿新开河南行过老岭到集安”这应是“南道险狭”的高句丽南道；“从汪清门孤脚山高句丽山城沿河北行，然后转东行到通化县城(快大茂子)，再南行过浑江，沿苇沙河过老岭到集安”，这条路虽然多沿山谷地而行，但与南道相比还是比较易行，应是“北道平阔”的高句丽北道。[33]

佟达先生推论，新城是南北道总门户，东行35公里至铁背山，始分南北二道，南道沿苏子河东南行，又南下富尔江河谷，进入新开河谷；北道循英额河谷直线东行，经清原英额门石庙子，折转东南，上溯柳河源头，续行辉发河，南下通化县(快大茂)，过浑江接苇沙河谷。

梁志龙先生在此前研究基础上，对高句丽南北道提出了自己独到的观点。他在“高句丽南北道新探”一文中指出：“北道走向:自新宾县永陵镇二道河子古城

32) 王绵厚·李健才著，『东北古代交通』，沈阳出版社，1990年11月，第126页。

33) 同上，第129~130页。

(玄菟郡第二郡治)发轫，溯苏子河东行，过新宾县城，又过红升乡，至旺清门，此地有孤脚山城；南折，改顺富尔江下行，至转水湖村，此地有转水湖山城；稍下，至响水河子乡，又下，经双栎子村，附近有黑沟山城，过豹子洞村，入桓仁县境。至碱厂沟村，此地农人耕田，常见铁镞等兵器。再行，过业主沟乡，又行，过老砬子村，旧名高丽街，附近有高丽道岭；再行，过古年岭，『奉天通志』云："岭南有古城遗址"。又过西占城子，旋至东古城子，附近有高句丽墓群，明初建州卫首领李满住兀弥府即此。又过洼泥甸子·新江·老黑背等村，村庄附近均曾发现高句丽墓群。过北甸子村后，富尔江注入浑江。北甸子村附近，有一座高句丽时期的平原城喇哈城址，现已被浑江水库淹没，这里亦见大量高句丽墓葬。渡浑江后则入吉林省集安市辖境，迎面便是霸王朝山城。沿新开河谷东南行，经财源·花甸子·前锋·台上等村镇，经王八脖子岭附近，过望波岭关隘，逾板岔岭，60年代修筑板岔岭公路时，曾发现马镫·铁矛·铁刀·四齿器，铁镞等遗物，〈毋丘俭纪功碑〉出土于附近的西北天沟。再经石庙子，终至集安。该路基本由苏子河·富尔江·新开河·麻线河四条水系组成，在"多大山深谷"的高句丽境内，可称"平阔"。如若把它视作高句丽南道，实地状况有悖文献"狭隘"之说。

南道走向：亦由新宾县永陵镇二道河子古城发轫。南下，过榆林镇，再过哈山·彭家·都督等村；至岔路子，过嘎叭寨，逾老道沟岭，老道者，古老道路之谓也；逾岭后入桓仁西境，过横道河子关隘，南下过老营沟·川里村，此地有高句丽墓群；至六道河源头，稍行至高俭地村，此地有高俭地山城(苍岩)；沿河东行，过木盂子镇，又过蔡俄堡·冯家堡子，至柳林子，村后有一山城子，当地人称高丽城，附近有高句丽墓群；稍北，至二户来镇(由新宾二道河子古城至二户来，另有一条与前路大体平行的支路)；续行六道河，至四道河子乡，此地有马鞍山山城；经六道河子乡，至上古城子村，此地有高句丽墓群；稍行，过下古城子村，村内即是一座土城(卒本)；北上十余里，至五女山山城(纥升骨城，唐时称哥勿)；东南渡浑江后，过二棚甸子镇所属马大营子·横道川·巨户沟诸村，循漏河南下，过影壁山·二道阳岔，至干沟子，东部有北沟关隘；至沙尖子镇。此地有城墙砬子山城；由此沿浑江而下，至五里甸子镇瓦房沟，此地有瓦房沟山城，出江岗即入集安境；从浑江口东折，至外岔沟，附近有七个顶子关隘，又过老边墙关隘，旋至凉水乡；东北行，过榆林·太平·麻线等乡镇，终至集安。该路攀山越岭，曲折险峻，称之“狭险”，绝无虚夸。”

王健群先生则支持高句丽南北道西端的二地说。他认为，高句丽南北道的西端分别为两地：北道西端为玄菟郡·南道西端为辽东郡。34)

此外，方起东先生于1962年从高句丽都城国内城出发，对南北道进行了考察。他认为：“今由岭前县城去往浑江沿岸，仅只有两条道路：一经麻线沟(或榆树林子)登板岔岭，而后顺新开河峡谷逶迤而下，是为南道；一逾老爷岭，沿着苇沙河(大青河)蜿蜒通达，称为北道。北道稍较宽阔而且平直，是今辑(安)通(化)公路取由的通衢，交通频繁；难道则崎岖险狭，行人稀人”35) 其在『集安高句丽考古的新收获』中，更进一步明确：“由今集安县城向西往浑江流域的通路有两条，一是越老岭顺苇沙河河谷迤迤而进的北道，宽阔平坦；一是绕麻线沟经石庙子登板岔岭沿新开河河谷盘旋而下的南道，崎岖难行。『资治通鉴』卷97；‘高句丽有二道，其北道平阔，南道险狭’，所指大体是这两条通路”。『集安县文物志』第二章第一节“南道和北道”基本沿用了方起东先生的考察成果，提出：“高句丽的南北道，是从今集安通往浑江的两条道路。南道从今集安出发，经麻线沟越老岭，沿双岔河·新开河西北行到浑江；北道从今集安出发，越老岭，沿苇沙河到浑江。”36)

刘子敏先生在其著作『高句丽历史研究』中的第四章第三节“高句丽交通”中辟以专条论辩。他从南苏·木底的考证入手，得出：“南道的进出口应在今本溪一带，此地是燕长城所经之地，也是梁貊(后来的高句丽)分布区的边缘地带，亦即南狭所在。慕容皝自龙城而来，由此进入高句丽通向辽东郡中心地带的南道，沿河谷

34) 王健群，『好太王碑研究』，吉林人民出版社，1984年。

35) 吉林省博物馆辑安考古队，辑安县文物管理所，「吉林辑安高句丽南北道上的关隘和城堡」，『考古』1964年第2期。

36) 『集安县文物志』，第53~55页。

东进，至高俭地山城(木底城)与丽王相遇而败之，然后至霸王山城溯新开河谷地东上，经板岔岭·石庙子·麻线沟而至国内城。这条路还有一个走法，即由高俭地山城东走，过浑江，经现在的二鹏甸子·杀尖子·凉水而到达集安，所过之地皆平坦易行。其北道即今抚顺市至苏子河口，向东沿河谷走，至旺清门。由此又分南北二道，北道可东经三棵榆树·英额布至通化(快大茂)，然后沿浑江·大青河谷地越老岭而达集安；南道即沿富尔江谷地南下过浑江，然后取前述新开河路或二棚甸子路而达集安。"[37]

耿铁华先生从更为宏观的视角考察了高句丽南北道。他以史实与文献为依据，对高句丽南北道作出了新的界定。他认为"高句丽南北道的拓展是随着高句丽国都的迁移·国家实力的壮大·疆域的扩展而同步进行的，高句丽势力扩张的历史也是其南北道交通变化的历史。"并提出研究"高句丽南北道"，毫无疑问地要以高句丽都城为中心，站在高句丽人对外交流的基点上去考察研究。进而指出："高句丽人与辽东·辽西的交往，还应看成是同中原政权与各民族之间的交往，其间的通道，在高句丽统治区域内的部分，无论多少歧路，都应属于高句丽南道。而在高句丽统治区域之外的，则应是中原，具体将来，是辽东通往高句丽的道路。其中分出的南北路，也只能称作辽东通往高句丽的南北路或南北道，与高句丽的南北道截然不同。置于高句丽人同北方夫余·肃慎·沃沮等民族联系的通道，在高句丽人通知区域内，可以称之谓高句丽北道。"[38]

笔者[39]赞同南北道的西端为两地说的观点。在古代科学技术并不发达的情况下，通道一般是借助天然的地理环境而逐步开辟的。特别是在生产力相对落后的北方，各族之间的交往主要是利用天然的河谷和山沟，随着人和车辆的频繁往来，狭小的道路逐步拓宽成通道。站在慕容皝的角度看，前燕军进攻高句丽最方便也是最客观的就是"苏子河道"和"太子河道"。具体而言，北道的起始点应为新

37) 刘子敏，『高句丽历史研究』，延边大学出版社，1996年，pp.213~218。

38) 耿铁华，「高句丽南北道的形成与拓展」，『通化师院学报(社会科学)』1996年第1期。

39) 金洪培，「高句丽与'三燕'关系研究」，延边大学博士学位论文，2011年，pp.75~80。

城·南道的起始点应为辽阳。

Ⅳ. 关于高句丽与慕容鲜卑人员流动之研究

中国学界对于高句丽的民族情况虽然有所关注，但大多是从民族构成·族源·族属等角度论及，如耿铁华的『高句丽的民族起源与民族融合』·杨军的『高句丽民族与国家的形成和演变』等，对于高句丽移民多是从亡国后遗民的流向的角度论及，如李德山的『高句丽族人口去向考』(社会科学辑刊，2006年第5期)，杨军的『高句丽人口问题研究』(东北史地，2006年第5期)等。但论及高句丽与慕容鲜卑之间的人员流动和民族融合的文章却寥寥无几。大多是根据文献记载，在论述两者武装冲突之内容时谈及双方战时强掳对方人口之事，而对于高句丽与慕容鲜卑之间人员流动的性质，移民对土著社会的影响，以及人员流动带来的文化交流等内容皆鲜有系统而深入的考察。

中国学界有关高句丽与慕容鲜卑人员流动方面的研究，目前以苗威[40]和孙泓[41]的成果最为代表。苗威老师的『高句丽移民研究』，“从高云世家看高句丽移民”等成果中涉猎了有关句丽与慕容鲜卑人员流动之内容。『高句丽移民研究』在阐明高句丽民族中所融合的异民族具有哪些，进而明确高句丽的民族结构的同时，通过高句丽移民移居地的研究，阐释了高句丽疆域的发展过程。书中第二章(3至4世纪高句丽移民)设专节探讨了高句丽人移民及慕容诸燕政权对高句丽移民的安置等问题，主要以个案研究的方式，通过对典型人物的剖析，反映高句丽移民的生存状况和慕容燕政权的安置政策。她以高云为例，“高云是高句丽至于

40) 苗威著，『高句丽移民研究』，吉林大学出版社，2011年；「从高云世家看高句丽移民」，『博物馆研究』 2009年第1期。

41) 孙泓，「慕容鲜卑迁入朝鲜半岛及其影响」，中国朝鲜史研究会会刊，『朝鲜·韩国历史研究』 2013年第1期。

辽西者的后裔，昔慕容皝破高句丽，徙其家于青山(位于辽西徒河县)，由是世为燕臣。”并认为，“高句丽被迁到辽西地区后，也没有出现慕容皝的记室参军封裕所担心的‘(高句丽)人皆兵势所徙， 非如中国慕义而至， 咸有思归之心’(『晋书』卷109，慕容皝载记)的情况，……高句丽知识分子或其他上层人物，可以作为‘燕臣’，像高云这样的高句丽后裔甚至还可以登上国王的宝座。”[42)]

孙泓老师则根据考古发掘成果，提出慕容鲜卑与朝鲜半岛在考古文化有许多相似之处，以往学者主要从文化交流角度去考察，认为这一时期的移民起到了更重要的作用。她把鲜卑人及鲜卑化的汉人前往朝鲜半岛的过程分为三次并加以论述。第一次是佟寿带领大批人移至朝鲜半岛；第二次是前燕灭亡(公元370年)，慕容镇带领大量鲜卑人迁到朝鲜半岛北部，高句丽封之为“国小大兄”·“中里都督”；第三是冯弘带领大批鲜卑化的汉人及鲜卑人投奔高句丽。436年，北燕为北魏所灭，冯弘带领和龙城内数十万人投奔高句丽。

两位学者从不同的角度论述了高句丽与慕容鲜卑之间的人员迁徙与往来，苗威老师主要侧重于高句丽人移民慕容燕控制的辽西地区情况，而孙泓老师则侧重于鲜卑人入高句丽的情况。相同之处是都以个案研究的方式展开，但都未能对两者间相互往来人员的规模·数量进行推敲和考证。

高句丽与慕容鲜卑之间不仅是战时的强制移民，还包括和平共处时期的人员往来及文化交流。依据现存文献记载和考古发掘来看，两者之间的大规模人员流动主要是以下几个大事件推动形成的。第一，慕容皝东征高句丽的“丸都之战”，慕容皝“发钊父乙弗利墓，载其尸，收其府库累世之宝，虏男女五万余口，烧其宫室，毁丸都城而还。”[43)]；第二，慕容仁属下佟寿(辽东人)因慕容氏内讧，于咸康二年(336)率军队和族人奔高句丽，亡命高句丽生活22年。具体数字不见记载，无人考证；第三，436年，北燕为北魏所灭，冯弘带领和龙城内军队和百姓投奔高句丽，文献记载：“燕王率龙城见户东徙……令妇人被甲居中，阳伊等勒精兵居外，葛卢

42) 苗威，「从高云世家看高句丽移民」，『博物馆研究』2009年第1期。

43) 『资治通鉴』卷第九十七 晋纪十九 晋成帝咸康八年条。

孟光帅骑殿后，方轨而进，前后八十余里"[44] 东迁北燕余众的数量，史无明言。

有关北燕余众东迁的数量，姜维公[45]先生·杨保隆[46]先生曾撰专文考察。姜维公先生认为东迁北燕余众的数量约为30~40万。他的根据是："唐太宗亲征高句丽时，高句丽起15万大军救安市城，15万人的行进队列，长达40里。这是有战斗序列的队形，队伍疏密合度，以便攻击时能够展开，遇伏时能够相互支援。而冯弘东奔时，毫无序列可言，队伍密度远远大于唐时高句丽的援军。以此言之，当时东迁的冯氏余众约有三四十万之众"。他还指出东迁余众包括以下四个阶层，一是北燕官员及其家族；二是和龙城内的居民；三是大战前由城外迁入的农户；四是北燕武装部队。杨保隆先生推算的数量则与之大为不同，他认为依据文献记载，"东徙人数当有数万乃至10余万人"，且至少一半为鲜卑人。二人在东迁高句丽的慕容鲜卑人数的推算上虽大相径庭，但都认为因此后再无有关此部分鲜卑人的记事，推论这些鲜卑人融入高句丽族中，并对高句丽国力的提升产生了重大影响。

Ⅴ. 关于"三燕文化"与高句丽之关系方面的研究

历史上的高句丽与慕容鲜卑虽是争斗不息，甚至残忍至极，但也有和睦相容的一面。三燕(前燕·后燕·北燕)与高句丽地域相连，慕容鲜卑汉化程度高于高句丽，且从地域上看，高句丽吸收中原文明又必经三燕。其次，不论是和平时期的相互交流和人口流动，还是战时的掠夺和强制性的人口迁徙，也在客观上也促进了二者间的文化交流及民族融合。高句丽与三燕的关系中浸透着东西方文化交流因

---

44) 『资治通鉴』卷第一二三 宋文帝元嘉十三年一月条。

45) 姜维公，「北魏灭燕对海东局势的影响」，『中国魏晋南北朝史国际学术研讨会论文集』2004年。

46) 杨保隆，「高句丽族源与高句丽人流向」，『民族研究』1998年第4期。

素，越来越多的考古发现证明，许多佛教文化与众多音乐·艺术都是通过三燕传入高句丽的，可以说高句丽受慕容鲜卑文化影响较多，而高句丽在大陆文化向朝鲜半岛传播过程中充当了中介的作用。中国学界有关"三燕文化"与高句丽之关系方面的研究主要围绕"三燕"佛教文化东传高句丽·辽西鲜卑马具对高句丽马具的直接影响·慕容氏步摇文化东传高句丽等三个开展。

(1) 高句丽与"三燕"佛教关系之研究

慕容鲜卑长期占据辽西地区，由于占据了便利的地理位置，慕容鲜卑早于东亚其他民族接受和信仰佛教的。前燕·后燕·北燕政权都极为推崇佛教，出现了佛法繁盛的局面，龙城更是成为东北乃至东北亚地区的佛教中心地。慕容鲜卑接受佛教早于高句丽，高句丽与慕容鲜卑地域相连，三燕佛教文化必然会影响到其近邻的高句丽。有关这方面的研究以董高·吴焯最为代表。

中国学界最早提出三燕与高句丽的佛教关系的学者是董高先生。他在"三燕佛教略考"[47]一文中从三个方面论述了两者之关系。第一，高句丽佛法之始，是在小兽林王二年，由前秦传入。但在这以前，高句丽已有崇佛并与中原人士相往还者，如东晋名僧支遁(314~366)与高丽道人书。而这位高丽道人自东北进入中原，似与慕容氏前燕有关；第二，前秦僧人顺道和阿道自长安至当时高句丽国都丸都城，很可能途径辽西重镇龙城，并受当地佛教文化的影响；第三，高句丽与三燕存在着密切的关系，从两者早期佛教史实·考古资料的时代和多寡上进行比较，明显地看出高句丽佛教最初很可能是从前燕传过去的。

吴焯[48]先生则从当时中国北方局势及燕丽对峙的政治背景出发，考察了"三燕"与高句丽的佛教关系。他认为，高句丽与慕容鲜卑长期处于对峙状态，两国的相互猜忌，文化的传播与渗透成为国之大防，佛教不可能在这当口儿堂而皇之地

---

47) 董高，「三燕佛教略考」，『辽海文物学刊』1996年第1期。

48) 吴焯，「从相邻国的政治关系看佛教在朝鲜半岛的传播」，『中国史研究』2006年第1期。

进入高句丽。但这并不代表高句丽就绝无佛教传播之迹象，并以佟寿墓为例。提出，前燕时期慕容仁的司马冬寿，就因慕容氏内讧，于咸康二年(336)率军队和族人奔高句丽。死后葬于今朝鲜民主主义人民共和国黄海北道安岳。1949年朝鲜文化遗物调查委员会与中央历史博物馆等调查发掘了冬寿墓(称为安岳3号墓)。该墓是一座封土石室壁画墓。墓室内上绘彩色壁画，以社会风俗为主题，内容相当丰富，包括男女墓主人像·武官像·侍从像·出行仪仗·楼阁·车库·厨房·井户以及日月星辰等图案。『墓主人图』的帐房顶部装饰莲花，藻井亦绘莲花。"这种具有佛教内容特征的图案或可说明墓主冬寿即冬寿的个人信仰，也许他在前燕时即已皈依佛门，王命后又把这种信仰带至高句丽，只是由于两国交恶，不便宣扬而已。"

笔者[49]也曾就此问题撰文，文中观点与吴焯先生大致相同，高句丽佛教官传于前秦之前，应受前燕影响较大，而后的后燕特别是北燕佛法兴盛，亦对高句丽佛教发展产生了重要影响。此外，张碧波·董国尧主编『中国古代北方民族文化史·民族文化卷』·徐秉琨著『鲜卑·三国·古坟–中国朝鲜日本古代文化交流』·王宏刚的"佛教在高句丽·鲜卑·渤海族中的传播"等成果中也略有提及。

(2) 有关辽西鲜卑马具对高句丽之影响方面的研究

三国两晋南北朝时期，高句丽与慕容鲜卑在东北亚地区上演了一幕惨烈的争霸战，当时也是骑马文化的繁荣时期。慕容鲜卑为适应骑兵迅猛发展的需要，继承和完善了马具。慕容氏马具系统现已成为三燕文化研究的重要内容之一。高句丽在与慕容鲜卑的战争和交流过程中，受到慕容鲜卑马具的强烈影响，并加以发展，创造出具有自身特点的马具。随着高句丽·慕容鲜卑的考古工作的不断深入，中国学界出现了一批有关此问题的研究成果，主要有：徐秉琨，『鲜卑·三国·

49) [韩]金洪培，「三燕佛教文化东传高句丽及其影响」，『东北亚文化研究』2012年12月。

古坟–中国·朝鲜·日本古代的文化交流』(辽宁古籍出版社，1996年8月)；郭物著『国之大事–中国古代战车战马』(四川人民出版社，2004年)·魏存城的"高句丽马具的发现与研究"，董高的"朝阳地区出土鲜卑马具的初步形成"·"公元3至6世纪慕容鲜卑·高句丽·朝鲜·日本马具之比较研究"，杨泓的"中国古代马具的发展和对外影响"，王巍的"从出土马具看三至六世纪东亚诸国的交流"等。中国学者普遍认为，魏晋南北朝时期是马具发展的高潮期，三燕和高句丽的马具，在这一时期的马具中占有重要地位。而慕容鲜卑马具给与高句丽马具直接影响。

董高先生认为，具有鲜明地方特色·民族风格的辽西慕容鲜卑马具，在十六国时期，曾静直接或间接的传播到高句丽，朝鲜半岛·日本列岛，对那里的文化发展起到过重要作用。进而将其称为"3至6世纪的东北亚鲜卑系马具。50) 王巍先生认为，从现有考古资料来看，慕容鲜卑和高句丽的马具产生的较早，发展程度也高。高句丽的马具与慕容鲜卑的马具比较，可以发现两者之间有很多相似之处：(1)皆有鞍桥·镫·辔具·云珠·杏叶等构成，并多为铜制鎏金。(2)鞍桥皆高而直立，有的饰透雕纹饰。(3)均流行圆板状马镳和十字或X形透孔环形镳。(4)马镫均为轮镫，镫环呈圆形或椭圆形。年代早些的，脚踏部分略凸起，年代较晚的则向下凹；镫柄都由长变短。(5)两者均有饰于网状鞧带上的銮铃和附叶鞧饰。进而提出："高句丽与三燕马具存在许多相同或相似的因素。但慕容鲜卑的成套马具的出现年代可上溯至3世纪末4世纪后半叶以后的制品，而高句丽的成套马具则出现在4世纪中叶以后。从时间上看，高句丽使用完备的马具稍晚于慕容鲜卑。马镫·鞍桥·椭圆形镳等，应是受到慕容鲜卑的强烈影响。"51) 郭物先生也赞同此说，认为"朝鲜半岛三国时代的马具，北半部的高句丽马具是集安高句丽马具的延续和发展，而南半部的新罗和百济，则主要是受高句丽和慕容鲜卑的强烈影响。"52) 徐秉琨先

50) 董高，「公元3~6世纪慕容鲜卑·高句丽·朝鲜·日本马具之比较研究」，『文物』1995年第10期。

51) 王巍，「从出土马具看三至六世纪东亚诸国的交流」，『考古』1997年12期。

52) 郭物著，『中国古代战车战马』，四川人民出版社，2004年1月，第159页。

生也认为，集安七星山96号墓所出圆板形镳的形制与孝民屯和袁台子墓所出相同，说明高句丽马具对鲜卑马具的承袭关系。[53]

『三燕文物精粹』一书对鲜卑马具的传播路线给与了概括性陈述："东北亚地区的马具皆源自慕容氏马具……其东传过程，结论则是公认和明确的，即：慕容氏马具(公元3世纪末至4世纪中叶)－高句丽马具(公元4世纪中叶)－朝鲜半岛马具(公元5世纪)－日本列岛马具(公元6世纪)。"[54]

(3) 关于慕容氏步摇文化与高句丽之研究

金步摇饰是慕容鲜卑文化中不可或缺的部分，谈三燕文化就自然要联系到马具一样，倘若言及慕容鲜卑早期遗物就不能离开它的金步摇饰。有人将其称之为"慕容氏摇叶文化"[55]。这一文化约在5世纪前半叶，经过北燕和居于今辽东地区的高句丽的传承进入朝鲜半岛。20世纪中叶以来东北和内蒙古地区出土了大量有关慕容鲜卑历史与文化方面的考古资料，中国学界兴起对"三燕文化"的研究，而金步摇可以说是"三燕文化"中的一个重要的文化符号，学者对其研究颇为关注。孙国平先生是中国最早综合研究步摇冠饰的学者，从其"试论鲜卑族的步摇冠饰"开始，孙机[56]·万欣[57]·黄学寅[58]等学者及少壮派学者如王楠[59]·王宇[60]·赵丹[61]等也作过该方面的研究。目前中国学界普遍认为，中国北方－辽西慕容

53) 徐秉琨，『鲜卑·三国·古坟−中国·朝鲜·日本古代的文化交流』，辽宁古籍出版社，1996年8月，p.150。

54) 辽宁省文物考古研究所编，『三燕文物精粹』，辽宁人民出版社，2002年，第8页。

55) 万欣先生对收集的冯素弗等墓中出土的16件步摇冠饰进行分析研究并得出了"慕容氏摇叶文化"这一全新概念。

56) 孙机，「步摇·步摇冠·摇叶饰片」，『文物』1991年第11期。

57) 万欣，「鲜卑墓葬·三燕史迹于金步摇饰的发现与研究」，『辽宁考古文集』，辽宁民族出版社，2003年。

58) 黄学寅，「鲜卑冠饰与中国古代冠帽文化」，『内蒙古文物考古』2002年第1期。

59) 王楠，「中国东北地区金步摇饰品的发现与研究」，吉林大学硕士学位论文，2007年。

60) 王宇，「辽西地区慕容鲜卑及三燕时期墓葬研究」，吉林大学硕士学位论文，2007年。

氏－高句丽　朝鲜半岛南部－日本列岛的步摇文化是一个由西向东的传播过程。而慕容鲜卑是这一传播链条上的重要环节，高句丽·朝鲜半岛南部·日本列岛的步摇文化皆受慕容氏步摇文化的影响。

中国学界有关此方面的研究首推孙机先生。他认为, 金步摇饰品不仅仅是妇女头饰品的一种, 在服饰, 特别是马具上也用步摇叶片加以装饰。3~5世纪正是骑马文化兴盛时期, 随着慕容鲜卑马具传入高句丽·朝鲜半岛·日本列岛, 步摇饰品也乘马传入这些地区。倘若没有金步摇饰, 则马具上的镂空与摇叶几乎就会成为一种"空穴来风"式的文化现象而令人难以理喻。[62] 根据他的研究, 金步摇冠的发展过程可作如下示：萨尔马泰女王墓金冠(公元前2世纪)→阿富汗金丘六号大月氏墓金冠(公元前1世纪左右)→中国燕代地区(公元1至3世纪)→辽西房身·十二台·甜草沟晋墓(3世纪末至4世纪初期)→冯素弗墓(5世纪早期)→朝鲜新罗式"出"字形金冠·皇南大冢北坟·罗州新村里六号墓等(5世纪)→日本群马县山王金冠冢·奈良藤之木古坟步摇冠等(6世纪)。[63]

徐秉琨先生在其专著『鲜卑·三国·古坟–中国·朝鲜·日本古代的文化交流』一书中对东亚骑马文化中一项重要服饰品－步摇设专节进行论述。他认为："中国考古中发现的步摇实物主要出土在慕容鲜卑遗迹中……步摇和摇叶自西域传入中国后，虽然在汉晋文献中有一定记载，但最盛却在慕容鲜卑……步摇东传后，在朝鲜半岛和日本列岛却得到了进一步的·突出的发展, 使用的时间又持续了一二百年之久。这类饰品进而成为当时东亚骑马文化共有的一个特色"。[64]

61) 赵丹,「慕容鲜卑金步摇饰初探」, 内蒙古大学硕士学位论文, 2013年。

62) 〈"三燕文化"考古研究综述〉, 慕容文化传播网(http://www.2008red.com)。

63) 孙机,「步摇·步摇冠·摇叶饰片」,『文物』1991年第11期。

64) 徐秉琨,『鲜卑·三国·古坟–中国·朝鲜·日本古代的文化交流』, 辽宁古籍出版社, 1996年8月, pp.159~160。

Ⅵ. 存在的不足及未来的研究方向和课题

自晋永嘉之乱后，中原王朝失去了对周边各民族势力的控制，众多游牧民族纷纷进入中原建立政权，史称"五胡乱华"。此时在我国的东北地区，慕容鲜卑崛起于辽西，高句丽又欲向辽东地区扩张其势力，两者间有着千丝万缕的联系。两者之关系，是研究我国古代东北边疆历史与民族问题及古代中韩关系，乃至古代东北亚历史方面都是不可或缺的重要部分。

总结中国国内学界关于高句丽与慕容鲜卑关系的研究情况，尚存在一些遗憾：

第一，学界至今未出现一部二者关系的专门论著，虽在部分著作和论文中涉及此方面内容，但由于篇幅所限未能对二者关系中的一些重要事件作更加详尽的考证和分析，且主要谈论两者间的战争关系，未能把二者关系的过程进行系统的梳理和深入研究。

第二，研究视野还不够开阔，以往成果未能更多的与当时东北亚及东亚社会相结合考察两者关系，缺少宏观的把握。

第三，研究成果较少且略显重复。目前出版和发表的有关高句丽史·高句丽对外扩张史等内容著作和论文，几乎都涉及高句丽与慕容鲜卑争夺辽东之内容，大多数成果虽在叙述方式上有所不同，但所阐述的内容基本相同，未能纵深考察两者关系。而且少有学者对高句丽与三燕争夺辽东根本原因进行全面研究。

第四，对"新城"·"大棘城"·"南苏"·"木底"·"高句丽南北道"等地名的确切位置的考证等等，尚需进一步深入研究。

第五，未能深入揭示二者文化上的相互渗透与影响，进而对东西方文化交流中所起到的作用未能予以更多的关注。

中国学界关于高句丽与慕容鲜卑关系的研究，今后需要深入探讨的问题还有很多，如慕容鲜卑在高句丽对外关系史中占据怎样的地位；高句丽对外战略的重心是哪里，"南进"与"西进"有何内在的关联；高句丽对辽东地区的经营和开发；高句丽与慕容鲜卑的文化关联等都有待于日后深入研究和探讨。

제2부

연구 논문

이 승 호

『광개토왕비문』에 보이는 東夫餘에 대한 재검토
-5세기 전반 고구려인의 기억 속에 동부여-

Ⅰ. 머리말

잘 알려져 있다시피 414년에 건립된 광개토왕비의 내용은 크게 세 부분으로 구분된다. 즉 『광개토왕비문』(이하 『비문』)은 ① 고구려의 건국 신화와 광개토왕까지 이어지는 왕실 世系에 대한 내용으로 시작하여, 그 뒤로 ② 광개토왕 시대의 대외 정복 활동에 대한 서술이 이어지고, 마지막에는 ③ 비석이 세워진 국내성 일대 왕릉의 守墓人烟戶와 守墓令에 관한 내용으로 마무리된다. 여기서 『비문』 내용 구성상 첫 부분에 해당하는 고구려 건국 신화와 왕계에 대한 서술은 당연 고구려 당대인의 역사 인식이 바탕이 되어 작성된 것임이 분명하다. 그리고 이와 같은 이해를 조금 더 넓게 가져가 보면 『비문』의 작성에는 곧 당대인이 인식하고 있던 5세기 전반까지의 고구려 역사가 바탕이 되었을 것은 물론이며, 이와 함께 당시 고구려의 국제 정세 인식 또한 투영되어 있다고 볼 수 있겠다.

이러한 시각은 『비문』에서 전하는 東夫餘에 대한 내용을 분석하는 과정에서도 여전히 유효하다고 생각한다. 『비문』에 나타나는 夫餘에 대한 용례는 세 가지로 부여, 北夫餘, 동부여를 찾을 수 있는데, 여기서 당대 고구려인이 부여, 북부여[1]와 별개로 인식하고 있었던 동부여라는 정치체를 볼 수 있다. 하지만 그간 동부여를 바라보는 학계의 시각은 제각각이었다고 해도 과언이 아니다. 지금까지 동부여와 관련하여서는 일일이 열거하기 힘들 정도로 많은 연구가 제시된 바 있는데, 자세한 연구사는 근래의 성과[2]에 의지하기로 하고 여기서는 논의의 전개상 다시 짚어볼 필요가 있다고 여겨지는 주요 학설을 중심으로 살펴보고자 한다. 이를 통해 각각의 견해가 갖는 문제점을 지적하는 한편 『비문』에 나타난 동부여상에 대한 접근 방식을 구체화시켜 볼 수 있을 것이라 생각된다.

또한 이 문제에 접근하기 위해서는 무엇보다도 당대 고구려인의 역사인식이 그대로 담겨있다고 볼 수 있는 『비문』의 해석을 중시할 필요가 있다고 생각한다. 따라서 본 논의에서는 『비문』에 서술된 동부여에 대한 당대 고구려인의 시각을 확인하고 이를 통해 『삼국사기』, 『삼국유사』에서 확인되는 동부여 관련 설화적 기록과 『비문』에 나타나는 동부여 기록 양자에 대한 합리적인 해석을 도출하는 것을 목적으로 한다.

1) 사실 동부여 이외에 부여와 북부여의 관계에 대해서도 각양각색의 견해가 제기되어 있는 상태이다. 그러나 이 글에서는 우선 동부여 관련 문제에만 집중하고자 한다. 부여와 북부여 관련 제논의에 대해서는 아래의 주2)에 소개된 논저에 잘 정리되어 있어 참고가 된다.

2) 이와 관련한 자세한 연구사는 다음의 논저에 잘 정리되어 있다. 공석구, 1990, 「廣開土王陵碑의 東夫餘에 대한 考察」『한국사연구』 70 ; 1998, 『高句麗 領域擴張史研究』, 서경문화사, 252~253쪽 ; 송기호, 2005, 「夫餘史 연구의 쟁점과 자료 해석」『한국고대사연구』 37, 18~35쪽 ; 楊軍, 2012, 『夫餘史研究』, 蘭州大學出版社, 83~89쪽 ; 范恩實, 2013, 『夫餘興亡史』, 社會科學文獻出版社, 6~8쪽. ; 송호정, 2015, 『처음 읽는 부여사』, 사계절, 30~41쪽, 이종수, 2016, 「중국의 최근 부여사 연구현황과 동향」『동북아역사논총』 51.

II. 부여, 북부여, 그리고 동부여

동부여와 관련하여 학계에 제기된 주요 학설로 여겨지는 몇몇 견해들을 중심으로 살펴보면, 『비문』에 보이는 동부여에 대해서는 크게 세 가지 입장을 지적할 수 있다. 첫째, 이를 3세기 후반(285) 모용선비의 공격에 沃沮로 피신해왔던 부여인들의 잔여 세력이 세운 국가로서 파악하는 견해,[3] 둘째, 길림지역의 부여와 『비문』의 동부여를 동일 계통의 정치체로 파악하는 견해,[4] 끝으로 『삼국사기』, 『삼국유사』 등 국내 문헌사료에 보이는 설화 속 동부여의 연장선상에서 『비문』의 동부여를 파악하는 견해[5]를 주요 학설로 놓고 살펴보고자 한다.[6]

---

3) 韓日학계에서 널리 받아들여지고 있는 견해이다. 池内宏, 1951, 「夫餘考」 『滿鮮史研究』(上世 第一冊), 吉川弘文館 ; 노태돈, 1989, 「夫餘國의 境域과 그 變遷」 『國史館論叢』 4 ; 1999, 『고구려사 연구』, 사계절 ; 박경철, 1992, 「扶餘史 展開에 關한 再認識 試論」 『백산학보』 40, 67쪽 ; 김현숙, 2005, 「보론 1절 : 동부여에 대한 지배 방식」 『고구려의 영역지배방식 연구』, 모시는 사람들, 420쪽.

4) 중국 吉林省 연구자들을 중심으로 제기되는 견해로서 夫餘가 농안지역으로 밀려난 이후 夫餘의 옛 古都 길림 일대에 잔존했던 夫餘 세력을 東夫餘로 파악하는 견해(李健才, 1982, 「扶餘的疆域和王城」 『社會科學戰線』 1982-4 ; 李健才 著·금경숙 譯, 2002, 「好太王碑에 나타난 下平壤과 東夫餘」 『고구려연구회 학술총서』 제3집)와 북부여를 松嫩平原 일대의 槖離國(槀離國) 세력으로 상정하고 길림 일대의 부여를 동부여로 상정하여 『비문』에 등장하는 동부여 관련 기사도 길림 일대에 존재했던 동부여에 대한 정복 기사로 이해하는 견해(송호정, 1997, 「Ⅲ-2. 부여의 성장과 대외관계」 『한국사』 4, 국사편찬위원회, 199쪽 ; 2015, 앞의 책, 59쪽·64쪽·95~96쪽) 등이 있다. 위의 두 견해는 북부여에 대해서는 이해를 달리하지만 『비문』의 동부여를 길림 일대의 부여로 파악하는 데에는 견해의 일치를 보고 있다.

5) 이도학의 견해가 대표적이다(이도학, 2005, 「高句麗의 夫餘 出源에 관한 認識의 變遷」 『고구려발해연구』 21, 136~137쪽 ; 2006, 「高句麗와 夫餘 關係의 재검토」 『고구려의 역사와 대외관계』, 서경문화사 ; 2006, 『고구려 광개토왕릉비문 연구』, 서경문화사, 36~41쪽).

6) 이 밖에 『비문』의 동부여를 한반도 동해안 지역에 넓게 퍼져 살고 있던 濊族에 대한 종족적인 명칭을 대상으로 한 기록으로 이해하는 견해도 제기된 바 있다(공석구, 1990, 앞의 논문 ; 1998, 앞의 책, 267~268쪽). 그러나 이 견해에 대해서는 이미 지적된 바 있듯이 당시 한반도 남부 지역에 대한 고구려의 군사활동을 고려할 때 받아들이기 어려운 주장이라 생각된다. 광개토왕 시대 고구려는 남으로

먼저 동부여에 대해 285년 慕容鮮卑의 공격을 받고 옥저(북옥저) 지역으로 피신해왔던 부여의 잔여 세력7)에 의해 3세기 말 이후 건국된 국가로 보는 견해8)에 대하여 살펴보도록 하겠는데, 보통 이러한 입장에 서있는 연구자들의 경우 동부여의 위치를 두만강 일대에서 찾는 것이 일반적이다. 이는 韓·日학계에서 널리 받아들여지고 있는 학설이지만 여기에도 의문점이 없는 것은 아니다.

첫째, 이러한 견해를 받아들이자면 『비문』에 전하는 "東夫餘 舊是鄒牟王屬民 中叛不貢"이라는 구절을 이해하기가 어려워진다. 견해대로 『비문』에 보이는 동부여가 3세기 말 이후에 건국된 나라이며 그로부터 대략 100여년이 지난 410년에 이르러 고구려에 정복당했다고 가정해보자. 이렇게 볼 때, 동부여가 고구려에게 정복당하고 곧바로 5년 뒤인 비석이 세워지는 414년 시점에 이르면 벌써 고구려인들의 인식 속에는 동부여가 '본래 鄒牟王 시대부터 고구려의 屬民이었다'는 왜곡된 기억이 자리하게 되었다는 말이 된다. 아무리 가식과 수사가 곁들여진 『비문』의 문구라 할지라도 이렇게 짧은 기간 안에 동부여에 대한 고구려인의 역사 인식이 그것도 추모왕 시대의 역사로까지 거슬러 올라가 訛傳되었을 것으로 보기에는 어색한 부분이 많다. 물론 대부분의 연구자들은 『비문』의 이 구절을 역사적 사실로 인정하지 않고 있다.9) 그러나 그 사실성 여부를 떠나서 분명 5세기 전반

한강 유역에서 백제를 정토하는 한편 步騎 5만을 낙동강 유역에 파견하여 왜를 토벌하고 신라와 가야 지역에까지 영향력을 확장하고 있었는데, 한반도 동해안 일대를 확고히 장악하고 있지 않고서는 이와 같은 고구려의 군사활동이 성공하기는 어려웠을 것이다(노태돈, 1989, 앞의 논문 ; 1999, 앞의 책, 514쪽).

7) 『晉書』 卷97, 四夷 夫餘傳 ; 『資治通鑑』 晉紀3, 武帝 太康 6年(285) ; 『資治通鑑』 晉紀3, 武帝 太康 7年(286).

8) 앞의 주3)과 동일.

9) 노태돈, 1988, 「5세기 金石文에 보이는 高句麗人의 天下觀」 『韓國史論』 19 ; 1999, 앞의 책, 367~368쪽 ; 서영수, 1988, 「廣開土王陵碑文」의 征服記事 再檢討(中)」 『역사학보』 119, 105쪽 ; 송호정, 2015, 앞의 책, 96쪽.

고구려인의 역사적 기억 속에 동부여는 고구려 건국 초기부터 속민이었다는 인식이 자리하고 있었으며, 이것이 410년 동부여 정벌의 명분으로 작용하고 있음을 부인하기 어렵다.

둘째, 285년 모용선비의 공격에 부여 왕족이 나라를 버리고 피신했던 옥저지역이 당시 고구려의 영역이었다는 점[10]에서도 위의 견해가 성립하기 어렵다는 것을 알 수 있다. 이 당시 부여 왕족이 옥저지역으로 피난하는 과정에는 고구려 측의 협조와 지원이 있었던 것으로 보이는데,[11] 이러한 정세 속에서 당시 고구려의 세력권 안에 있었던 옥저지역에 부여의 잔여 세력이 새로이 국가를 건설할 여지는 희박하다고 생각한다.

> 사료 A : 至太康六年(286) 爲慕容廆所襲破 其王依慮自殺 子弟走保沃沮 (中略) 明年 夫餘後王依羅遣詣龕 求率見人還復舊國 仍請援 龕上列遣督郵賈沈 以兵送之 廆又要之於路 沈與戰 大敗之 廆衆退 羅得復國 (『晉書』 卷97, 四夷 夫餘傳)

위의 기록을 보면 당시 옥저지역으로 피신해 온 부여 세력은 자살한 부여왕 依慮의 '子弟'로 기록되어 있는데, 이처럼 모용선비의 공격을 피해 급히 피난 온 이들이 옥저지역에 남아 새로이 나라를 건국할만한 역량을 지녔을지 의문이다. 또한 옥저로 피신해 온 夫餘後王 依羅가 동위교위 하감에게 "求率見人還復舊國 仍請援"이라고 했음을 볼 때, 당시 피난 온 부여인들은 이듬해 부여가 복국되면서 대부분 다시 길림 일대로 돌아갔다고 판단된다. 따라서 이 시기 옥저지역으로 피난해 온 부여의 잔여 세력 일부가 남아 새로이 동부여라는 국가를 세웠다고 보기는 어렵다고 판단된다.

즉 위의 견해는 기본적으로 북부여는 시조 추모왕이 出自한 신성한

10) 김현숙, 2005, 앞의 책, 418~419쪽 ; 이승호, 2012, 「3세기 후반 「晉高句麗率善」印과 高句麗의 對西晉 관계」 『한국고대사연구』 67, 330~331쪽.

11) 김현숙, 2005, 앞의 책, 419~420쪽 ; 이승호, 2012, 앞의 논문, 329~332쪽.

곳으로, 동부여는 추모왕 시대부터 이미 고구려에 복속되어 조공을 해왔던 세력으로 전하는 『비문』의 내용에 위배될 뿐만 아니라, 3세기 후반 부여와 고구려를 둘러싼 국제 정세를 놓고 볼 때에도 성립하기 어려운 주장임을 알 수 있다.

다음으로 『비문』에 등장하는 동부여를 길림지역의 부여 세력으로 보는 견해에 대해 살펴보도록 하자. 먼저 중국학계에서 제기된 주장으로, 본래 길림 일대에 있던 부여가 4세기 중반(346) 前燕[12)]의 공격에 의해 그 중심지를 농안으로 옮기면서 길림 일대에 남은 부여 세력이 자연스레 동부여로 불리게 되었다는 견해[13)]가 제기된 바 있다. 이 견해를 따르자면 『비문』에 보이는 북부여와 동부여는 실상 동일한 계통의 정치체로서 바라보아야 한다. 하지만 이러한 주장에도 몇 가지 의문이 제기될 수 있다.

첫째, 이 견해 또한 『비문』이 전하는 역사상에 위배된다고 볼 수 있다. 우선 북부여와 동부여가 동일 계통의 정치체라면, 이를 『비문』 안에서 북부여와 부여, 동부여 등으로 구분하여 표기한 이유가 무엇인지 불분명해진다. 나아가 앞서 언급한대로 『비문』에서 북부여는 시조 추모왕이 출자한 신성한 곳으로, 동부여는 추모왕 시대부터 이미 고구려에 복속되어 조공을 해왔던 속민으로 구분하여 서술하고 있다. 그런데 만약 위의 견해대로 북부여와 동부여를 바라본다면, 『비문』에서는 이러한 동일 계통의 정치체에 대해 서로 상반되는 두 가지 인식을 보이고 있다는 말이 된다.

둘째, 위의 견해를 따를 경우 『모두루묘지』(이하 『묘지』)에 보이는 광개토왕과 북부여수사 모두루의 관계를 이해하기 어렵다. 『묘지』에 보이는 모두루는 광개토왕의 신하(奴客)로서 대사자 관등을 소지한 고구려 관료였

12) 이는 『資治通鑑』 卷97, 晉紀 19, 東晉穆帝 永和2年 正月條, "初 夫餘居于鹿山 爲百濟所侵 部落衰散 西徙近燕 而不設備"에서의 百濟를 前燕의 誤記로 본 것이지만, 여기서의 백제는 역시 고구려의 오기로 이해하는 것이 타당하다고 본다(노태돈, 1989, 앞의 논문 ; 1999, 앞의 책, 520~521쪽).

13) 李健才, 2002, 앞의 논문, 176~178쪽.

으며, 장수왕대까지 활동했던 인물이다. 그는 광개토왕대에 북부여수사라는 직책에 있었으며 길림 일대의 지방관으로서 활약하였다. 그런데 위의 견해대로 동부여가 본래 原부여의 중심지, 즉 길림 일대에 존재했던 정치체라면 북부여수사 모두루가 관리하고 있던 길림 일대 지역이 갑작스레 광개토왕 재위 20년(410) 시점에 와서 이반하였다는 말이 된다. 그러나 이는 『묘지』에 전하는 당시의 국제 정세를 놓고 볼 때 받아들이기 어려운 의견이다.

한편, 『삼국사기』 지리지 고구려조에 보이는 北夫餘城州가 農安, 長春 부근에 비정[14]되므로 이에 따라 『비문』에 보이는 북부여나 북부여수사 모두루가 파견되어 활약한 지역도 모두 農安 부근으로 옮겨간 부여지역 일대로 파악하는 견해[15]가 있다. 그러나 선행 연구를 통해서도 지적된 바 있듯이 고구려의 守事는 중앙에서 파견된 太守에 비견되거나[16] 또는 광역 단위의 지방관[17]으로 파악되는데, 당시 고구려가 농안지역을 영역화하여 이곳에 지방관을 파견하였다고 보기는 어렵다고 본다. 고구려가 농안지역을 안정적으로 확보하고 북부여성주로 편재한 시기는 6세기 중반 이후 무렵의 일이다.[18] 즉 북부여수사 모두루가 파견된 지역은 길림 일대의 부여지역으로 보는 것이 옳다.

다시 『묘지』로 돌아오면, 묘지명에는 346년 부여의 도성(농안) 공격에 성공한 전연의 군대가 동쪽으로 진군하여 길림 방면으로 침범하였으나 고구려의 大兄 冉牟가 이끄는 고구려군의 반격을 받아 퇴각하였음을 전한다.

---

14) 김부식 지음·이병도 역주, 1996, 『三國史記(下)』, 을유문화사, 273쪽.
15) 이도학, 2006, 앞의 논문 ; 2006, 앞의 책, 53쪽.
16) 노태돈, 1996, 「5~7세기 고구려의 지방제도」 『韓國古代史論叢』 8 ; 1999, 앞의 책, 271쪽.
17) 김현숙, 2005, 「2장 2절 : 중앙집권적 통치체제 하의 영역 지배 방식」 『고구려의 영역지배방식 연구』, 모시는 사람들, 290~291쪽.
18) 노태돈, 1989, 앞의 논문 ; 1999, 앞의 책, 523~525쪽.

이 대형 염모는 광개토왕 시대에 북부여수사를 지낸 大使者 牟頭婁의 선조로서 북부여(길림) 방면에서의 활약하였다.19) 이처럼 묘지에서는 모두루 가문이 그 중시조격인 대형 염모 시대부터 북부여 지역에서 활약하였음을 전하는데, 아래의 『묘지』 인용문을 보면 북부여수사 모두루는 그 조부(祖父)에서부터 그 중책을 이어 맡아왔다고 서술하고 있다.

사료 B : 祖父□□大兄慈□大兄□□□世遭官恩恩□祖之 □道城民谷民并領 前王□育如此 遝至國罡上大開土地好太聖王 緣祖父□□恩教奴客牟頭婁□□牟教遣令北夫餘守事(『모두루묘지』 40~47행)

위에 보이는 모두루의 조부가 활약한 시기는 대략 4세기 중후반 무렵으로 추정할 수 있다. 그렇다면 4세기 전반 고구려가 옛 부여의 고도(古都) 길림 일대로 진출한 이후20) 이 지역은 모두루 가문에 의해 꾸준히 관리되고 있으며, 4세기 중엽 이후로도 모두루의 조부가 파견되었던 지역이었다. 그런데 만약 앞서의 견해대로 『비문』의 동부여 원정이 길림 일대의 원정이었다고 보거나, 북부여수사의 직무가 농안지역의 부여와 관련된 것이었다고 보면, 늦어도 4세기 중반 무렵 이미 고구려가 길림 일대를 장악하고 농안지역까지 세력을 확장하였다고 보아야한다. 당시 모용선비 세력의 강세를 고려할 때 이러한 가정은 성립하기 어려울 뿐더러 고구려가 4세기 중엽 길림과 농안 일대를 장악한 상태에서 410년 갑작스레 길림 일대

---

19) 武田幸男, 1971, 「牟頭婁一族と高句麗王權」『朝鮮學報』 99·100 ; 1989, 『高句麗史と東アジア』, 岩波書店, 332~335쪽.

20) 길림지역 일대는 333~336년 이후로 고구려 세력 하에 들어갔던 것으로 보인다. 이후 고구려는 이 지역을 놓고 전연과 342년, 345~346년 두 차례에 걸쳐 치열한 각축전을 벌였고, 342년에는 수도가 함락되는 치명적인 타격을 입으면서도 부여지역에 대한 지배력은 유지할 수 있었다(여호규, 2000, 「4세기 동아시아 국제질서와 고구려 대외정책의 변화」『역사와 현실』 36, 46~52쪽).

부여 세력이 이반하였다고 보기에도 어색한 부분이 많다.

다음으로 북부여를 松嫩平原 일대의 槀離國 혹은 櫜離國세력으로 상정하고 길림 일대의 부여를 동부여로 상정하여 『비문』에 등장하는 동부여 관련 기사도 길림 일대에 존재했던 동부여에 대한 정복 기사로 이해하는 견해[21]에 대해서 살펴보도록 하자.

먼저 견해대로 길림의 부여와 구분되는 북부여라는 정치체가 그 북쪽에 별개로 존재했다고 한다면 이러한 사실이 어떤 식으로든 중국 측 사서에 전해졌을 법한데, 『삼국지』나 『후한서』 등 당시 東夷 세계를 전하는 중국 측 사서에서는 길림 일대에 존재했던 부여를 제외한 부여 세력의 존재를 찾을 수 없다. 더불어 5세기 전반 고구려에서는 줄곧 그 시조가 북부여에서 出自하였다고 하나 『위서』 고구려전에서는 이를 부여로 지칭하고 있어 『비문』의 북부여와 『위서』의 부여 양자가 사실 동일한 세력을 지칭하는 것임을 반증하고 있다. 그리고 만일 견해대로 『비문』의 동부여 원정이 길림 일대의 원정이었다고 한다면, 앞서와 마찬가지로 『묘지』에 대한 이해가 어려워진다. 이러한 점들이 해명되지 못한다면 위의 견해는 받아들이기 어렵다.

이로 보아 북부여는 곧 길림 일대를 중심으로 발전하였다가 이후 길림 지역을 고구려가 장악하자 농안지역으로 그 중심지를 옮긴 것으로 '고구려 북쪽의 부여 세력'에 대한 범칭으로 보는 것이 타당하다 판단된다. 그렇다면 고구려에서는 부여를 왜 굳이 '북'부여로 칭하게 되었던 것일까. 이와 관련하여 『비문』에 보이는 북부여, 동부여에서 북과 동이라는 방위관념은 어디까지나 고구려인의 입장에서 본 방위관념이라는 지적을 경청할 필요가 있다.[22] 즉 북부여란 국호는 북쪽의 부여와 별개로 동쪽의 부여, 즉 동부여의 존재를 염두에 둔 고구려인들의 국제 정세 인식 속에서 생겨난 명칭으로

21) 송호정, 1997, 앞의 책, 183~188쪽 및 199쪽 ; 2015, 앞의 책, 95~96쪽.

22) 노태돈, 1989, 앞의 논문 ; 1999, 앞의 책, 513쪽.

보는 것이 타당하다고 생각한다.

요컨대, 북부여는 고구려 시조 추모왕이 出自한 곳이며, 동부여는 추모왕 시대부터 고구려의 속민이었다는 당대 고구려인의 역사 인식을 그대로 인정할 수 있다면, 『비문』에 보이는 북부여와 동부여를 동일시하기는 어렵다고 판단된다. 나아가 4세기 무렵부터 5세기 전반에 이르기까지 북부여(길림) 일대가 고구려 관료 모두루 가계에 의해 관리되었다고 전하는 『묘지』에 대한 해석이 타당하다면 이러한 견해는 성립할 수 없게 된다. 결국 『비문』의 북부여는 옛 부여의 중심지였던 길림 지역 일대와 농안으로 밀려난 부여 세력을 모두 지칭하는 것으로 이해되며 동부여는 이들 세력과 구분되는 또 하나의 독자적 정치체로 파악하는 것이 타당하다고 본다.

끝으로 『비문』에 보이는 동부여를 『삼국사기』 고구려본기 초기 기사에 등장하는 동부여의 연장선상에서 인식하는 견해[23]를 검증해보도록 하자. 이 견해는 문헌사료와 『비문』의 내용을 함께 고려하고자 하는 시각이라 할 수 있는데, 연구자에 따라 동부여의 역사적 실체나 그 위치에 대해서도 다양한 견해가 제기되고 있다.

이 주장의 관건은 불완전한 문헌사료와 『비문』의 내용을 얼마만큼 합리적으로 아울러 설명해낼 수 있는가에 있다. 그러나 『삼국사기』, 『삼국유사』 등 문헌사료에 나타나는 동부여 관련 사료는 모두 초기 설화적 기사에 집중되어 있어 사료적 신빙성을 담보하기 어렵다. 그리고 그마저도 부여, 북부여 관련 설화와 혼착이 심해 체계적 분석이 매우 어려운 실정이다. 또한 『삼국사기』, 『삼국유사』 등 국내 문헌사료를 제외하면 『후한서』, 『삼국지』 등 중국사서 어디에서도 동부여란 국명이 찾아지지 않아 여기에 대한 해명도 필요로 한다.

지금까지 기왕에 제기된 부여, 북부여 그리고 동부여와 관련된 주요

---

23) 앞의 주 5)와 동일.

학설들을 살펴보았다. 검토한 부분을 바탕으로 동부여의 실체에 접근하는 과정에서 전제되어야 될 점들을 정리하면 다음과 같다. 첫째, 『비문』의 내용으로 보아 5세기 전반 414년 당시 고구려인의 역사 인식 속에 북부여는 시조 추모왕이 출자한 신성한 곳으로, 동부여는 추모왕 시대부터 이미 고구려에 복속되어 조공을 해왔던 속민으로 기억되고 있음을 알 수 있다. 따라서 동부여는 북부여, 부여와 구별되는 별개의 정치체로서 고구려에 복속되어 있다가 5세기 전반 무렵 이반하였던 세력으로 파악하는 것이 타당하다. 둘째, 동부여는 3세기 후반 이후 어느 시기 갑작스레 나타난 나라라고 보기는 어려우며, 오히려 그 역사는 어떻게든 고구려 초기 역사와 밀접하게 닿아 있을 가능성이 높다고 판단된다. 이제 지금까지 확인된 내용을 바탕으로 동부여의 실체와 그 역사에 대해 다시 살펴보도록 하자.

Ⅲ. 『광개토왕비문』의 동부여

우선 『비문』에서 "東夫餘 舊是鄒牟王屬民 中叛不貢"이라고 한 부분을 재차 주목하고 싶다. 앞서 언급하였듯 이 문장은 그 사실성 여부를 떠나 5세기 전반 고구려인의 인식 속에 분명 동부여가 고구려 초기 역사에서부터 이미 복속되어 있던 세력으로 기억되고 있음을 보여준다. 『비문』에서 동부여와 함께 속민이라 표현된 또 다른 세력인 백제(百殘)·신라의 사례와 비교해 보아도 이 경우에는 "百殘新羅 舊是屬民 由來朝貢"이라 하여 그들이 고구려의 '속민'이 된 시점을 막연하게 '舊'라 적고 있다.[24] 반면 동부여의

24) 『비문』에서 "百殘新羅 舊是屬民 由來朝貢"이라는 주장이 나타나게 된 배경에 대해서는 이미 선행 연구를 통해 지적된 바와 같이 당대 고구려인의 독자적 천하관이 바탕이 되었던 것으로 생각된다(노태돈, 1988, 앞의 논문 ; 1999, 앞의 책, 388~390쪽). 즉 이는 당시 고구려인의 역사 인식이나 어떤 역사적 사건에서 비롯된 것이 아니며, 단지 5세기 전반 고구려의 입장에서 일방적으로 주장된 수사적

경우에는 그 시점을 확실히 추모왕 시대로 명기하고 있어 양자에 대한 고구려인의 시각차가 뚜렷이 확인된다. 즉 이처럼 『비문』에서 구체적 시점까지 명시하여 동부여가 고구려의 속민이었다고 전하는 그 배경에는 어떠한 역사적 전승을 바탕으로 하는 확신이 뒷받침되었다고 보는 것이 타당하다.

그렇다면 이러한 역사 인식은 고구려 관련 문헌기록에도 어떠한 형태로든 채록되어 있을 가능성이 높다. 따라서 『삼국사기』 고구려본기에 서술된 추모왕 시대의 기록, 즉 동명성왕본기에서 확인되는 대외 정복 기사부터 먼저 확인해 볼 필요가 있겠다.

사료 C-1 : 二年夏六月 松讓以國來降 以其地爲多勿都 封松讓爲主

사료 C-2 : (六年)冬十月 王命烏伊扶芬奴 伐太白山東南荇人國 取其地爲城邑

사료 C-3 : (十年)冬十一月 王命扶尉猒 伐北沃沮滅之 以其地爲城邑

(『三國史記』 高句麗本紀 東明聖王 2年·6年·10年條)

이상의 기사들을 통해 볼 때, 『비문』에서 말하는 추모왕 시대에 고구려에 복속된 국가는 松讓의 沸流國과 荇人國, 北沃沮 등이 확인된다. 위의 기사들은 고구려 자체 전승에 의거한 기록으로 그것의 사실 여부와 관계없이 일단 후세 고구려인들의 역사 인식을 반영한다고 볼 수 있다. 여기서 2년 6월조에 항복해왔다는 송양의 비류국은 잘 알려져 있다시피 후에 고구려 5부 중 하나인 沸流那部의 전신이다. 다음으로 6년 10월조에 보이는 太白山 동남쪽에 있었다는 荇人國은 아마도 백두산 부근에 존재했던 정치체였던 것으로 추정된다. 그리고 끝으로 10년 11월조에 北沃沮에 대한 정복기사가 보이는데, 여기서 북옥저 지역은 그간 여러 연구자들에 의해 『비문』의 동부여가 위치하였던 지역으로 비정[25]된 바 있어 주목된다.

문구라 볼 수 있다.

25) 노태돈, 1989, 앞의 논문 ; 1999, 앞의 책, 514~516쪽.

『삼국지』 동이전 총설과 동옥저조에는 魏의 고구려 침략 시 전투에서 패한 東川王이 북옥저 방면으로 달아났고 위군이 이를 추격하여 숙신(읍루)의 경계에 이르렀다는 기록이 있다. 이때의 북옥저는 치구루(置溝婁 ; 『삼국지』 동옥저조)라 불렸다고도 하고, 매구(買溝 ; 『삼국지』 관구검전)라 불렸다고도 한다. 여기서 매구는 買溝婁의 '婁'가 탈자된 것이며, 이는 『비문』에서 동부여 원정을 끝내고 還都하는 광개토왕을 따라 함께 왔다는 다섯 鴨盧 중 한 명인 味仇婁鴨盧의 味仇婁와 통한다.[26] 또한 치구루는 고구려의 柵城에 비정[27]되며, 그 위치는 발해 시대의 東京龍原府=柵城府 일대로 오늘날의 琿春 부근에 비정되고 있다. 따라서 『비문』의 동부여 원정에 대해 이를 두만강 방면에 대한 정벌로 이해하였던 기왕의 견해는 타당하다 여겨지며,[28] 역시 그 지역은 『삼국지』 동이전에 전하는 북옥저 일대라 할 수 있다.

이처럼 『비문』의 동부여가 기왕의 견해대로 북옥저 일대에 있었다고 본다면, 앞서 살펴보았던 동명성왕본기 10년조의 북옥저 정벌기사를 다시 주목할 수밖에 없다. 즉 이를 통해 5세기 전반 고구려인의 기억 속에 북옥저 일대는 추모왕 시대에 한 번 복속시켰던 지역으로 파악할 여지가 있으며, 그렇다면 "東夫餘 舊是鄒牟王屬民 中叛不貢"이라는 『비문』의 문구도

---

26) 李丙燾, 1985, 「臨屯郡考」 『韓國古代史研究(修訂版)』, 博英社, 205쪽 ; 노태돈, 1989, 앞의 논문 ; 1999, 앞의 책, 515쪽.

27) 주지하듯이 溝婁는 당시 고구려어로 城을 뜻하므로 置溝婁는 곧 置城으로 풀이되어 柵城과 그 음이 통한다고 볼 수 있다(노태돈, 1989, 앞의 논문 ; 1999, 앞의 책, 515쪽).

28) 동부여의 위치를 두만강 방면에서 찾고자 할 때, 한 가지 유의되는 것이 주몽신화 속 금와왕 전설이다. 일찍이 今西龍은 20세기 초까지 두만강 유역 주민들에 의해 전승되고 있던 여러 유형의 老獺雉 전설과 兀良哈 전설 등을 수집한 다음 이들 전승에는 주몽신화나 금와왕 전설 속의 모티프와 유사한 요소가 많이 발견됨을 지적한 바 있다(今西龍, 1915, 「朱蒙傳說及老獺雉傳說」 『藝文』 6年 11號 ; 1937, 「朱蒙傳說及老獺雉傳說」 『朝鮮古史の研究』, 近澤書店, 490~508쪽). 이 또한 동부여의 위치와 관련하여 두만강 유역을 주목할 필요가 있음을 말해주는 사례라 할 수 있다.

자연스럽게 이해될 수 있는 것이다.[29] 물론 이 '북옥저'라는 정치체에 대해서는 방금 살펴본 『삼국사기』 동명성왕본기의 기사를 제외하면 3세기 무렵 『삼국지』 편찬 단계에 가서야 문헌 상에 등장한다. 따라서 『삼국사기』 동명성왕본기의 북옥저 정벌 기사는 후대 고구려 사가들에 의해 부회된 기록일 가능성이 높다. 하지만 그렇다고 하여도 기록의 사실성 여부를 떠나 후세 고구려인들이 가졌던 역사 인식 속에는 분명 추모왕 시대에 북옥저를 정복했다는 역사가 전승되어 왔음을 확인할 수 있다. 그렇다면 그와 같은 역사적 인식이 5세기 전반 『비문』에 반영되어 북옥저 지역에 자립한 동부여에 대해 "東夫餘 舊是鄒牟王屬民 中叛不貢"이라는 고구려인의 입장이 나타났던 것이 아닌가 한다.

한편 『삼국지』 위서 동이전 옥저조 기록에 대한 분석을 바탕으로 동부여의 존재를 지적한 연구[30]가 있어 주목된다.

사료 D-1 : 東沃沮在高句麗 蓋馬大山之東 濱大海而居 其地形東北狹 西南長 可千里 北與挹婁夫餘 南與濊貊接 戶五千 無大君王 世世邑落 各有長帥 (中略) 北沃沮一名置溝婁 去南沃沮八百餘里 其俗南北皆同 與挹婁接.(『三國志』魏書 東夷傳, 東沃沮條)

---

29) 이미 여러 선행 연구에서는 『비문』에 나타난 동부여 인식, 즉 당시 고구려가 동부여를 속민으로 규정하게 배경으로 『삼국사기』 고구려본기 동명성왕 10년조의 북옥저 정벌 기사를 주목해왔다(공석구, 1990, 앞의 논문 ; 1998, 앞의 책, 267~268쪽 ; 노태돈, 1993, 「朱蒙의 出自傳承과 桂婁部의 起源」『韓國古代史論叢』 5 ; 1999, 『고구려사 연구』, 사계절, 35~36쪽 ; 김현숙, 2005, 「1장 2절 : 나부통치체제 시기의 영역 지배 방식」『고구려의 영역지배방식 연구』, 모시는 사람들, 141~142쪽 ; 이도학, 2006, 앞의 논문 ; 2006, 앞의 책, 41쪽).

30) 이도학, 2006, 앞의 논문 ; 2006, 앞의 책, 46~47쪽. 한편 여기에서 이도학은 『삼국사기』 동명성왕본기 10년조의 북옥저 정벌 기사를 신뢰하여 북옥저가 곧 동부여라는 견해를 제시한 바 있다. 동부여의 구체적 역사 전개 과정에 대한 논의나 부여, 북부여에 대한 선생님의 견해에 모두 동의할 수는 없지만, 북옥저를 동부여로 비정한 것만큼은 분명 일리 있는 견해라 생각한다. 본 논문을 작성함에 있어서도 이러한 시각에 힘입은 바가 매우 컸음을 밝힌다.

사료 D-2 : 挹婁在夫餘東北千餘里 濱大海 南與北沃沮接 未知其北所極 其土地多山險. (『三國志』 魏書 東夷傳, 挹婁條)

위의 사료 D-1의 밑줄친 부분 "동옥저는 북쪽으로 挹婁·夫餘와 접하고, 남쪽으로는 濊貊과 접하고 있다"는 기사에 주목하여 동옥저 북쪽에 부여로 인식되는 세력이 있었다는 것이다.

사료 E-1 : 東沃沮 在高句驪蓋馬大山之東 東濱大海 與挹婁夫餘 南與濊貊接 其地東西夾南北長 可折方千里 (中略) 又有北沃沮 一名置溝婁 去南沃沮八百餘里 其俗皆與南同 界南接挹婁 挹婁喜乘船寇鈔 北沃沮畏之 夏月恆在山巖深穴中爲守備 冬月冰凍船道不通 乃下居村落.(『後漢書』 東夷列傳, 東沃沮條)

사료 E-2 : 挹婁 古肅愼之國也 在夫餘東北千餘里 東濱大海 南與北沃沮接 不知其北所極.(『後漢書』 東夷列傳, 挹婁條)

위의 사료 E-1 『후한서』 동이열전 동옥저조 기사를 보면, 북옥저와 읍루의 경계에 대해 다소 판단이 어렵게 서술되어있지만, E-2 『후한서』 동이열전 읍루조 기사에서 읍루 남쪽에 북옥저가 있다고 서술되어 있어 동옥저 북쪽에는 분명 북옥저가 위치해 있었고, 또한 북옥저의 북쪽에는 읍루가 있었음이 확인된다. 읍루가 부여의 세력권에서 이탈하면서 3세기 중반(『삼국지』 단계) 길림 일대에 중심을 둔 부여의 東界는 張廣才嶺까지였으며, 南界는 哈達嶺을 경계로 輝發河 이북에 이르렀던 것으로 이해되고 있다.[31] 따라서 동옥저와 남북으로 접하고 있는 사료 D-1의 부여는 길림에 중심을 둔 부여로 보기는 어렵다. 그렇다면 여기서 등장하는 부여는 길림 일대의 부여와는 다른 부여, 즉 '(고구려) 동쪽의 부여'일 가능성이 높으며, 이는

31) 노태돈, 1989, 앞의 논문 ; 1999, 앞의 책, 509쪽 ; 송호정, 1997, 앞의 책, 170~172쪽.

곧 북옥저 일대에 존재했던 또 다른 부여 즉 동부여를 지칭한 것이라 판단된다.[32)]

물론 기록을 통해서는 당시 북옥저 일대에 산재하고 있던 여러 소규모 정치체들이 구체적으로 어떤 모습으로 존재하고 있었는지 알기는 어렵다. 다만 『삼국지』 동이전에 보이는 관련 기록을 전체 맥락에서 보았을 때 '북옥저'라는 명칭은 어느 특정한 한 정치체를 지칭하는 것은 아니었음을 알 수 있다. 오히려 『삼국지』 및 『후한서』의 북옥저 관련 기술이 어디까지나 동옥저에 대한 서술 뒷부분에 덧붙여진 형태로 기록되어 있다는 점을 통해 볼 때, '북옥저'라는 명칭은 '동옥저 북쪽에 존재했던 동일 종족(濊族) 세력'을 의미하는 '북쪽의 옥저'라는 의미로 명명되었던 것으로 생각된다.

또한 당시 북옥저 일대에서는 어느 한 정치세력이 구심점이 되어 주변의 군소 정치세력을 흡수·통합하면서 일대에 거대 세력을 형성해가는 모습도 찾기 어려운데, 아마도 "無大君王, 世世邑落, 各有長帥"하였다는 동옥저의 정치상황과 비슷하였을 것으로 생각된다. 하지만 그처럼 여러 작은 세력들이 산재하고 있는 상황 속에서도 동옥저와 남북으로 접하고 있었다는 '부여'라는 정치체가 확인되고 있다는 점이 중요하다. 즉 이는 당시 북옥저 일대에 포진한 여러 읍락정치체 가운데 부여와 동일계통으로 인식될만한 세력이 존재하였고, 바로 이들의 존재가 사료 상에 노출된 것으로 이해할 수 있지 않을까 한다.

그렇다면 이처럼 북옥저 일대에 존재했던 동부여는 언제 고구려에 복속되었으며, 또 어떠한 배경 속에서 410년 무렵 다시 자립할 수 있게 되었던 것일까. 앞서 언급하였듯이 3세기 중반 『삼국지』 편찬 단계에 이르면 이미 이 지역이 고구려의 세력권 아래에 놓여 있었음을 확인할 수 있다. 그렇다면 3세기 중반 이전부터 고구려가 이 지역에 진출하였다는 것인데,

---

32) 이도학, 2006, 앞의 논문 ; 2006, 앞의 책, 41쪽 및 46~47쪽.

아래의 사료를 보도록 하자.

사료 F-1 : 四十六年(98) 春三月 王東巡柵城 至柵城西罽山 獲白鹿 及至柵城 與羣臣宴飮 賜柵城守吏物段有差 遂紀功於岩 乃還 冬十月 王至自柵城

사료 F-2 : 五十年(102) 秋八月 遣使安撫柵城

사료 F-3 : 六十九年(121) (中略) 冬十月 王幸扶餘 祀大后廟 存問百姓窮困者 賜物有差 肅愼使來 獻紫狐裘及白鷹白馬 王宴勞以遣之 十一月 王至自扶餘 王以遂成 統軍國事 十二月 王率馬韓穢貊一萬餘騎 進圍玄菟城 扶餘王遣子尉仇台 領兵二萬 與 漢兵 弁力拒戰 我軍大敗

사료 F-4 : 七十年(122) 王與馬韓穢貊侵遼東 扶餘王遣兵救破之

(『三國史記』 卷15, 高句麗本紀3, 太祖大王本紀)

사료 F는 모두 『삼국사기』 고구려본기 태조왕 시대의 기사이다. 1세기 말 2세기 초의 상황을 전하는 F-1·2의 기사를 보면 당시 고구려가 북옥저 지역에 위치한 柵城 관리에 주력하는 모습이 확인된다. 이는 당시 북옥저 지역에 대한 고구려의 관심이 꾸준히 지속되고 있음을 말해준다. 문제가 되는 것은 사료 F-3의 기사이다. 이를 보면 121년 10월 태조왕은 부여로 행차하였다가 11월에 다시 고구려로 돌아왔다고 한다. 그런데 이상한 점은 태조왕이 부여에서 돌아오고 한 달 뒤인 12월 고구려가 玄菟郡을 공격하였을 당시 부여가 현도군을 구원하며 고구려와 반목하고 있는 정황이 포착되는 것이다.

여기서 확인되는 고구려와 현도군 사이의 전쟁을 『후한서』 고구려전에서는 建光 원년(121) 가을의 일로 전하고 있고,[33] 『후한서』 安帝本紀에서는 122년 봄 2월의 일로 전하고 있는 바,[34] 이 전쟁은 121년 가을부터 122년

---

33) 『後漢書』 東夷列傳, 高句麗條, "建光 元年(121) 秋 宮遂率馬韓濊貊數千騎 圍玄菟 夫餘王遣子尉仇台 將二萬餘人 與州郡弁力討破之 斬首五百餘級".

봄에 이르기까지 지속되었던 것으로 보인다.[35] 그렇다면 고구려 태조왕 69년(121) 10월에 행차했다고 하는 부여는 현도군을 구원하며 고구려와 반목했던 부여와는 다른 부여, 즉 북옥저 지역에 위치한 동부여일 가능성이 높다.[36] 그러고 보면 태조왕이 부여에 행차하였을 당시 肅愼의 사신을 맞아들였다는 기사도 두만강 유역 북쪽에 거주하고 있던 숙신의 일부 집단과의 접촉을 말해주는 것으로 이해할 수 있다. 더구나 태조왕의 어머니 太后는 부여인이었다고 하므로[37] 당시 태후묘가 있었다는 부여, 즉 태조왕 69년에 행차하였다는 부여는 그 母系의 출신지라 할 수 있다. 왕의 모계가 出自하였을 만큼 고구려 왕실과 관계가 긴밀했던 지역의 정치체가 오랫동안 고구려와 반목해 온 길림 일대의 부여일 가능성은 낮다.[38] 즉 태조왕의 어머니(태후)의 출신지는 동부여로 판단된다. 그렇다면 사료 F-1·2의 책성 관련 기사와 사료 F-3에서 왕이 행차하였다는 부여 관계 기사는 모두 북옥저 일대, 즉 동부여와 그 주변 지역에 대한 기록으로 이해할 수 있다고 본다.

그렇다면 북옥저 일대에 존재했던 동부여의 위치는 구체적으로 어느

---

34) 『後漢書』 卷5, 孝安帝紀 延光 元年條, "延光 元年(122) 春二月 夫餘王遣子將兵救玄菟擊高句驪馬韓穢貊破之 遂遣使貢獻".

35) 김부식 지음·이병도 역주, 1996, 『三國史記(下)』, 을유문화사, 363쪽 주 15).

36) 이도학, 2005, 앞의 논문, 136~137쪽.

37) 『三國史記』 卷15, 高句麗本紀 , 大祖大王 卽位年條, "大祖大王(或云國祖王), 諱宮, 小名於漱, 瑠璃王子古鄒加再思之子也. 母太后, 夫餘人也."

38) 한편 태조왕이 행차하였다는 이때의 태후묘를 주몽의 어머니 유화의 묘로 볼 여지도 있다. 『三國史記』 卷13, 高句麗本紀1, 東明聖王 14年條, "十四年 秋八月 王母柳花薨於東扶餘 其王金蛙 以太后禮葬之 遂立神廟 冬十月 遣使扶餘饋方物 以報其德"의 기록처럼 주몽 집단이 동부여에서 이탈해 나간 이후 그 어머니 유화가 동부여에 남아 있다가 죽자 동부여의 금와왕은 그녀를 태후의 예로 장사지내고 神廟를 세워주었다고 전하고 있다. 여기에 보이는 태후의 신묘(유화부인묘)를 태조왕이 행차한 태후묘로 볼 경우, 태후묘가 위치한 부여 또한 자연 동부여가 된다. 하지만 태조왕의 母太后 또한 부여인으로 적기하고 있는 만큼(앞의 각주 참조) 태조왕 69년에 행차하였다는 태후묘는 그 어머니의 묘로 보는 것이 보다 타당하다고 판단된다.

곳으로 비정할 수 있을까. 사실 여기에 대해서는 아직까지 확정할 만한 단서를 찾기 어렵다고밖에 말할 수 없다. 추후 고고자료의 보완이 이루어지지 않는 한 그 정확한 위치를 찾는 것은 아마도 요원한 일일 것이다. 일찍이 동부여의 중심지를 오늘날의 혼춘, 즉 고구려의 책성 지역에 비정하는 견해[39]가 제기된 바 있지만, 태조왕 시대 사실을 전하는 위의 사료 F에서는 책성과 동부여로 여겨지는 부여 세력이 구분되어 나타나고 있다. 따라서 당시 동부여의 중심지를 책성으로 보기는 어려울 것 같다. 일단 앞서의 사료 F를 통해 볼 때, 동부여는 혼춘 일대로 비정되는 책성(치구루)과 가까우면서도 사료 D-1에서처럼 옥저 북쪽, 넓게 보아 북옥저의 범위 안에서 읍루와 인접하여 존재하였던 것으로 보인다. 이상을 종합해 보면 오늘날의 연길 일대가 본래 동부여의 중심지가 아니었을까 추정된다.[40] 따라서 여기서는 잠정적으로 동부여의 중심지를 연길 일대로 비정하고자 한다.

이상에서 검토한 바 동부여는 태조왕 시대에 이미 고구려의 부용국으로 존재하고 있었고, 고구려는 책성을 중심으로 동부여를 비롯한 북옥저 일대에 대한 관리를 꾸준히 이어나갔던 것으로 파악된다. 물론 고구려의 옥저 지역 복속 형태가 『삼국지』에서 전하는 대로 간접적 공납 지배 형태였던 것으로 미루어 볼 때,[41] 당시 북옥저의 여러 정치체 또한 고구려에 복속된 상황 속에서 동부여와 같이 어떻게든 정치체의 존속을 유지해나갔던 세력도 존재했던 것이다.

그리고 이상의 이해가 타당하다면, 이 시기 역사상에서 그동안 쉽게

39) 노태돈, 1989, 앞의 논문 ; 1999, 앞의 책, 516쪽.

40) 근래에 동부여의 위치를 오늘날의 돈화(敦化) 일대에서 찾는 견해도 제기된 바 있다(임기환, 2012, 「고구려의 연변 지역 경영」 『동북아역사논총』 38, 69쪽).

41) 『三國志』 魏書 東夷傳, 沃沮傳條, "句麗復置其中大人爲使者 使相主領 又使大加 統責其租稅 貊布魚鹽海中食物 千里擔負致之 又送其美女 以爲婢妾 遇之如奴僕" ; 임기환, 1995, 「高句麗 集權體制 成立過程 硏究」, 경희대학교 박사학위논문, 127쪽.

풀리지 않던 난제에 접근할 단서를 얻게 된다.

사료 G : ① 建武(A.D.25~55)中 東夷諸國皆來獻見 ② 二十五年(49) 夫餘王遣使奉貢 光武厚荅報之 於是使命歲通 ③ 至安帝永初五年(111) 夫餘王始將步騎七八千人 寇鈔樂浪 殺傷吏民 後復歸附 ④ 永寧元年(120) 乃遣嗣子尉仇台詣闕貢獻 天子賜尉仇台印綬金綵 ⑤ 順帝永和元年(136) 其王來朝京師 帝作黃門鼓吹角抵戱以遣之 ⑥ 桓帝延熹四年(161) 遣使朝賀貢獻 ⑦ 永康元年(167) 王夫台將二萬餘人寇玄菟 玄菟太守公孫域擊破之 斬首千餘級 ⑧ 至靈帝熹平三年(174) 復奉章貢獻 ⑨ 夫餘本屬玄菟 獻帝時(189~220) 其王求屬遼東云.(『後漢書』 東夷列傳 夫餘條)

위의 사료는『후한서』동이열전 부여조에 실려 있는 1~2세기 무렵 後漢과 부여의 관계기사이다. G②(49년), G④(120년), G⑤(136년), G⑥(161년), G⑧(174년), G⑨(189~220년) 등에서 보듯 대체적으로 양측 간에는 우호적 관계가 지속되는 가운데 G③(111년) 및 G⑦(167년)과 같이 군사적 충돌도 간간히 벌어졌음을 알 수 있다. 또 여기에는 121~122년 고구려와 현도군 사이에 전쟁이 벌어졌을 당시 부여왕이 그 아들 尉仇台를 보내 현도군을 구원했던 사건은 빠져 있다. 이로 보아 1~2세기 무렵 후한과 부여 사이는 두 번의 돌발적 충돌(③과 ⑦)을 제외하면 줄곧 우호적 관계를 유지했다고 볼 수 있겠다.

그런데 여기서 하나 눈길이 가는 기록이 바로 G③(111년)의 충돌기사이다. 즉 111년 부여의 왕이 몸소 7~8천의 대병력을 이끌고 오늘날의 평양 일대에 있던 낙랑군을 공격하여 관리와 백성을 살상했다는 것이다.[42] 그간 이 기사에 대해서 길림 일대를 중심으로 하였던 부여의 대병력이 남쪽의 고구려를 넘어 낙랑군을 공격했다고 보기는 어렵다고 판단하여

42) 『後漢書』卷5, 孝安帝紀 永初 5年條에서는 이 사건과 관련하여 단지 "夫餘夷犯塞, 殺傷吏人"이라고만 적고 있다.

이는 낙랑군이 아닌 현도군을 공격한 것이 잘못 전해진 것이라 이해하여 왔다.[43] 하지만 그렇게만 보기에도 어려운 것이 당시 정세를 놓고 볼 때 양측의 충돌이 가지는 성격과 그 규모가 만만치 않았다는 점이다.

이 사건은 전통적으로 우호적 관계에 있었던 중국 왕조와 부여가 처음으로 반목한 것이며 따라서 사료 G③에서는 이때 부여와의 군사적 충돌이 '처음(始)'이라고 특기하고 있다. 또한 이는 부여왕이 직접 7~8천의 대병력을 이끌고 후한의 변군을 공격하여 관리와 백성을 살상한 사건이었다. 때문에 이 일은 당시 후한 측에서도 상당히 긴급한 현안으로 인식될 수밖에 없었을 터이다. 요컨대 동북방의 고구려를 견제하던 전통적 우방인 부여가 오히려 변군을 공격해 와서 관리까지 살상을 한 마당에 당시 사건이 전개된 군현의 이름이 사서에 잘못 전해질 가능성은 상정하기 힘들다는 것이다.

그렇다면 이 사건을 이해하는 데에 있어 상정할 수 있는 가능성은 결국 하나밖에 없을 것 같다. 즉 앞서 살펴본 북옥저 지역에서 고구려 부용세력으로 존재했던 부여, 동부여의 군사 활동이다. 검토한대로 이 사건이 일어난 111년에 앞서 고구려의 태조왕은 책성 지역을 순행(98년)하거나 사신을 보내 안무(102년)하는 등 꾸준히 북옥저 일대에 대한 관리를 이어나갔으며, 또 121년에는 왕이 직접 (동)부여에 행차해 大后廟에 제사를 지내는 등 북옥저 일대에서의 활동이 두드러지게 나타나고 있다. 특히 121년 동부여로의 행차는 당시 동부여가 고구려에 부용되어 있음을 확인시켜주고 있다. 그렇다면 111년 부여의 낙랑 공격은 북옥저 일대에 존재하던 동부여가 고구려의 사주를 받아 낙랑군의 변경지역, 특히 당시 후한으로부터 후국으로 편제되어 있던 동옥저 지역(영동 7현)[44]을 침공한 것으로 이해할 수

43) 李丙燾, 1985, 「夫餘考」『韓國古代史硏究(修訂版)』, 博英社, 219쪽 ; 김기섭, 2008, 「부여족의 분산과 이동」『부여사와 그 주변』, 동북아역사재단, 74쪽.

44) 김병준, 2015, 「낙랑군 동부도위 지역 邊縣과 군현지배」『한국고대사연구』 78, 175~176쪽에 따르면 A.D. 30년 낙랑군 동부도위가 폐지된 이후로도 영동 7현은 고구려가 화려성(華麗侯國)을 공격하는 118년까지 낙랑군의 지배 하에 존속했으

있지 않을까 한다.

한편 이 당시 고구려는 동부여를 추동하여 낙랑군 동부지역 일대를 공격했을 뿐만 아니라, 예맥을 앞세워 현도군에 대한 공격도 감행하였다. 『자치통감』에는 당시의 두 사건에 대해 111년 3월에 "夫餘王寇樂浪, 高句麗王宮與濊貊寇玄菟"[45]라고 전하고 있는데, 여기서도 두 사건이 마치 함께 연계되어 진행되었던 것처럼 서술하고 있다.[46] 즉 당시 고구려는 서쪽으로는 예맥과 함께 현도군을 공격하는 한편 남쪽으로는 동부여를 추동하여 낙랑군을 공격하는 양동작전을 취하고 있었던 것이다. 그리고 이러한 고구려의 전략은 7년 뒤인 태조왕 66년(118)에도 그대로 유지되고 있다. 즉 118년 고구려는 예맥과 함께 현도군을 공격하는 한편 낙랑군의 후국으로 존재하던 華麗城을 공격하는 양동 작전을 펼치고 있다.[47] 이로 보아 111년 동부여의 낙랑군 공격 배후 또한 고구려임을 쉽게 짐작할 수 있다.

이처럼 동부여는 북옥저 일대에 존재하던 여러 정치체 중의 하나로서

며, 대략 2세기 중엽 이후로 고구려에 복속된 것으로 이해된다고 한다.

45) 『資治通鑑』 卷49, 漢紀41, 安帝 永初 5年(111)條.

46) 한편 『후한서』 고구려전에는 "安帝永初五年 宮遣使貢獻 求屬玄菟"라는 기사가 전하는데, 이는 『三國史記』 고구려본기 태조왕 59년(111)조에도 "五十九年 遣使如漢貢獻方物 求屬玄菟"라고 하여 같은 기록이 보이고 있다. 때문에 김부식은 "『資治通鑑』에서 말하길 이 해 3월에 고구려왕 궁이 예맥과 더불어 현도군을 寇掠했다는데, 혹은 求屬하고 혹은 寇掠한 것인지 아니면 어느 하나가 잘못된 것인지 알 수 없다."고 적고 있다. 그리고 여기에 대해 李丙燾는 安帝 永初 5年에 고구려가 후한에게 求屬했다는 기록이 安帝本紀에 보이지 않음을 들어 믿기 어렵다고 판단하고 대신 같은 시기 『資治通鑑』에 보이는 고구려의 현도군 침공 기사를 신뢰하고 있다(김부식 지음·이병도 역주, 1996, 『三國史記(上)』, 을유문화사, 363쪽 주14)). 물론 서로 다른 두 기록을 모두 취해 111년 당시 현도군을 공격한 고구려가 그해에 다시 사자를 보내 현도군과 관계 개선에 나섰던 것으로 볼 수도 있겠다. 하지만 태조왕 66년(118)에도 고구려는 현도군을 공격하는 한편 낙랑군의 후국으로 존재하던 華麗城을 공격하는 양동 작전을 펼치고 있음을 볼 때, 111년에 고구려가 현도군에 求屬했다는 기사는 역시 오전으로 보는 것이 타당할 듯하다.

47) 『後漢書』 東夷列傳 高句麗條, "元初五年 復與濊貊寇玄菟 攻華麗城" ; 『三國史記』 卷15, 高句麗本紀3, 太祖大王 66年條, "夏六月 王與濊貊襲漢玄菟 攻華麗城".

늦어도 2세기 초 무렵에는 고구려의 부용국 위치에 있었다. 그리고 고구려 왕권의 지속적인 관심과 관리 속에 고구려에 대해 종속적인 위치를 벗어나지 못한 상태에서 때로는 고구려의 대외전쟁에 동원되기도 하였다. 그러나 동부여는 어느 시기부터 점차 독립적인 움직임을 꾀하다가 『비문』에서 전하는 대로 광개토왕 20년(410)에 재차 고구려에 정복되었던 것으로 보인다. 그렇다면 이들이 고구려의 영향력에서 벗어나 자립할 수 있었던 배경은 무엇이었을까.

여기에 대해서는 이를 명확히 할 만한 단서를 찾기 어렵지만, 억측하자면 고국원왕 시대에 대외적 위기 속에서 동북방 지역에 대한 고구려의 관심이 일시적으로 느슨해진 틈을 타 북옥저 지역의 정치세력이 다시 자립했던 것이 아닐까 추정된다. 이 당시 고구려는 前燕과의 전쟁에서 참패하고 왕의 거처마저 평양 지역으로 옮겼지만, 다시 백제의 공격을 받고 평양 지역에서 왕이 전사하는 등 내내 고전을 면치 못했다. 이러한 국제 정세 속에서 일시적으로 고구려의 관심이 느슨해진 틈을 타 북옥저 지역의 정치세력이 자립화를 꾀했을 가능성이 있다. 즉 동부여는 4세기 중후반 무렵 고구려가 대외적으로 어려움을 겪던 시점에 일시적으로 자립하였다가 410년 무렵 광개토왕의 원정으로 끝내 몰락의 길을 걷고 만 것이다.

Ⅳ. 북옥저인의 부여 계승 의식

그렇다면 여기서 생각해 볼 점은 5세기 전반 무렵의 고구려인들이 북옥저 지역에 존재하던 어느 한 정치체를 놓고 그들을 동부여로 인식하게 된 이유는 무엇이었을까 하는 점이다. 우선 본래 原부여의 세력이 동쪽으로 어디까지 미쳤는지 확인해볼 필요가 있다. 아래의 사료를 보도록 하자.

사료 H : 挹婁在夫餘東北千餘里 濱大海 南與北沃沮接 未知其北所極 (中略) 自漢已來 臣屬夫餘 夫餘責其租賦重 以黃初中叛之 夫餘數伐之 其人衆雖少 所在山險 鄰國人 畏其弓矢 卒不能服也.(『三國志』 魏書 東夷傳, 挹婁條)

위의 기록으로 보아 길림 일대에 중심지를 두고 있던 부여는 漢代 이래로 黃初 연간(220~225) 이전, 즉 3세기 초반 시점까지 동쪽으로 읍루를 신속시키고 세금과 부역을 부담시켰다고 한다. 이로 보아 부여는 적어도 3세기 초반까지는 장광재령을 넘어 연해주 일부 지역에까지 영향력을 뻗치고 있었던 것으로 보인다. 물론 당시 부여의 읍루에 대한 지배 방식은 직접 지배로 볼 수는 없고, 읍루를 읍락별로 복속시켜 그 족장을 통해 공납을 징수하는 형태였을 것으로 여겨진다.[48] 하지만 그렇다고 하여도 3세기 초 이전까지 부여족의 영향력이 일정정도 읍루 지역까지 미치고 있었다는 점은 부인하기 어렵다.

그렇다면 이때 부여와 읍루를 이어주는 교통로는 어디였을지 생각해 볼 필요가 있다. 우선 오늘날의 敦化 일대를 중심으로 펼쳐진 교통로가 주목되는데, 돈화는 장광재령 남단의 평원지대에 위치해 있으며 오늘날도 길림에서 연해주 지역으로 나아가는 교통로의 중간 연결 지점이다. 즉 길림에서 돈화까지는 평탄한 교통로가 펼쳐져 있으며, 다시 돈화에서 북으로는 목단강 유역으로 동으로는 연길로 이어지는 교통로가 발달해 있다. 이로 보아 부여가 읍루 지역으로 진출하고자 할 때, 장광재령을 남으로 우회하여 돈화 지역을 중심으로 펼쳐진 교통로를 이용하는 것이 최선이었다고 할 수 있다. 따라서 읍루의 일부 지역에까지 영향력을 미쳤을 당시 부여는 길림↔돈화↔목단강 유역 및 길림↔돈화↔연길↔혼춘으로 이어지는 교통로를 기반으로 동쪽으로 세력을 확대해나갔던 것으로 추정된다.

48) 노태돈, 1989, 앞의 논문 ; 1999, 앞의 책, 509쪽.

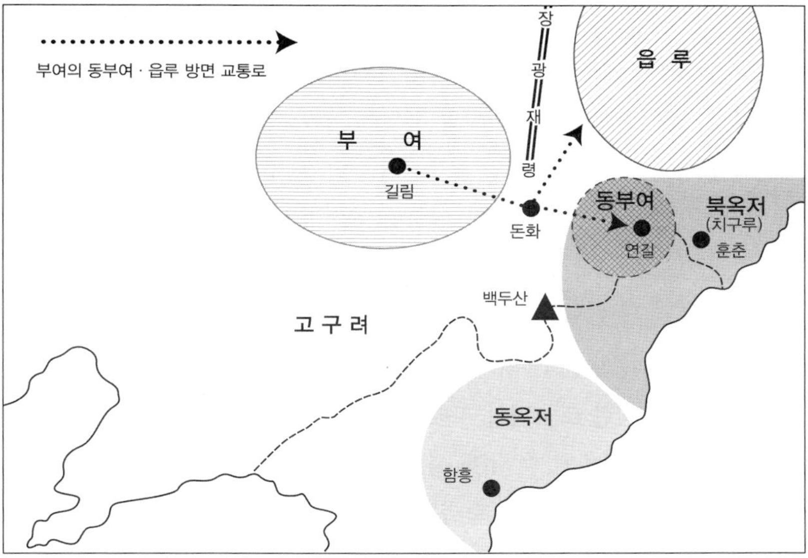

동부여의 위치와 부여의 동부여·읍루 방면 교통로

한편 이와 같은 부여의 동부여 방면 교통로는 고구려의 북옥저 방면 교통로의 형성과 관련해서도 시사하는 바가 많다. 현재 고구려의 북옥저 방면 교통로에 대해서는 크게 백두산을 중심으로 남로와 북로가 거론되고 있다. 백두산 남로는 集安↔臨江↔惠山·長白↔마천령산맥↔吉州↔淸津↔두만강 하류로 나아가는 경로가 지적되었는데, 연구자는 이를 동해로라 명명하고 있다.[49] 반대로 백두산 북로의 경우에는 집안↔臨江↔撫松↔安圖市 萬寶鎭↔和龍市 西城鎭으로 나아가는 경로가 지적되었고, 이를 옥저방면로[50]로 부른다.

그런데 이 두 교통로 중 먼저 형성된 교통로는 백두산 남로, 이른바

49) 여호규, 2008, 「鴨綠江 중상류 연안의 高句麗 성곽과 東海路」 『역사문화연구』 29, 152~153쪽.

50) 이성제, 2009, 「高句麗와 渤海의 城郭 운용방식에 대한 기초적 검토」 『고구려발해연구』 34, 168~169쪽.

동해로였을 것으로 보인다. 앞서 사료 C-2에서 보듯이 고구려는 북옥저를 정벌하기 전에 태백산(백두산) 동남쪽의 행인국을 먼저 정벌하고 있어 마치 북옥저로 나아가는 교통로를 개척해 나가는듯한 모습을 보이고 있기 때문이다. 연구에 따르면 이와 같은 동해로는 태조왕 시대에도 이용되었다고 한다.[51] 반면 백두산 북로로 설정된 옥저방면로의 경우에는 경로 상의 요충지에 다수의 고구려 성곽이 포진되어 있으며, 이후 발해 시대에 들어와서도 '鴨綠道'로 명명되며 주요 교통로로 활용되었다.[52] 이로 보아 고구려의 북옥저 방면 교통로는 처음 백두산 남로가 개척되어 활용되었다가 이후 북옥저 방면에 대한 고구려의 지배력이 확고히 관철되면서 백두산 북로가 개척되고 주로 이용되게 되기 시작한 것으로 보인다.

그렇다면 초창기 고구려는 왜 험준한 백두산 남로를 따라 북옥저 지역으로 나아가야 했던 것일까. 물론 백두산 북로로 설정된 경로 또한 교통이 수월한 지형은 아니다. 하지만 백두산 남로로 설정된 동해로의 경우에는 개마고원 끝자락을 돌파하여 마천령산맥을 넘어야 하는 매우 험준한 경로이다. 결국 고구려가 이러한 험로를 선택할 수밖에 없었던 이유는 북방에 위치한 부여 세력의 강세 때문이 아니었을까 한다. 더구나 연길 일대에 중심지를 두었을 것으로 추측되는 동부여 세력의 존재는 초창기 고구려가 백두산 북로를 운용하는 데에 큰 장애가 되었을 것이다. 즉 당시까지 부여의 동부여 방면 교통로, 즉 길림↔돈화↔연길↔혼춘으로 이어지는 교통로를 부여가 확고히 장악하고 있었기에 고구려로서는 백두산 북로의 개척이 어려웠던 것이다.

요컨대 동부여와 북옥저 일대에서 고구려의 움직임이 두드러지는 2세기 초 이전까지는 부여가 길림↔돈화↔연길로 이어지는 교통로를 장악하고 이를 통해 동부여와 북옥저를 넘어 읍루에까지 영향력을 행사했던 것으로

51) 여호규, 2008, 앞의 논문, 152쪽.

52) 이성제, 2009, 앞의 논문, 169~172쪽.

판단된다. 이러한 점을 고려해볼 때, 상당히 이른 시기부터 두만강 지역 일대에 부여 세력의 침투가 이루어졌을 가능성을 상정해볼 필요가 있다. 즉 직접적인 세력 확장의 형태는 아니었더라도 부여계 이주민들이 동부여 방면 교통로를 따라 돈화 일대를 지나 두만강 유역까지 진출하였을 가능성은 충분하다. 한편 고구려는 백두산 남로를 통해 우여곡절 끝에 진출한 두만강 하류 유역(치구루=책성)에 대한 지배를 보다 확대해 나가기 위해 부여가 장악하고 있던 동부여 방면 교통로를 무력화시킬 필요가 있었을 터인데, 이는 곧 대무신왕 시대 고구려의 대부여항쟁의 역사와 관련이 있을 것으로 생각된다.[53)]

한편 이와 관련하여 최근 부여 문화(포자연 문화), 牡丹江 유역의 東興 문화, 三江平原의 滾兎嶺 문화 및 북옥저 문화(단결-크로우노프카 문화)가 기원전부터 상호 밀접한 관련 속에서 전개되었다는 연구가 제시되고 있어 주목된다.[54)] 즉 이를 통해 이들 지역 간의 문화적 친연성을 상정해 볼 수 있게 된 것이다. 물론 아직까지 시론 단계의 의견이며 북옥저 일대의 문화를 설명하는 데에 있어서 현재로서는 많은 제한이 따르지만, 추후 연구의 확장을 기대해볼 수 있겠다.

그리고 이와 함께 부여족 혹은 濊族의 한반도 남하 루트를 상정한 견해들도 일찍부터 다양하게 제기된 바 있어 참고가 된다.[55)] 즉 본래 예족은 송화강 유역과 연해주 일부 지역 및 한반도 동북부 일대에 걸쳐 넓게

---

53) 이와 관련하여서는 현재 별고를 준비 중에 있다.

54) 강인욱, 2015, 「三江平原 滾兎嶺·鳳林문화의 형성과 勿吉·豆莫婁·靺鞨의 출현」 『고구려발해연구』 52, 131~132쪽. 한편 강인욱은 이들 문화 사이에 확인되는 동질성의 배경으로 옥저계 문화의 북상을 상정하고 있다(같은 논문, 132~133쪽).

55) 三上次男, 1951, 「穢人とその民族的性格」 『朝鮮學報』 2, 26쪽 ; 1977, 『古代東北アジア史研究』, 吉川弘文館, 371쪽 ; 김철준, 1975, 「백제사회와 그 문화」 『한국고대사회사』, 지식산업사, 47~48쪽 ; 노명호, 1981, 「百濟의 東明神話와 東明廟」 『역사학연구』 10, 47~52쪽 ; 권오중, 1980, 「말갈의 種族系統에 관한 試論」 『震檀學報』 49, 16~17쪽 ; 공석구, 1990, 앞의 논문 ; 1998, 앞의 책, 252~255쪽.

포진해 있었는데, 이들은 한반도 동해안 루트를 따라 남하하여 지금의 경상북도 일원까지 진출하였다고 한다.[56] 그리고 '濊王之印'의 존재[57]를 통해 알 수 있듯이 당시 부여는 이러한 예족 세력을 대표했던 국가였다. 이러한 견해들에 비추어 볼 때 당시 북옥저 지역의 종족 구성 또한 당연 예족이 주축이 되었을 것으로 보아야 할 것이다.

즉 부여와 북옥저는 모두 그 종족 구성 면에서 예족이 근간을 이루고 있었다고 볼 수 있다. 그렇다면 양자의 이러한 종족적 유사성이 고구려인들에게 북옥저인들을 '동쪽의 부여인'으로 인식하게 하는 한 요인으로 작용했던 것이 아닐까 한다. 특히 북옥저 일대에 거주하는 예족은 이른 시기부터 이 지역으로 진출해왔던 부여족에 그 원류를 두고 있었다고 추정해 볼 때, 이 지역에 진출한 부여계 유민들의 존재가 고구려인의 인식 속에 "고구려 동쪽의 부여인"으로 각인되었던 것이 아닌가 한다. 또한 3세기 후반 모용선비의 공격을 받고 피난 온 부여 세력을 고구려가 이 지역에 안치시킨 것도 이러한 양자의 종족적 친연성을 고려한 조치였다고 생각된다.

요컨대 『비문』의 동부여는 북옥저 지역에 거주했던 부여계 예족 집단을 중심으로 형성된 정치체를 지칭했던 것으로 생각되며, 이들은 이른 시기 부여에서 남하하여 두만강 일대로 진출했던 것으로 추정된다. 한편 부여는 이른 시기부터 길림↔돈화↔연길↔혼춘으로 이어지는 동부여 방면 교통로를 기반으로 이 지역에 대한 영향력을 행사했던 것으로 보인다. 그러다가 이후 고구려가 두만강 하류 유역 확보에 성공하고 책성을 중심으로 북옥저 전역에 대한 영향력을 확대해 나가면서 동부여는 다시 고구려의 세력권에 편입되었던 것으로 판단된다. 414년 건립된 광개토왕비에 나타난 동부여상

56) 1966년 경상북도 영일군에서 발견된 「晉率善穢伯長」印의 사례를 통해서 濊族이 동해안 루트를 따라 경상북도 일원까지 진출하였다고 보는 견해가 있다(공석구, 1990, 앞의 논문 ; 1998, 앞의 책, 255쪽).

57) 『三國志』 魏書 東夷傳, 夫餘條, "其印文言濊王之印, 國有故城名濊城, 蓋本濊貊之地, 而夫餘王其中, 自謂亡人, 抑有似也".

은 바로 이와 같은 배경 속에서 성립된 것이라 할 수 있다. 그렇다면 이와 같은 관점에서 국내 문헌 사료에 전하는 동부여 관련 설화를 다시 이해해볼 필요가 있겠다.

사료 I-1 : 先是 扶餘王解夫婁 (中略) 後其相阿蘭弗曰 日者天降我曰 將使吾子孫 立國於此 汝其避之 東海之濱有地 號曰迦葉原 土壤膏腴宜五穀 可都也 阿蘭弗遂勸王 移都於彼 國號東扶餘.(『三國史記』 卷13, 高句麗本紀1, 始祖東明聖王 卽位條)

사료 I-2 : 北扶餘王解夫婁之相阿蘭弗 夢天帝降而謂曰 將使吾子孫立國於此 汝其避之 [謂東明 將興之兆也] 東海之濱有地名迦葉原 土壤膏腴 宜立王都 阿蘭弗勸王移都於彼 國號東扶餘.(『三國遺事』 卷1, 紀異 東夫餘條)

위의 두 사료에서는 부여(북부여)왕 해부루(解夫婁)가 나라를 옮겨 동부여를 건국하는 과정을 큰 차이 없이 전하고 있다. 즉 재상 阿蘭弗이 꿈에서 천명을 계시 받아 이에 해부루가 나라를 東海之濱의 迦葉原으로 옮겨 동부여를 건국하였다는 것이다. 그리고 위의 사료에는 인용되어 있지 않지만 이 기사들을 전후로 하여 해부루가 아들 金蛙를 얻는 과정도 공통적으로 전해지고 있다. 이를 보면 동부여 관련 설화는 기본적으로 동부여 건국 설화로서의 성격을 지닌다고 판단된다.[58] 특히 이 설화가 북부여 시조 해모수 신화와 연결되어 있다는 점에 주목하면, 북옥저인들이 자신들의 연원을 북부여(부여)와 연관시키고 있음을 알 수 있다.

물론 북부여(부여) 건국 신화의 원형은 널리 알려져 있다시피 『論衡』에 처음 소개된 '東明 신화'로서 해모수 신화는 이와는 성격을 달리 하는 신화이다. 여기에 대해 신화 속 인격신의 등장은 후대적 요소라 하여 주몽신화 성립 이후 어느 시기에 해모수 신화가 첨가된 것으로 보는 견해가 있는가

58) 노태돈, 1993, 앞의 논문 ; 1999, 앞의 책, 34~35쪽.

하면,[59] 해모수 신화의 생성을 부여의 동명신화가 자체적 변화와 발전 과정을 거친 결과로 보아 하늘(天)로 상정되었던 동명의 父系가 인격신 해모수로 변화한 것이라는 의견도 제기된 바 있다.[60] 또 한편으로는 동부여(북옥저)인들이 건국 신화를 성립해나가는 과정에서 자신들이 북옥저 지역으로 이주하게 된 배경을 설명하기 위한 장치로 해모수 설화를 삽입한 것일 가능성도 있다. 그러나 여기서 중요한 점은 동부여인들이 스스로 구성한 건국 신화에서 자신들의 연원을 북부여, 즉 길림 일대의 부여에 두고 있다는 사실이다. 이는 곧 그들 자신이 부여족의 후예임을 건국 신화를 통해 표방한 것이라 할 수 있겠다. 요컨대 북옥저인들 중에는 그들 나름대로 자신들이 부여의 후예였음을 건국 신화를 통해 강조하고 있었던 이들이 존재했다.

동부여인들의 이와 같은 부여 계승 의식은 고구려인의 입장에서 이들을 '동쪽의 부여'로 인식하게 하는 하나의 요인으로 작용했던 것으로 생각된다. 즉 『후한서』, 『삼국지』 등의 중국 측 문헌에 일관되게 북옥저라 지칭되었던 집단이 국내 문헌사료나 『비문』에 동부여로 나타나게 되었던 배경에는 부여인과 북옥저인 양자의 종족적 친연성뿐만 아니라 그들 나름의 부여 계승 의식이 있었기에 가능했던 것이라 할 수 있겠다.

이처럼 해부루를 건국 시조로 하는 『삼국사기』나 『삼국유사』에 보이는 동부여 건국 설화는 북옥저 지역으로 진출한 부여계 이주민들에 의해 성립된 것으로 훗날 동부여와 북옥저 지역이 고구려에 병합되면서 이들의 건국 신화도 후대에 성립하는 고구려 건국 신화 속에 뒤섞여 들어갔던 것으로 생각된다. 그리고 이렇게 고구려의 건국 신화 속에 녹아든 동부여왕 해부루·금와왕 설화와 여기에 이어지는 금와왕의 아들 帶素와 대무신왕의

59) 노태돈, 1993, 앞의 논문 ; 1999, 앞의 책, 34쪽.

60) 이승호, 2011, 「「광개토왕비문」에 보이는 천제지자관념 형성의 사적 배경」 『역사와 현실』 81, 118~120쪽.

전쟁 이야기는 훗날 고구려의 대동부여 항쟁의 역사로서 고구려인들에게 전승되었던 것으로 보인다. 즉 『삼국사기』 고구려본기 대무신왕 3년과 4년 기사에서 전하는 부여와의 전쟁 기사와 『위서』 고구려전에 전하는 "如栗死, 子莫來代立, 乃征夫餘, 夫餘大敗, 遂統屬焉"이라는 구절 등의 전승은 고구려가 동부여를 복속해 나가는 구체적인 과정으로서 고구려의 역사 속에 녹아들어갔던 것으로 볼 수 있겠다.

Ⅴ. 맺음말

지금까지 동부여와 관련하여 학계에 제기되어 온 주요 견해들을 살펴보고 이를 바탕으로 『광개토왕비문』에 보이는 동부여의 실체와 그 역사에 대한 시론적 검토를 진행하였다. 특히 논의를 전개함에 있어서는 5세기 전반 고구려인들의 동부여 인식을 문제 해결의 실마리로 삼고자 하였다. 이상에서 검토한 바를 요약하면 다음과 같다.

먼저 Ⅱ절에서는 동부여와 관련하여 학계에 제기된 여러 견해에 대해서 살펴보았다. 그 결과 동부여는 북부여, 부여와 구별되는 별개의 정치체로서 5세기 전반 고구려인에게 추모왕 시대부터 이미 고구려에 복속되어 조공을 해왔던 속민으로 기억되고 있었음을 알 수 있었다. 또한 이는 3세기 후반 이후 어느 시기 갑작스레 나타난 나라라고 보기는 어려우며, 오히려 그 역사는 어떻게든 고구려 초기 역사와 밀접하게 닿아 있을 가능성이 높다고 판단하였다.

다음으로 Ⅲ절에서는 『광개토왕비문』에 나타나는 동부여에 대한 검토를 진행하였다. 특히 동부여가 추모왕 시대부터 고구려에 복속되어 있었다는 비문의 "東夫餘 舊是鄒牟王屬民 中叛不貢" 구절에 주목하여, 여기서 보이는 동부여 인식이 『삼국사기』 고구려본기 동명성왕 10년에 정복하였다고 전하는 북옥저에 대한 기억과 맞물려 나타난 것으로 추정하였다. 나아가 『삼국지』 동이전 옥저조에서 옥저와 접하는 부여 세력을 동부여 세력으로 파악하고 이와 함께 『삼국사기』 고구려본기 태조왕대 기사에 대한 검토를 통해 고구려의 북옥저 지역 경영과 부용국 동부여의 존재를 추적하였다. 또한 동부여의 중심지를 연길 일대로 비정하는 한편, 동부여가 태조왕 이전 고구려에 복속되어 부용국으로 존속하면서 2세기 무렵에는 고구려의 대외전쟁에 동원되기도 하였음을 살필 수 있었다. 이후 동부여는 고구려가 대외적으로 위기를 맞는 4세기 후반에 고구려의 세력권에서 이탈하여 자립했던 것으로 보인다.

끝으로 Ⅳ절에서는 북옥저 지역의 일부 집단이 고구려인에게 동부여로 인식되게 된 배경에 대해서 알아보았다. 먼저 길림 일대의 부여와 동부여의 관계를 검토하였다. 1세기 무렵 부여는 길림↔돈화↔연길로 이어지는 동부여 방면 교통로를 따라 동부여와 북옥저 일대에 영향력을 행사하였고, 그 세력을 읍루에까지 확장해 나갔던 것으로 보인다. 또한 길림 일대에 중심을 둔 부여 세력과 두만강 유역의 북옥저는 모두 예족이 그 종족 구성의 근간을 이루었으며, 이에 동부여를 이른 시기 부여계 유이민에 의해 성립된 국가로 추정해 볼 수 있었다. 그리고 이들 동부여인은 자신들의 이주와 정착의 서사를 담은 건국 신화로서 해부루 신화를 창출하였는데, 이는 그들 나름의 부여 계승 의식을 표방한 것이라 할 수 있다. 부여와 북옥저 양자의 이러한 종족적 친연성과 일부 북옥저인들이 지녔던 그들 나름의 부여 계승 의식의 존재는 고구려인들로 하여금 이들을 동부여로 인식하게 하는 요인이 되었으며, 광개토왕비의 동부여상 또한 이와 같은 배경 속에서 나타난 것으로 이해된다.

이 정 빈

607년 고구려 동돌궐 교섭의 배경과 목적*

Ⅰ. 머리말

607년 8월 고구려는 동돌궐의 啓民可汗(재위 : 599~609)에게 사신을 보냈다. 동돌궐 교섭을 시도하였던 것이다. 일찍부터 607년의 이 교섭은 612년 고구려-수 전쟁의 직접적인 계기 중 하나로 주목되었다.[1] 그리고 이는 7세기 전반 동아시아 국제관계의 일면을 보여주는 사건으로 중시되었다. 고구려가 수에 위협적인 존재로 인식되었다고 보아 동아시아 국제질서를 고구려와 수, 양대 강국이 주도하였다고 생각하였고,[2] 돌궐·백제·왜를

---

* 본 논문은 「607년 고구려 동돌궐 교섭의 배경과 목적」『역사학보』225, 2015를 수정·보완한 것임.

1) 申采浩, 1931, 「朝鮮史(72) : 高句麗의 對唐戰役」『朝鮮日報』3836號(9月 2日) ; 2007, 『朝鮮上古史(丹齋申采浩前集 3)』, 독립기념관 한국독립운동사연구소, 774쪽 ; 末松保和, 1931, 「高句麗攻守の形勢」『靑丘學叢』5, 137~139쪽 ; 李丙燾·金載元, 1959, 『韓國史－古代篇(震檀學會)』, 乙酉文化社, 468쪽 ; 丁仲煥, 1968, 「古代史上의 大陸關係－高句麗를 중심으로」『白山學報』4, 157~158쪽 ; 李丙燾, 1976, 『韓國古代史硏究』, 博英社, 428쪽 ; 西嶋定生, 1983, 『中國古代國家と東アジア世界』, 東京大學出版會, 431~432쪽. 자세한 연구사는 임기환, 2014, 「7세기 동북아 전쟁에 대한 연구동향과 과제－고구려와 수, 당의 전쟁을 중심으로」『역사문화논총』8, 23~26쪽 참조.

2) 申采浩, 2007, 앞의 책, 774쪽 ; 丁仲煥, 1968, 앞의 논문, 157~158쪽.

포함한 反隋 封鎖同盟을 상정하기도 했다.[3] 비록 이와 같은 국제관계의 구도가 널리 인정받지는 못하였지만,[4] 607년 고구려의 동돌궐 교섭이 수 중심의 조공책봉질서 혹은 동아시아 여러 나라의 복잡한 이해관계를 단적으로 보여주는 사건이었음에는 대부분이 동의한다.

그럼에도 불구하고 아직까지 그와 관련한 사료가 면밀히 검토되지는 못하였다. 이 교섭을 전쟁의 직접적인 계기로 보아온 그동안의 통설적인 이해는 재고의 여지가 있다. 교섭을 둘러싼 국제관계에 대한 이해에도 보완이 요구된다. 더욱이 지금까지의 연구에서는 대부분 고구려 또는 수의 관점에서 이 교섭을 바라보았다. 이에 반해 동돌궐의 입장은 충분히 고려되지 못하였다. 최근의 연구에서 지적하였듯[5] 동돌궐의 동향이 파악되어야 교섭의 배경과 목적이 한층 분명히 드러날 것이며, 국제관계의 실상도 좀 더 구체적으로 이해할 수 있을 것이다.

본고에서는 먼저 607년 동돌궐 교섭의 배경을 살펴보고자 하는데, 이를 위해 이 무렵 동돌궐과 수의 관계를 파악해 보고자 한다. 다음으로 교섭의 목적을 생각해 보고자 한다. 이는 수의 『高麗風俗』 저술과 煬帝(재위 : 604~619)의 동돌궐 순행이 갖는 의미를 검토해 봄으로써 논의의 실마리를 찾을 수 있을 것이다.

---

3) 鬼頭淸明, 1976, 『日本古代國家の形成と東アジア』, 校倉書房, 70쪽.

4) 堀敏一, 1979, 「隋代東アジアの國際關係」, 唐代史硏究會 編, 『隋唐帝國と東アジア世界』, 汲古書院 ; 임기환, 2006, 「7세기 동북아시아 국제질서의 변동과 전쟁」, 역사학회 편, 『전쟁과 동북아의 국제질서』, 일조각, 67쪽.

5) 李成制, 2015, 「高句麗와 투르크계 北方勢力의 관계-이해의 방향과 연구방법에 대한 모색-」 『고구려발해연구』 52.

Ⅱ. 교섭과 동돌궐-수 관계

607년 고구려의 동돌궐 교섭은 다음의 사료를 통해 살펴볼 수 있다.

A-1 ㉠ [裴矩는] 황제가 塞北에 巡幸한 것을 좇았다. [황제가] 啓民의 廬帳에 行幸하였는데, 이때 고구려가 사신을 보내 [황제가 行幸하기에] 앞서 돌궐과 通交하고 있었다. ㉡ 啓民은 감히 [고구려의 사신을] 숨기지 못하고 그를 데려가 황제를 謁見하도록 하였다. ㉢ 裴矩가 이로 인해 奏狀하였다. "고구려의 지역은 본래 孤竹國입니다. 周代에 그 지역을 箕子에게 封하였는데, 漢代에 나누어 3郡으로 삼았고, 晉氏 또한 遼東을 통괄하였습니다. [그러나] 지금 [고구려는] 신하로서의 도리를 지키지 않는 데 이르러 별도로 外域이 되었습니다. 그러므로 先帝(文帝)께서 우려하시고 그를 정벌하고자 한 것이 오래되었습니다. 다만 楊諒이 불초하여 군사를 내었지만, 공이 없었습니다. [이제] 폐하(煬帝)의 치세를 맞았으니, 어찌 [고구려를] 다스리지 않겠으며, 이 冠帶의 境으로 하여금 그대로 蠻貊의 鄕이 되도록 하시겠습니까? 지금 그(고구려) 사자는 돌궐에서 [황제를] 조회하고 啓民이 合國從化하는 것을 친견하였으니, 반드시 皇靈이 멀리 통하는 것을 두려워하고, 후에 복종하면 먼저 망할까 우려하고 있을 것입니다. 入朝하도록 위협하면 마땅히 올 것입니다." 황제가 말하였다. "어떻게 그렇게 하는가?" 裴矩가 말하였다. "청컨대 그 사신을 대면하고 조서를 내려, 본국으로 放還하도록 하고, 그 왕에게 가서 말하도록 하기를, '지금 속히 朝覲하라 그렇지 않으면 마땅히 突厥을 이끌고, 卽日에 주살할 것이다'고 하십시오." 황제가 [裴矩의 말을] 받아들였다. ㉣ 高元(영양왕)이 명을 따르지 않자 비로소 征遼의 계책을 세웠다.(『隋書』 卷67, 列傳32 裴矩)

A-2 ㉠ 이보다 먼저 고구려가 私通하여 啓民의 처소에 사신을 보냈다. ㉡ 啓民은 誠心으로 [수]나라를 받들어 감히 境外의 교섭을 숨기지 못하였다. 이날에 [啓民은] 고구려의 使人을 데리고 [황제를] 알현하였다. ㉢ [황제는] 牛弘에게

敕令을 宣旨하여 다음과 같이 말하였다. "짐은 啓民이 誠心으로 나라를 받든다고 여겼기 때문에 친히 그 처소에 이르렀다. 내년에는 涿郡에 갈 것이다. 네가 돌아가는 날 고구려왕에게 말해 다음을 알도록 하라. 마땅히 일찍 와서 朝見하되 스스로 의심하여 두려워하지 말 것이며 存育의 예는 마땅히 啓民과 같이 할 것인데, 만약 조회하지 않는다면 반드시 啓民을 데리고 그 땅에 巡行할 것이다." [고구려의] 使人이 매우 두려워하였다.(『隋書』 卷84, 列傳49 北狄 突厥)

위 사료는 『수서』 裴矩傳과 돌궐전의 일부로, 607년 8월 9일 고구려의 사신이 수 양제와 대면한 사실을 전하고 있다.6) 607년 4월부터 9월까지 양제는 대규모의 병력을 이끌고 북방 변경지대를 巡幸하였다.7) 이러한 가운데 8월 6일 그는 楡林郡(內蒙古自治區 托克托縣)에서부터 金河(南黑河) 방면으로 이동하면서 계민가한의 영접을 받고 있었다.8) 고구려의 사신은 이때 계민가한을 방문하였던 것이다. 그런데 위 사료에서처럼 계민가한은 고구려 사신의 방문을 양제에게 알렸다. 그리고 고구려의 사신을 양제에게 데려가 대면이 이루어졌다.

사료 A-1-㉣에서 '征遼의 계책' 즉 수가 고구려 공격계획을 수립하였다고 한 사실이 주목된다. 이제까지 다수의 연구에서는 이를 중시해 수의 고구려 공격계획이 607년에 수립되었고, 그것이 고구려의 동돌궐 교섭에서 비롯되었다고 해석하였다. 교섭의 장면을 목격한 수는 고구려를 잠재적 위협세력

6) 대면의 시점은 다음의 사료를 통해 확인할 수 있다. 『隋書』 卷3, 帝紀3 煬帝上 大業 3年(607) 8月 乙酉(9日).

7) 煬帝의 이동경로는 『資治通鑑』 卷180, 隋紀4 煬帝 大業 3年(607)에 상세히 나오는데, 대략 다음과 같다. 赤岸澤(陝西省 大荔縣)－鴈門(山西省 代縣)－馬邑(山西省 朔州市)－楡林郡－涿郡－楡林郡－金河－樓煩關(山西省 寧武懸)－太原－河內(河南省 沁陽市)－濟源－東都(河南省 洛陽市). 이에 대한 보다 구체적인 분석은 菊池英夫, 1992, 참조.

8) 『隋書』 卷3, 帝紀3 煬帝上 大業 3年(607) 8月 壬午(6日). "車駕發楡林".

으로 판단하고 공격계획을 수립하였다고 이해한 것이다. 그런 만큼 607년부터 양국은 전쟁국면으로 돌입하였다고 설명하는 것이 일반적이다.9)

실제 고구려의 동돌궐 교섭은 수를 자극했다고 보인다. 예컨대 사료 A-2-㉠과 ㉡에서 고구려와 동돌궐의 교섭을 '私通·境外의 교섭'으로 표현했다. 수는 고구려와 동돌궐의 교섭을 공적 조공책봉질서의 외부에서 진행된 사적 외교행위로 간주하였던 것이다. 만약 수가 이와 같은 사적 외교행위를 묵인한다면 향후 자국 중심의 조공책봉질서는 앞으로도 계속 도전받을 수 있었을 것이다. 후술하겠지만 고구려의 동돌궐 교섭이 무모한 것만도 아니었다. 그러므로 양제는 배구(548~627)의 건의를 수용해 고구려의 嬰陽王(재위 : 590~618)에게 朝見을 요구했다고 생각된다. 국왕의 입조란 외교적 압박을 가함으로써 고구려에 조공책봉질서를 관철하고자 한 것이다. 나아가 영양왕의 입조 여부가 양제의 巡幸, 즉 군사적 공격으로 이어질 수 있다고 경고하였다.

양제는 그의 요구와 경고를 牛弘(546~611)으로 하여금 칙명의 형식으로 선포(宣旨)하도록 하였다. 비단 고구려만 아니라 수의 朝野와 동아시아 여러 나라를 향해 공언한 셈이다. 그러므로 영양왕의 입조 여부는 국제적으로도 중요한 문제였고, 수로 하여금 공격의 빌미를 제공할 수 있었다. 이후의 사실이지만, 611년 수 양제의 조서를 보면 전쟁의 명분은 고구려의 영양왕이 "藩禮를 虧失"한 데 있었다고 했고,10) 『수서』 고려전에서는 그것이 구체적으로 영양왕의 입조 거부였다고 지적하였다.11) 612년 전쟁에서

---

9) 여호규, 2002, 「6세기말~7세기초 동아시아 국제질서와 고구려 대외정책의 변화-對隋關係를 중심으로-」 『역사와 현실』 46, 7~8쪽 ; 임기환, 2006, 앞의 책, 64쪽.

10) 『隋書』 卷3, 帝紀3 煬帝上 大業 7年(611) 2月 壬午(26日). "詔曰 武有七德 先之以安民 政有六本 興之以教義 高麗 高元 虧失藩禮 將欲問罪遼左 恢宣勝略 雖懷伐國 仍事省方 今往涿郡 巡撫民俗 其河北諸郡及山西·山東年九十已上者 版授太守 八十者 授縣令".

11) 『隋書』 卷81, 列傳46 東夷 高麗. "煬帝嗣位 天下全盛 高昌王·突厥 啓人可汗並親詣闕貢獻 於是徵元入朝 元懼 藩禮頗闕".

乙支文德이 宇文述에게 거짓으로 항복하면서 내세운 회군의 조건 또한 영양왕의 입조였다.[12] 고구려 국왕의 입조는 전쟁과 평화를 나누는 조건으로 제시되었던 것이다.

이처럼 607년 고구려의 동돌궐 교섭은 수를 자극했고, 영양왕의 입조란 수의 외교적 압박으로 이어졌으며, 입조의 불이행은 차후 수의 전쟁 명분으로 표방되었다. 따라서 이른바 '책봉체제론'의 경우 이를 중시해 조공책봉질서의 자기운동을 증명하고 612년 전쟁의 필연성을 강조하기도 하였다.[13] 최근 중국의 '藩屬理論'에서도 그와 같이 설명한다.[14]

607년 고구려의 동돌궐 교섭이 전쟁 발단의 중요한 사건 중 하나였음은 부정할 수 없다. 하지만 영양왕 입조 문제는 어디까지나 수의 일방적인 전쟁 명분이었다. 607년 고구려의 '私通' 내지 '境外之交' 즉 동돌궐 교섭도 수 중심의 조공책봉질서 속에서 전쟁의 명분을 찾고자 할 때 그 발단으로 주목되는 것이지, 그러한 명분이 일방적인 것이었음은 물론이다. 이 점에서 사료 A-1-㉣은 612년 전쟁의 책임을 고구려의 조공책봉질서 위반에 두고자 한 『수서』 찬자의 의도가 내재된 것으로, 비판적인 접근이 필요하다고 생각한다.

여기서 사료 A-1-㉣의 시점이 주의된다. 여기서 배구는 "지금 속히" 친조를 요구하자고 건의했다. 그런데 고구려에 전달한 양제의 칙명은 그와 차이가 있었다. 사료 A-2-㉢을 보면, 양제는 영양왕에게 내년 즉 608년에 탁군을 방문한다고 예고하였고,[15] 이때까지를 시한으로 삼았다.

---

12) 『隋書』 卷61, 列傳26 宇文述. "文德復遣使僞降 請述曰 若旋師者 當奉高元朝行在所 述見士卒疲敝 不可復戰 又平壤嶮固 卒難致力 遂因其詐而還".

13) 西嶋定生, 1983, 앞의 책, 431~432쪽.

14) 정병준, 2007, 「중화인민공화국의 藩屬理論과 고구려 귀속문제」 『고구려발해연구』 29 ; 조인성, 2010, 「'고대중국고구려역사속론'에 대한 비판적 검토」, 조인성 외, 『중국 동북공정 고구려사 연구논저 분석』, 동북아역사재단.

15) 양제의 탁군 방문 사실은 찾아볼 수 없다. 다만 『隋書』 卷3, 帝紀3 煬帝上 大業 4年(608) 春正月 乙巳(1日). "詔發河北諸郡男女百餘萬開永濟渠 引沁水南達于河 北通涿

그러므로 '征遼의 계책' 즉 수의 고구려 공격계획이 수립된 시점은 일단 608년 이후로 파악된다.

더욱이 608~609년 수의 대외적 당면과제는 鐵勒·吐谷渾·伊俉와 같은 북방 세력을 제압하는 데 있었다.[16] 수의 고구려 공격은 토욕혼과의 전쟁을 마치고 난 610년 이후부터 본격적으로 추진되었다.[17] 고구려의 동돌궐 교섭에서부터 수의 전쟁 결정까지는 시차가 있었던 것이다. 그렇다고 한다면 고구려의 동돌궐 교섭은 전쟁이 일어나기까지 여러 중요한 국면 중 하나였다고 할 수 있지만, 이것이 곧 직접적인 계기였다고 단정하기는 어렵다. 과연 그때 수가 고구려의 동돌궐 교섭을 목격하고 위기의식을 가졌을지도 의문이다. 이와 관련하여 동돌궐의 동향이 참고된다.[18]

동돌궐은 581년에 성립했다. 佗鉢可汗(재위 : 572~581)의 사후 沙鉢略可汗(재위 : 581~587)의 동돌궐과 達頭可汗(재위 : 576~603)의 서돌궐로 분열하였던 것이다. 하지만 이로부터 동돌궐이 단일의 국가 내지 세력으로 존재했던 것은 아니었다. 동돌궐 諸可汗의 상쟁으로 내분과 분열이 반복되었기 때문이다. 비록 588년 사발략가한의 뒤를 이어 都藍可汗(재위 : 588~599)이

郡"이라고 한 사실로 보면, 양제는 608년 涿郡 순행을 예정하고 있었을 가능성이 있다.

16) 丁載勳, 2004, 「隋 煬帝(604~617)의 對外政策과 天下 巡幸」『中國史硏究』 30, 58쪽.

17) 『隋書』 卷24, 志19 食貨. "[大業] 六年[610] 將征高麗 有司奏兵馬已多損耗 詔又課天下富人 量其貲産 出錢市武馬 塡元數 限令取足 復點兵具器仗 皆令精新 濫惡則 使人便斬 於是馬匹至十萬" ; 『資治通鑑』 卷181, 隋紀5 煬皇帝 大業 7年(611). "帝自去歲謀討高麗 詔山東置府 令養馬以供軍役."

18) 이하 突厥의 動向은 『隋書』 卷84, 列傳49 北狄 突厥 ; 護雅夫, 1967, 「突厥と隋·唐王朝」 『古代トルコ民族史硏究』 1, 東京山川出版社, 168~175쪽 ; 르네 그루쎄 지음, 김호동·유원수·정재훈 옮김, 1998, 『유라시아 유목제국사』, 사계절출판사, 150~151쪽 ; 丁載熏, 2001, 「隋 文帝(581~604)의 統一指向과 對外政策-西北民族에 대한 對應을 중심으로」 『中國史硏究』 13, 100~101쪽 ; 고마츠 하사오 외 씀, 이평래 옮김, 2005, 『중앙유라시아의 역사』, 소나무, 81~82쪽 ; 토마스 바필드 지음, 윤영인 옮김, 2009, 『위태로운 변경-221년에서 기원후 1757년까지의 유목제국과 중원』, 동북아역사재단, 282~291쪽 참조.

동돌궐 가한의 지위에 올랐지만, 반대세력이 상존하였다.

계민가한은 그러한 반대세력의 하나였다. 그는 597년 수와 혼인동맹을 맺고 도람가한과 대립했다. 동돌궐의 도람가한은 서돌궐의 달두가한과 연합했다. 598년 서돌궐의 달두가한은 동돌궐의 도람가한과 함께 계민가한과 수를 공격하였고, 수는 계민가한을 지원하며 반격에 나섰다. 이 전쟁의 과정에서 599년 도람가한이 몰락하였고, 계민가한은 수의 임명을 받아 동돌궐의 가한으로 자리했다. 이후 이 전쟁은 서돌궐의 달두가한이 주도하였는데, 603년 그의 세력은 鐵勒 諸部의 이반으로 쇠퇴하였고 곧 계민가한에게 투항하였다. 이로써 계민가한은 동돌궐의 대부분을 장악할 수 있었다.

이처럼 계민가한은 돌궐의 내분과 분열 속에서 수와 연합해 성장했다. 따라서 그의 성장에 주목해 본다면 607년 수 양제의 순행은 동돌궐에 대한 통제 내지 견제의 의미를 담고 있었다고 생각된다.[19] 그럼에도 불구하고 607년 동돌궐의 계민가한은 여전히 수를 필요로 하였다. 과거 돌궐제국의 판도에 비추어 계민가한의 세력은 미약했기 때문이다. 서돌궐 지역의 대부분에는 세력이 미치지 못하였다. 서돌궐 지역은 처라가한(서부)과 철륵(동부)이 양분하고 있었다. 처라가한과 철륵은 서로 대립적이었지만, 모두 수와 대립하였다. 특히 철륵이 수에 적대적이었다. 이에 계민가한은 동·서돌궐의 통일을 도모하기 위해 수와의 우호관계를 유지하고자 했다.

수에 대한 동돌궐의 태도는 양제의 순행 과정에 잘 나타난다. 순행이 시작되자 계민가한은 곧 아들과 조카를 연달아 보내 조회하였고,[20] 다시 사신을 파견해 奉迎을 자청했다.[21] 또한 양제와 수의 군대를 동돌궐의

19) 이성제, 2015 앞의 논문, 14쪽.

20) 『隋書』 卷3, 帝紀3 大業 3年(607) 5月 丁巳(9日). "突厥啓民可汗遣子拓特勤來朝"; 『隋書』 卷3, 帝紀3 大業 3年(607) 5月 丙寅(18日). "啓民可汗其兄子毗黎伽特勤來朝".

21) 『隋書』 卷3, 帝紀3 大業 3年(607) 5月 辛未(23日). "啓民可汗遣使 請自入塞 奉迎輿駕 上不許".

영역 안으로 맞아 영접하였다. 계민가한은 奴僕을 자처하면서 楡林의 북쪽 경계에서부터 탁군의 치소인 薊까지 御道를 개통하기도 했다.[22] 뿐만 아니라 표문을 통해 變服하여 冠帶로 갈아입기를 요청하였는데, 이러한 계민가한의 행동은 오히려 수 조정에서 부담스러워할 정도였다.[23] 607년 동돌궐의 계민가한은 수의 조공책봉질서에 철저히 순응하면서 우호관계 유지에 노력하였던 것이다.

B. [大業 3年(607)] 啓民이 廬帳을 받들어 車駕를 기다렸다. 乙酉(9日)에 황제가 그 여장에 행행하였다. 계민이 술잔을 받들어 [황제의] 장수를 축원하였는데 꿇어 엎드린 공손함이 대단하였다. 王侯 이하는 帳前에서 옷소매를 걷고 감히 우러러 쳐다보지 못하였다. 황제가 매우 기뻐하면서 다음과 같은 시를 지었다. "呼韓(邪單于)이 머리를 조아리니 屠耆(흉노의 左賢王)가 발꿈치를 좇아오는 데에 이르렀구나. 어찌 漢의 天子가 헛되이 單于臺에 올랐다고 생각할 수 있겠는가?"(『資治通鑑』 卷180, 隋紀4 煬帝)

위 사료는 607년 8월 9일 즉 고구려의 사신을 양제에게 데리고 간 날 계민가한과 양제의 모습을 전하고 있다. 계민가한은 양제를 맞이하여 순종적인 태도를 보였고, 이에 양제는 매우 만족하였다고 한다. 영양왕의 입조 요구는 바로 이와 같은 분위기 속에서 이루어진 것이었다. 그러므로 배구는 고구려의 사신이 수와 동돌궐의 우호관계를 확인했으므로 "후에 복종하면 먼저 망할까 우려하고 있을 것"이라고 분석했고, 입조 요구가 쉽게 수용되리라 전망했다고 생각된다. 즉 고구려에 대한 수의 친조 요구는

22) 『隋書』 卷51, 列傳16 長孫晟.
23) 『隋書』 卷3, 帝紀3 大業 3年(607) 7月 辛亥(4日). 그 내용은 『隋書』 卷84, 列傳49 北狄 西突厥와 『資治通鑑』 卷180, 隋紀4 煬帝 大業 3年(607) 6月 甲辰(27日)에 보다 자세히 나온다.

동돌궐과의 우호관계를 바탕으로 한 자신감의 표현이었다고 이해된다.

이상과 같이 607년 수는 고구려의 동돌궐 교섭을 자국 중심의 조공책봉질서를 위반한 사건으로 인식했고, 이는 향후 수의 전쟁의 명분으로 표방되었다. 하지만 수의 전쟁 명분이 곧 전쟁의 직접적인 계기였다고 단언하기는 어렵다. 607년의 시점에서 수는 고구려의 동돌궐 교섭에 의기의식을 갖지도 않았다. 오히려 자신감을 내비치면서 고구려 국왕의 입조를 요구했다. 따라서 607년 고구려의 동돌궐 교섭으로, 수가 위기의식을 갖게 되었고 양국이 전쟁 국면에 접어들었다고 보았던 기존의 이해는 수정이 요청된다.

결과적으로 보아 고구려의 동돌궐 교섭은 실패했다. 국제정세의 추이로 보아 처음부터 실패할 가능성이 높았다고 할 수 있다. 그럼에도 불구하고 고구려는 왜 동돌궐과 교섭하고자 했을까. 교섭에서 무엇을 얻고자 하였을까. 교섭의 목적이 궁금하다.

Ⅲ. 수의 『高麗風俗』 저술과 교섭의 목적

607년 고구려 동돌궐 교섭의 목적과 관련하여 이 무렵 고구려-수 관계가 주의된다. 양국은 598년 전쟁위기를 넘기며 우호관계를 회복했지만, 이는 표면적인 것에 불과하였다. 600년 1월 이후 양국의 교섭 사실은 찾아볼 수 없다.[24] 오히려 그로부터 604년까지 수는 요서지역의 동부에 鎭·戍와 같은 군사기지를 설치하면서 동진했고, 그에 따라 양국의 갈등과 군사적 긴장은 증폭되고 있었다.[25] 이와 관련하여 주목되는 것이 『舊唐書』(卷46,

24) 여호규, 2002, 앞의 논문, 7쪽.

25) 이정빈, 2011, 「6세기 후반~7세기 초반 고구려의 서방 변경지대와 그 변화－요서 지역 고구려의 邏와 수의 鎭·戍를 중심으로－」 『역사와 현실』 82, 114~124쪽 ; 2013, 『고구려-수 전쟁의 배경 연구』, 경희대학교 박사학위논문, 92~99쪽.

志26 經籍上)에 기술된 배구의 『고려풍속』이다.

현재 『고려풍속』은 전하지 않는다. 저술 내용과 시점도 찾아볼 수 없다. 그럼에도 불구하고 다음의 사료를 참고해 보면 어느 정도의 내용은 짐작할 수 있다.

C. [裴矩는] 吏部侍郎으로 관직을 옮겨 직무를 잘 수행한다고 이름이 알려졌다. 煬帝가 卽位하고 東都(洛陽)를 營建하였는데 裴矩는 府省의 修築을 맡아 九旬(90일)만에 끝마쳤다. 이때 西域의 諸蕃으로 張掖에 이르러 中國과 더불어 交市하는 자가 많았다. 황제가 裴矩에게 명하여 그 일을 관장하도록 하였다. 裴矩는 황제가 바야흐로 먼 나라를 경략하는 데 힘쓰고 있는 것을 알았다. [이에] 諸商으로 胡에서 온 자를 裴矩가 꾀어 [그로] 하여금 그 나라의 풍속과 山川의 險易를 말하도록 하여 『西域圖記』 3卷을 찬술하였다. 入朝하여 이를 上奏하였다. (중략) 황제가 크게 기뻐하며 物 500段을 사여하였다. 매일 裴矩를 인견하여 御坐에 이르도록 하고 친히 西方의 일을 물었다. 裴矩는 胡中에 여러 寶物이 많은데 吐谷渾은 쉽게 幷呑할 수 있다고 盛言하였다. 황제가 이로 말미암아 [서역과의 교역에] 甘心을 가지고, 장차 西域과 통하고 四夷를 經略하는 일을 모두 그(裴矩)에게 위임하였다. 관직을 民部侍郎으로 옮겼는데, 일을 맡아보기 전에 黃門侍郎으로 옮겼다.(『隋書』 卷67, 列傳32 裴矩)

위 사료는 배구의 『西域圖記』 저술에 대한 내용을 담고 있다. 배구는 張掖(지금의 甘肅省 張掖市)에서 서역과의 교역을 관장하며 『서역도기』를 저술했는데, 그 목적은 먼 나라를 경략하고자 한 양제의 관심에 부응하기 위해서였다고 한다. 가령 배구는 『서역도기』를 저술한 다음 양제에게 "胡中에 여러 寶物이 많은데 吐谷渾은 쉽게 幷呑할 수 있다"고 역설하였다. 전쟁계획안을 보고하고 그 타당성을 강조한 것이다. 이러한 배구의 주장은 『서역도기』를 바탕으로 하였을 것이다. 이 점에서 『서역도기』는 단순히 교역만 아니라 전쟁을 위한 기초자료를 담고 있었다고 추정된다.

배구가 『서역도기』 저술을 위해 수집한 정보가 '서역의 풍속과 산천의 험이'란 점도 이를 뒷받침한다. '산천의 험이'란 지도 작성을 위한 것으로, 이는 교역로를 파악하기 위한 것이기도 하지만, 전쟁을 위한 군사정보로 활용될 수 있었다. 실제 배구는 『서역도기』 저술에 이어 별도로 지도를 제작하고 그 要害를 연구하였고,[26] 이를 바탕으로 608년 토욕혼 공격을 주도하였다.[27]

이처럼 『서역도기』는 전쟁을 위한 기초자료를 포함했다고 이해된다. 『고려풍속』도 이와 유사한 저술이었다고 판단된다. 제목으로 보아서는 역사와 풍속을 위주로 하였을 것으로 추측되지만, 그만 아니라 지리를 서술하였고, 그 안에는 전쟁을 위한 군사정보가 담겨져 있었다고 여겨지는 것이다.

『고려풍속』은 『서역도기』 이후 저술되었다고 보인다. 배구는 『서역도기』를 저술한 이후 四夷經略의 책임을 맡았다고 하였기 때문이다. 그러면 『서역도기』는 언제 저술되었을까. 『자치통감』에서 『서역도기』 저술과 관련한 위 사료의 내용은 607년조에 수록되어 있다.[28] 이에 대부분은 『서역도기』가 그때 혹은 그 이후에 저술되었다고 보고 있다.[29] 그런데 배구의 활동과 官歷을 보면 그보다 먼저 저술되었을 가능성이 생각된다.

배구는 90여 일간 東都(洛陽)를 조영하는 데 투입되었고, 이후 『서역도기』를 저술하였다고 하는데, 동도는 605년 3월에 착공되어[30] 606년 정월에

26) 『隋書』 卷67, 列傳32 裴矩. "仍別造地圖 窮其要害."

27) 『資治通鑑』 卷181, 隋紀5 煬帝 大業 4年(608) 秋7月.

28) 『資治通鑑』 卷180, 隋紀4 煬帝 大業 3年(607).

29) 가령 楊憲光, 2002, 「裴矩與『西域圖記』」 『三晋測繪』 2002 Z1, 山西省 測繪資料檔案館, 78쪽 ; 丁載勳, 2004, 앞의 논문 52쪽에서는 607년으로 보았고, 呂育良, 1998, 「『西域圖記』管窺」 『新疆地方志』 1998-3, 51쪽에서는 608~609년에 완성되었다고 보았다.

완공되었다.31) 한편 배구는 이부시랑으로서 『서역도기』를 저술했다고 한다. 이후 그는 민부시랑－황문시랑으로 관직을 옮겼다고 하는데 607년 7월 황문시랑에 재임 중이었다.32) 따라서 『서역도기』의 저술 시점은 605년 6월~607년 6월로 좁혀볼 수 있다. 여기서 607년 4월~9월까지 진행된 양제의 북방 순행까지 감안해 보면, 605년 하반기에서 606년 상반기 중의 일이었을 가능성이 높다.

이와 같이 볼 때 607년 8월 양제의 동돌궐 순행에서 배구는 사이경략의 책임자로 활동하고 있었다고 파악된다. 그러고 보면 고구려의 동돌궐 교섭 문제를 두고 나름의 견해를 피력하였던 것도 사이경략의 책임자로서 그 역할을 수행한 것으로 해석된다. 그사료 A-1-㉢ 즉 배구의 奏狀이 주의된다. 배구는 고구려 지역이 商王朝의 孤竹國에서 출발해 줄곧 중원 여러 왕조의 제후국 내지 郡縣이었다고 하였다. 그런데 晉이 멸망한 다음부터 外域이 되었고, 이로부터 정벌의 필요성이 제기되어 왔다고 설명하였다. 고구려와 그 지역의 역사를 통해 신속의 당위성과 공격의 필요성을 강조한 것이다.33) 이러한 배구의 발언에 주목해 보면, 『고려풍속』은 이때 이미 저술이 진행 혹은 준비되고 있었다고 생각할 수 있다.34) 수에서는 607년

---

30) 『隋書』 卷3, 帝紀3 煬帝上 仁壽 4年(604) 11月 癸丑(21日) ; 『隋書』 卷3, 帝紀3 煬帝上 大業 元年(605) 3月 丁未(17日).

31) 『隋書』 卷3, 帝紀3 煬帝上 大業 2年(606) 正月 辛酉(6日).

32) 『資治通鑑』 卷180, 隋紀4 煬帝 大業 2年(606) 秋7月 庚申(8日).

33) 구체적인 내용은 검토는 李成珪, 1992, 「中國諸國의 分裂과 統一－後漢解體 이후 隋·唐의 形成過程을 중심으로－」, 閔賢九 外, 『歷史上의 分裂과 再統一(上)』, 一潮閣, 200~201쪽 ; 윤용구, 2005, 「隋唐의 對外政策과 高句麗 遠征－裴矩의 郡縣回復論을 중심으로－」 『북방사논총』 5, 52~53쪽 ; 김수진, 2008, 「隋 唐의 高句麗 失地論과 그 배경－對高句麗戰 명분의 한 측면－」 『韓國史論』 54, 서울대학교 국사학과, 84~86쪽 참조.

34) 李康來, 1998, 「7세기 이후 중국 사서에 나타난 韓國古代史像－통일기 신라를 중심으로－」 『한국고대사연구』 14, 218~219쪽에서는 612~614년 고구려－수 전쟁의 종군경험을 바탕으로 저술되었다고 추정하였는데, 裴矩의 奏狀이 저술의 중요한 계기가 되었다고 하였다.

8월 고구려의 동돌궐 교섭이 추진되기에 앞서 공격계획을 구상하고 있었던 것이다. 비록 단편적이지만 양제가 즉위 초부터 고구려 공격계획을 구상했음을 암시하는 사료도 있다.[35)]

앞서 서술하였듯이 수의 고구려 공격이 본격적으로 추진된 것은 610년 이후였다. 또한 607년 수는 고구려 국왕의 입조와 이를 통한 조공책봉관계의 수립을 전망했다고 하였다. 그러므로 사이경략의 일환으로 『고려풍속』을 저술하고 고구려 공격계획을 구상하였다고 하지만, 이때 구체적인 전쟁준비가 이루어졌다고 할 수는 없다. 다만 고구려는 580년대 중반부터 수와 각축하였고, 598년에는 전쟁위기까지 경험하였다. 그렇기 때문에 수에서 공격계획을 구상하고 있었다는 현실은 고구려에 외면할 수 없는 국가적 위기로 인식되었을 것이다. 다음의 사료가 참고된다.

D. 大業 3年(607)에 璋(武王)이 使者 燕文進을 보내 朝貢하였다. 그 해에 다시 사자 王孝鄰을 보내 入獻하였다. [王孝鄰이] 고구려 토벌을 청하니 煬帝가 이를 허락하고 고구려의 동정을 살펴보도록 하였다. 그러나 璋은 안으로 고구려와 더불어 通和하면서 간사한 생각을 가지고서 中國을 엿보았다.(『隋書』 卷81, 列傳46 東夷 百濟)

위 사료는 607년 백제와 수의 교섭을 전하고 있다. 607년 백제는 수에 조공하면서 고구려 공격을 제의했다고 하는데, 다른 한편으로 고구려와 通和하고 있었다고 한다. 그러므로 수가 백제의 고구려 공격 요청을 수용한 사실이나, 고구려의 동정을 파악하고자 한 사실은 고구려에도 전달되었을 것이다. 이와 관련하여 이 무렵 고구려와 백제 그리고 왜의 군사동맹을

---

35) 『隋書』 卷74, 列傳39 酷吏 元弘嗣. "大業初 煬帝潛有取遼東之意 遣弘嗣往東萊海口監造船" 이 사료에 대한 분석은 劉健明, 1999, 『隋代政治與對外政策』, 文津出版, 301쪽 ; 이정빈, 2013, 앞의 논문, 139~140쪽 참조.

상정한 견해가 상기되는데,[36] 최근 자세히 연구된 것처럼 고구려와 백제 그리고 왜의 대외정책은 상호의 이해관계에 입각해 추진되었다.[37]

예컨대 백제는 612년 고구려-수 전쟁에서 兩端策을 구사하였다고 하는데,[38] 이 점은 고구려와 백제의 군사동맹이 공고하지 못하였음을 시사한다. 고구려와 왜의 관계도 마찬가지였다. 다만 607년을 전후해 고구려가 주변국과의 교섭에 노력했던 점만은 인정할 수 있다. 고구려의 동돌궐 교섭도 바로 이러한 때 이루어졌다. 고구려는 수와의 갈등과 군사적 긴장이 고조되며 주변의 여러 나라와 교섭을 추진하였는데, 동돌궐도 그의 한 나라였던 것이다. 따라서 607년 고구려-동돌궐 교섭의 주요 목적은 수의 위협을 막기 위한 데 있었다고 이해된다.

그런데 이 무렵 동돌궐은 수 중심의 조공책봉질서에 순응하고 있었고, 수와 우호관계를 유지하기 위해 노력하고 있었다. 그런 만큼 고구려의 동돌궐 교섭은 성사 여부가 불투명했다고 할 수 있다. 그러면 고구려의 교섭 시도는 전혀 무모한 외교행위에 불과했을까. 이와 관련하여 다음의 사료가 주목된다.

E. 煬帝가 司朝謁者 崔君肅을 보내 조서를 가지고 가서 그(서돌궐 處羅可汗)를 위무해 회유하도록 하였다. 처라가한이 매우 거만하여 조서를 받고도 일어서지 않았다. 최군숙이 처라가한한테 말하였다. "突厥은 본래 一國이지만, 중간에 나뉘어져 둘이 되었소. 스스로 서로 원수로 여기면서 매년 전쟁한

36) 李成市, 1990, 「高句麗와 日隋外交－이른바 國書문제에 관한 一試論－」『碧史李佑成敎授定年退職紀念論叢 民族史의 展開와 그 文化(상)』, 창작과 비평사 ; 서영교, 2012, 「阿莫城 전투와 倭」『歷史學報』 216.

37) 李成制, 2012, 앞의 논문.

38) 『隋書』 卷81, 列傳46 東夷 百濟. "明年(612) 六軍渡遼 璋亦嚴兵於境 聲言助軍 實持兩端" 백제의 兩端策에 대해서는 노중국, 2012, 『백제의 대외 교섭과 교류』, 지식산업사, 367~369쪽 참조.

것이 수십 년이 지났지만, 서로를 없애지 못하였고, 啓民과 處羅國이 그 세력이 대등함만을 분명히 알 수 있을 뿐이었소. 지금 啓民이 그 部落을 일으켰고 군사 또한 백만인데, 입조하여 天子의 신하가 되었고, 참된 정성이 있는 것은 어째서이겠소? 다만 (처라)가한에게 간절한 한이 있지만 홀로 제어할 수 없으므로 낮추어 천자를 섬김으로써 漢兵을 빌리고 두 大國(동돌궐과 철륵)을 연결해서 [처라]가한을 없애고자 할 뿐이오.(『隋書』 卷84, 列傳49 北狄 西突厥)

위 사료는 608년 2월의 일로,[39] 수의 崔君肅과 서돌궐 처라가한의 교섭 사실을 전하고 있다. 교섭에서 처음 서돌궐의 처라가한은 수에 고압적인 태도를 보였다고 한다. 일찍부터 수와 대립관계였을 뿐만 아니라 여전히 수 중심의 조공책봉질서에 불응하고 있었던 것이다. 그러자 최군숙은 동돌궐과 서돌궐의 대치국면 속에서 계민가한이 수에 신속하였고, 그 이유가 서돌궐과의 대립 때문이었다고 설명하였다. 수와 동돌궐 그리고 철륵의 군사 동맹이 추진되고 있음도 밝혔다. 대규모의 공격이 진행될 수 있다고 한 것이다. 이에 따라 서돌궐의 처라가한은 태도를 바꿔 수에 신속의 의사를 내비쳤다고 한다.

위 사료는 수가 돌궐 제세력의 분열과 대립관계를 활용해 조공책봉질서를 구현해 간 일면을 보여준다. 그런데 한편으로 위 사료는 동돌궐과 수의 우호관계가 서로 다른 목적에서 추구되었음을 말해준다. 동돌궐은 동·서돌궐의 통일을 지향한 반면, 수는 분열과 대립 상황을 교섭에 적극적으로 활용하고 있었던 것이다. 그런 만큼 수는 돌궐의 통일을 바라지 않았다고 할 수 있다. 동돌궐에서도 이러한 사정을 몰랐을 리 없다. 그런 만큼 동돌궐과 수의 우호관계는 상호 이해관계에 따라 얼마든지 변화할 수 있었다.

---

39) 『資治通鑑』 卷181, 隋紀5 煬帝 大業 4年(608) 2月 己卯(6日).

다음의 사료가 주목된다.

> F. 1년 남짓 지나서 薛世雄을 玉門道行軍大將으로 삼아 突厥의 啓民可汗과 連兵하여 伊吾를 공격하도록 하였다. 군대가 玉門에 도착하였는데, 啓民可汗은 약속을 배반하니 군대가 도착하지 않았다.(『隋書』 卷65, 列傳30 薛世雄)

위 사료는 608년 수와 동돌궐의 伊吾 공격계획과 그 실행 여부를 전한다.[40] 이때 동돌궐은 수와 함께 伊吾를 공격하고자 약속하였는데, 막상 군사행동이 시작되자 약속을 어기고 병력을 보내지 않았다고 한다. 동돌궐은 수에 철저히 신속된 것처럼 보였지만, 수의 의지대로만 움직이지는 않았던 것이다.[41] 수와 동돌궐은 조공책봉관계를 바탕으로 우호관계를 유지하였지만, 그 외형과 실상이 일치하지는 않았던 것이다.

이와 같은 실상은 고구려도 헤아리고 있었다고 생각된다. 더욱이 동돌궐은 고구려의 주요 교역 상대 중 하나였다. 예컨대 605년 동돌궐이 수와 함께 거란을 공격할 때, 그들은 고구려와의 교역상단으로 위장했다고 하는데, 거란은 이를 의심하지 않았다고 한다.[42] 이는 고구려와 동돌궐의 교역이 지속적이었음을 시사한다.[43] 이러한 사례를 보면 고구려와 동돌궐의 정치적 교섭은 607년을 비롯해 한정된 사료에만 나타나지만, 그 외에도 여러 차례 추진되었음직하다.

가령 사료 A-1에서 계민가한은 고구려의 사신을 숨기지 못해 양제에게 보였다고 한다. 하지만 이를 그대로 믿기는 어렵다. 그보다 계민가한은

---

40) 사료의 시점은 『資治通鑑』 卷181, 隋紀5 大業 4年(608) 冬10月에서 확인할 수 있다.

41) 始畢可汗(609~619)의 즉위로 동돌궐과 수의 동맹관계를 깨졌다고 이해된다. 보다 자세한 논의는 金知英, 2014, 『7세기 고구려의 대외관계 연구』, 淑明女子大學校 博士學位論文, 43~44쪽 참조.

42) 『隋書』 卷4, 高祖上 大業 元年(605) 8月 乙巳(18日) ; 『舊唐書』 卷75, 列傳25 韋雲起.

43) 노태돈, 1999, 『고구려사 연구』, 사계절, 428~429쪽.

양제가 방문할 때까지 고구려의 사신과 교섭하고 있었을 가능성이 높다.[44) 다만 그는 수와 우호관계를 유지하는 편이 낫다고 판단했고, 마침내 고구려의 사신을 공개하였던 것으로 생각된다. 이렇듯 결과적으로는 실패하였고 처음부터 성공 가능성이 낮았지만, 고구려의 동돌궐 교섭이 일말의 가능성마저 없는 것은 아니었다. 그렇다고 한다면 고구려는 동돌궐 교섭에서 무엇을 얻고자 했을까. 동돌궐에 어떠한 요청을 하였을지 궁금하다. 교섭의 목적을 생각해 보는 데 다음의 사료가 참고된다.

G. 大業 3年(607) 煬帝가 楡林에 行幸하였다. [煬帝는] 塞外로 나가 군대를 사열하고 武威를 빛내고자 하였다. 突厥의 가운데를 지나 涿郡으로 향하였는데, 이로 인해 染干(啓民可汗)이 놀라고 두려워할까 염려되어 먼저 長孫晟을 보내 [돌궐로] 가서 황제의 뜻을 보이고 알리도록 하였다. 染干이 그를 듣고, 소속된 部와 諸國, 奚·霫·室韋 등의 종족과 부락 수십 酋長을 불러 모두 모이도록 하였다.(『隋書』 卷51, 列傳16 長孫晟)

위 사료는 607년 6월 수 양제가 북방 변경지대를 순행하며 계민가한을 방문할 때의 사정을 전하고 있다.[45) 양제는 동돌궐 순행을 계획하고, 계민가한에게 長孫晟(552~609)을 보냈다고 한다. 장손성을 통해 자신의 뜻을 전달하도록 한 것이다. 이에 계민가한은 제세력을 소집했다고 한다. 이로 보아 제세력의 소집은 양제의 뜻이었다고 생각된다. 위 사료에 보이듯 양제의 순행은 수의 군대를 사열하고 武威 즉 군사력을 과시하기 위한 것이었다.[46) 그러므로 제세력을 소집하도록 한 것은 계민가한만이 아니라 그 휘하의 諸部와 諸種族까지 접촉의 면을 넓힘으로써 수의 영향력을 확대하

44) 李成制, 2015, 앞의 논문, 14쪽.
45) 『資治通鑑』 卷180, 隋紀4 煬帝 大業 3年(607) 6月 丁亥(10日).
46) 堀敏一, 1979, 앞의 책, 123쪽.

고자 한 것으로 생각된다.

여기서 계민가한이 소집한 제세력에 奚·霫·室韋가 포함된 사실이 주목된다. 해·습·실위는 동돌궐의 세력범위 안에 있었지만, 그 거주지 내지 활동지역은 고구려와 수 양국의 변경지대에 인접했기 때문이다. 이들은 동돌궐·수·고구려, 세 나라와 모두 관련되어 있었던 것이다. 따라서 양제의 동돌궐 순행과 제종족의 소집은 고구려로서 서방 변경지대의 안정을 위협할 수 있었다. 동돌궐과 제종족이 수의 영향권 하에 들어간다면, 고구려는 서방의 제세력으로부터 고립된 처지에 놓일 수 있었던 것이다.

607년 고구려 동돌궐 교섭의 구체적인 목적은 이로부터 헤아려볼 수 있다. 현재로서 고구려가 동돌궐과 교섭하면서 무엇을 내주고자 하였는지는 분명치 않지만, 적어도 고구려는 동돌궐을 통해 서방 변경지대의 안정을 확보하고자 하였다고 생각된다. 구체적으로 해·습·실위 등의 제종족과 충돌을 방지하기 위한 동돌궐 측의 지원이 하나의 의제로 제기되었다고 보인다. 고구려는 동돌궐을 통해 변경지대의 제종족과 불필요한 갈등은 소거하여 서방 변경지대에서 진행되고 있던 수의 동진에 효과적으로 대응하고자 하였다고 이해된다. 비록 동돌궐과의 확고한 동맹관계를 기대하기는 어려웠지만, 적어도 대립은 피하고자 했던 것이다.

Ⅳ. 맺음말

이제까지 다수의 연구에서는 607년 고구려의 동돌궐 교섭을 612년 수의 고구려 공격계획이 수립된 중요한 계기로 주목하였다. 『수서』에서부터 이는 수가 고구려 공격계획을 수립한 발단으로 기록되었기 때문이다. 그런데 『수서』의 기술은 조공책봉질서에 입각한 것으로 수 측의 일방적인 전쟁 명분이었다. 따라서 그것이 실상과 일치한다고 단언할 수 없다. 수가 고구려와 동돌궐의 연대에 심각한 위기의식을 가진 것도 아니었다. 오히려 607년 동돌궐은 수와 우호관계를 유지하기 위해 노력하고 있었다. 동돌궐은 서돌궐·철륵과 경쟁하며 수의 지원을 기대하였기 때문이다. 이에 동돌궐은 고구려에서 보낸 사신을 수에 알렸고, 수는 고구려에 외교적 압박을 가함으로써 국왕의 입조를 실현할 수 있을 것으로 전망했다.

반면 607년 무렵 고구려는 수를 경계하고 있었다. 양제는 즉위 초부터 사이경략을 구상하면서 고구려에 관심을 두었다. 배구로 하여금 『고려풍속』을 저술해 군사정보도 수집하였다. 이에 고구려는 백제·왜와 교섭하면서 수와의 대립에 대비하고자 하였고, 동돌궐과 교섭하였다. 당시 수와 동돌궐은 우호관계였지만 그 관계가 확고부동하지는 않았다. 양국의 이해가 일치하기도 했지만, 엇갈리기도 했기 때문이다. 그러므로 결과적으로 고구려의 동돌궐 교섭은 실패했지만, 처음부터 실현 가능성이 아예 없었다고 볼 수는 없다.

더욱이 607년 수 양제는 북방 변경지대를 순행하면서 동돌궐은 물론이고 고구려 서방의 제종족도 포섭하고자 했다. 양제의 순행으로 서방 변경지대의 안정이 위협받을 처지에 놓였던 것이다. 따라서 고구려는 동돌궐과 교섭함으로써 서방 변경지대의 제종족과 충돌을 방지하려고 했다고 생각된다. 당시의 동아시아 국제정세 속에서 동돌궐과 동맹관계를 기대하기는 어려웠지만, 적어도 대립은 피하고자 했다고 이해되는 것이다.

김 금 자　최옥형(연변대학 대학원 석사수료) 옮김

안장왕시기 고구려와 남북조의 관계 및 동아시아 국제지위의 변화*

Ⅰ. 머리말

안장왕(519~530)은 고구려 제22대 왕이다. 호태왕, 장수왕, 문자명왕시기의 강성기를 거친 고구려는 안장왕시기부터 점차 쇠락의 길로 나아갔다. 고구려는 남북조와의 관계에 있어서 안장왕시기부터 실행해 온 종래의 친북위정책으로부터 적극적으로 양나라와의 관계개선에 나서기 시작하였는데, 이는 고구려 외교정책의 중요한 전환을 의미한다. 또한 같은 시기 북위와 양나라의 고구려에 대한 태도에도 변화가 발생하였는데, 이는 전대왕과 비교해 볼 때 안장왕에 대한 封號 등급을 대폭 낮추었다는 사실에서 잘 설명이 되며 이는 6세기 초 이래 남북조가 구축한 동아시아 국제질서에서의 고구려의 지위 변화를 잘 보여주고 있다.

지금까지 고구려와 남북조관계에 관한 연구는 국내외 학계의 주목을 받아 많은 연구 성과를 이룩하였는데 고구려와 남북조관계의 전반적인 발전 추세와 특징에 대한 연구도 적지 않으며[1] 그 중에는 북위와 고구려

* 본 논문은 필자의 「安臧王時期高句麗与南北朝關系探析」『朝鮮韓國歷史研究』17輯, 中國朝鮮史研究會編, 2016.6에 대해 좀 더 내용을 보충하고 수정을 진행한 것이다.

관계를 중심으로 한 연구도 포함되어 있다.[2] 본문은 기존의 연구 성과를 바탕으로 하여 고구려 안장왕 통치 시기의 대외관계를 중심으로 이 시기 고구려와 남북조관계의 변화를 고찰하고, 이러한 변화를 초래한 원인을 밝힘으로써 6세기중엽 동아시아에서의 고구려 국제지위의 변화를 검토하고자 한다.

Ⅱ. 안장왕시기 고구려의 북위, 양나라에 대한 외교정책의 변화

북위가 존속하는 기간에 남조는 송, 제, 양나라의 교체를 경험하였고 쌍방은 군사상의 장기간의 대립을 유지하였다. 중국의 남북 대립국면의 변화에 직면하여 고구려도 남북조에 대한 정책을 시기에 따라 조절하였다. 안장왕 즉위 이전, 5세기 60년대를 기점으로 고구려와 남북조의 관계는 두 가지 같지 않은 태세를 보여주고 있다. 425년, 고구려는 북위로 사신을 파견하였는데 이는 양국관계에 실질적인 진전을 가져오지는 못하였다.

---

1) 韓昇, 「"魏伐百濟"與南北朝時期 東亞國際關係」『歷史研究』, 1985-3； 劉子敏, 1995, 『高句麗與南北朝的關係』, 『中朝韓日關係史研究論叢』, 延邊大學出版社；祝立業, 「論南北朝時期高句麗王國的內外政策」『社會科學戰線』, 2003-2；魏存成, 「中原·南方政權對高句麗的管轄冊封及高句麗改稱高麗時間考」『史學集刊』, 2004-1；姜維公, 「南朝與北朝對高句麗政策的比較研究」『中國邊疆史地研究』, 2004-4；韓昇, 「論南北朝對高句麗的冊封」『東北史地』, 2008-6；劉文健, 「高句麗與南北朝朝貢關係變化研究」『東北史論』, 2010-2；金鐘完, 「南朝與高句麗的關係」『高句麗研究』, 2002-14；李成制, 2005, 『高句麗的西方政策研究』, 國學資料院；金鎭漢, 2010, 「高句麗後期對外關係史研究」, 韓國學中央研究院博士學位論文.

2) 姜維東, 「〈後魏孝文帝與高句麗王雲詔〉中所見魏·麗形勢及雙方關係」『史學集刊』, 2006-11；房奕, 「高句麗向北魏遣使與相互關係的變遷」『傳統中國研究集刊』, 2006-12；三崎良章, 「北魏的對外政策與高句麗」『朝鮮學報』, 1982-102(譯文載『遼寧省博物館館刊』, 2012)；常樂, 2014, 「高句麗與北魏交涉關係研究」, 延邊大學博士學位論文；李憑, 「魏燕戰爭前後北魏與高句麗的交往」『上海師範大學學報』, 2002-11；董辰垣, 「高句麗安臧王的對外政策與南進」『大東文化研究』, 2016-94.

그 후 북위의 북연에 대한 공세의 강화와 함께 고구려의 북위에 대한 태도에도 변화가 발생하였다. 435년, 장수왕이 安東을 사신으로 보내어 "奉表貢方物 幷請國諱" 하였다. 이에 북위도 긍정적으로 응답하였는데 員外散騎侍郎李敖를 사신으로 보내 장수왕을 책봉하였다. 하지만 436년에 발생한 북연의 馮弘의 고구려 망명사건은 겨우 느슨해지기 시작한 양국관계를 신속히 악화시켰다. 그로부터 462년까지 양국 사이의 사신 왕래는 극히 드물었다. 반대로 이 시기 고구려와 남조 송과의 관계는 아주 밀접하였다. 고구려는 "남송으로 도합 22번 사신을 파견하여 조공하였는데, 436년 풍홍의 고구려 망명사건이 발생한 후로부터 462년까지 도합 26년 사이에 모두 11번의 사신을 파견하였으며 그 중에는 송나라에 대한 군사적 지원도 포함되어 있었다."[3)]

462년 장수왕은 북위로 사신을 파견하여 조공하였는데 이로부터 양국의 다년간 중단되었던 관계는 회복되었으며 이것은 새로운 국면의 변화에 근거해 내린 선택이었다. 436년 북연을 멸망시킨데 이어 북위는 또한 북양을 멸망시키고, 토고훈을 공격하였으며, 유연을 함락함으로써 북방정세를 기본적으로 안정시키고 남송과의 관계도 상대적으로 완화시켰다. 한반도 내에서는 백제와 신라가 동맹을 결성하여 고구려의 남진을 제지하였다. 그럼으로써 고구려는 북위와의 관계개선이 시급하였다. 이후 고구려와 북위관계는 상대적으로 안정되었지만 여전히 충돌이 발생하기도 하였다. 472년에 이르러, 백제가 북위에 군사파견을 요청하게 되자 고구려는 북위와의 관계개선에 나섰다. 그로부터 고구려의 북위에로의 조공은 매년마다 끊이질 않았고 심지어 일년에 두 번 내지 세 번 조공을 하는 경우도 있었다. 이러한 친북위정책은 문자명왕시기(492~519)까지 이어졌다. 그 사이, 고구려도 남제와 양나라에 사신을 파견하였는데 이는 주요하게 백제

3) 金錦子, 2011, 『五至七世紀朝鮮半島三國紛爭與東北亞政局』, 香港亞洲出版社, 56쪽.

의 외교동향에 근거하여 전개한 외교적 경쟁이었으나 그 수준은 북위와의 친밀관계에는 미치지 못하였다.

519년 문자명왕에 이어 안장왕이 즉위하였다. 안장왕의 즉위를 시작으로 고구려의 남북조에 대한 외교정책에 큰 변화가 일어나기 시작하였음을 알 수 있다.

〈표 1〉 사서에 보이는 안장왕 즉위 및 사절파견, 책봉 기록

史料來源	卽位記事	遣使冊封記事
『梁書』 高句麗傳	天監十七年(518), 雲死, 子安立.	普通元年(520), 詔安纂襲封爵, 持節·都督營平二州諸軍事·寧東將軍.
『梁書』 武帝紀下		普通元年正月庚子, 扶南·高麗國, 各遣使獻方物. 二月癸醜, 以高麗王世子安爲寧東將軍·高麗王.
『魏書』 高句麗傳	神龜(518-520)中, 雲死, 靈太后爲擧哀於東堂. 遣使策贈車騎大將軍·領護東夷校尉·遼東郡開國公·高句麗王.	又拜其世子安爲安東將軍·領護東夷校尉·遼東郡開國公·高句麗王. 正光(520-525)初, 光州又於海中執得蕭衍所授安東將軍衣冠劍佩, 及使人江法盛等, 送於京師.
『魏書』 劉芳傳		神龜中, 兼大鴻臚卿, 持策拜高麗王安. 還, 除范陽太守.
『魏書』 孫紹傳		正光(520-525)初, 兼中書侍郎, 使高麗, 還, 爲鎭遠將軍·右軍將軍.
『南史』 高句麗傳	(天監)十七年(518), 雲死, 子安立.	普通元年(520), 詔安纂襲封爵, 持節都督營平二州諸軍事·寧東將軍.
『北史』 高句麗傳	神龜中, 雲死, 靈太后爲擧哀於東堂, 遣使策贈車騎大將軍·領護東夷校尉·遼東郡公·高麗王.	又拜其世子安爲鎭東將軍·領護東夷校尉·遼東郡公·高麗王. 正光初(520-524), 光州又於海中執得梁所授安寧東將軍衣冠·劍佩, 及使人江法盛等, 送京師.
『資治通鑒』 梁紀, 高祖	天監十八年(519), 是歲, 高句麗王雲卒. 世子安立.	普通元年(520), 高句麗世子安遣使入貢. 二月癸丑, 以安爲寧東將軍·高句麗王. 遣使者江法盛, 授安衣服·劍佩. 魏光州兵就海中執之, 送洛陽.
『三國史記』 高句麗本紀	薨, 號爲文咨明王. 魏靈太后擧哀於東堂, 遣使策贈車騎大將軍. 時魏肅宗年十歲, 太后臨朝稱制. 安臧王, 諱興安, 文咨明王之長子. 文咨在位七年(498)立爲太子. 二十八年(519)王薨, 太子卽位.	二年(520)春正月, 遣使入梁朝貢. 二月, 梁高祖封王爲寧東將軍·都督營平二州諸軍事·高句麗王. 遣使者江注盛賜王衣冠·劍佩·魏兵就海中執之·送洛陽. 魏封王爲安東將軍·領護東夷校尉·遼東郡開國公·高句麗王.

위의 내용은 사서의 편찬 연대에 따라 안장왕 즉위초기 북위, 양나라와의 사절의 파견과 책봉 등에 관하여 열거하였다. 기록하고 있는 내용에 따라 세 가지로 분류할 수 있는데 『양서』, 『남사』, 『자치통감』이 한 부류로서 주요하게 고구려와 양나라와의 관계를 기록하고 있으며, 『위서』, 『북사』가 다른 한 부류로서 주요하게 고구려와 북위와의 관계를 기록하고 있다. 『삼국사기』는 독자적으로 하나의 부류로 나눌 수 있는데 고구려의 시각으로 앞에서 언급한 내용들을 종합적으로 기술하고 있다. 상술한 기록들에 대한 비교를 통하여 우리는 일부 모순되는 점들을 찾아볼 수 있다.

『양서』, 『남사』, 『자치통감』의 기록들을 보면, 『자치통감』은 『양서』, 『남사』 중 안장왕 즉위연대에 관련된 잘못된 부분들을 수정하고 북위가 고구려를 책봉하려 파견된 양나라 사신을 중도에서 포획한 기록을 보충하고 있다. 그에 반해 『위서』, 『북사』는 우선 고구려 문자명왕과 안장왕의 책봉에 대한 것을 중점적으로 기술한 후, 양나라 사신을 포획한 사실을 기록하였다. 『삼국사기』는 시간의 순서에 따라 고구려 문자명왕과 안장왕 교체시기 및 북위, 양나라와의 관계를 서술하였다. 여기에서, 사실들의 발전순서에 대한 기록에 같지 않은 점들을 발견할 수 있다.

『위서』, 『북사』의 기록에 근거하면, 519년 문자명왕이 죽은 후, 북위는 사신을 파견하여 사망한 문자명왕을 책명하여 車騎大將軍으로 추증하고, 동시에 문자명왕을 이어 왕위에 오른 안장왕을 책봉하기도 하였는데 그 이후 고구려로 향하는 양나라 사신을 포획하는 사건이 발생하였다. 하지만 『양서』의 기록에 따르면 520년 1월 고구려 안장왕이 파견한 사신이 양나라에 도착하였고, 2월에 양나라가 책봉을 목적으로 고구려로 사신을 파견하였는데 바다에서 북위에 의해 포획되었다. 『삼국사기』에는 519년 문자명왕이 죽은 후, 북위 영태후가 사신을 보내 왕을 책명하여 거기대장군으로 추증하였지만 문자명왕을 이어 왕위에 오른 안장왕에 대해서는 책봉하지 않았다고 기록하고 있다. 520년 1월, 안장왕이 양나라에 사절단을 파견하여 양나라 또한 고구려를 책봉하고 사신을 파견하게 되는데, 바다 가운데서 북위의 光州兵에게 붙잡히게 된다. 그 이후 북위가 안장왕을 책봉하였다. 그렇다면, 북위의 안장왕에 대한 책봉문제에 있어서 『위서』, 『북사』의 기록과 『삼국사기』의 기록은 왜 다른 것일까?

장수왕, 문자명왕 교체시기 북위의 책봉사절단의 파견 정황에 대하여 보면, 『위서』에 "璉이 죽으니 나이가 100여세였다. 효문제는 동교에서 거애하고, 謁者僕射 이안을 파견하여 車騎大將軍 太傅遼東郡公 高句麗王으로 추증하고, 시호를 康이라 하였다. 또 大鴻臚를 파견하여 문자명왕을 使持節 都督遼海諸軍事 征東將軍 領護東夷中郎將 遼東郡公 高句麗王으로 책봉하였다."[4]라고 기록하고 있다. 이로부터 볼 수 있듯이, 장수왕과 문자명왕 교체시기, 북위는 고구려에 두 번의 사절단을 파견하였는데 한번은 죽은 문자명왕에 대한 策贈이고 다른 한번은 문자명왕을 이어 왕위에 오른 안장왕에 대한 책봉이었다. 『삼국사기』의 기록에 따르면, 시간은 각각 491년과 492년이다. 위의 〈표 1〉 중 『위서』의 기록을 보면, 북위는 안장왕 즉위 후에도 고구려에 두 번 더 사절단을 파견하였다. 첫 번째는 "神龜中"에 大鴻臚卿 유방을 사신으로, 두 번째는 "正光初"에 손소를 사신으로 보냈다. 『위서』의 기록에 따르면 북위가 大鴻臚卿 유방을 사신으로 고구려에 보낸 것은 "고구려왕 안을 배하고 그를 책봉(持策拜高麗王安)"하기 위한 것이나, 中書侍郎 손소를 보낸 구체적인 목적은 기록하지 않고 있다.

이러한 상황에서, 사서기록의 모순에 대해 아래와 같은 해석을 해본다. 첫 번째로, 『위서』 고구려전과 유방전의 기록에 근거하면, 문자명왕이 죽은 후 북위가 유방을 사신으로 파견하여 先王을 策贈하는 동시에 안장왕을 책봉하였다. 하지만 이해하기 어려운 것은 『위서』 유방전은 무엇 때문에

4) 『魏書』 卷100, 列傳88, 高句麗傳, "死, 年百餘歲. 高祖擧哀於東郊, 遣謁者僕射李安上策贈車騎大將軍·太傅·遼東郡 開國公·高句麗王, 謚曰康. 又遣大鴻臚拜璉孫雲使持節·都督遼海諸軍事·征東將軍·領護東夷中郎將·遼東郡 開國公·高句麗王".

"持策拜高麗王安"이라고만 기록하고 문자명왕을 책증한 것은 언급하지 않았는가라는 것이다. 두 번째로 이러한 가능성도 보인다. 앞에서 언급했듯이 장수왕과 문자명왕 교체시기 북위는 고구려에 두 번 사신을 파견하여 책증과 책봉을 하였으니, 북위 또한 두 차례에 걸쳐 선후하여 유방과 손소를 고구려에 사신으로 보낸 것으로 된다. 한번은 문자명왕을 책증한 것이요, 다른 한번은 안장왕을 책봉한 것이다. 필자는 고구려 사신이 520년 1월 이미 양나라에 도달하였다고 하는 것은 사신을 파견한 시간이 훨씬 더 이전이었을 것으로 보고 있다. 다시 말해 북위의 책봉 사신이 고구려에 오기 이전에 고구려의 양나라에 대한 사신 파견이 이루어졌고, 양나라 또한 강법성을 사신으로 고구려에 파견하여 안장왕을 책봉하는 일이 벌어졌다. 이는 북위의 입장에서는 체면을 구기는 일이었다. 하여 손소의 파견은 두 가지 사명을 갖게 되었는데, 하나는 고구려의 양나라와의 교류를 문책하는 것이고, 다른 하나는 양나라보다 앞서 고구려를 책봉하려는 것이었다. 하지만 『위서』에는 무엇 때문에 이와 관련된 기록이 없는 것일까. 그 이유는 아마도 북위가 諱한 것으로 고구려에 대한 북위의 외교적 우세 지위를 돋보이기 위한 것에 있는 듯하다. 이는 『양서』 등 남조의 사서에서 북조가 고구려에 행한 일련의 사건들에 대해 언급하지 않는 것과 같은 맥락으로 생각된다. 그러므로 유방이 사신으로 고구려에 가서 "持策拜高麗王安"이라 한 것은 곧 안장왕에 대한 책봉을 강조하기 위한 것이고, 손소가 사신으로 고구려에 간 것은 막연하게 기록하였다. 이는 동시에 『삼국사기』에서 『위서』와 같지 않은 기록이 발견되는 이유이기도 하다. 다시 말해, 안장왕의 즉위를 시작으로, 북위의 책봉 사절단이 도착하기 이전에 양나라에 사신을 파견하였고, 양무제 또한 안장왕에게 책봉을 내리고 강법성을 사신으로 파견하였는데 뜻밖에 북위에게 포획당하는 일이 벌어졌다. 이로부터, 북위는 사신 손소를 사절로 파견하였는데 그 목적은 앞에서 서술한 바와 같이 고구려의 양나라와의 교류를 문책함과 동시에 책봉을 통하여 회유하려는 것이었다. 하여 필자는 『삼국사기』의 기록에 좀 더 신빙성이 있다고 본다.

북위의 고구려에 대한 이러한 태도는 안장왕에게 내린 봉호를 통해서도 엿볼 수 있다. 그 이전의 문자명왕이 북위로부터 받은 책봉을 보면, 491년 장수왕이 죽은 후 위나라 효문제는 '遣謁者僕射李安上策贈車騎大將軍·太傅·遼東郡 開國公·高句麗王, 謚曰康'으로 추증하였다. 492년에는 또 문자명왕을 책봉하였다.[5] 519년 문자명왕이 죽은 후 북위는 '遣使策贈車騎大將軍·領護東夷校尉·遼東郡公·高麗王. 又拜其世子安, 爲安東將軍·領護東夷校尉·遼東郡公·高句麗王'으로 추증하였다.[6]

안장왕의 봉호는 문자명왕시기의 '使持節·都督遼海諸軍事·征東將軍·領護東夷中郎將·遼東郡開國公·高句麗王'으로부터 '安東將軍·領護東夷校尉·遼東郡公·高句麗王'으로 바뀌어, 軍號를 征東將軍(종1품)으로부터 安東將軍(정3품)으로 강직시켰다. 이는 동이족에 대한 관할권인 領護東夷中郎將(정3품)으로부터 領護東夷校尉(종3품)로 강직하였음을 설명하기도 한다. 보다시피 안장왕의 봉호를 대폭적으로 낮추었는데 이는 안장왕이 실시한 친양조 외교정책과 무관하지 않은 것으로 보이며 이로써 고구려에 대한 경고와 징계를 나타냈다고 할 수 있다.

그럼에도 불구하고, 520년 9월, 안장왕은 또 다시 양나라로 사신을 파견해 조공함으로써 친양의 태도를 보여주었다. 『삼국사기』 기록에 의하면, 안장왕 재위 13년 사이에 남북조에 도합 5번의 사신을 파견하였는데 그 중 4번은 양나라에, 북위에는 겨우 1번 조공한 것으로 기록되고 있다. 이는 장수왕과 문자명왕시기 거의 매년마다 북위에 조공하였던 것과는 선명한 대비를 이루고 있다. 이로부터 안장왕시기 고구려의 북위와 양나라에

---

5) 『魏書』 卷100, 列傳88, 高句麗傳, "又遣大鴻臚拜璉孫雲使持節·都督遼海諸軍事·征東將軍·領護東夷中郎將·遼東郡開國公·高句麗王".

6) 『魏書』 卷100, 列傳88, 高句麗傳.

대한 외교정책에 중요한 변화가 발생하였음을 알 수 있는데 그 중심은 양나라로 바뀌었고, 이러한 외교정책의 변화를 초래한 배경은 당시 한반도 국세변화 및 북위와 양나라의 대립국면과 밀접한 관계가 있다고 할 수 있겠다.

III. 백제 중흥과 안장왕의 군사, 외교적 대응

6세기에 들어 한반도의 고구려, 백제, 신라 삼국은 여전히 상호 대립적인 국면에 처해 있었고, 삼국관계의 총체적인 태세로부터 봤을 때, 백제와 신라가 5세기 전기에 맺은 동맹관계는 여전히 존재하였으며, 이는 고구려의 한반도 남부로의 발전을 효과적으로 제약하였다. 삼국 관계 중 여전히 백제와 고구려가 가장 긴장된 관계였는데, 이 시기 백제의 중흥 또한 고구려가 대외정책을 제정하는데 있어서 중요한 요소로 작용하였다.[7)]

『삼국사기』에 따르면, 문자명왕시기와 안장왕시기 한반도에서 攻防戰爭 상태에 처해 있었던 것은 주로 백제와 고구려였다.[8)] 이 시기, 백제는 東城王대(479~500)의 체제정비를 겪고 武寧王대(501~523)에 이르러 국력이 크게 성장하여 중흥의 국면이 현저하게 나타났다. 쌍방의 교전 상황을 보면, 문자명왕과 안장왕시기, 도합 9번의 교전이 있었는데, 그 중 고구려가 네 번 참패, 한 번 승리, 결과 불명확 세 번, 미달성이 한 번이었다. 또한 전쟁의 발전 태세로 봤을 때 백제는 여태껏 견지해 온 수동적인 국면에서 탈피, 무령왕 즉위 원년에 "달솔 우영이 군사 5천명을 거느리고 고구려의 수곡성을 습격"하였는데,[9)] 이는 백제가 옛 도읍 한성이 함락된 이래 처음으

7) 姜辰垣, 2016, 「高句麗安臧王的對外政策與南進」『大東文化硏究』第九輯 참고.
8) 金錦子, 2011, 『五至七世紀朝鮮半島三國紛爭與東北亞政局』, 香港亞洲出版社, 84~98쪽.
9) 『三國史記』 卷26, 百濟本紀4, 武甯王元年, "遣達率優永 帥兵五千 襲高句麗水谷城".

로 고구려에 대해 일으킨 공격이었다. 521년 무령왕은 양나라에 사신을 파견하여, "여러 번 고구려를 깨뜨렸으며 그들과 처음으로 우호 관계를 맺어서 다시 강국으로 되었다."10)고 하였는데, 이는 對고구려전쟁에서 승리를 거둔 후의 자신감의 표현이었다.

또한 백제는 남북조와의 관계로부터 봤을 때, 472년 북위로 표문을 보내 請兵에 실패한 후, 백제와 북위의 왕래는 더 이상 없었고, 전력을 다해 남조와의 관계를 발전시켰다. 479년 남제정권이 성립되고, 東城王 2년에 사신을 파견하고 조공을 하여 남제로부터 '使持節·都督百濟諸軍事·鎭東大將軍'이라는 책봉을 받았고, 그 후 484년, 486년, 490년, 495년에 계속 남제에 사신을 파견하여 남조와 교류의 전통을 마련하였다. 양나라가 남제를 멸망시킨 후인 512년 3월, 고구려는 양나라에 "사신을 보내 방물을 바쳤고(遣史獻方物)", 뒤따라 백제 무령왕도 4월에 "사신을 보내 조공하였다(遣史入梁朝貢)." 이는 고구려와 백제 모두 처음으로 양나라에 사신을 파견한 것으로, 이때 백제는 아주 강한 외교적 경쟁심을 드러내었다. 안장왕은 즉위 후 520년 1월과 9월 두 번에 걸쳐 양나라에 사신을 파견해 조공하였고, 백제 무령왕 또한 521년 11월에 양나라에 조공하였는데 양나라로 보내는 表文에 "여러 번 고려를 깨뜨렸으며 지금은 그들과 처음으로 우호 관계를 맺어서 백제가 다시 강국이 되었다."11)고 하였다. 흥미로운 것은 이때 백제의 양나라에의 조공에 신라 또한 "처음으로 사신을 파견하였는데, 백제를 따라와 방물을 바쳤다."12)는 것이다. 이는 무령왕이 한반도 내에서 한동안 냉랭했던 신라와의 관계를 개선해 고구려에 보다 큰 압력을 주었다고 볼 수 있다. 양나라 또한 백제의 조공에 대해 긍정적인 반응을 보였는데, 양무제는 조서를 내려 "행도독백제제군사, 진동대장군, 백제왕 여륭이

10) 『三國史記』 卷26, 百濟本紀4, 武甯王二十一年, "累破高句麗 始與通好 而更爲强國".
11) 『南史』 卷79, 列傳69, 夷貊下, 百濟, "累破高麗 今始與通好 百濟更爲强國".
12) 『南史』 卷79, 列傳69, 夷貊下, 新羅, "始使使隨百濟奉獻方物".

해외의 번방을 지키면서 멀리 조공을 바치매 그의 정성이 지극하므로 나는 이를 가상히 여긴다. 마땅히 옛날 법전에 의하여 이 영광스러운 책명을 보내어 '사지절, 도독백제제군사, 영동대장군'으로 봉한다."[13]고 하였다. 백제 무령왕의 봉호를 높여주었는데 이는 안장왕의 봉호보다도 높았다.

이 시기 백제의 군사 및 양나라에 대한 외교 등의 강세에 대하여 안장왕도 군사와 외교로 대응하였다. 여기에 대하여, 『삼국사기』에서는 아래와 같이 기록하고 있다.

A-1. 安藏王五年(523)秋八月, 遣兵侵百濟.(『三國史記』 高句麗本紀 第七)
2. 聖王元年(523)秋八月, 高勾麗兵至浿水. 王命左將志忠帥步騎一萬, 出戰退之.(『三國史記』 百濟本紀 第四)

B-1. 安藏王五年(523)十一月, 遣使朝魏, 進良馬十匹.(『三國史記』 高句麗本紀 第七)
2. 聖王二年(524), 梁高祖詔, 冊王爲持節都督百濟諸軍事綏東將軍百濟王.(『三國史記』 百濟本紀 第四)
3. 聖王三年(525)春二月, 與新羅交聘.(『三國史記』 百濟本紀 第四)
4. 安藏王八年(526)春三月, 遣使入梁朝貢.(『三國史記』 高句麗本紀 第七)
5. 安藏王九年(527)冬十一月, 遣使入梁朝貢.(『三國史記』 高句麗本紀 第七)

C-1. 安藏王十一年(529), 王畋於黃城之東.(『三國史記』 高句麗本紀 第七)
2. 安藏王十一年(529)冬十月, 王與百濟戰於五谷, 克之, 殺獲二千餘級.(『三國史記』 高句麗本紀 第七)
3. 聖王七年(529)冬十月, 高句麗王興安躬帥兵馬來侵, 拔北鄙穴城, 命佐平燕謨, 領步騎三萬, 拒戰於五谷之原, 不克, 死者二千餘人.(『三國史記』 百濟本紀 第四)

---

13) 『三國史記』 卷26, 百濟本紀4, 武甯王二十一年, "行都督百濟諸軍事鎭東大將軍百濟王餘隆, 守藩海外 遠修貢職 迺誠款到, 朕有嘉焉. 宜率舊章, 授玆榮命, 可使特節都督百濟諸軍事寧東大將軍".

위 사료 중 A와 C는 안장왕이 백제와의 사이에 일으킨 전쟁에 대한 기록이다. 그 중 사료 A가 기록한 전쟁은 523년 8월에 발생하였는데, 이 시기는 마침 백제 무령왕과 성왕의 왕위교체시기로 안장왕은 백제가 國喪을 치르는 틈을 타서 공격을 가한 것이다. 백제가 수비군 1만 명을 투입한 것으로부터 보아 작은 규모는 아니었을 것으로 보인다. 사료 C는 안장왕 재위 말에 일으킨 백제를 향한 진공에 관한 것인데 백제 측의 기록에 의하면 안장왕이 "몸소 군사를 거느리고 침입(躬帥兵馬來侵)"하여 북쪽 변경 혈성을 빼앗았다. 이에 백제 연모가 3만의 군사를 거느리고 오곡벌판에서 항전하였다는 것은 이 전투에서 고구려가 많은 병사를 동원하여 백제를 맹렬하게 공격하였음을 보여준다. 전쟁의 규모가 큰 만큼 고구려는 아마 장기간의 준비를 한 것으로 보이는데 C-1에 기록된 내용이 이 점을 잘 반영해 주고 있다. 또한 안장왕이 직접 출정한 것은 여기에 사활을 걸었다는 의미로 받아들여진다. 이로부터 안장왕은 군사면에서 백제를 압박하려는 목표와 결심을 힘써 강구하였다.

사료 B는 두 차례 전쟁 기간에 안장왕이 백제의 동향을 둘러싸고 전개한 외교활동에 대한 기록이다. B-1은 백제에 대한 제1차 진공이 실패한 후 북위에게 전개한 외교로, 안장왕 재위 13년 기간 중 유일하게 북위에 사신을 파견한 경우였다. 그 후로 더 이상의 사신 파견이 없는 것으로 봤을 때 이 또한 일시적인 대책에 지나지 않았음을 알 수 있다. B-2는 양무제가 백제의 성왕을 책봉한 일과 관련한 것인데 이는 백제와의 이전 관계의 유지이며, B-3은 백제와 신라의 관계가 진일보 개선되고 강화되었음을 보여준다. 성왕 즉위 후 백제는 양나라와는 물론, 신라와도 비교적 우호적인 관계를 유지하였다. 사료 B-4,5는 안장왕이 백제의 외교적 압력에 맞서 다년간 중단하였던 양나라와의 교류를 다시 시작하고자 연속적으로 사신을 파견함으로써 외교적으로 백제에 필적하기를 기대했음을 보여준다.

다시 말해, 6세기 초 백제의 중흥은 고구려에 거대한 군사, 외교적 압박을 가하였고, 한반도 내에서 백제와의 군사적 대립과 동시에 외교상에서도 힘을 겨뤄야 하는 것이 안장왕의 필연적인 선택이었다. 동시에, 북위의 내란과 양나라 무제의 통치시기에 나타난 새로운 추세 또한 고구려가 외교적으로 양나라를 선택하게 된 또 다른 원인이 되겠다.

Ⅳ. 北魏와 梁朝의 대립 국면의 변화

북위는 선비 拓跋이 건립한 국가로서 386년 건립 이후 439년까지 서진, 북연, 북량을 멸망하고 중국 북방의 서진 말년이래 130여 년간 지속해온 '16국'의 혼란을 매듭지었다. 또한 중국 역사상 첫 번째로 북방을 통일하고 중원으로 진입한 소수민족이었으며, 북위와 남방 왕조의 장기적인 대립 국면을 형성하기도 하였다. 북위는 내정상에서 한화정책을 널리 시행하였는데 특히 헌문제(466~477)와 효문제(471~499) 시기 일련의 개혁을 실시하여 북방에서의 통치를 공고히 하였다. 군사면에서 북위는 송나라와의 전쟁에서 계속 승리하여 방위선을 淮河 이남까지 다다르게 하였고, 낙양으로 천도한 후 또 다시 남하하여 남제의 남양 등 오군을 점령한 후 수춘까지 빼앗아 세력이 회하 이남까지 확장되었다. 양나라 초에는 북위와 淮河, 大別山脈, 秦嶺 선을 경계로 대립하는 국면이 형성되었다.

6세기에 들어선 후, 북위는 쇠락의 조짐을 보이기 시작하였다. 선무제(500~515)시기, 북위는 관리들의 부패와 외척 高肇의 권력독점이 元愉의 군사반란을 초래하였고, 효명제(516~528)시기에 이르러서는 내란이 더더욱 끊이질 않았다. 516년, 효명제가 어린 나이로 즉위하여 그의 모친인 호태후가 臨朝称制를 하였는데 통치집단 내부에서 정권다툼이 더더욱 심화되었다. 사료는 이에 대해 "그 때 호태후가 조정을 좌우지하였다. 淸河王 元懌을 협박하여 그와 간통하니, 천하 사람들이 증오하였다. 領軍 元叉와

長秋卿 劉騰 등이 顯陽殿에 元詡를 왕위에 올리고 호태후를 북궁에 감금하였으며 궁에서 元懌을 처형하였다. 훗날 호태후의 조카 都統 胡僧敬을 비롯, 備身左右 張車渠 등 수십 명이 원차를 제거하고 호태후를 다시 조정에 들이려 하였으나 실패하였다. 호승경은 변방에 추방당하였고 장차거 등은 사형 당하였으며 호태후 일족은 관직을 박탈당하였다."[14]라고 기록하고 있다. 이 사건은 520년에 발생하였다. 그 후 元叉, 劉騰이 조정을 좌우하였고 북위의 통치질서는 나날이 혼란에 빠지게 되었다. 523년, 호태후는 효명제와 元雍 등의 도움으로 또 다시 조정으로 나와 정무를 보게 되었고, 제멋대로 도당을 길러 북위 조정의 붕괴를 야기하였다. 이 모든 것들은 이후에 일어나게 될 각 민족의 봉기와 북위의 동서 양분에 잠정적 기초를 마련하였고 북위의 통치는 그야말로 위태로운 상황에 처하게 되었다.

날로 쇠약해져가는 북위와는 달리, 남방의 양나라 정권에는 새로운 상황이 나타나기 시작하였다. 502년, 蕭衍이 군사를 일으켜 남제를 멸하고 양나라를 건립, 양무제로 즉위하였다. 양무제 통치시기(502~549), 정치상으로는 전력을 다해 나라를 다스렸는데 통치집단 내부 사족문벌과 서민지주 사이의 모순을 주의하여 조정하였고, 경제면에서 농사를 격려하고, 병사와 노비를 방면하여 남제 말년이래의 사회질서를 안정시켰으며 "30, 40년간 흥성하여 위진이래 아마 없었다."[15]라 하듯이 안정적인 국면을 보였다. 북위와의 군사적 대립 과정에서 양무제도 남제이래 수동적으로 당하기만 하던 국면을 전환시켜 505년 10월 조서를 내려 북벌을 명령하였다. 臨川 王蕭宏을 南北兗·北徐·靑·冀·豫·司·霍 8주 都督으로 임명하여 수십만 군사를 거느리고 洛口에 진주하였다. 이는 송문제의 북벌 실패로부터 반세

14) 『魏書』 卷13, 列傳1, 皇后列傳, "時太后得志, 逼幸淸河王懌, 淫亂肆情, 爲天下所惡. 領軍元叉·長秋卿劉騰等奉肅宗於顯陽殿, 幽太后於北宮, 於禁中殺懌. 其後太后從子都統僧敬與備身左右張車渠等數十人, 謀殺叉, 複奉太后臨朝. 事不克, 僧敬坐徙邊, 車渠等死, 胡氏多免黜".

15) 『梁書』 卷3, 武帝紀, "三四十年, 斯爲盛矣, 自魏晉以降, 未或有焉".

기 이래 남조가 펼친 가장 큰 공세였는데 북위도 이에 "100년이 넘도록 없었던 일이다(百數十年所未之有)."고 놀랐다. 여러 번의 교전 후 507년, 양나라 군대는 鐘離전투에서 크게 승리를 거두어 북위 군사를 전멸시켰다. 이 전쟁은 양나라 입장에서는 북위의 남진을 억제할 수 있는 교두보를 확보하였고, 남북조의 실력 대비에 변화가 발생하였음을 나타내고 있다. 북위의 입장에서 보면 이는 남조에 대한 모든 군사행위 중 가장 큰 실패이며, 북위의 정치·군사 방면에 가장 큰 영향을 끼친 전쟁이었다. 511년, 양나라 군대는 朐山전투에서 다시 커다란 승리를 거두었다. 그 후 양무제는 여러 번 북벌하여 연속적으로 회남의 잃어버렸던 땅들을 다시 회복하였고, 국력은 한동안 강성하였다. 반대로 북위의 조정은 날로 혼란에 빠졌고 멸망에 이르기까지 힘이 없어 더 이상 대규모의 남조 정벌전쟁을 일으키지 못하였다.

이로부터 알 수 있듯이, 6세기에 들어 중국 대륙에서의 남북대립의 국면은 5세기 중엽과는 확연히 달랐다. 예전에는 강대했던 북위의 끊임없는 내란과 양나라 초기의 강성이 대비를 이루면서 군사상에서 북이 강하고 남이 약했던 국면이 한 번에 뒤바뀌었다. 이러한 국제정세의 변동은 고구려 외교정책의 방향에 대해서도 무시 못할 영향을 끼쳤다.

V. 안장왕시기 고구려의 동아시아국제질서에서의 지위 변화

고구려는 안장왕시기 親梁 외교정책을 실시하였는데, 하지만 당시 북위가 안장왕에게 내린 봉호가 전대 왕에 비해 낮았을 뿐만 아니라 양나라가 안장왕에게 내린 봉호 또한 전대 왕보다 낮았다.

『위서』 고구려전에는 435년 員外散騎侍郎 李敖를 사신으로 파견하여 장수왕을 都督遼海諸軍事·征東將軍·領護東夷中郎將·遼東郡開國公·高句麗王[16]으로

봉한 기록이 보인다. 491년 장수왕이 죽은 후, 북위는 그를 車騎大將軍·太傅遼東郡開國公·高句麗王·諡曰康으로 추증했다. 이는 당시 북위가 다른 나라에 대한 가장 이른 추증이거니와 추증 중에서 가장 높은 봉호였다.[17] 문자명왕 즉위 후, 북위는 492년에 사신을 파견하여 그를 使持節都督遼海諸軍事·征東將軍·領護東夷中郎將·遼東郡開國公·高句麗王으로 봉하였는데 장수왕과 비교할 때 '사지절'이라는 명칭이 덧붙여진 것이다. 519년, 문자명왕이 죽은 후 북위는 그를 車騎大將軍·領護東夷校尉·遼東郡開國公·高句麗王으로 추증하였고 안장왕 즉위 후 문자명왕을 安東將軍·領護東夷校尉·遼東郡開國公·高句麗王으로 추증하였다. 그런데 531년 안장왕이 죽은 후 북위는 봉호를 하사하지 않고, 그후 즉위한 안원왕에 대해서는 532년에 조서를 내려 使持節·散騎常侍·車騎大將軍·領護東夷校尉·遼東郡開國公·高句麗王으로 봉하였다.

북위의 봉호에 대한 하사 변화로부터 봤을 때, 문자명왕시기에 이르러 하사한 봉호 중 지방관직을 대표하는 칭호가 장수왕시기의 都督遼海諸軍事(종1품)에서 使持節都督遼海諸軍事(정1품)로 상승하였다. 이 또한 한 측면으로는 고구려와 북위관계의 밀접함을 보여주고 있다. 안장왕 때에 이르러서는 지방관직을 대표하는 도독 칭호가 없을 뿐만 아니라 將軍號도 征東將軍(종1품)에서 安東將軍(정3품)으로 하강하였다. 동이를 관할하는 관직 칭호 또한 領護東夷中郎將(정3품에 해당)에서 領護東夷校尉(종3품)로 하강하였다. 그 후 안원왕의 봉호는 또 다시 안장왕에 비해 높아져 지방관직인 使持節·散騎常侍(종3품)가 증가되고, 장군호가 車騎大將軍으로 상승하였다. 이로부터 우리는 북위가 고구려왕에게 하사한 봉호 중 안장왕의 봉호가 가장 낮았음을 알 수 있다.

남조가 장수왕에게 하사한 봉호에 관하여 『남제서』는 "송말 고려왕 낙랑공 고련을 사지절 산기상시 도독영평2주제군사 차기대장군 개부의동삼사

16) 『魏書』 卷100, 列傳88, 高句麗

17) 三崎良章, 2012, 「北魏的對外政策與高句麗」『遼寧省博物館館刊』, 322쪽.

로 삼았다. 태조 건원 원년에 표기대장군으로 호를 상승시켰다."[18]고 기록하고 있다. 494년, 남제는 문자명왕을 使持節散騎常侍·都督營平二州諸軍事·征東大將軍·高麗王·樂浪公[19]으로 책봉하였고, 496년에 다시 車騎將軍으로 개칭하였다. 502년, 양고조가 즉위한 후, "차기장군 고려왕 고운을 차기대장군으로 봉호를 올렸고(車騎將軍高麗王高雲, 進號車騎大將軍)", 508년에는 또 "무동대장군과 개부의동3사를 허가하고, 지절·상시·도독·왕의 칭호는 모두 종전과 같이 하시오."[20]라고 하였다. 520년, 양고조는 안장왕에게 "조서를 내려 持節 督營·平二州諸軍事 寧東將軍의 봉작을 승습케 하였다."[21]

남조의 봉호에 대한 하사 변화에서 보면, 장수왕은 송과 남제로부터 가장 높은 봉호를 받았으며 남제가 문자명왕에게 내린 책봉 중 장군호를 驃騎大將軍(1품)에서 征東大將軍(2품)으로 하강한 것, 양무제 즉위 후 다시 驃騎大將軍(1품)으로 상승시킨 것, 508년 撫東大將軍(23반)이라 책봉하였지만, 안장왕 즉위시기 寧東將軍(22반)으로 하강하고,[22] 동시에 散騎常侍 및 開府儀同三司 관직이 보이지 않고 있다.

이로부터 남북조가 고구려에 대한 책봉 중에서 안장왕시기의 봉호가 그 이전의 두 세대 왕들에 비해 모두 낮았다는 것을 알 수 있는데, 이는 남북조 외교에서의 고구려 지위가 하락하였음을 나타낸다. 그 중 북위의 안장왕에 대한 태도의 변화는 북위말기 통치질서의 혼란과 관계가 없는 것은 아니지만, 주로 안장왕이 폈던 친양 외교정책 때문이라 할 수 있으며

18) 『南齊書』 卷58, 列傳39, 東夷, 高麗, "宋末, 高麗王·樂浪公高璉爲使持節散騎常侍·都督營平二州諸軍事·車騎大將軍·開府儀同三司. 太祖建元元年, 進號驃騎大將軍".

19) 『南齊書』 卷58, 列傳39, 東夷, 高麗.

20) 『梁書』 卷54, 列傳48, 諸夷, 東夷, 高句驪, "可撫東大將軍·開府儀同三司, 持節·常侍·都督·王並如故".

21) 『梁書』 卷54, 列傳48, 諸夷, 東夷, 高句驪, "纂襲封爵, 持節·督營 平二州諸軍事·寧東將軍".

22) 508년, 양무제는 관직을 개정하여 18班을 실행하였다. 반을 귀하게 여기고 같은 반일 경우 아래에 있는 자의 지위가 보다 낮았다. 이후 또한 武職將軍號 125종을 두고 이를 다시 10품 24반으로 분류하였다.

그 때문에 안장왕의 봉호 등급이 크게 하락하였다고 할 수 있다. 한편, 양나라의 입장에서 볼 때, 안장왕에 대한 봉호가 하락하였을 뿐만 아니라 521년 양나라가 백제 무령왕에게 使持節·都督百濟諸軍事·寧東大將軍[23]이라는 봉호를 내린 것과 비교해 볼 때, 무령왕의 장군호가 안장왕보다 높다. 이에 대해, 여러 논자들은 "송나라 후기부터 시작해, 남조에게 있어 고구려의 정치, 군사적 이용은 더 이상 중요하지 않게 되었다. 고구려의 실제지위는 하강하기 시작하였고 양나라시기에 이르러 표면화 되었으며 지위는 車騎大將軍으로부터 寧東將軍으로 하락하였다. 동시에, 백제의 지위는 날로 상승하여 심지어 고구려를 초과하였는데 그 후 동아시아국가의 최고지위를 계속 유지하였다. 다시 말하자면, 남조의 동아시아 국제질서가 원래의 고구려－백제－왜로부터 백제－고구려－왜로 변화하였다. 이는 하나의 중요한 변화이다."[24]라고 밝히고 있다. 필자는 이에 대해 앞에서 서술한 무령왕시기 백제의 중흥과도 당연히 연관이 있다고 생각한다.

Ⅵ. 맺음말

안장왕 즉위 후, 남북조에 대한 외교에서 장수왕과 문자명왕시기 시행하였던 친북위 외교정책으로부터 남조와의 적극적인 교섭으로의 변화는, 이 시기 고구려의 외교정책 방면에서의 중요한 전환을 보여준다. 이러한 정책의 변화는 고구려가 한반도에서 직면한 새로운 국면과 연관이 있을 뿐만 아니라, 동시에 남북조의 대립 국면의 변화와도 밀접한 관계가 있어 보인다. 비록 고구려가 외교정책에 변화를 줌으로써 시국의 변화에 적응하려 하였지만, 남북조 또한 내정과 對戰局勢의 변화에 따라 고구려 문제를

23) 『梁書』 卷54, 列傳48, 諸夷, 東夷, 百濟.
24) 韓昇, 2009, 『東亞世界形成史論』, 復旦大學出版社, 103쪽.

대함에 있어 이전과 다른 태도를 보이기 시작하였는데, 고구려에 대한 봉호의 하락이 이 시기 북위 및 양과의 외교에서 고구려의 지위가 낮아졌음을 보여준다.

다시 말해, 6세기 중엽 이후의 안원왕과 양원왕 시기 고구려가 내정 및 외교의 곤경에 처한 것은 결코 단기간에 형성된 것은 아니다. 동아시아 국제지위의 하락도 고구려가 처한 상황을 반영하며, 안장왕시기부터 고구려의 국세가 서서히 기울고 있었음을 알 수 있는데, 이 시기는 고구려 국세가 강성하던 데로부터 쇠락에로 나아가는 전환점이라 할 수 있다.

金锦子

论安臧王时期高句丽与南北朝的关系及其东亚国际地位的变化

高句丽与南北朝关系的研究，是中外学界一直较为关注的问题，也取得了相当的研究成果，其中不乏对高句丽与南北朝关系整体发展趋势和特点的研究，[1] 也有侧重北魏与高句丽关系的研究。[2] 在借鉴以往研究成果基础上，本文以高句丽安臧王统治时期的对外关系为切入点， 考察这一时期高句丽与南北朝关系的变化，探究导致这种变化产生的原因，并分析6世纪初中叶高句丽东亚国际地位的

1) 韩昇，「"魏伐百济"与南北朝时期东亚国际关系」，『历史研究』1985年3期；刘子敏，「高句丽与南北朝的关系」，『中朝韩日关系史研究论丛』，延边大学出版社，1995年；祝立业，「论南北朝时期高句丽王国的内外政策」，『社会科学战线』2003年2期；魏存成，「中原·南方政权对高句丽的管辖册封及高句丽改称高丽时间考」，『史学集刊』，2004年1期；姜维公，「南朝与北朝对高句丽政策的比较研究」，『中国边疆史地研究』，2004年4期；韩昇，「论南北朝对高句丽的册封」，『东北史地』2008年6期；刘文健，「高句丽与南北朝朝贡关系变化研究」，『东北史论』2010年2期；[韩]金钟完，「南朝与高句丽的关系」，『高句丽研究』14, 2002年；[韩]李成制，『高句丽的西方政策研究』，国学资料院，2005年；[韩]金镇汉，『高句丽后期对外关系史研究』，韩国学中央研究院博士学位论文，2010年。

2) 姜维东，「〈后魏孝文帝与高句丽王云诏〉中所见魏·丽形势及双方关系」，『史学集刊』2006年11期 ； 房奕，「高句丽向北魏遣使与相互关系的变迁」，『传统中国研究集刊』2006年12期；[日]三崎良章，「北魏的对外政策与高句丽」，『朝鲜学报』1982年102号(译文载，『辽宁省博物馆馆刊』，2012年)；常乐，『高句丽与北魏交涉关系研究』，延边大学博士学位论文，2014年；李凭，「魏燕战争前后北魏与高句丽的交往」，『上海师范大学学报』2002年11期。[韩]姜辰垣，「高句丽安臧王的对外政策与南进」，『大东文化研究』94, 2016年。

变化问题。

一. 安臧王时期高句丽对北魏和梁朝外交政策的变化

在北魏存续期间，南朝经历了宋·齐·梁的交替，双方保持着军事上的长期对峙。面对中国南北对峙局势的变动，高句丽也适时调整着对南北朝的政策。安臧王即位之前，以5世纪60年代为节点，高句丽与南北朝的关系呈现出两种不同态势。425年，高句丽遣使北魏，但两国关系却并没有取得实质性进展。以后随着北魏对北燕攻势的加强，高句丽对北魏的态度有所转变。435年，长寿王遣使者安东"奉表贡方物，并请国讳"，而北魏也积极回应，派员外散骑侍郎李敖册封长寿王。但436年发生的北燕王冯弘投奔高句丽事件使刚刚缓和的两国关系迅速恶化。此后直到462年两国鲜有使臣往来。而在此期间，高句丽与南朝刘宋的关系却十分密切。高句丽"前后向刘宋遣使朝贡22次，从436年冯弘事件发生到462年的26年间，共向其遣使11次，其中还包括对刘宋的军事援助"。[3)]

462年，长寿王遣使入魏朝贡，重开两国中断多年的关系。这一转变是根据新的局势变化而做出的选择。继436年灭北燕后，北魏先后灭北凉·击吐谷浑·克柔然，基本稳定了北方局势，与刘宋的关系也相对缓和。在朝鲜半岛内，百济与新罗结成同盟，牵制了高句丽的南进，因而高句丽也需要改善与北魏的关系。此后高句丽与北魏关系虽相对稳定但也存在摩擦。直到472年，百济向北魏上表请兵促使高句丽加强与北魏的关系，此后高句丽对北魏遣使朝贡每年不断，甚至有时一年两贡甚至三贡。 这种亲北魏政策一直延续到文咨王时期(492~519年)。 期间，高句丽也曾遣使南齐和梁朝，但这主要是根据百济的外交动向而展开的交往竞争，其程度远不及与北魏的关系密切。

---

3) 见拙著，『五至七世纪朝鲜半岛三国纷争与东北亚政局』，香港亚洲出版社，2011年，第56页。

519年，高句丽文咨王死，安臧王即位。通过史料记载可以看到，从安臧王即位开始高句丽对南北朝的外交政策发生了深刻变化。

史书所见安臧王即位及遣使·册封记事表

史料来源	即位记事	遣使册封记事
『梁书』高句丽传	天监十七年(518)，云死，子安立。	普通元年(520)，诏安纂袭封爵，持节·都督营平二州诸军事·宁东将军。
『梁书』武帝纪下		普通元年正月庚子，扶南·高丽国，各遣使献方物。二月癸丑，以高丽王世子安为宁东将军·高丽王。
『魏书』高句丽传	神龟(518~520)中，云死，灵太后为举哀于东堂。遣使策赠车骑大将军·领护东夷校尉·辽东郡开国公·高句丽王。	又拜其世子安为安东将军·领护东夷校尉·辽东郡开国公·高句丽王。 正光(520~525)初，光州又于海中执得萧衍所授安东将军衣冠剑佩，及使人江法盛等，送于京师。
『魏书』刘芳传		神龟中，兼大鸿胪卿，持策拜高丽王安。还除范阳太守。
『魏书』孙绍传		正光(520~525)初，兼中书侍郎，使高丽，还为镇远将军·右军将军。
『南史』高句丽传	(天监)十七年(518)，云死，子安立。	普通元年(520)，诏安纂袭封爵，持节都督营平二州诸军事，宁东将军。
『北史』高句丽传	神龟中，云死，灵太后为举哀于东堂，遣使策赠车骑大将军·领护东夷校尉·辽东郡公·高丽王。	又拜其世子安为镇东将军·领护东夷校尉·辽东郡公·高丽王。正光初(520~524)，光州又于海中执得梁所授安宁东将军衣冠·剑佩，及使人江法盛等送京师。
『资治通鉴』梁纪，高祖	天监十八年(519)，是岁，高句丽王云卒，世子安立。	普通元年(520)，高句丽世子安遣使入贡。二月癸丑，以安为宁东将军·高句丽王。遣使者江法盛，授安衣服·剑佩。魏光州兵就海中执之，送洛阳。
『三国史记』高句丽本纪	薨，号为文咨明王。魏灵太后举哀于东堂，遣使策赠车骑大将军。时魏肃宗年十岁，太后临朝称制。安臧王，讳兴安，文咨明王之长子。文咨在位七年(498)立为太子。二十八年(519)王薨，太子即位。	二年(520)春正月，遣使入梁朝贡。二月，梁高祖封王为宁东将军·都督营平二州诸军事·高句丽王。遣使者江注盛赐王衣冠·剑佩，魏兵就海中执之，送洛阳。魏封王为安东将军·领护东夷校尉·辽东郡开国公·高句丽王。

上表按照史书成书年代列举了安臧王即位之初与北魏·梁朝的遣使·册封等事宜。从传承来看,『梁书』·『南史』·『资治通鉴』为一类, 主要侧重高句丽与梁朝记事,『魏书』·『北史』为一类, 主要侧重高句丽与北魏记事, 而『三国史记』为第三类, 站在高句丽的角度综合了前述记载内容。通过对比上述记载, 可以发现存在着一些矛盾之处。

从『梁书』·『南史』·『资治通鉴』的记载来看,『资治通鉴』纠正了前两部史书中关于安臧王即位年的错误, 并补充了梁朝遣使册封并为北魏所执之事。而『魏书』和『北史』则首先侧重对高句丽文咨王和安臧王册封之事, 而后强调截获梁朝使臣之事。而『三国史记』则按时间顺序梳理了高句丽文咨王与安臧王交替之际与北魏和梁朝的关系。由此, 关于事情发展顺序的记载就出现了不同。

按照『魏书』·『北史』所载, 519年文咨王死后, 北魏遣使策赠死去的文咨王, 同时也册封了新王安臧王, 而后发生了截获梁朝使臣事件。按照『梁书』所载, 则是520年1月高句丽安臧王派出的使臣到达梁朝, 2月梁朝予以册封并遣使者, 结果被北魏在海中截获。『三国史记』的记载则是519年文咨王死后, 北魏灵太后遣使策赠, 但并未册封新王。520年1月, 安臧王遣使梁朝, 获得梁朝册封并遣使, 其使臣为北魏光州兵截获, 而后才有北魏对安臧王的册封。那么在北魏对安臧王的册封问题上,『魏书』·『北史』的记载与『三国史记』为什么会有所不同呢?

关于长寿王·文咨王王位交替时北魏的遣使册封情况,『魏书』记载:“琏死, 年百余岁。高祖举哀于东郊, 遣谒者仆射李安上策赠车骑大将军·太傅·辽东郡开国公, 谥曰康。又遣大鸿胪拜琏孙云使持节·都督辽海诸军事·征东将军·领护东夷中郎将·辽东郡开国公·高句丽王。”4) 可见, 在长寿王和文咨王王位交替之际, 北魏曾向高句丽遣使两次, 一次是策赠故王, 一次是册封新王, 按照『三国史记』的记载, 时间分别是491年和492年。从上表中『魏书』记载来看, 北魏在安臧王即位后也曾两次遣使高句丽。第一次是“神龟中”出使的大鸿胪卿刘芳, 第二次是“正

4) 『魏书』卷100, 列传88, 高句丽传。

光初”出使的孙绍。按『魏书』记载，鸿胪卿刘芳出使是“持策拜高句丽王安”，而中书侍郎孙绍的出使没有提到具体目的。

在这种情况下，对于史书记载的矛盾是否可以有如下解释。第一种情况是，按『魏书』高句丽传和刘芳传所载，在文咨王死后，北魏遣使策赠先王同时也册封了安臧王，使者就是刘芳。但令人不解的则是『魏书』为何只记载“持策拜高句丽王安”，而不提策赠文咨王之事；第二种可能存在的情况是，比照前述长寿王和文咨王交替时北魏遣使两次分别策赠和册封来看，北魏也派出两次使者，一次是策赠文咨王，一次是册封安臧王，也就是上述两位使臣的出使。笔者推测，高句丽使臣在520年1月已到到达梁朝，说明其派出使臣时间要在更早。也就是说在北魏册封使臣还未到达高句丽时，就发生了高句丽遣使梁朝，并且梁朝派使者江法盛出使册封安臧王之事。这对北魏而言无疑是颜面扫地。这样，孙绍的出使就具有了双重使命，一是对高句丽交往梁朝加以诘责，二是在梁朝之前对高句丽册封。可是为何『魏书』对此却没有记载。想来应该是为北魏所讳，并想彰显北魏对高句丽外交的优势地位。这一点就如同『梁书』等南朝史书不载北朝对高句丽事宜。如此，刘芳出使高句丽只提“持策拜高句丽王安”就是为凸显对安臧王的册封，而孙绍的出使则笼统带过。同时这也就说明了『三国史记』会出现与『魏书』不同记载的原因。也就是说，安臧王即位伊始，在北魏册封使臣未到之前就向梁朝派出了使者，梁武帝随即册封安臧王并派江法盛出使，不想为被北魏截获。由此，北魏派使臣孙绍出使，其目的如前所述，应是对安臧王交往梁朝加以诘责，同时又以册封加以怀柔。因此，笔者倾向于『三国史记』的记载。

北魏对高句丽的这种态度，从其授予安臧王的封号中也可见一斑。从此前文咨王所获北魏册封来看，491年长寿王死后，魏孝文帝“遣谒者仆射李安上策赠车骑大将军·太傅·辽东郡开国公·高句丽王，谥曰康。”，492年，又遣“大鸿胪拜琏孙云使持节·都督辽海诸军事·征东将军·领护东夷中郎将·辽东郡开国公·高句丽王。”[5] 519年，文咨王死后，北魏“遣使策赠车骑大将军·领护东夷校尉·辽东郡开国公·高句丽王。又拜其世子安为安东将军·领护东夷校尉·辽东郡开国公·高句丽王”。[6]

这样，安臧王的封号从文咨王时期的“使持节·都督辽海诸军事·征东将军·领护东夷中郎将·辽东郡开国公·高句丽”变为“安东将军·领护东夷校尉·辽东郡开国公·高句丽王”，没有了象征对地方进行军事统辖的“使持节·都督辽海诸军事”官职，将军号从征东将军(从一品)降为安东将军(正三品)，象征对东夷诸族管辖权的领护东夷官职从中郎将(正三品)降为校尉(从三品)。如此大幅度地削减安臧王的封号，应该与安臧王采取的亲梁朝外交政策不无关系，显现了对高句丽的警告和惩戒。

尽管如此，520年9月，安臧王再次遣使入梁朝贡，显现了亲梁朝的态度。根据『三国史记』的记载，安臧王在位13年，期间有5次遣使南北朝的记载，其中4次为遣使入梁朝贡，仅有1次入北魏。这与长寿王和文咨王时期几乎年年遣使北魏朝贡形成了鲜明对比。可以看出安臧王时期高句丽对北魏和梁朝的外交政策发生了重要转变，其重心转向了梁朝，而导致这种外交政策转变的背景则与当时朝鲜半岛局势变化以及北魏与梁朝的对战格局有密切关系。

二. 百济中兴与安臧王的军事·外交对应

进入6世纪以后，同处于朝鲜半岛的高句丽·百济·新罗三国依然处于鼎立对持局面，从三国关系整体态势来看，百济和新罗自5世纪前期结成的同盟依然存在，有效牵制了高句丽向朝鲜半岛南部的发展。而三国关系中最为紧张的还是百济和高句丽，此时百济的中兴也成为高句丽制定对外政策的重要影响因素。[7]

5) 『魏书』卷100，列传88，高句丽传。

6) 『魏书』卷100，列传88，高句丽传。

7) 韩国学者姜辰垣亦认为，安臧王时期高句丽对外政策变化的主要原因在于对百济的牵制，在当时高句丽主要发展方向依然延续了前代的南进(参看「高句丽安臧王的对外政策与南进」，『大东文化研究』第九辑，2016)。

根据『三国史记』记载，文咨王时期和安臧王时期在朝鲜半岛内处于攻防战争的主要是百济与高句丽。[8] 此时百济经历了东城王(479~500年)的体制整备，到武宁王(501~523年)时期国力大增，显现出了中兴局面。从双方交战情况来看，文咨王和安臧王时期，双方交战9次，其中高句丽败4次，胜1次，战果不详3次，未成行1次。而且从战争的发展态势来看，百济一改往日被动局面，武宁王即位元年就"遣达率优永帅兵五千，袭高句丽水谷城"，[9] 这是百济自旧都汉城陷落以来第一次率先发动的对高句丽的攻势。521年，武宁王遣使入梁，自称"累破高句丽，始与通好，而更为强国"，[10] 显示了对高句丽战争取胜后的自信。

而且百济从与南北朝的关系来看，自472年上表北魏请兵失败以后，百济与北魏就再无往来，而是全力发展与南朝的关系。479年，南齐建立，东城王于第二年即遣使朝贡，被南齐册封为"使持节·都督百济诸军事·镇东大将军"，此后的484年·486年·490年·495年百济都向南齐派出使臣，奠定了与南朝交往的传统。梁朝取代南齐后，512年3月，高句丽向梁朝"遣使献方物"，随即百济武宁王也于4月"遣使入梁朝贡"，这是高句丽和百济的第一次对梁朝遣使，百济表现出了很强的外交竞争态度。安臧王即位后，于520年1月和9月两次遣使入梁朝贡，百济武宁王随后于521年11月也遣使入梁，并在向梁朝进献的表文中自夸"累破高丽，今始与通好，百济更为强国"。[11] 值得一提的是，此次百济遣使梁朝，新罗亦"始使使随百济奉献方物"，[12] 可以说武宁王在朝鲜半岛内改善了与新罗一度有所降温的关系，给高句丽以更大的压力。梁朝对百济的来贡也给予了积极回应，梁武帝下诏"行都督百济诸军事镇东大将军百济王余隆，守藩海外，远修职贡，迺诚款到，朕有嘉焉。宜率旧章，授兹荣命，可使持节都督百济诸军事宁东大将军"，[13] 提高了百济武宁王的封

8) 详见拙著，『五至七世纪中叶朝鲜半岛三国纷争与东北亚政局』，香港亚洲出版社，2011年，第84~98页。

9) 『三国史记』卷26，百济本纪4，武宁王元年。

10) 『三国史记』卷26，百济本纪4，武宁王二十一年。

11) 『南史』卷79，列传69，夷貊下，百济。

12) 『南史』卷79，列传69，夷貊下，新罗。

号，而且比安臧王的封号要高。

面对此时百济在军事及对外梁外交等方面所显出的强势，安臧王也从军事和外交方面加以回应。对此，『三国史记』记载如下：

A-1. 安臧王五年(523年)秋八月，遣兵侵百济。(『三国史记』高句丽本纪第七)

2. 百济圣王元年(523年)秋八月，高句丽兵至浿水，王命左将军志忠帅步骑一万，出战退之。(『三国史记』百济本纪第四)

B-1. 安臧王五年(523)冬十一月，遣使朝魏，进良马十匹。(『三国史记』高句丽本纪第七)

2. 百济圣王二年(524年)，梁高祖诏册王为持节都督百济诸军事绥东将军百济王。(『三国史记』百济本纪第四)

3. 百济圣王三年(525年)春二月，与新罗交聘。(『三国史记』百济本纪第四)

4. 安臧王八年(526年)春三月，遣使入梁朝贡(『三国史记』高句丽本纪第七)

5. 安臧王九年(527年)冬十一月，遣使入梁朝贡。(『三国史记』高句丽本纪第七)

C-1. 安臧王十一年(529年)，王畋于黄城之东。(『三国史记』高句丽本纪第七)

2. 安臧王十一年(529年)冬十月，王与百济战于五谷，克之，杀获二千余级。(『三国史记』高句丽本纪第七)

3. 百济圣王七年(529年)冬十月，高句丽王兴安躬帅兵马来侵，拔北鄙穴城。命佐平燕謨领步骑三万，拒战于五谷之原，不克，死者二千余人。(『三国史记』百济本纪第四)

上述史料A和C是安臧王对百济发动战争的记载。其中史料A记载的战争发生在523年8月，此时恰逢百济武宁王和圣王王位交替之际，可见这是安臧王乘百济处于国丧而发动的进攻。从百济出兵一万防守来看，规模应该不小。史料C则是在安臧王在位末期发动的对百济进攻，按照百济方面的记载来看，是安臧王"躬

13) 『三国史记』卷26，百济本纪4，武宁王二十一年。

帅兵马来侵”，并且攻陷了百济北部边境的穴城。百济将领燕謨率兵三万与之战于五谷原，兵力之多显现了高句丽对百济发动攻势的猛烈程度。如此大规模的战争，高句丽方面应该进行了长期的准备，C-1记载的内容就反映了这一情况。而且从安臧王亲征来看，大有孤注一掷的意味。由此可以安看出臧王力图在军事上压制百济的目标和决心。

史料B所记载的就是在两次战争期间， 安臧王围绕着百济动向而展开的外交活动。B-1是在对百济第一次军事进攻失利后展开的对北魏外交，这也是安臧王在位13年期间唯一一次向北魏的遣使。但从此后再无遣使来看，对北魏的遣使也只是权宜之计。B-2是梁武帝对百济新王圣王的册封，这是与百济以往关系的延续，B-3则反映了百济与新罗关系进一步改善和加强。这样在圣王即位后百济不仅与梁朝，而且和半岛内的新罗都保持了较好的关系。史料B-4·5则是安臧王面对百济的外交压力，在与梁朝中断使臣往来多年后，重开对梁朝的交往，连续派出了使者，以期与百济的外交相抗衡。

可以说，6世纪前期百济的中兴给高句丽以极大军事和外交上的压力，在朝鲜半岛内高句丽与百济进行军事对抗的同时， 在外交上与之竞争抗衡也就成为安臧王必然的选择， 与此同时， 北魏的内乱以及梁朝武帝统治时期所呈现的新气象，也是高句丽在外交上选择梁朝的另一原因。

三. 北魏与梁朝对峙局面的变化

北魏是鲜卑拓跋部建立的国家，386年建国至439年，先后灭西秦·北燕和北凉，结束了中国北方自西晋末年以来持续130多年的“十六国”混乱局面，成为中国历史上第一个统一北方·入主中原的少数民族，也形成了北魏与南方王朝长期对峙的局面。北魏在内政上大力推行汉化政策，尤其是献文帝(466~477年)和孝文帝(471~499年)统治时期实行了一系列改革，稳定了在北方的统治。在军事上，北魏在与刘宋的战争中不断取胜，将其防线压至淮水以南。迁都洛阳后，北魏又南下攻占南齐的南阳等五郡，其后又夺取寿春，势力波及淮河以南，到梁朝初期，形成了以淮水·大别山·秦岭一线为界对峙的局面。

进入6世纪以后，北魏呈现出衰微之势。宣武帝(500~515年)时，北魏吏治腐败，外戚高肇专权，导致元愉起兵反叛，到孝明帝(516~528)时期更是内乱不止。516年，孝明帝年幼即位，其母胡太后临朝称制，统治集团内部争权夺势斗争加剧。史书记载："时太后得志，逼幸清河王怿，淫乱肆情，为天下所恶。领军元叉·长秋卿刘腾等奉肃宗于显阳殿，幽太后于北宫，于禁中杀怿。其后太后从子都统僧敬与备身左右张车渠等数十人，谋杀叉，复奉太后临朝。事不克，僧敬坐徙边，车渠等死，胡氏多免黜。"[14] 这一事件发生在520年。此后元叉·刘腾把持朝政，北魏统治秩序更加混乱。523年，胡太后在孝明帝和元雍等人的帮助下，再度临朝听政，大肆扶植党羽，致使北魏朝政荒废。这一切都为后来的各族人民起义以及北魏的东西两分打下了伏笔，北魏的统治可谓岌岌可危。

与北魏日趋衰弱不同，南方的梁朝政权却呈现出了新的景象。502年，萧衍起兵灭南齐，建立梁朝。梁武帝统治时期(502~549年)，政治上励精图治，注意调和统治集团内部士族门阀和庶族地主之间的矛盾，经济上劝克农桑·广辟良田，放免兵士和奴婢，稳定了南齐末年以来的社会秩序，呈现出"三四十年，斯为盛矣，自魏晋以降，未或有焉"[15]的安定局面。在与北魏的军事对峙中，梁武帝也一改南齐以来被动挨打的局面，505年10月下诏北伐，任命临川王萧宏都督南北兖·北徐·青·冀·豫·司·霍八州北讨诸军事，统帅数十万大军进驻洛口。这是自宋文帝北伐失败以来半个世纪南朝方面发动的最大攻势，北魏对此也感叹"百数十年所未之有"。几番交战后，507年，梁军在钟离之战中取得大胜，几乎全歼魏军。此战对梁朝而言确保了遏制北魏南进的桥头堡，显示南北朝的实力对比已发生改变。对北魏而言，则是对南朝所有军事行动中挫败最大，也是影响最为深远的一次，对

---

14) 『魏书』卷13，列传1，皇后列传。

15) 『梁书』卷3，武帝纪。

北魏政治·军事影响深远。511年，梁军又在朐山之战中取得重大胜利。在此后梁武帝几次北伐陆续收复了淮南失地，国力一度强盛。而北魏则朝政日趋混乱，直到灭亡再无力发动大规模征讨南朝的战争。

由此可见，进入6世纪以后，中国大陆上南北对峙的局势已然与5世纪中叶有所不同。昔日强大北魏的内乱不断和梁朝初期的强盛形成对比，军事上北强南弱的局面一度被打破。这样的局势变动对高句丽外交政策的倾向性必然具有不可忽视的影响。

四. 安臧王时期高句丽在东亚国际秩序中地位的变化

安臧王时期采取了亲梁朝的外交政策，但耐人寻味的是，此时不仅北魏授予安臧王的封号比前代王低，连梁朝授予安臧王的封号也要比前代王低。

根据『魏书·高句丽传』所载[16)]，435年，遣员外散骑侍郎李敖封长寿王为"都督辽海诸军事·征东将军·领护东夷中郎将·辽东郡开国公·高句丽王"，491年长寿王死时，北魏策赠其为"车骑大将军·太傅·辽东郡开国公·高句丽王，谥曰康"，在当时"这是北魏对诸外国最早的追赠，作为追赠是最高位的。"[17)] 文咨王即位后，北魏于492年遣使册封其为"使持节都督辽海诸军事·征东将军·领护东夷中郎将·辽东郡开国公·高句丽王"，比长寿王多出了"使持节"称号。519年，文咨王死后，北魏遣使追赐其为"车骑大将军·领护东夷校尉·辽东郡开国公·高句丽王"。安臧王即位后，北魏册封其为"安东将军·领护东夷校尉·辽东郡开国公·高句丽王"。531年，安臧王死，北魏却没有追赐。对其后即位的安原王，北魏532年下诏册封为"使持节·散骑常侍·车骑大将军·领护东夷校尉·辽东郡开国公·高句丽王"。

从北魏册封号的变化来看，到文咨王时，册封号中代表地方官职的称号由长寿

16) 『魏书』卷100，列传88，高句丽。

17) 三崎良章，「北魏的对外政策与高句丽」，『辽宁省博物馆馆刊』2012年，第322页。

王时期的都督辽海诸军事(从一品)上升为使持节都督辽海诸军事"(正一品)，这也从一个侧面反映了高句丽与北魏关系的密切。到安臧王时，不仅没有代表地方官职的都督称号，将军号也由征东将军(从一品)降为安东将军(正三品)，管辖东夷的官职称号也从领护东夷中郎将(正三品种)降为领护东夷校尉(从三品)。此后安原王的册封号又比安臧王略高，增加了使持节·散骑常侍(从三品)地方官职，将军号升为车骑大将军(从一品)。由此可见，在北魏所授予高句丽诸王的册封号中，安臧王的封号是最低的。

从南朝对长寿王的册封号来看，『南齐书』记载："宋末，高丽王·乐浪公高琏为使持节散骑常侍·都督营平二州诸军事·车骑大将军·开府仪同三司。太祖建元元年，进号骠骑大将军"，[18] 494年，南齐封文咨王为"使持节散骑常侍·都督营平二州诸军事·征东大将军·高丽王·乐浪公"，[19] 496年又改封为"车骑将军"。502年，梁高祖即位，将"车骑将军高丽王高云，进号车骑大将军"，508年，又封为"抚东大将军·开府仪同三司，持节常侍·都督·王并如故。"[20] 520年，梁高祖封安臧王"纂袭封爵，持节督营平二州诸军事·宁东将军"。[21]

从南朝册封号的变化来看，长寿王所获刘宋和南齐封号为最高，在南齐对文咨王的封号中，将军号由骠骑大将军(一品)降为征东大将军(二品)，梁武帝即位后又提升为车骑大将军(一品)，508年封为抚东大将军(二十三班)，但到安臧王即位时则降为宁东将军(二十二班)，[22] 同时也没有了散骑常侍和开府仪同三司的官职。

由此可见，在南北朝对高句丽的册封中，安臧王时期的封号比起前两代王都要低，从而反映了高句丽在南北朝外交中所处地位的下降。其中北魏对安臧王态度的转变，与北魏末期的统治秩序混乱不无联系，但主要还应是安臧王所表现出的

18) 『南齐书』卷58，列传39，东夷，高丽。
19) 『南齐书』卷58，列传39，东夷，高丽。
20) 『梁书』卷54，列传48，诸夷，东夷，高句骊。
21) 『梁书』卷54，列传48，诸夷，东夷，高句骊。
22) 508年，梁武帝改定官职，实行十八班之制，以班多为贵；同班者，以居下为劣。其后又置武职将军号一百二十五种，分为十品·二十四班。

亲梁朝外交态度，从而大大降低了安臧王封号等级。另外，从梁朝方面来看，对安臧王的封号不仅有所降低，而且比较521年梁朝对百济武宁王所封“使持节·都督百济诸军事·宁东大将军”[23]封号来看，武宁王的将军号要比安臧王高。对此，已有论者指出“宋后期开始，南朝对高句丽的政治·军事利用已经不重要了，故高句丽的实际地位开始下降，到梁代表面化，地位从车骑大将军一路下降为宁东将军。同期，百济的地位节节攀升，反超高句丽，以后一直保持东亚国家的最高地位。亦即南朝的东亚国家间关系秩序，由原来的高句丽－百济－倭，转变为百济－高句丽－倭。这是一个重要的转变。”[24] 当然笔者认为这与前文所述武宁王时期百济的中兴也有关联。

五. 结语

安臧王即位后，在对南北朝的外交中一改长寿王和文咨王时期所奉行的亲北魏外交政策，转而与梁朝积极交往，显示出了这一时期高句丽在外交政策上的重要转变。而这种政策的转变不仅与高句丽在朝鲜半岛内所面临的新形势有关，同时也与南北朝对峙局面的变化有着密切联系。尽管高句丽选择了改变外交政策以适应时局的变化，但南北朝也随着内政和对战局势的变化在对待高句丽问题上表现出了与以往不同的态度，对高句丽册封号的降低就反映了这一时期高句丽在与北魏和梁朝外交中地位的下降。

可以说，6世纪中叶以后的安原王和阳原王时期高句丽在内政外交上的困境亦非一蹴而就，其在东亚国际地位的下降也反映了高句丽所面临的处境，而高句丽国势日渐衰微在安臧王时期就可初见其端倪，可以说这一时期是高句丽国势由盛转衰的转折点。

23) 『梁书』卷54，列传48，诸夷，东夷，百济。

24) 韩昇，『东亚世界形成史论』，复旦大学出版社，2009年，第103页。

정 춘 영 반박성(장춘사범대학 동북아역사문화연구소 강사) 옮김

고구려 벽화 복식의 구성, 족속 및 변천*

Ⅰ. 머리말

고구려는 기원전 37년에 건국하여 668년 멸망하기까지 705년간 존속하였다. 고구려 벽화 속의 복식연구는 고구려 복식문화의 전 면모를 규명하는 중요한 연구과제이기도 하고 고구려의 역사와 문화를 연구하는 데도 간과할 수 없는 중요한 구성부분이다. 적으나마 관련 연구 성과가 꾸준히 나왔지만, 전체적으로 봤을 때 연구가 분산되어 체계화되어 있지 못하며, 대부분 복식에만 집중하고 거시적 시각이나 심도 있는 연구가 결여되어 있다. 이 점을 고려하여 본고에서는 고구려 벽화 복식을 연구 대상으로 삼아, 머리 꾸밈새(髮式), 모자(首服), 옷(身衣), 신발(足衣) 등 네 가지 측면에서 벽화 복식의 전체적 면모를 철저하게 정리하고, 복식 조합의 유형 분류를 통해 고구려 벽화 복식의 민족적 차이를 깊이 분석하였다. 또 이를 기초삼아 중국과 북한 두 지역의 고구려 벽화 복식의 시간적, 공간적 변천과 그 원인을 좀 더 깊이 검토해보려고 한다.

* [項目資助] 國家社會科學基金項目“漢唐時期東北古代民族服飾硏究”(14BZS059)

Ⅱ. 고구려 벽화 복식의 분류 개술

1. 고구려 벽화 복식의 분류 개술

'복장(服)'과 '장식(飾)'의 부위와 기능에 따라 머리 꾸밈새, 모자, 옷, 신발의 네 가지 유형으로 나누어 고구려 벽화 복식의 기본 면모를 개괄하였다.

1) 머리 꾸밈새

사료에는 고구려인이 어떤 종류의 머리 꾸밈새를 했다는 기록이 없다. 하지만 고구려 벽화에는 다양한 형태의 각기 다른 머리 꾸밈새가 그려져 있다. 각종 머리 꾸밈새의 형태 특징에 근거하고, 중국 고대 머리 꾸밈새의 분류 기준과 명명 방법을 참조하여 15종류로 분류할 수 있다 : 披髮, 斷髮, 辮髮, 髡髮, 頂髻, 垂髻, 擷子髻, 鬟髻, 盤髻, 雙髻, 雲髻, 花釵大髻, 不聊生髻, 鬋鬢, 垂髾 등.

피발, 단발, 변발, 곤발의 네 종류는 빗는 방법이 상대적으로 간단하다. 머리를 풀어 헤치거나 땋거나 혹은 각종 모양으로 자르는 것이다. 정계, 수계, 힐자계, 환계, 반계, 쌍계, 운계, 화채대계, 부료생계 등 아홉 종류는 빗는 방법이 상대적으로 복잡하다. 자기 머리를 세심하게 빗어 각종 댕기 모양으로 당겨 묶어 '상투(髻)'를 만들었다. 때로는 높은 모양의 효과를 만들어내기 위해 가발을 쓴 경우도 있었다. 이 아홉 가지 머리 꾸밈새의 주요 차이는 상투의 모양, 크기와 머리에서 놓인 위치에 있다. 전빈과 수소는 각각 귀밑머리와 끝머리를 처리하는 방법이다. 전체 머리 꾸밈새에서는 부차적 역할을 하며, 머리 모양의 주체 즉 상투의 소품이다. 그들이 상투와 함께 전체 머리 꾸밈새의 효과를 만들어냈다.

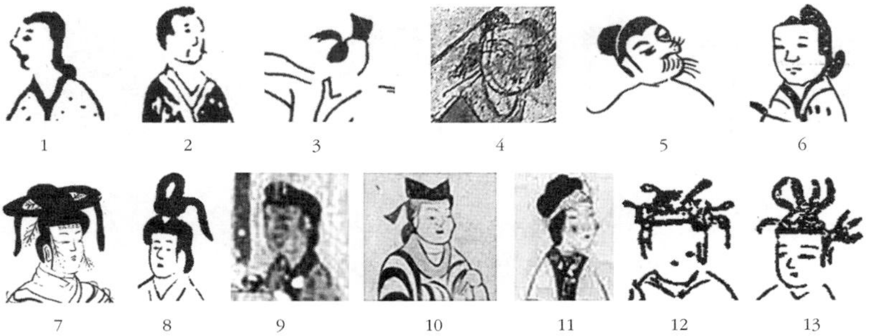

〈그림1〉 髮式

1.披髮(무용총) 2.斷髮(무용총) 3.辮髮(산성하332호무덤) 4.髡髮(덕흥리벽화무덤) 5.頂髻(안악3호무덤) 6.垂髻(동암리벽화무덤) 7.擷子髻(안악3호무덤) 8.鬟髻(안악3호무덤) 9.盤髻(무용총) 10.雙髻(감신총) 11.雲髻(쌍영총) 12.花釵大髻(약수리벽화무덤) 13.不聊生髻(약수리벽화무덤)

2) 관모

'折風'과 '骨蘇'는 중원 史官들에게 가장 인상 깊은 고구려인이 즐겨 착용한 두 가지 冠帽이다. '절풍'은 皮冠이나 弁이라고도 한다. 삼국과 兩晉시기 '절풍'은 고구려 귀족 계층 '小加'의 전용 관모였다. 남북조시대에는 사용이 점차 보편화되어 더 이상 신분이 귀한 사람들의 사유품이 아니었으며, 사서에는 흔히 '피관'이라고 기록되어 있다. 수당시대에는 더욱 유행하여 일반 민중들도 착용할 수 있었으며 '변'이라고 했다. '골소'는 '蘇骨'이라고도 쓰며 漢服의 '幘'과 유사하므로 정사 『고구려전』에는 '책'이라고 불렀다. 대략 삼국시대에는 관습적으로 '책'이라고 불렀다. 이 시기에는 '大加'와 '主簿'의 전용 관모로, '절풍' 보다 상급의 지위에 자리하였다. 남북조시대에는 '골소'나 '소골'이라고 바꿔 불렀는데 布帛으로 제작한 것이다. 신분이 귀한 사람은 자색 포백으로 봉제하고 금·은으로 만든 장신구로 그 위를 장식하여 부귀함을 과시했다. 수당시대에는 줄곧 '羅冠'이라고 했고 색깔로 등급을 구분했다. 고구려 벽화에 그려진 두 관모의 그림은 사료와 기본적으로 일치한다.

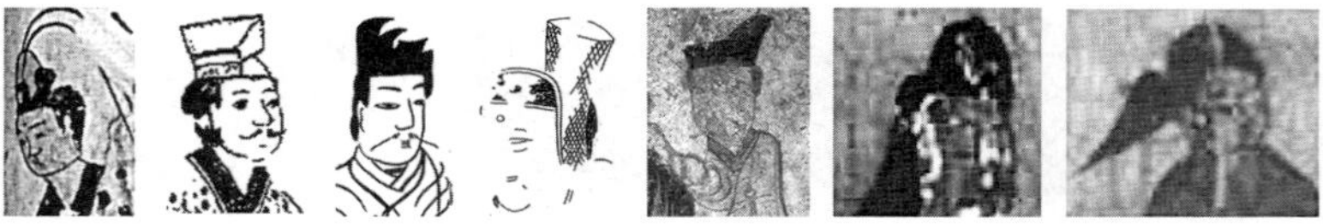

1 2 3 4 5 6 7

〈그림2〉 首服
1.折風(무용총) 2.骨蘇(장천1호무덤) 3.進賢冠(안악3호무덤) 4.籠冠(팔청리벽화무덤) 5.平巾幘(덕흥리벽화무덤) 6.風帽(무용총) 7.圓頂翹脚帽(무용총)

고구려 벽화에는 또 고구려 사료에는 기록되지 않았지만 현실 사회생활에서는 광범위하게 사용된 수많은 각종 관모가 그려져 있다 : 進賢冠, 籠冠, 平巾幘, 風帽, 圓頂翹脚帽 등. 보존이 잘된 벽화에는 세밀하게 새긴 깃털(鳥羽) 붉은 끈(紅纓) 사슴귀(鹿耳) 등 관모 장식을 볼 수 있다.

3) 옷

고구려 옷의 기본 형식은 상하가 연결된 것과 상의와 치마가 분리된 것으로 나눌 수 있다. 전자는 상의와 하의가 일체화되어 있다. 예를 들어 長袍, 긴 저고리(長襦), 袿衣 등이다. 후자는 상의와 하의가 분리되는데, 짧은 저고리 상의에 통이 넓은 바지(肥筩褲) 하의로 된 것과, 짧은 저고리 상의에 치마 하의로 된 두 가지 양식이 있다.

짧은 저고리는 보통 엉덩이뼈(髖部)까지 가고 긴 저고리는 무릎 아래 발목 위까지 내려갔다. 고구려 벽화에 그려진 저고리는 모두 直領이고 왼섶(左衽)과 오른섶이 모두 있다. 무용수가 입는 저고리는 대부분 소매가 좁고 긴데, 보통 소매가 팔목까지 가는 중간 소매나 그보다 조금 짧은 소매다. 허리에는 띠를 두르는데 간단한 絛帶, 花結帶도 있고 화려한 蹀躞帶도 있다. 옷깃, 섶, 소매와 하단에는 보통 색깔이 다른 색선(襈)으로 장식하였다. 색선의 색은 검은색이 가장 많았으며, 공예가 더욱 복잡한 주선 부선(主副襈)과 花色襈도 있다. 흑·백·황·갈색 등 단색 저고리와 흰 바탕에 검은 점무늬, 흰 바탕에 녹색 능형 무늬, 황색 바탕에 갈색 무늬, 오렌지색 바탕에 검은

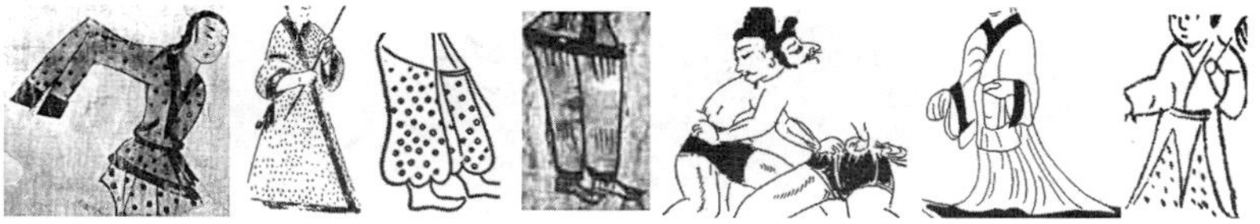

1 2 3 4 5 6 7

〈그림3〉 身衣
1.短襦(무용총) 2.長襦(장천1호무덤) 3.肥筩褲(마선구1호무덤) 4.瘦腿褲(무용총) 5.犢鼻褲(각저총)
6.長袍(수산리벽화무덤) 7.袿衣(안악3호무덤)

점무늬 등 다양한 무늬를 수놓은 저고리가 병존하였다.

통이 넓은 바지는, 바지통이 넓고 바지 끝단은 대부분 끝을 묶었으며 검은 색선으로 처리하였다. 좁은 바지는 바지통이 좁고 작으며 대부분 하단 끝을 열어놓았다. 고구려 벽화에 그려진 씨름꾼들은 짧고 작은 형태의 바지로 길이가 무릎까지 닿지 않는 犢鼻裈을 입고 있다. 장포는 헐렁한 것과 꼭 맞는 두 가지 형태가 있으며, 대부분 帔帛 垂芾 및 雙綬로 장식하였다. 安岳3호분에는 여주인이 입은 袿衣가 세밀하게 그려져 있다. 치마는 흰 주름 치마(百褶裙)가 가장 많은데 단일 색상이 흔히 보이며 하단은 대부분 색선을 붙였다.

4) 신발

고구려 벽화에 그려진 신발은 주로 便鞋, 短靴, 長靴, 圓頭履, 笏頭履와 釘鞋 등 여섯 가지다. 편혜는 신울이 발목 보다 낮은 목이 짧은 가죽신이다. 무용총 주실 뒷벽의 승려가 신고 있는 검은색 편혜에는 신발 끈이 그려져 있다. 단화는 신울이 발목에 있는 중간 목의 가죽신으로 보통 흰색이다. 장화는 신발통이 무릎 아래에 이르는 목이 긴 가죽신으로 보통 검은색이다. 위에 말한 세 가지 신발의 앞 부분이 위로 쳐들린 것은 속칭 '翹尖鞋'이다.

원두리는 신발 코가 둥근 신발로 대부분 袍服이나 긴 치마와 맞춘다. 신발 본체는 대부분 가려져 있고 원형의 신발 코만 보인다. 홀두리는 신발 코 전체가 笏板 모양으로 보이는 가죽신이다. 五盔墳 4호분의 蓮臺居士

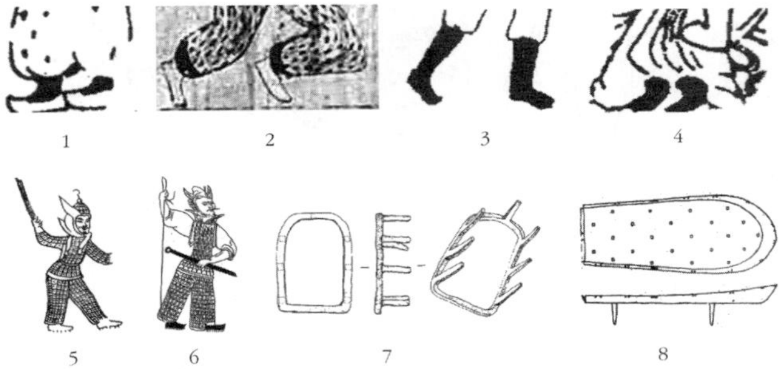

〈그림4〉 足衣

1.便鞋(장천1호무덤) 2.短靴(무용총) 3.長靴(수산리벽화무덤) 4.笏頭履(5회분4호묘) 5.釘鞋武士(통구12호무덤) 6.釘鞋武士(삼실묘) 7.鐵釘鞋(환도산성) 8.銅製鎏金釘鞋(우산고분군3109호무덤)

는 머리에 롱관을 쓰고 몸에 장포를 입었으며 발에 검은색 홀두리를 신고 있다.

정혜를 신은 인물은 長川2호분, 通溝12호분과 삼실묘 등 무덤에서 보이는데 그림이 분명하지 않다. 길림 집안 麻線溝 무덤군, 禹山 무덤군, 七星山 무덤군, 요녕 환도산성 성터 등 고구려 유적에서 꽤 많이 발견됐다. 형태와 재질의 차이에 따라, 정혜는 크게 철제와 구리 도금 두 종류로 분류할 수 있다.

2. 고구려 벽화 복식 조합 분류 개괄

고구려 벽화에 그려진 복식은 머리 꾸밈새, 관모, 옷, 신발 등 다른 조합 방식에 따라 10가지 유형으로 분류할 수 있다.

A형 披髮/頂髻＋短襦＋肥筩褲／瘦腿褲＋便鞋/短靴

무용총 주실의 남자 무용수, 松竹里1호분에 남아있는 사람 형상, 쌍영총 後室 왼쪽 벽의 여자는 머리를 풀어헤치고 짧은 바지저고리를 입고 편혜를 신었다. 長川1호분 前室 藻井禮佛圖에 그려진 무릎 꿇고 절하는 남자는

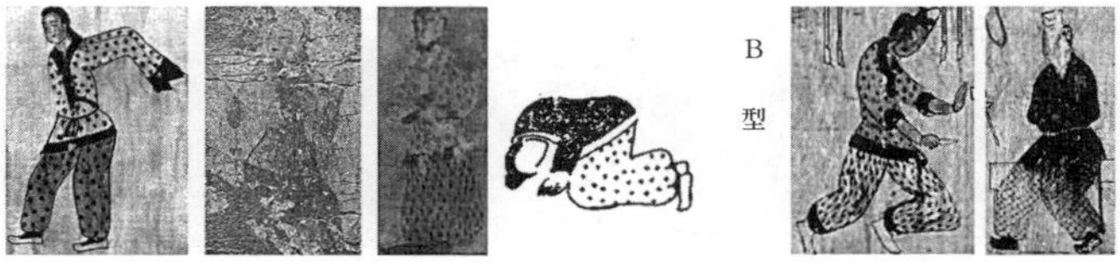

〈그림5〉 A·B형 복식의 배합
1·5·6.무용총 2.송죽리1호무덤 3.쌍영총 4.장천1호무덤

頂髻머리를 하고 짧은 바지저고리를 입고 발에 편혜를 신었다. A형 복식 조합은 짧은 바지저고리에 점무늬를 수놓은 것으로 대표된다. 가끔 단일 색깔도 보인다.(그림5, 1-4)

B형 折風/骨蘇＋短襦＋肥筩袴/瘦腿袴＋便鞋/短靴

예를 들어 무용총 주실 뒷 벽에 칼을 쥔 남자는 머리에 절풍을 쓰고 몸에는 점무늬의 짧은 바지저고리를 입고 발에 단화를 신었다. 무용총 주실 뒷벽 宴飮圖 중의 무덤 주인은 머리에 골소를 착용하고 몸에 검은색 짧은 저고리, 점무늬 비용고를 입고 발에 편혜를 신었다. B형 복식 조합은 짧은 바지저고리에 무늬와 색깔이 점무늬, 기하문양이 대표적이며 가끔 단일 색상이 보인다.(그림5, 5-6)

C형 垂髻/盤髻/巾幗＋短襦/長襦＋肥筩袴/瘦腿袴/裙＋便鞋/短靴

무용총 주실 왼쪽 벽에 있는 음식을 바치는 하녀는 수계 머리를 하고 몸에 긴 바지저고리를 입고 발에 단화를 신었다. 각저총 주실 뒷벽의 부인은 머리에 巾幗을 착용하고 몸에 점무늬 긴 저고리를 입고 흰색 백습군을 맞춰 입었다.(그림6, 1-4)

D형 籠冠＋袍＋便鞋/圓頭履/笏頭履

五盔墳4호묘의 蓮臺居士는 머리에 롱관을 쓰고 몸에 푸른색 장포를 걸치고

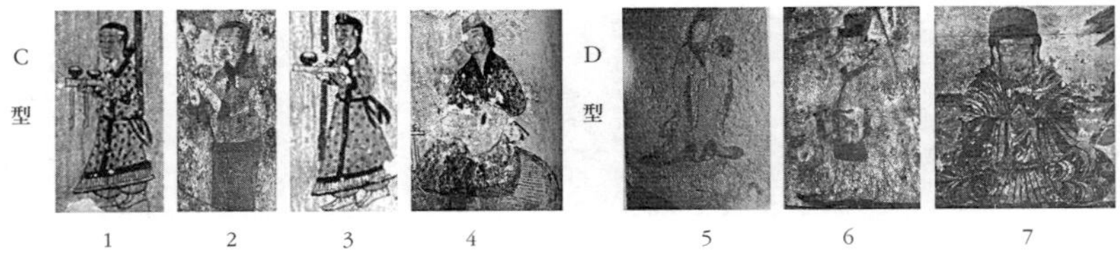

〈그림6〉 C·D형 복식의 배합
1·3.무용총 2·6.수산리벽화무덤 4.각저총 5.5회분4호무덤 7.쌍영총

발에 홀두리를 신었다. 水山里 벽화고분 서쪽 벽 위 칸의 무덤 주인은 머리에 롱관을 쓰고 몸에 단색의 오른섶 장포를 입었다. 쌍영총 후실 뒷벽의 무덤 주인은 머리에 롱관을 착용하고 몸에 붉은 장포를 입었다.(그림6, 5-7)

E형 進賢冠/平巾幘＋袍＋便鞋/圓頭履

안악3호분 전실 남쪽 벽의 幡儀를 쥔 위병은 머리에 진현관을 쓰고 몸에는 섶을 여민(合衽) 장포를 입고 발에는 편혜를 신었다. 덕흥리 벽화고분 전실 서쪽 벽의 太守 중 하나는 머리에 진현관을 쓰고 다른 하나는 평건책을 썼으며, 몸에는 모두 왼섶 붉은 장포를 입고 발에는 원두리를 신었다. 수산리 벽화고분 동벽의 서 있는 남자는 머리는 평건책을 착용하고 몸에는 오른섶의 장포를 입었다.(그림7, 1-4)

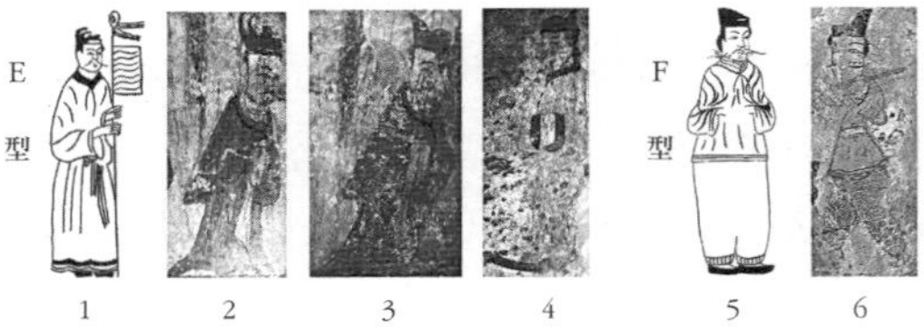

〈그림7〉 E·F형 복식의 배합
1·5.안악3호무덤 2·3·6.덕흥리벽화무덤 4.수산리벽화무덤

F형 平巾幘＋短襦＋肥筩褲＋便鞋

안악3호분 서쪽 측실 입구의 帳下督은 머리에 평건책을 쓰고 몸에는 짧은 바지저고리를 입고 발에 편혜를 신었다. 덕흥리 벽화고분 중간 통로 서쪽 벽의 出行圖 속의 걷고 있는 서리는, 머리에 평건책을 쓰고 위에는 황색의 짧은 저고리를 입고 아래는 보통의 비용고를 입었으며 발에는 편혜를 신고 있다. 이 유형의 옷과 바지는 대부분 단일 색상이다.(그림7, 5-6)

G형 擷子髻/鬟髻/雙髻/不聊生髻＋袍/短襦＋裙＋圓頭履

안악3호분 서쪽 측실 남쪽 벽의 여자주인은 雙環擷子髻 형태로 머리를 빗고, 몸에 적갈색 바탕에 구름무늬 비단 袿衣를 입고 아래는 두 줄의 갈색 색선을 테두리에 붙인 흰 바탕에 구름무늬 치마를 입었다. 안악3호분 서쪽 측실의 하녀는 환계 머리 모양에 위에는 붉은색의 짧은 저고리를 입고 아래에는 흰색 긴 치마를 입었다. 龕神塚 전실 좌측의 여자는 쌍계 머리에 세로 줄무늬 장포를 입었다. 약수리 벽화고분 후실 북쪽 벽의 부부 그림에서 여자 머리는 불료생계형이다.(그림8, 1-4)

H형 髡髮/頂髻＋短襦＋肥筩褲/瘦腿褲/裙＋便鞋/短靴

덕흥리 벽화고분의 중간 통로 동쪽 벽의 여자 머리는 곤발이고 위에는 왼섶의 짧은 저고리를 입고 아래는 줄무늬의 긴 치마를 입었다. 덕흥리

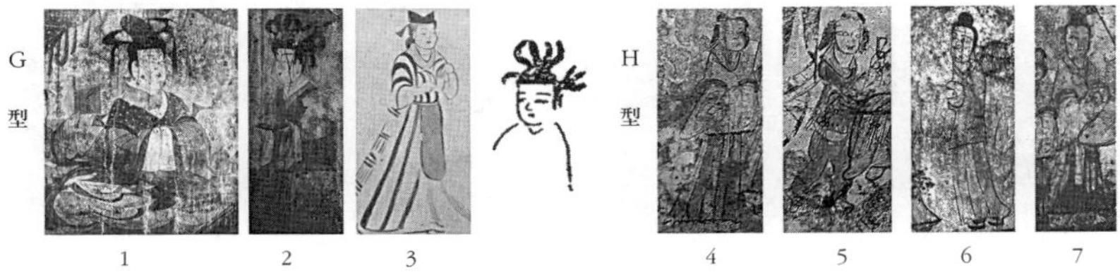

〈그림8〉 G·H형 복식의 배합
1·2.안악3호무덤 3.감신총 4.약수리벽화무덤 5·6·7·8.덕흥리벽화무덤

벽화고분 중간 통로 동쪽 벽의 소를 끌고 있는 사람은 곤발 머리에 몸에는 짧은 바지저고리를 입고 발에 단화를 신었다. 덕흥리 벽화고분 후실 동북쪽 수레 옆의 하녀 머리는 정계이고 몸에는 짧은 바지저고리를 입고 발에 단화를 신었다. 이 유형의 옷과 바지는 대부분 단일 색상이다.(그림 8, 5-8)

I형 風帽/圓頂翹脚帽/尖頂帽＋短襦＋肥筩褲/瘦腿褲＋便鞋/短靴

무용총 오른쪽 耳室 오른쪽 벽에 엎드려 절하는 사람 머리에는 풍모를 착용하고 몸에는 짧은 바지저고리를 입었다. 덕흥리 벽화고분 후실 서쪽 벽 활놀이 그림(射戲圖)에서 점수를 적고 있는 사람은 머리에 원정교각모를 착용하고 위에 갈색 짧은 저고리를 입고 아래는 황색의 보통 비용고를 입었다. 발에는 단화를 신었다. 안악3호분 전실 남쪽 벽의 長角을 부는 악사는 머리에 첨정모를 쓰고 몸에 짧은 바지저고리를 입고 발에는 편혜를 신었다.(그림 9, 1-3)

J형 鞍狀雙髻/雲髻/花釵大髻＋短襦＋裙

수산리 벽화고분 묘실 서쪽 벽의 여자 머리형은 안장쌍계로 상의는 오른섶의 짧은 저고리를 입고 아래는 백습군을 입었다. 쌍영총 통로 동쪽 벽의 여자는 머리에 운계를 하고 위에 오른섶의 짧은 저고리를 입고 아래에는 백습군을 입었다. 쌍영총 후실 뒷벽 평상(榻) 위의 여자는 머리에 화채대

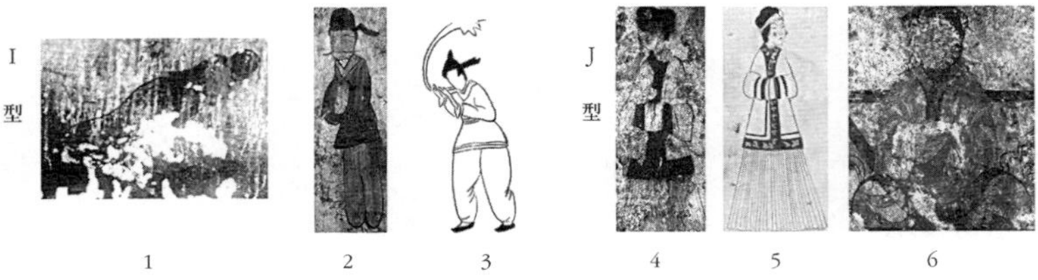

〈그림9〉 I·J형 복식의 배합
1.무용총 2.덕흥리벽화무덤 3.안악3호무덤 4.수산리벽화무덤 5·6.쌍영총

계를 하고 몸에는 붉은 세로 줄무늬의 짧은 치마저고리를 입었다.(그림 9, 4-6)

III. 고구려 벽화 복식의 族屬 차이

복식의 양식과 무늬는 때때로 뚜렷한 민족성을 띤다. 다른 민족 사이의 복식은 옷감, 재단, 색상, 무늬, 맞춤 등 측면에서 서로 다른 스타일을 드러낸다. 복식의 민족성은 어떤 특정한 역사적 조건 아래에서 지리 환경, 역사 관념과 심층적인 문화적 함의가 공동으로 작용한 결과물이다. 복식의 민족 특징은 고대 복식 속에서 특히 두드러지므로 민족문화를 특징짓는 가장 대표적인 부호 중 하나로 간주된다.

위에 언급한 열 가지 고구려 복식 조합 가운데 A·B·C 유형에서 남자가 쓰고 있는 '절풍'과 '골소'는 고구려인 특유의 관모 유형이다. 여자가 빗은 垂髻, 盤髻는 중원 여자의 같은 유형 머리 꾸밈새와 빗는 방법은 같지만 전체 효과면에서는 자못 지방적 특색을 띠고 있다. '짧은 바지저고리'와 '긴 치마저고리'의 두 복식 조합이 문헌에 기록된 고구려인의 전통 복식과 서로 부합한다. 남자는 좁은 소매 적삼(筒袖衫)과 통 넓은 바지(大口褲)를 입고 여자는 치마저고리를 입는 것이다. 각종 색으로 초벌한 점무늬·세로 점무늬·능형 무늬·십자문 등 도안은 의류의 무늬와 색상 면에서 본 지역 이외의 다른 구역에서는 흔히 보이는 것이 아니다. 따라서 A·B·C 3유형은 고구려족의 전통 복식으로 봐야 한다. 그 중에 A형은 보통 남자의 복식이고 가끔 여자가 입는 경우도 있다. B형은 남자 복식이고 C형은 여자 복식이다.

D·E 두 유형은 롱관이나 진현관에 袍服을 맞춰 입고 있다. 평건책에 포복을 맞춰 입는 것은 漢魏六朝시대 儒士·관원·公侯·종실 구성원이 항상 입는 관복(예복) 차림으로, 한가하게 있을 때 평상복으로 입는 경우도

있다. 『晋書』 職官志에 "三品將軍秩中二千石者, 著武冠, 平上黑幘, 五時朝服, 佩水蒼玉, 食奉, 春秋賜綿絹, 菜田, 田騶如光祿大夫諸卿制"라 하여 중이천석의 3품 장군은 평상흑책을 쓰고 칠사롱관을 걸치며 조복을 입도록 규정하고 있다. 『宋書』 輿服志는 "郡國太守 相 內史, 銀章, 青綬. 朝服, 進賢兩梁冠"이라 기록하여 지방의 태수 내사 급의 屬吏들은 양량진현관을 쓰고 조복을 입도록 규정하고 있다. 문헌에 기록된 조복 오시조복이 곧 포복이다. 책은 원래 서민들이 머리를 덮는 두건이었다. 平上幘이 변하여 平巾幘이 되는 과정에 동반하여 책의 지위가 점점 높아져 예복 내지 정식 관복으로 여겨지게 되었다. 안악3호분 속의 태수급 관리들은 평건책을 포복에 맞춰 입고 있다.

F형은 위에는 엉덩이를 넘는 짧은 저고리이고 아래에 肥筩褲를 입었는데 이 같은 조합은 '袴褶'이라 부른다. '고습'은 원래 북방 유목민족의 전통 복장이었다. 秦漢 시대에 한족들도 바지에 짧은 저고리를 맞춰 입었다. 하지만 귀족들은 반드시 저고리와 바지 위에 장포를 걸쳤다. 말 타는 사람이나 역부 같은 육체노동자들만이 편하게 움직이기 위해 저고리와 바지를 직접 밖으로 노출시켰다. 『진서』 여복지에 "袴褶之制, 未詳所起, 近世凡車駕親戎, 中外戒嚴服之. 服無定色, 冠黑帽, 綴紫標, 標以繒爲之, 長四寸, 廣一寸, 腰有絡帶以代鞶"이라고 하였다. 또 「中朝大駕鹵簿」에는 "黑袴褶將一人, 騎校, 鋋角各一人"이라고 했다. 남북조시대에는 '袴褶'의 사용이 더욱 보편화 되어 이미 엄연한 漢服의 구성 요소 중의 하나가 되었다.

D·E·F 3유형은 고구려 벽화 외에 위진남북조시대 각지의 벽화고분에서 모두 비슷한 것이 발견된다. 예를 들어 요녕성 조양시 袁臺子 벽화고분 전실 우측 龕墓 속의 무덤 주인은 머리에 롱관을 쓰고 몸에 袍服을 입었다. 강소성 丹陽市 建山金家村 무덤 묘실 아래 난간에 儀衛鹵簿가 그려져 있는데 모두 머리에 롱관을 착용하고 몸에 포복을 입었으며 발에 홀두리를 신었다. (그림10, 1) 감숙성 酒泉시 丁家閘5호분 전실의 서쪽 벽 좌측의 금(琴)을

타는 남자는 머리에 평건책을 착용하고 몸에 포복을 입었다 ; 우측의 무덤 주인은 머리에 진현관을 착용하고 몸에 포복을 입었다.(그림10, 2) 운남성 昭通市 後海子의 東晉 霍承嗣 무덤 동쪽 벽의 幡儀를 쥔 숙위는 머리에 평건책을 착용하고 몸에 짧은 바지저고리를 입었다.(그림10, 3) 대략 모든 중원왕조의 정삭(正朔)을 받들어 책봉 받은 관리들은 한족 여부를 막론하고 모두 이 유형의 복식을 입었다.

D·E·F 3유형은 모두 漢服 계열에 속하거나 모두 한복적인 요소를 가진다.

G형의 擷子髻, 雙髻, 鬟髻, 不聊生髻는 모두 高髻에 속한다. 고계는 가발을 쓰고 머리 위로 한껏 높인 여자 머리 꾸밈새의 총칭이다. 처음에는 궁정 안에서 유행했으며 대략 후한 시기에 궁정에서 민간으로 유행이 퍼졌다. 『후한서』 馬廖傳에 기록된 "城中好高髻, 四方高一尺"이라는 長安 속담은 도성 지구에 高髻가 성행하였음을 반영한 것이다. 『후한서』 明德馬皇后本紀의 李賢 주는 『東觀漢記』를 인용하여 "明帝馬皇后美髮, 爲四起大髻, 但以髮成, 尙有余, 繞髻三匝"이라 하였다. '四起大髻'는 초기 고계의 일종이었다. 위진남

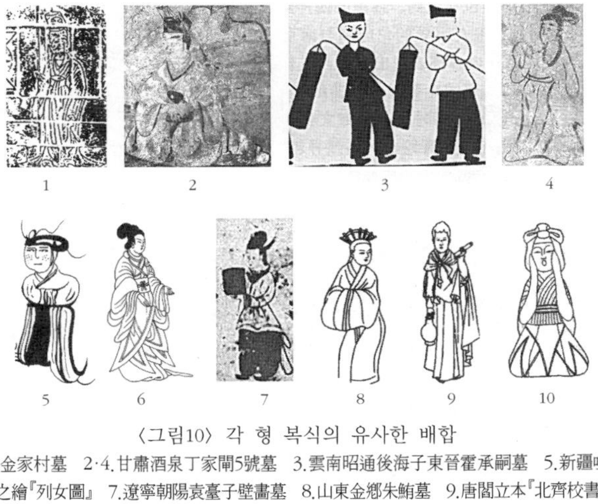

〈그림10〉 각 형 복식의 유사한 배합

1.江蘇丹陽建山金家村墓 2·4.甘肅酒泉丁家閘5號墓 3.雲南昭通後海子東晉霍承嗣墓 5.新疆吐魯番阿斯塔納晉墓 6.傳顧愷之繪『列女圖』 7.遼寧朝陽袁臺子壁畫墓 8.山東金鄉朱鮪墓 9.唐閻立本『北齊校書圖』 10.陜西西安南郊草場坡北朝早期墓

북조시대 고계가 백성들에게 보급되면서 양식이 다양하고 명목이 번잡해졌다. 유명한 양식으로 靈蛇髻, 飛天髻, 纈子髻, 盤桓髻, 驚鵠髻, 雲髻 등이 있었다.

『진서』 여복지에는 郡公侯, 縣公侯의 太夫人, 부인, 公特進侯卿校世婦, 中二千石, 이천석의 부인들이 머리에 紺繒幗으로 장식하고 深衣制에 속하는 皂絹이나 縹絹으로 옷을 만들었다고 한다. '감증괵'은 높임머리 스타일로 화려하고 귀해 보임을 강화시키는 일종의 가발이다. 命婦의 조복이 되는 심의제 의복은 상하가 연결된 袍服이다. 袿衣는 전국시대에 이미 여자들의 盛裝이었다. 漢魏시대에 규의는 더욱 화려해진 일종의 고급 여성복이었다. 남북조시대에도 여전히 유행했다. 『송서』 義恭傳에 "舞伎正冬著袿衣"한다고 기록되어 있다. 이후 그 제도는 점점 사라졌다. 안악3호분 서측 묘실 서쪽 벽의 머리에 환계를 하고 포복을 입은 여자 신분은 榜題에 근거해 女官의 하나인 小史임을 알 수 있다. 이 같은 고계에 포복을 입고 치마저고리를 맞춰 입는 조합방식은 漢服에서 흔히 볼 수 있는 여자 옷차림이다. 고귀한 명부들뿐만 아니라 보통 여자 역시 입을 수 있었다. 의복의 원단, 도안의 무늬와 색상, 금은 장식물의 조합으로 신분의 차이를 드러냈다.

고구려 벽화 외에 이런 유형의 여자 이미지는 각지의 벽화에서 모두 유사한 것이 발견된다. 감숙성 주천시 정가갑 5호분의 전실 서쪽 벽 중간 부분의 여자는 부료생계형 머리꾸밈새에 치마저고리를 입었다 ; 아래 부분의 여자는 쌍환계 머리꾸밈새에 치마저고리를 입고 있다.(그림10, 4) 신강성 투루판시 阿斯塔納晉 무덤에서 출토된 종이에 그려진 여자는 單環 힐자계 머리꾸밈새에 치마저고리를 입었다.(그림10, 5) 顧愷之가 그렸다고 전해지는 「열녀도」 속의 여자는 고계 머리꾸밈새에 규의를 입고 있다.(그림10, 6)

G형은 D·E·F 세 유형과 마찬가지로 漢服 계열이거나 漢服 요소를 가지고 있다. D·E·F 세 유형은 남성 전용 복식 조합이고 G형은 여성에 속한다.

H형의 髡髮은 북방 유목민족의 전통 머리꾸밈새로, 곤발에 짧은 치마저고

리를 조합하거나 곤발에 짧은 바지저고리를 맞춰 입는 것 역시 북방 유목민족의 옷차림이다. 덕흥리 벽화고분의 주인 '鎭'과 부인은 아마도 모용선비일 것이므로, 해당 유형 조합은 선비복 계열에 속할 가능성이 있다. 頂髻에 짧은 치마저고리를 맞춰 입는 옷차림은 漢服의 전통적 여성 복장 조합이 아니다. 덕흥리 벽화고분에 이 옷차림을 한 여자는 곤발에 짧은 치마저고리를 입은 여자, 곤발에 짧은 바지저고리를 입은 남자와 함께 무덤 여주인 옆의 시종들이다. 따라서 이 옷차림도 선비복 계열에 속할 가능성이 있다.

I형의 風帽는 북방 유목민족이 흔히 착용하는 보온용 모자로 선비인들이 각별히 좋아하여 선비모라 부르기도 한다. 『구당서』 여복지에 "北朝則雜以戎狄之制, 爰至北齊, 有長帽短靴, 合袴襖子"라고 하였는데 여기에 실려있는 장모는 풍모의 별칭이다. 풍모에 단화, 바짓가랑이가 다리에 달라붙은 비용고와 짧은 웃옷(短襖)이 선비인들의 전통적 옷차림이었다. 따라서 I형 중 풍모에 짧은 바지저고리를 한 옷차림은 선비복 계열에 속한다.

圓頂翹脚帽에 짧은 바지저고리를 맞춰 입는 옷차림은 중국에서는 무용총 한 곳에서만 발견되는데 마차를 모는 남자 종이다. 북한의 안악3호분·덕흥리 벽화고분·藥水里 벽화고분·八淸里 벽화고분·水山里 벽화고분·大安里1호분·쌍영총에서 모두 다수의 예가 발견되었다. 신분이 복잡하여 악사·말탄 사냥꾼·도보 사냥꾼·마부·기록원·하급 관리·곡예 연기자 등이 있다. 고구려 벽화 외에 요녕성 조양시 원대자 벽화고분의 奉食圖, 庭院圖, 牛耕圖, 狩獵圖, 膳食圖 속에 모두 이런 옷차림을 한 남자가 그려져 있다.(그림10, 7) 학계에는 일반적으로 그 무덤이 요동지역의 벽화 고분과 밀접한 관계를 가지며, 무덤 주인은 요서로 끌려간 요동의 명문일 것이라고 생각한다. 필자는 대체로 이 관점에 동의하지만 보충 설명이 필요한 부분이 있다 : 원대자 벽화고분의 벽화 내용과 화법은 요양지역의 벽화고분과 유사하지만, 인물의 복식은 도리어 선명한 차이가 존재한다. 예를 들어, 원정교각모와 짧은 바지저고리의 조합은 요양 벽화에서는 드물게 보인다. 이 같은 차이점이 해당 유형의 복식이 요양의 한족이 입는 복식과 다른 것임을 바로 설명해주고 있다. 요서지역은 모용선비가 등장하여 성장하였던 땅으로, 안악3호분과 덕흥리 벽화고분 주인의 신분과 경력은 모두 三燕 정권과 관계가 매우 밀접하였다. 따라서 이 유형의 복식은 선비복 계열 특히 모용선비 복장 계열일 가능성이 크다.

J형의 雙髻, 雲髻, 花釵大髻 등 머리 꾸밈새는 한위육조 시대에 중원 여자들에게 유행한 머리 빗는 스타일이다. 漢服계열에서 이 같은 머리 모양은 보통 상하가 이어진 袍服과 맞춰 입는다. 치마저고리와 같이 입기도 하는데, 짧은 저고리는 대부분 치마 아래에 여미며 치마 밖으로 드러난 것을 가끔 볼 수 있다. 예를 들어 산동성 金鄉縣 朱鮪 무덤의 화상석 속 여자는 화채대계형으로 머리를 빗고 바닥에 끌리는 장포를 입었다(그림10, 8) ; 당나라 閻立本이 그린 「北齊校書圖」에서 주전자를 든 시녀는 운계형으로 빗고 짧은 저고리에 긴 치마를 입고 있다.(그림10, 9) 수산리 벽화고분, 쌍영총, 안악1호분과 2호분 속의 각각의 머리꾸밈새는 대부분 짧은 치마저고리와 조합되어 있다. 짧은 저고리는 길이가 엉덩이를 덮고, 옷깃 옷섶 소매 밑단 둘레에 모두 색선을 붙여 선명한 고구려 민족의 특징이 있다. 치마는 흰색이나 줄무늬가 엇갈려 있는 百褶裙이다. 조합방식은 짧은 저고리를 치마 밖에 입어 치마의 허리 부위를 가렸다. 이런 조합 형식은 북위 시기 벽화 고분에서 많이 발견되지만 세부적으로 다르다. 예를 들어 섬서성 서안시 남교 목초지 비탈의 북조 초기 무덤에 그려진 여자는 머리는 십자계로 빗고 짧은 저고리에는 줄무늬 장식이 있으며 허리에 띠를 둘렀으며 긴 치마는 삼각형 무늬 장식으로 꾸몄다.(그림10, 10)

J형 조합은 같은 시기 기타 지역 벽화고분에 그려진 여자의 옷차림과 다르다. 일종의 혼합 조합된 양상이 보인다. 고구려 민족의 전통 복식, 漢服과 선비를 대표로 한 胡服 등 다양한 요소가 섞인 것일 것이다.

종합해서 말하면 고구려 벽화에 보이는 복식 자료는 고구려족의 전통 복식, 漢服 요소를 가진 복식, (모용)선비를 대표로 한 胡服 요소를 가진 것과 이상의 각종 요소를 혼합하여 조합한 복식 등 4가지 상황이 있다.

Ⅳ. 중국 고구려 벽화 복식의 변천

복식은 고정불변의 것이 아니라 동태적인 사회 부호이다. 정치 변화, 경제 발전, 군사 정벌, 민족 교류, 자연환경, 생활풍습, 심미관 등 많은 요인이 모두 그에 영향을 미쳐, 종류·양식·색상·재질 내지 무늬 등에서 모두 비교적 큰 변화를 일으킨다. 학계에는 일반적으로 현재까지 발견된 고구려 벽화고분의 연대를 4세기 중기에서 7세기 중엽까지로 생각한다. 이 300년간 중국과 북한 두 지역의 고구려 벽화 고분의 무덤 형태, 벽화 주제, 부장품에서 모두 일련의 변화가 일어났다. 두 지역 고구려 벽화에 그려진 복식 역시 이에 맞춰 각기 다른 단계적 특징을 드러낸다. 고구려 벽화고분 시대 구분에 관한 각 학자들의 관점을 참조하고 고구려 벽화에 그려진 복식의 변화 상황을 결합하여 이 글에서는 중국과 북한에 분포된 고구려 벽화 복식을 4시기로 구분하였다.

중국의 고구려 벽화 복식은 4시기로 구분된다. 제1기는 4세기 중엽부터 5세기 초까지, 제2기는 5세기 초부터 5세기 말, 제3기는 5세기 말부터 6세기 중엽까지며 제4기는 6세기 중엽부터 7세기 초까지다.

거시적으로 볼 때 1기부터 3기까지의 고구려족 전통 복식 A·B·C 세 유형의 조합이 줄곧 중국(주로 길림성 집안시)의 고구려 벽화 복식 조합의 주체이다. 즉 4세기 중엽에서 6세기 중엽까지 남자 복식은 A·B 두 유형이고 여자 복식은 C형 조합이다. 1기(4세기 중엽부터 6세기 초까지)에는 (모용)선비 복식 요소가 포함된 I형 조합이 조금 나타나지만, 5세기 이후로는 그

〈그림11〉 중국 고구려 벽화 복식의 시기구분

1·3~10.무용총 2·11·12.각저총 13·14·17.마선구1호무덤 15·18·19.통구12호무덤 16.장천2호무덤 20~24·27~32·34·35.장천1호무덤 25·26·33·36.삼실묘 37~39.5회분4호무덤

유형은 더 이상 나타나지 않는다. 4기(6세기 중엽부터 7세기 초까지)에는 청룡·백호·주작·현무가 점차 벽화의 주체가 되고 세속 인물 이미지는 드물게 보인다. 각종 仙人들의 이미지가 입고 있는 漢服 요소를 가진 D형 조합이 가끔 보인다.

왜 중국의 고구려 벽화 복식에 위와 같은 변화가 일어났을까? 원인은 아래와 같이 3가지 면에서 분석할 수 있을 것이다.

첫째, A·B·C 세 유형과 고구려족의 초보적 형성

기원전 37년 고구려 시조 주몽은 무리를 이끌고 남하하여 졸본천(오늘날의 요녕성 환인현 부근)에 고구려 정권을 세웠다. 건국 초 내부에는 句驪人·부여인·예인·맥인·한족 등 다양한 민족 출신이 있었다. 고구려 정권이 끊임없이 외부로 확장함에 따라 더욱 많은 부족 사람들이 고구려 통치 아래 들어가거나, 고구려인들과 빈번한 문화교류를 하였다. 『삼국사기』

고구려본기에는 주몽 통치시기에 말갈 부족을 쫓아내고 沸流國을 정복하며 荇人國을 토벌하고 북옥저를 병합했다고 기록되어 있다. 유리명왕 시기에는 선비를 대파하고 서쪽으로 梁貊을 정벌했다. 대무신왕 시기에는 부여를 격파하고 蓋馬國, 句茶國을 병합했다. 태조대왕 시기에는 동옥저, 藻那部, 朱那部를 토벌했다. 『삼국사기』의 고구려 초기 발전 역사에 관한 기록은 대부분 과장되었다는 혐의를 받는다. 이러한 고구려 주변에서 생활했던 소국과 부족들이 『삼국사기』에 기록된 것처럼 폭력적으로 정복을 당한 것이 꼭 사실은 아니지만, 그들이 고구려인과 교류한 것은 정도는 다르지만 객관적으로 존재했다. 고구려가 내부와 주변 각 부족 인민들을 통치하면서 서로 융합하면, 그 결과 점차 하나의 새로운 민족인 고구려인(족)이 형성될 수밖에 없다.

위에 언급한 정복을 당한 옛 종족과 부족의 명칭이 더 이상 사서에 보이지 않고, 삼국 이후 중국 정사 「동이전」에 옥저인과 예맥인에 대한 傳을 만들지 않은 상황을 보면, 이런 동북의 옛 종족들이 융합된 시기는 3세기 중엽부터 시작되었을 가능성이 있다. 즉 고구려족이 이 시기에 이미 시작되었다는 말이다.

4세기 초부터 4세기 중엽까지 고구려는 대외 전쟁이 빈번하였다. 먼저 군대를 보내 남하하여 낙랑군과 대방군을 멸망시켰다. 그 후 현도성을 함락하여 죽이거나 사로잡은 사람이 매우 많았으며 다시 군대를 보내 요동을 습격했다. 이 일련의 군사활동 성과는 이 시기 고구려의 종합적 국력 특히 군사적 실력이 강화되었음을 보여준다. 군사활동을 전개하는 전제 조건 중 하나는 공고한 후방이 보장되어야 한다는 것이다. 따라서 이 시기 고구려 통치 중심인 국내성(길림성 집안시)에 비교적 성숙한 의미의 고구려족이 이미 초보적이나마 형성되었을 것으로 추측할 수 있다.

민족 복식 스타일의 형성은 그 민족의 안정과 성숙을 전제조건으로 한다. 민족 복식 양식과 도안의 형성은 민족 공동 언어, 공동 지역, 공동의 경제생활, 공동의 문화, 공동의 심리 소양 등 많은 '공통성'의 대표적 상징이다. 4세기 중엽에 중국의 고구려 벽화고분에 그려진 복식에서 A·B·C 세 유형 조합을 주체로 하는 일정한 스타일이 초보적으로 형성된 것은 이 시기에 고구려 민족이 초보적으로 형성된 것을 간접적으로 반영하고 있다.

A.D. 3년 유리명왕은 국내성으로 천도했다. 427년에 이르러 장수왕은 북한 평양성으로 천도했다. 무려 400여 년의 시간 동안 길림 집안 국내성은 줄곧 고구려 정권의 통치 중심지였다. 남쪽으로 천도한 후에도 이 지역은 여전히 고구려족이 가장 많이 살았던 지역이었고 고구려 문화 전통 역시 가장 뿌리 깊은 구역이었다. 4세기 중엽부터 6세기 중엽까지 집안 고구려 벽화고분에 그려진 복식의 스타일이 꾸준히 안정적인 것은, 그 지역이 계속해서 고구려족을 주체로 하고 시종일관 고구려 정권의 통치 핵심 구역이었다는 것을 표현하는 것이다.

둘째, I형 조합과 모용선비의 부상

魏晉시기 모용선비는 수령인 莫護跋, 慕容廆 등의 치하에서 점차 강대해졌다. 4세기 전반기에는 宇文部, 段部 등을 잇달아 멸망시키고 차츰 '동부선비'를 통일했다. 그와 고구려 모두 요동을 전략적 발전 목표로 삼았으므로 상대방을 동북 일대에서 패권을 도모하는데 가장 큰 장애로 간주했다. 둘 사이의 전쟁은 피할 수 없는 것이었다.

초기 단계에는 모용씨의 세력이 약간 더 강했고 대부분 이겼다. 전연 모용외 시기에는 병사를 이끌어 직접 고구려까지 가서 봉상왕이 쫓겨 도망가게 했으며 서천왕의 무덤을 파냈다. 모용황 시기에는 두 차례 고구려를 공격하여 환도성을 함락시키고 미천왕의 무덤을 파냈으며 고국원왕으로 하여금 머리를 수그리고 칭신하게 했다. 4세기 중엽부터 5세기 초까지 모용씨의 국력이 쇠락하기 시작했으며, 특히 후연 모용수가 나라를 세운 후 내란이 끊이지 않고 정치적으로 무기력하였다. 반면에 고구려는 소수림왕, 광개토대왕의 현명한 지도 아래 대대적으로 농업과 수공업 생산을 회복하고, 교육 종교 문화사업을 발전시켜 나라가 부강하고 군사력이 점점 강화되었다. 5세기 초에는 결국 요동을 점령했다. 407년 후연이 멸망했다. 후연 정권의 멸망에 따라 모용선비의 세력 역시 점점 동북지역의 역사 무대에서 사라져갔다.

중국의 고구려 벽화 복식의 각 발전 단계 가운데, 4세기 중엽부터 5세기 초까지 모용선비 요소를 포함한 I형 복식 조합–圓頂翹脚帽에 짧은 바지저고리–이 나타나지만 5세기 이후에는 그 복식 요소가 더 이상 보이지 않았다. 이 현상이 발생한 시간대는 바로 모용선비가 요동지역에서 정치적으로 활동하던 시간과 정확히 맞물린다. I형 조합을 입은 사람은, 집안 고구려 벽화에서 제3등급인 노복이거나 바닥에 무릎을 꿇고 절하는 신복된 자들의 이미지다. 이 그림들은 고구려인들이 모용선비를 전쟁에서 이기기를 갈망했던 심리의 표현일 것이다.

셋째, D형 조합과 남조 복식 스타일의 유행 풍조 및 고구려 중후기 불교의 전파

D형 조합은 남조 사대부의 전형적인 옷차림이었다. 魏晉 이래 복식은 날이 갈수록 넉넉해졌다. 동진이 남쪽으로 옮겨간 후 통제가 덜한 정치환경, 위진의 玄學 풍조, 불교의 유행, 그리고 士族제도 등 다양한 요소의 영향을 받아, 넉넉한 복식이 날이 갈수록 유행했다. 위로는 왕공 명사에서 아래로 서민 백성에 이르기까지 모두 넉넉한 윗옷과 큰 소매, 넓은 옷자락과 느슨한 허리띠가 유행하였다. 관모는 원래의 巾幘이 점차 뒷부분을 높이고 크기는 줄인 平巾幘으로 변해갔다. 그 위에 細紗로 만든 籠巾을 더하여 籠冠이라고 불렀다. 롱관과 넓은 옷자락과 느슨한 허리띠의 조합은 남조 사대부 계층에 유행한 일종의 복식 조합이었다. 이런 유행은 남조부터 시작했으나 북조의 복식 역시 그 영향을 받았다. 하남성 낙양시 寧懋石室 돌에 새겨진 귀족 인물, 산동성 臨朐縣 崔芬 무덤 서쪽 벽의 남자 주인은 모두 이런 옷차림을 하고 있다. 6세기 중엽부터 7세기 초까지 집안 고구려 벽화에 이런 조합이

나타난 것은, 해당 지역 역시 이런 복식 유행 풍조에 전염되었음을 밝혀주고 있다.

晋 간문제 咸安 2년(372), 불교가 고구려에 유입되었다. 소수림왕은 肖門寺와 伊弗蘭寺를 잇달아 세워 먼 곳에서 온 명승 '順道'와 '阿道'를 모셨다. 이로부터 불교가 고구려 내에 널리 전파됐다. 고고학 발굴에서 여러 곳의 고구려 시대 사원 유적과 금동 불상이 발견됐다. 예를 들면 1985년 길림성 집안시 彩印場 건축 현장에서 출토된 금동 불상이 있다. 1938년 북한 평양 靑巖里 토성에서 버려진 사원 하나가 발견되었는데 학자들은 그것을 금강사 유적이라고 생각한다. 고구려 벽화는 불교 주제에 대해서도 많이 표현했다. 예를 들어 長川1호분 藻井에는 禮佛圖가 그려져 있다. 이 내용들은 모두 고구려인의 불교에 대한 숭배와 불교가 고구려에서 번창한 것을 보여주고 있다.

6세기 중엽부터 7세기 초까지 집안 고구려 벽화에 그려진 남자는 복식만을 봤을 때 보통 사람의 조형이다. 하지만 화면 전체를 봤을 때, 그는 불교의 상징 부호인 蓮臺 위에 서 있으며 그와 함께 출현하는 인물들은 모두 각종 신선 복장으로 분하고 있다. 당시 불교가 번창한 시대 배경과 결합해서 추측하면, 이런 남자 이미지는 불법을 연구하는 삭발하지 않고 수행하는 居士의 화신일 수 있다. 또는 무덤 주인 정신세계의 자아묘사일 가능성도 있다. 이러한 이미지 배후에는 부처님을 향한 일편단심과 수행하여 득도하기를 갈망하는 강렬한 소구를 함유하고 있다. D형 조합의 출현은 남조 복식 유행 풍조의 영향을 받은 결과물이며, 또 고구려 중후기 불교의 전입과도 관련이 있다.

Ⅴ. 북한 고구려 벽화 복식의 변천

북한 고구려 벽화 복식은 4시기로 구분된다. 제1기는 4세기 중엽부터 4세기 말까지, 제2기는 5세기 초부터 5세기 전반까지, 제3기는 5세기 후반부터 6세기 초까지, 제4기는 6세기 초부터 6세기 후반까지다.

전체적으로 보았을 때, 1기와 2기(4세기 중엽부터 5세기 전반까지)의 북한 고구려 벽화 복식은 漢服 요소를 많이 가진 복식 조합이 중심을 이룬다. 고구려 민족의 전통 복식 조합은 출현하지 않았다. 남자 복식은 주로 D·E·F 세 유형이고 여자는 주로 G형이었다. 그 중에 1기(4세기 중엽부터 4세기 말까지)는 선비식 복식 요소를 가진 복식 조합이 비교적 적어서 약간의 I형 조합이 있을 뿐이다. 하지만 2기(5세기 초부터 5세기 전반까지)에는 선비 복식 요소를 가진 복식이 현저하게 많아져, I형과 H형 조합이 대량으로 출현하였다. 게다가 고구려 민족 전통 복식, 漢服, 선비 복식을 대표로 한 胡服의 세 가지 문화 요소가 뒤섞인 J형 조합도 출현하였다.

3기(5세기 후반부터 6세기 초까지)에는 평양 이서지역(남포시 강서구역·용강군·대안구역, 평안남도 대동군 및 황해남도 안악군 등 지역 포함)과 평양 부근 및 그 이동지역(대동강 중류의 순천시, 평안남도 은산군 지역, 대동강 하류의 황해북도 연탄군, 수안군 지역 포함)의 복식 조합이 다르다. 여기에서는 전자를 A구, 후자를 B구라고 부르겠다. A구는 남녀 복식이 예전 스타일을 이어받아 여전히 D, E, F, G, I, J 여섯 유형이 주체를 이룬다. 다른 점은 A형 중의 풀어헤친 머리에 짧은 바지저고리 조합, B형 중의 折風에 짧은 바지저고리 조합과 C형의 垂髻 머리꾸밈에 긴 치마저고리를 조합하는 그림들이 소량이나마 출현한 것이다. B구는 남자 복식은 주로 A, B 두 유형이고 여자 복식은 주로 C형이었다. 남녀 복식 모두 고구려 민족 전통 복식이 주를 이룬다.

4기(6세기 초부터 6세기 후반까지)에는 고구려 민족 전통 복식이 복식의

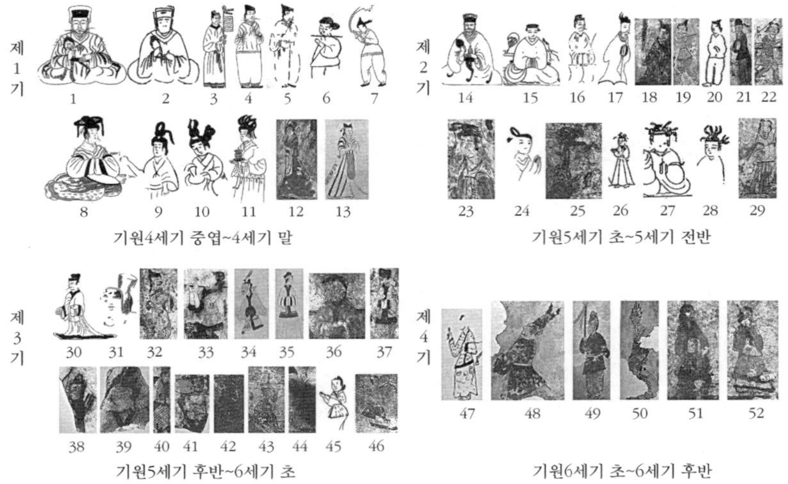

〈그림12〉 북한 고구려 벽화 복식의 시기구분

1·3·4·6~11.안악3호무덤 2.태성리1호무덤 5.평양역전무덤 12·13.감신총 14·17~19·21~25·29.덕흥리벽화무덤 15·16·20·26~28.약수리벽화무덤 30·32·33·37.수산리벽화무덤 31.팔청리벽화무덤 34~36.쌍영총 38~41·45.동암리벽화무덤 42·44.고산동7호무덤 43.송죽리1호무덤 46.고산동10호무덤 47.매산리사신총(수렵총) 48~50.개마총 51·52.안악2호무덤

주체가 됐다. 선비 복식 요소가 그 다음이고 漢服 문화 요소는 거의 사라졌다. 이 시기 남자 복식은 주로 B·I 두 유형이고 여자 복식은 C형이었다.

중국의 고구려 벽화 복식이 줄곧 고구려 민족 복식을 주체로 하는 반면, 북한의 고구려 벽화 복식은 단계적인 변화가 분명히 나타났다. 이러한 현상이 일어난 원인은 아래 세 가지 측면에서 분석할 수 있다.

첫째, 사회 변혁 요인의 분석

군사 정벌과 정권 교체는 늘 폭풍우 치듯이 급하게 이루어진다. 하지만 문화의 변동은 완만하고 점진적인 과정이다. 정복을 당한 지역의 민중들은 강제적인 정책적 간섭이 없으면 때때로 매우 오래 기간 동안 전통의 생활방식을 이어간다. 복식 역시 그러하다. 북한 평양 주변은 漢晉시기 낙랑·대방 두 군의 소재지였다. 기원전 108년 한무제가 위만조선을 정복하고 한사군을 설치하면서부터 313년 고구려가 낙랑·대방군을 멸망시킬 때까지 400년간

이 땅은 줄곧 한족의 거주지로 漢문화가 깊이 뿌리내리고 있었다. 4세기 초 고구려의 침입이 짧은 시간에 현지의 민족 구성을 바꿀 수는 없었고, 또 그 전통적 한문화의 면모를 곧바로 철저하게 바꿀 수도 없었다.

나시모토 마사히로(西本昌弘), 이케우치 히로시(池內宏), 쿠보조에 요시후미(窪添慶文), 韓昇 등 학자들의 고증에 따르면, 낙랑·대방 두 군이 멸망한 후 군내의 한족 일부는 황해도 신천군과 주변에 모여 살았으며 靑山里 토성을 중심으로 했다. 다른 일부 한족들은 '五胡가 중원을 혼란'시키는 것을 피해 요동·요서로 새로 이민해 온 사람들과 함께, 남포시 江西지역에 옮겨가 새로운 한족 집단을 구성했다. 황해도 신천군에서 王·韓·孫·張 등 낙랑의 한족 성씨가 쓰여진 紀年이 새겨진 벽돌이 대량으로 발견됐다. 연대를 확실히 알 수 있는 것이 서진 永嘉 7년(313)부터 동진 元興 3년(404)까지 거의 100년 동안에 걸쳐 있다. 상당수의 한족들이 두 군의 멸망으로 인해 이 땅을 떠나는 것을 선택하지 않았음을 알려준다.

『삼국사기』 초기 기록을 보면 고구려의 낙랑·대방에 대한 공격 목적은 '인구 약탈'에 있지 '토지 점령'에 있는 것이 아니었다. 4세기 중엽 모용선비의 흥기는 고구려로 하여금 대량의 군사력을 국경 서부에 투입하여 선비에 맞서도록 압박하였다. 따라서 낙랑·대방을 돌아볼 여력이 없었다. 고국양왕과 광개토왕 재위기에는 모두 요동 쟁탈이 기정의 전략 목표가 되어, 낙랑·대방에 대한 관리는 느슨하기 마련이었다.

이런 요인들을 종합해 보면 고구려는 두 군을 점령했으나 일단의 기간 동안 이 지역을 효과적으로 통제하지 못하였고, 한족 집단이 어느 정도 독립성을 갖고 있었음을 알 수 있다. 이런 역사 배경에 근거해 분석해 보면, 그 지역에서 발견된 4세기 중엽부터 5세기 전반까지 漢服 요소를 가진 복식을 위주로 한 벽화 고분은 한족 무덤일 가능성이 높다. 현지 최고 통치자의 신분은 순식간에 바뀌었지만 한족 집단 내부에서는 여전히 자기의 문화전통을 이어갔다. 그들은 무덤이라는 전적으로 개인의 사적인 비밀 공간 내에, 예전에 가졌거나 미래에 얻기를 원하는 물질적 정신적 생활을 그렸다. 따라서 벽화 인물이 입는 복식은 이치상 본 민족 전통의 漢服 양식이 되어야 하며, 정복자인 고구려인의 형상이 되는 것을 불가능하다.

4세기 초부터 5세기 중엽까지의 150여 년간 漢문화와 고구려 문화는 서로 영향을 주고 상호 작용을 일으켰다. 충돌과 배제 후에 점차 융합을 향해 나아가는 것이 필연적이다. 한족 집단의 고구려 정권에 대한 태도 역시 필연적으로 충돌에서 받아들이는 쪽으로 전환했다. 427년은 중요한 연도로 전환 가속기의 시작으로 볼 수도 있다. 이 해에 장수왕은 도읍을 집안에서 평양으로 옮겨갔다. 고구려 정권의 이 지역에 대한 통제가 점차 강화됨에 따라 한족 집단의 '자치'는 계속되기 어려웠을 것이다. 한족 집안이 점차 와해된 후 대부분의 한족들은 고구려 사회에 융합되어 고구려화된 한족이 되었다. 이러한 문화 변천이 복식에 반영된 것이 바로 벽화 복식 속에서 고구려 민족 전통 복식을 입은 인물 형상이 출현하기 시작한 것이다. 이런 이미지 배후에는 한족들의 정치 위상과 민족 신분에 대한 새로운 인식이 내포되어 있다. 동시에 비교적 빨리 한족 거주구역에 들어간 고구려인들이 현지의 우위 문화인 한문화의 영향을 받아 漢化된 고구려인이 되었을 가능성 역시 소홀히 할 수 없다. 무덤 벽화 속에는 고구려 민족 전통 복식을 입고 있지만, 일부 다른 면에서는 도리어 한문화의 특징이 드러난다.

구체적으로 말하면 A·B 두 지역의 상황은 다른 점이 있다. A구역은 한족이 모여 살았던 구역 중 하나로, 이 지역 한족들은 민족 주체 의식이 강하고 한문화 관념이 농후하였다. 그들은 고구려 문화와 사람에 대한 배척 심리가 비교적 강하였으므로, 벽화 복식은 漢服을 위주로 하고 고구려인 이미지는 소수만이 나타났다. B구역 고산동 고분군이 위치한 중부 구역은 도성의 직할지였다. 우선 이곳에 살았던 한족들은 정치 관념이나 민족 심리 면에서 고구려 정권으로부터 받은 영향이 A구역 보다 큰 것이 틀림없다. 따라서 그들은 A구역의 한족보다 고구려 문화(민족)에 대한 동질감이 더 일찍 형성될 수 있었다. 고구려화된 한인이 고구려인으로 넘어가는 과도기가 더 빨리 완성되어 새로운 고구려족 사람이 되었다. 다른 면에서는 장수왕이 천도하여 고구려의 정치 사회 중심이 남쪽으로 이동하는 것에 따라 필연적으로 대규모로 고구려인이 옮겨 들어왔다. B구역 東岩里 벽화 고분이 위치한 곳은 바로 집안에서 평양으로 가는 교통선상에 있다. 고구려인들이 이동하는 과정에서 일부 사람들이 이곳에 남았을 수 있다. 따라서 B구역에 고구려 민족 전통 복식을 입은 인물 이미지가 대량으로 출현하였다.

6세기 초부터 6세기 후반까지 한문화와 고구려문화는 200여 년간의 융합을 거쳐 이미 하나로 융합되었다. 낙랑·대방군 및 나중에 내지에서 이주해온 한족의 후손들도 이미 고구려 사회에 완전히 융합되어 고구려족의 일부가 되었다. 따라서 이때의 인물 복식은 고구려 민족 전통 복식을 주체로 하고 漢服 요소는 드물게 보인다.

둘째, 중국의 고구려 벽화 복식과의 비교

중국의 고구려 벽화 고분의 연대는 기본적으로 북한 고구려 벽화 고분과 비슷하며 묘장의 형태 역시 비슷하다. 하지만 벽화 인물이 입고 있는 복식은 무덤 주인 부부에서 속료 시종 다시 노복까지 모두 A·B·C 세 유형의 고구려 민족 전통 복식을 입고 있다. 앞에 이미 언급했듯이 중국의 길림 집안(환인) 지역은 고구려 민족의 발상지였으며, 고구려인은 이 땅에서 태어나고 자라 모여 살았다. 고구려 벽화에 그려진 정경은 무덤 주인, 즉 고구려 귀족의 생전의 현실 생활을 재현한 것이다. 벽화 인물 복식은 현실 생활 속의 고구려인이 실제 입은 복식을 모사한 것이다. 집안 고구려 벽화 고분에 그려진 복식의 일치성은 이 지역에 살았던 사람들의 본 민족 복식에 대한 심리적인 동질성을 설명해주며, 그것은 실제로 민족 신분을 인증한 것이다.

학계에는 다음과 같은 견해가 있다 : 북한의 대부분의 고구려 무덤이라고 불리는 무덤의 주인은 漢化된 고구려인이다. 또는 고구려인이라면 북한 고구려 무덤 중의 한문화 요소는 남쪽으로 이주한 고구려인이 낙랑 고유의 한문화 전통의 영향을 받은 것이다. 필자 역시 이러한 영향이 존재함을 긍정한다. 하지만 복식을 관찰해보면 이 문제의 답안에 또 다른 가능성도 있다. 복식은 민족성을 띠며 민족 신분의 상징이다. 어떤 민족 중의 어느 개체가 현실 생활에서 본 민족 복식을 선택하여 입을 수 있고, 문화가 개방된 분위기라면 다른 민족의 복식을 입을 가능성도 있다. 하지만 무덤 속에 들어갈 때 그 본인과 무덤에 그린 인물은 일반적으로 모두 본 민족의 전통 복식을 입었다. 이런 행위는 고향으로 돌아가는 의미를 함축하고 있다.

예를 들어, 섬서성 서안시 북교 大明宮鄕 坑底寨에서 출토된 安伽 무덤의 석관 받침대(石棺牀), 하남성 안양시 근교에서 출토된 北齊의 석관 받침대와 일본 Miho박물관에 소장된 석관 받침대에 그려진 인물의 복식 스타일은 서로 비슷하다. 모두 소그드인의 복식이다. 고증에 따르면 安伽는 北周 同州의 薩保를 역임했으므로 安國인의 후손이었을 것이다. 중아시아 아무다리야강과 시르다리야강 유역의 昭武 九姓胡 즉 漢魏 시기의 소그드에 속한다. 안가를 대표로 한 이런 외지인들은 생전에 한문화 구역에서 활동했고 심지어 중원 정권의 책봉을 받아, 漢服 문화의 영향을 깊이 받았음에도 그들의 棺槨에 그려진 복식은 모두 본 민족의 복식이다.

이러한 시각에서 분석하면 고구려인들이 평양으로 옮겨 들어간 후 이 지역 한문화의 영향을 받아 본 민족의 복식 전통을 포기했으며, 심지어 그의 무덤에 본인과 아래 사람의 이미지를 그렸을 때조차 고구려 민족 복식을 입지 않았다는 가설은 이치에 맞지 않음을 피할 수 없다. 낙랑의 한문화가 침입한 고구려 문화에 대해 영향을 미칠 가능성은 있다. 하지만 이런 영향의 강도가 평양으로 남하한 고구려인의 고유 관념을 뒤흔들어 그들로 하여금 무덤에 벽화를 그릴 때 집안에서 이미 형성된 벽화 복식 전통을 바꾸게 할 정도로 강한지는 모르겠다. 좀 더 정확한 분석이 있기를 기대한다.

셋째, 무덤 주인 신분이 확실한 무덤의 참고

안악3호분과 덕흥리 벽화고분은 연대와 무덤 주인의 신분이 비교적 확실한 두 무덤이다.

안악3호분의 묘주인 '冬壽'는 생전에 전연 모용황의 司馬였다가 후에 慕容仁에게 투항했다. 모용인이 패한 후 그는 가족을 이끌고 咸康 2년(336) 고구려에 의탁하였다가 永和 13년(357)에 이곳에서 죽었다. 동수 묘지명에 사용한 연호 '영화'는 동진 穆帝의 연호다. 榜題에 쓰여 있는 '使持節都督諸軍事平東將軍護撫夷校尉樂浪□昌黎玄菟帶方太守都鄕□'에서 記室·省事·門下拜 등 관직은 진의 제도와 부합한다. '동수'는 고구려인이 아니라 어쩔 수 없이 고구려 정권의 통치구역에 살았으며, 무덤에 사용된 기년과 방제의 관직은 모두 동진 정권에 귀화하려는 마음이 표현되어 있다. 무덤 벽화에 그려진 복식 역시 D·E·F·G 네 개의 漢服 요소를 가진 복식을 위주로 한다. 그 어떤 고구려 민족 전통 복식도 나타나지 않는다.

덕흥리 벽화고분 주인 '鎭'은 동수와 비슷한 경력이 있다. 생전에 후연의 관리였으며, 정치적 이유 때문에 고구려로 도망가 고구려 정권의 안치를 받았다. 무덤에 사용한 연호 '영락'은 고구려 광개토왕이 사용한 연호였다. 그가 담임한 관직은 '建威將軍左將軍龍驤將軍遼東太守使持節東夷校尉幽州刺史' 등 일련의 진의 관제 외에, 또 고구려의 관직인 '國小大兄'이 있다. 이 두 가지 점에서 '진'이 고구려 정권의 정통성을 인정하고 고구려 정권으로부터 책봉을 받았음을 알 수 있다. 그럼에도 불구하고 진의 무덤에서는 여전히 고구려 민족 전통 복식이 전혀 나타나지 않는다. 그 무덤 벽화 복식은 안악3호분처럼 D·E·F·G 네 가지 漢服 요소를 가진 복식을 위주로 한다. 안악3호분과 미세하게 다른 점은 선비 복식 문화 요소를 가진 I형과 H형이 많아진 점에 있다. 어떤 학자는 덕흥리 벽화고분 명문에 있는 '진' 앞의 두 글자 공백에 근거하여 그가 복성인 '모용'씨이고 모용선비인이라고 추론했던 적이 있다. 만약 정말 그렇다면 I형과 H형이 나타난 것은 정상이라고 보아야 한다.

'동수'와 '진' 외에 사서에 三燕과 갈등을 빚어 도망하여 고구려에 도착한 사람으로 또 崔毖, 馮弘 등이 있다. 319년 東部校尉 최비는 고구려, 段部, 宇文部를 교사하여 연합해서 모용부를 공격했다. 계획이 실패한 후 최비는 고구려로 도망갔다. 436년 북위가 북연을 멸망시키자 그 군주 풍홍은 남은 부족을 이끌고 고구려로 도망갔다. 실제로 권력 쟁탈이 가열됨에 따라 전연 후연 북연 세 정권이 교체되는 사이에 삼연에서 정치적 피난처를 찾아 고구려로 들어간 한족과 모용선비인 역시 소수에 그치지는 않았을 것이다. 5세기 초부터 5세기 전반까지 북한 고구려 벽화 복식에 나타난 선비 복식문화 요소의 증가는 위에 말한 역사 배경과 무관하지 않을 것이다.

안악3호분과 덕흥리 벽화고분은 4세기 중엽부터 5세기 전반에 이르는 이 일단의 시기 중에 가장 대표적인 두 무덤이다. 만약 그들을 참조 대상으로 하면, 연대가 비슷하고 벽화 복식 스타일이 유사한 무덤의 주인들은 모두 동수, 진과 비슷한 배경 경력이 있는 漢化된 모용선비인이며 고구려인이 아닐 수 있다.

종합적으로 정리해 보겠다. 중국의 고구려 벽화에 그려진 복식은 시종일관 고구려족 전통 복식을 중심으로 하였다. 반면 북한의 고구려 벽화에 그려진 복식은 漢服과 (선비복) 요소를 포함한 복식을 주체로 한 시기에서, 각종 복식 요소가 섞이는 단계로 갔다가, 다시 고구려족 전통 복식이 주도적 지위를 차지하는 변화과정이 있었다. 두 지역의 복식 차이 및 복식 유형의 변화는 두 지역 무덤 주인의 족속이 다르고 정치 관념과 민족 관념이 객관적인 환경의 변화에 따라 끊임없이 변해간 것을 드러내고 있다.

이런 벽화고분의 주인은 위로는 군왕에 이르지 못하고 아래로 백성이 아닌 귀족계층들이었다. 고대 등급사회에서 이 계층은 문화의 선도자이자 문화 변화의 선구자였다. 그들의 정치적 경향, 심미안, 생활습관 등은 영향을 미쳤고 심지어 전체 사회의 가치관을 좌우하기까지 하였다. 두 지역 고구려 벽화 복식에 나타난 갖가지 변화와 그 사회적 함의는 귀족계층 특유의 심리적 역정만이 아니라 전체 고구려 사회 문화의 변천상을 반영한 것이다.

郑 春 颖

高句丽古墓壁画服饰图像研究

高句丽政权建立于公元前37年，灭亡于公元668年，国祚705年。高句丽壁画服饰研究是探究高句丽服饰文化整体风貌的关键一环。高句丽服饰文化研究是高句丽历史与文化研究的重要组成部分。虽然相关成果不绝如缕，但整体而言，研究零散不能系统，多为就服饰论服饰，缺乏宏观视角与深度剖析。有鉴于此，本文以高句丽壁画服饰作为研究对象，从发式·首服·身衣·足衣四个方面全面梳理壁画服饰的整体风貌，通过服饰组合分型深入剖析高句丽壁画服饰的族属差异，并在此基础上进步探讨中朝两地高句丽壁画服饰的时空变迁及其成因[1]。

1) 者簡介 : 郑春颖(1974~), 女, 辽宁沈阳人, 长春师范大学东北亚历史文化研究所所长, 教授, 历史学博士, 研究方向为古代东北亚历史与考古研究。
项目资助 : 国家社会科学基金项目“汉唐时期东北古代民族服饰研究(14BZS059)”
在我国吉林省·辽宁省和朝鲜平壤市·南浦市·平安南道·黄海南(北)道等高句丽统治区域内发现123座具有鲜明民族特征·地域风格的壁画墓，学界统称为高句丽壁画墓。其中，中国38座，朝鲜85座。通过对壁画人物图像逐一梳理，确定较为清晰的研究个体996人。具有情况参见郑春颖 :『高句丽服饰研究』，北京: 中国社会科学出版社，2015年。

一. 高句丽壁画服饰分类分型概述

(一) 高句丽壁画服饰分类概述

根据“服”与“饰”的部位及功用差别, 分从发式·首服·身衣·足衣四类概述高句丽壁画服饰的基本风貌。

1. 发式

史料没有高句丽人梳理何种发式的记载, 但高句丽壁画绘有多款形制各异的发型。根据各类发式的形状特征, 参照我国古代发式分类标准及命名方法, 可将其分为披发·断发·辫发·髡发·顶髻·垂髻·撷子髻·鬟髻·盘髻·双髻·云髻·花钗大髻·不聊生髻·鬋鬓·垂髾等十五类。

披发·断发·辫发·髡发四类, 梳理方法相对简单, 是将头发披散·编辫·或修剪成各种形状。顶髻·垂髻·撷子髻·鬟髻·盘髻·双髻·云髻·花钗大髻·不聊生髻九类, 梳理方法相对复杂, 不但要精心打理好自己的头发, 将其扎束成各种发结, 也就是“髻”, 有时为了创造出高耸的效果还要借助假发。此九类发式主要区别在于

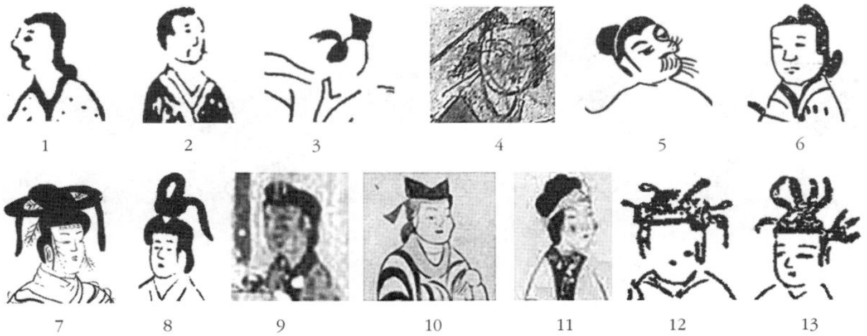

〈图一〉 发式

1.披发 舞踊墓 2.断发 舞踊墓 3.辫发 山城下332号墓 4.髡发 德兴里壁画墓 5.顶髻 安岳三号墓 6.垂髻 东岩里壁画墓 7.撷子髻 安岳三号墓 8.鬟髻 安岳三号墓 9.盘髻 舞踊墓 10.双髻 龛神塚 11.云髻 双楹塚 12.花钗大髻 药水里壁画墓 13.不聊生髻 药水里壁画墓

发髻的形状·大小和在头部所处位置。 鬝鬓·垂髾分别是针对鬓角和发梢的两种修饰方法，它们在整个发式造型中处于附属地位，是发式主体－也就是发髻－的陪侍，它们与发髻共同营造出整体的发式效果。(图一)

2. 首服

“折风”与“骨苏”是中原史官印象最为深刻的两种高句丽人常用冠帽。“折风”又被称为皮冠·弁。三国两晋时期，“折风”是高句丽贵族阶层“小加”的专属官帽。南北朝时期，使用渐趋普及，不再是身份尊贵之人的私有品，史书多记为“皮冠”。隋唐时期，流行更广，普通民众亦可穿戴，称“弁”。“骨苏”又写作“苏骨”，因与汉服“帻”相似，正史『高句丽传』又称为“帻”。大体三国时期，习称“帻”，此时它是“大加”和“主簿”的专属官帽，位列“折风”等级之上。南北朝时期，改称“骨苏”或“苏骨”，用布帛制成，身份尊贵之人取紫色布料缝制，并以金银饰品装饰其上，凸显富贵。隋唐时期直称“罗冠”，以颜色区分等级。高句丽壁画所绘两冠图像与史料所载基本一致。

高句丽壁画还绘有众多高句丽史料没有记载，在高句丽现实社会生活中广泛使用的进贤冠·笼冠·平巾帻·风帽·圆顶翘脚帽等各种冠帽。保存完好的壁画，可见细致刻画的鸟羽·红缨等冠帽装饰。(图二)

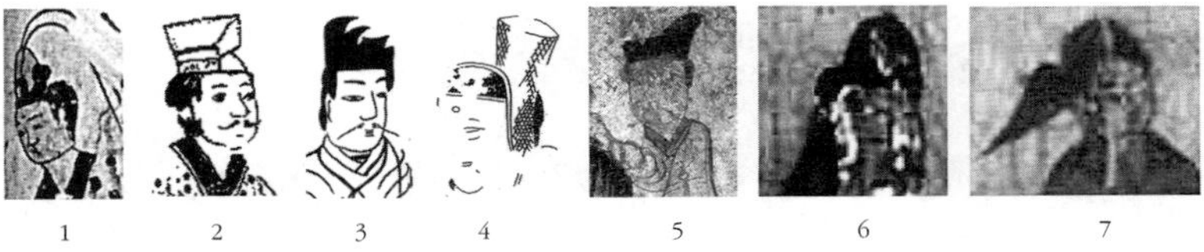

〈图二〉 首服

1.折风 舞踊墓 2.骨苏 长川一号墓 3.进贤冠 安岳三号墓 4.笼冠 八清里壁画墓 5.平巾帻 德兴里壁画墓 6.风帽 舞踊墓 7.圆顶翘脚帽 舞踊墓

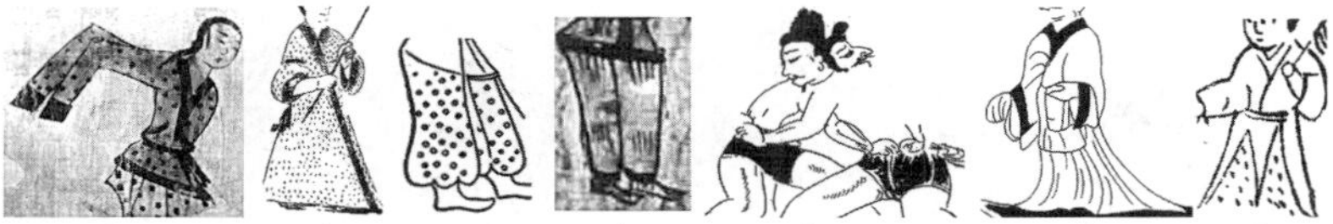

〈图三〉 身衣

1.短襦 舞踊墓 2.长襦 长川一号墓 3.肥筩裤 龕线沟一号墓 4.瘦腿裤 舞踊墓 5.犊鼻裈 角觝墓 6.长袍 水山里壁画墓 7.袿衣 安岳三号墓

3. 身衣

高句丽身衣的基本形式可分为上下连属和上衣下裳两类。前者，上衣和下裳连成一体，如长袍·长襦·袿衣；后者，上衣和下裳分离，有上短襦下肥筩裤和上短襦下裙两种式样。

短襦一般长至髋部，长襦则垂至膝盖之下脚踝之上。高句丽壁画所绘襦皆为直领，左衽与右衽两者兼备。舞者所穿襦多为窄长袖，一般着装为长度及腕的中袖和略短的短袖。腰部系带，既有简单的条带·花结带，也有华丽的蹀躞带。领·衽·袖和下摆普遍饰异色襈，襈色以黑色居多，又有工艺更为复杂的主副襈和花色襈。黑·白·黄·棕等单色襦和白地黑点纹·白地绿菱格纹·黄地褐点纹·桔黄地黑点纹等各色花襦并存。

肥筩裤，裤管肥大，裤脚多束口，加黑襈。瘦腿裤，裤管窄小，多散口。高句丽壁画所绘角觝手则穿着形制短小裤长不到膝盖的犊鼻裈。长袍有宽松版和适中版两类，多饰以帔帛·垂带及双绶。前者多为仙道，后者是尘世官员。安岳三号墓墓主夫人所穿袿衣刻画细腻。裙多为百褶裙，素色常见，下摆多襈饰。(图三)

4. 足衣

高句丽壁画所绘足衣，主要包括便鞋·短靴·长靴·圆头履·笏头履和钉鞋六类。便鞋是鞋帮低于脚踝骨的矮靿鞋。舞踊墓主室后壁僧侣所穿黑色便鞋绘有鞋带。短靴是鞋帮在脚腕处的中靿鞋，一般为白色。长靴是鞋筒长至膝盖下方的高靿

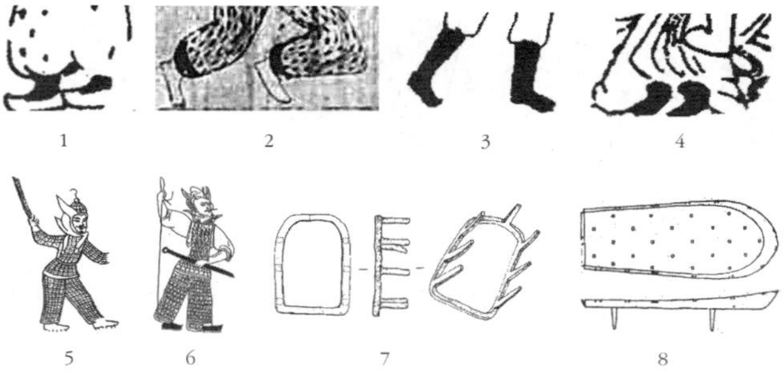

〈图四〉 足衣

1.便鞋 长川一号墓 2.短靴 舞踊墓 3.长靴 水山里壁画墓 4.笏头履 五盔坟四号墓 5.钉鞋武士 通沟12号墓 6.钉鞋武士 三室墓 7.铁钉鞋 丸都山城 8.铜制鎏金钉鞋 禹山墓区3109号墓

鞋, 一般为黑色。上述三种鞋型鞋头上翘, 俗称"翘尖鞋"。

圆头履, 圆头鞋。多与袍服或长裙搭配, 鞋体大部分被遮蔽, 唯见圆形的鞋头。笏头履, 鞋头整体呈笏板状的鞋履。五盔坟四号莲台居士头戴笼冠·身着长袍, 足登黑色笏头履。

穿着钉鞋人物形象见于长川二号墓·通沟12号墓和三室墓等墓葬, 描绘不甚清晰。吉林集安麻线沟墓区·禹山墓区·七星山墓区, 辽宁丸都山城城址等高句丽遗迹中颇多发现, 依据形制与质料不同, 可分为铁钉鞋和铜制鎏金钉鞋两大类。(图四)

(二) 高句丽壁画服饰组合分型概述

高句丽壁画所绘服饰, 按照发式·首服·身衣·足衣的不同搭配方式, 可以分成十型。

A型 披发／顶髻＋短襦＋肥筩裤／瘦腿裤＋便鞋／短靴[2)]

2) "／"符号代表"或者"。

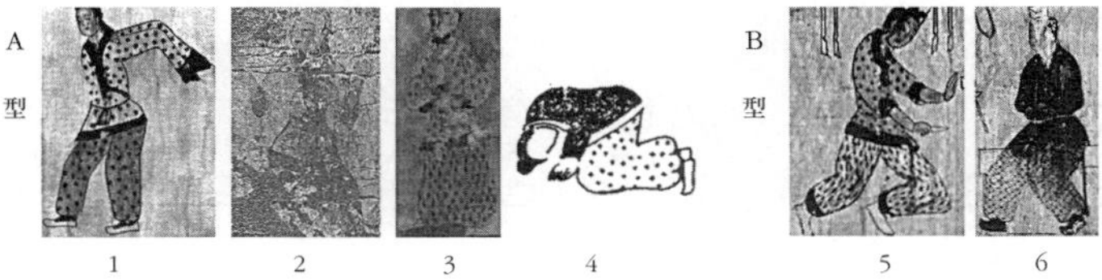

〈图五〉 A·B型服饰搭配

1·5·6.舞踊墓　2.松竹里一号墓　3.双楹塚　4.长川一号墓

如舞踊墓主室男舞者·松竹里一号墓残存人像·双楹塚后室左壁女子梳披发，穿短襦裤，足登便鞋。长川一号墓前室藻井礼佛图跪拜男子梳顶髻，穿短襦裤，足登便鞋。A型服饰组合短襦裤花色以点纹为代表，偶见单色。(图五，1~4)

B型 折风／骨苏＋短襦＋肥筩裤／瘦腿裤＋便鞋／短靴

如舞踊墓主室后壁持刀男子，头戴折风，身穿点纹短襦裤，足登短靴。舞踊墓主室后壁宴饮图中墓主人头戴骨苏，身穿黑色短襦，点纹肥筩裤，足登便鞋。B型服饰组合短襦裤花色以点纹·几何纹为代表，偶见单色。(图五，5·6)

C型 垂髻／盘髻／巾帼＋短襦／长襦＋肥筩裤／瘦腿裤／裙＋便鞋／短靴

如舞踊墓主室左壁进肴女侍梳垂髻，穿长襦裙，足登短靴。水山里壁画墓墓室西壁打伞女侍梳垂髻，穿短襦裤。舞踊墓主室左壁进肴女侍梳盘髻，穿长襦裙，足登短靴。角觝墓主室后壁夫人头戴巾帼，穿点纹长襦，配白色百褶裙。(图六，1~4)

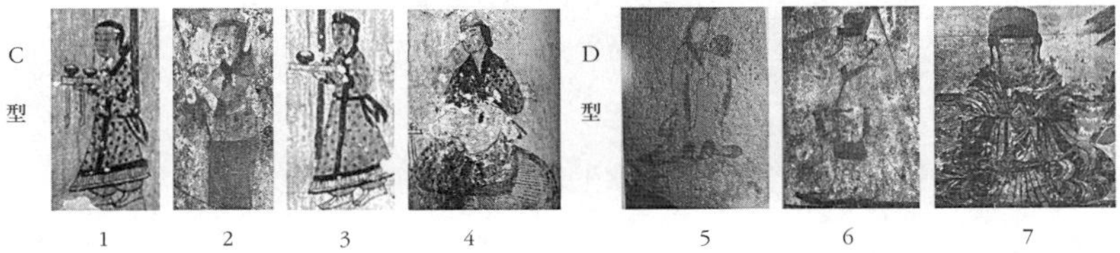

〈图六〉 C·D型服饰搭配

1·3.舞踊墓　2·6.水山里壁画墓　4.角觝墓　5.五盔坟四号墓　7.双楹塚

D型 笼冠＋袍＋便鞋／圆头履／笏头履

如五盔坟四号墓莲上居士头戴笼冠，身穿兰色长袍，足登笏头履。水山里壁画墓墓室西壁上栏墓主人头戴笼冠，身穿素色右衽长袍。双楹塚后室后壁墓主人头戴笼冠，身穿红色长袍。(图六，5~7)

E型 进贤冠／平巾帻＋袍＋便鞋／圆头履

如安岳三号墓前室南壁持幡仪卫头戴进贤冠，身穿合衽长袍，足登便鞋。德兴里壁画墓前室西壁太守，一人头戴进贤冠，一人头戴平巾帻，都身穿左衽红色长袍，足登圆头履。水山里壁画墓东壁站立男子头戴平巾帻，身穿右衽长袍。(图七，1~4)

F型 平巾帻＋短襦＋肥筩裤＋便鞋

如安岳三号墓西侧室门口帐下督头戴平巾帻，身穿短襦裤，足登便鞋。德兴里壁画墓中间通路西壁出行图中步吏头戴平巾帻，上穿黄色短襦，下着普通肥筩裤，足登便鞋。此型衣裤多为单色。(图七，5·6)

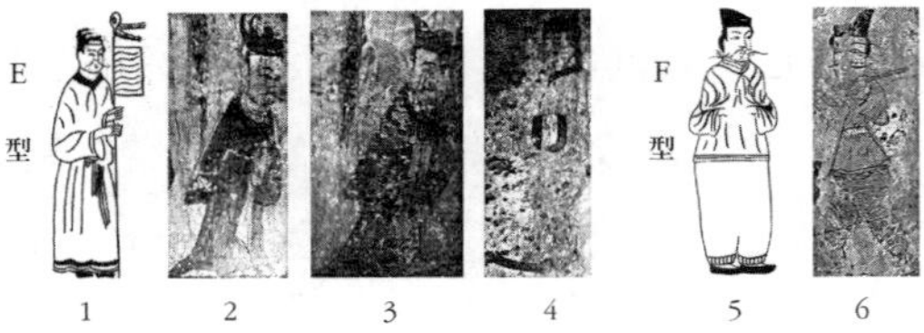

〈图七〉 E·F型服饰搭配

1·5.安岳三号墓 2·3·6.德兴里壁画墓 4.水山里壁画墓

G型 撷子髻／鬟髻／双髻／不聊生髻＋袍／短襦＋裙＋圆头履

如安岳三号西侧室南壁女主人梳双环撷子髻，穿绛紫地云纹锦袿衣，下配镶有两道褐色襈的白地云纹裙。安岳三号墓西侧室侍女梳鬟髻，上穿红色短襦，下着白色长裙。龛神塚前室左侧女子梳双髻，穿竖条纹长袍。药水里壁画墓后室北壁

夫妇图中女子梳不聊生髻。(图八，1~4)

H型 髡发／顶髻＋短襦＋肥筩裤／瘦腿裤／裙＋便鞋／短靴

如德兴里壁画墓中间通道东壁女子髡发，上穿左衽短襦，下着条纹长裙。德兴里壁画墓中间通道东壁牵牛人髡发，身着短襦裤，足登短靴。德兴里壁画墓后室东壁车旁侍女梳顶髻，穿短襦裙，着短靴。此型衣裤多为单色。(图八，5~8)

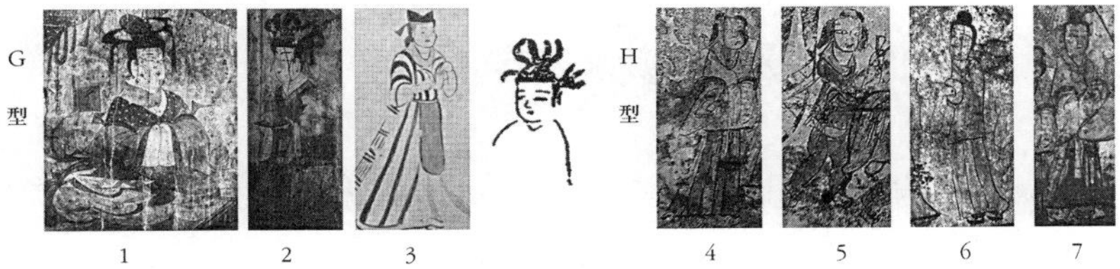

〈图八〉 G·H型服饰搭配

1·2.安岳三号墓 3.龛神塚 4.药水里壁画墓 5·6·7·8.德兴里壁画墓

I型 风帽／圆顶翘脚帽／尖顶帽＋短襦＋肥筩裤／瘦腿裤＋便鞋／短靴

如舞踊墓右耳室右壁叩拜人头戴风帽，身穿短襦裤。德兴里壁画墓后室西壁射戏图中注记人头戴圆顶翘脚帽，上穿褐色短襦，下着黄色普通肥筩裤，足登短靴。安岳三号墓前室南壁吹长角乐人头戴尖顶帽，身着短襦裤，足登便鞋。(图九，1~3)

J型 鞍状双髻／云髻／花钗大髻＋短襦＋裙

如水山里壁画墓墓室西壁女子梳鞍状双髻，上穿右衽短襦，下着百褶裙。双楹塚墓道东壁女子梳云髻，上穿右衽短襦，下着百褶裙。双楹塚后室后壁榻上女子梳花钗大髻，穿红色竖条纹短襦裙。(图九，4~6)

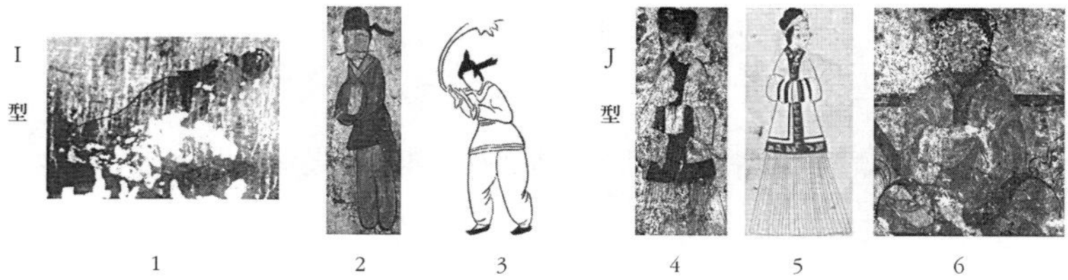

〈图九〉I·J型服饰搭配

1.舞踊墓　2.德兴里壁画墓　3.安岳三号墓　4.水山里壁画墓　5·6.双楹塚

二. 高句丽壁画服饰的族属差异

服饰的样式与图案往往具有鲜明的民族性。不同民族服饰在衣料·裁剪·颜色·花纹·搭配等各方面往往体现不同风格。服饰的民族性是在某种特定的历史条件下, 地理环境·历史观念和深层文化内涵三者共同作用的结果。服饰的民族特色在古代服饰中表现尤为突出, 被视为最具标识性的民族文化符号之一。

上述十型高句丽服饰搭配中, A·B·C三型, 男子所戴"折风"和"骨苏"是高句丽人特有的冠帽类型 ; 女子所梳垂髻·盘髻与中原女子同类发型梳理方法虽然相同, 但整体效果颇具地方特色。"短襦裤"和"长襦裙"两种服饰搭配与文献所记高句丽人传统服饰相吻合－男子穿筒袖衫·大口裤, 女子穿裙襦。各色打底的点纹·竖点纹·菱格纹·十字纹等图案, 作为衣料花色在本地区之外的其他区域并不常见。因此, A·B·C三型应是高句丽族传统服饰。其中, A型一般为男子服饰·偶见女子穿着, B型为男子服饰, C型为女子服饰。

D·E两型, 笼冠配袍服, 进贤冠配袍服, 平巾帻配袍服是汉魏六朝时期儒士·官员·公侯·宗室成员常见的官服(礼服)装扮, 有时也作为闲居常服。『晋书·职官志』载 : "三品将军秩中二千石者, 著武冠, 平上黑帻, 五时朝服, 佩水苍玉, 食奉·春秋赐绵绢·菜田·田驺如光禄大夫诸卿制。"[3] 规定中二千石的三品将军, 戴平上

3) 房玄龄等, 『晋书』, 北京: 中华书局, 2000年, 第467~471页。

黑帻，外罩漆纱笼冠，穿朝服。『宋书·舆服志』载："郡国太守·相·内史，银章，青绶。朝服，进贤两梁冠。"[4] 规定地方单位太守·内史级别的属吏，戴两梁进贤冠，穿朝服。文献记载的朝服·五时朝服即为袍服。帻，本为庶人的覆发头巾，伴随着平上帻演变为平巾帻的过程，帻的地位逐渐提高，被视为礼服，乃至正式官服，安岳三号墓中太守级别的官员，便以平巾帻搭配袍服。

F型，上身过臀短襦，下身肥筩裤，此种搭配称"袴褶"。"袴褶"本为北方游牧民族的传统服装。秦汉时期，汉人也穿裤搭配短襦，但贵族必在襦裤之外套上袍裳，只有骑者·厮徒等从事体力劳作的人为方便行动，直接将襦裤露在外面。至晋代情况有所变化，『晋书·舆服志』记"袴褶之制，未详所起，近世凡车驾亲戎，中外戒严服之。服无定色，冠黑帽，缀紫摽，摽以缯为之，长四寸，广一寸，腰有络带以代鞶。"[5] 又记"中朝大驾卤簿"中"黑袴褶将一人，骑校·鋋角各一人。"[6] 南北朝时期，"袴褶"使用更加广泛，俨然已经成为汉服的一个组成部分。[7]

D·E·F三型，除高句丽壁画外，魏晋南北朝时期各地壁画墓均有相似发现。如辽宁省朝阳市袁台子壁画墓前室右龛墓主人，头戴笼冠，身份袍服。[8] 江苏省丹阳市建山金家村墓墓室下栏绘有仪卫卤簿，均头戴笼冠，身穿袍服，足登笏头履(图十, 1)。[9] 甘肃省酒泉市丁家闸5号墓前室西壁左侧弹琴男子头戴平巾帻，身穿袍服；右侧墓主人头戴进贤冠，身穿袍服(图十, 2)。[10] 云南省昭通市后海子东晋霍承嗣墓东壁持幡仪卫，头戴平巾帻，身穿短襦裤(图十, 3)。[11] 大体凡是奉中原

4) 沈约，『宋书』，北京：中华书局，2000年，第344页。

5) 房玄龄等，『晋书』，第499页。

6) 房玄龄等，『晋书』，第491页。

7) 案：笔者认为汉服是一个动态的服饰概念，不同历史时期具有不同的内涵，整体趋势是随着汉人·汉族·华夏民族这些概念的衍变而不断调试·不断丰富。

8) 辽宁省博物馆文物队·朝阳地区博物馆文物队·朝阳县文化馆，「朝阳袁台子东晋壁画墓」，『文物』1984年第6期，第9~45页。

9) 南京博物院，「江苏丹阳·建山两座南朝墓葬」，『文物』1980年第2期，第1~17页。

10) 甘肃省文物考古研究所，『酒泉十六国墓壁画』，文物出版社，1989年。

11) 云南省文物工作队，「云南省昭通后海子东晋壁画墓清理简报」，『文物』1963年第12期，第1~6页。

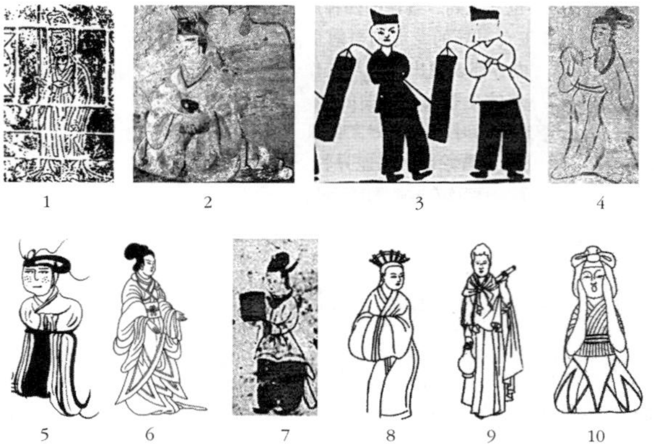

〈图十〉 各型服饰相似搭配

1.江苏丹阳建山金家村墓 2·4.甘肃酒泉丁家闸5号墓 3.云南昭通后海子东晋霍承嗣墓 5.新疆吐鲁番阿斯塔纳晋墓 6.传顾恺之绘『列女图』 7.辽宁朝阳袁台子壁画墓 8.山东金乡朱鲔墓 9.唐阎立本『北齐校书图』 10.陕西西安南郊草场坡北朝早期墓

王朝为正朔，接受册封的官吏，无论汉人与否，都穿着此类服饰。

D·E·F三型属于汉服系列，或都具有汉服因素。

G型，撷子髻·双髻·鬟髻·不聊生髻均属高髻。高髻是各类借助假发，梳挽在头顶，髻式高耸的女性发式的统称。最初流行于宫廷内部，大约在东汉时期从宫掖流行至民间。『后汉书·马廖传』载长安俗谚："城中好高髻，四方高一尺。"[12] 反映了京都地区高髻的盛行。『后汉书·明德马皇后本纪』李贤注引『东观汉记』云："明帝马皇后美发，为四起大髻，但以发成，尚有余，绕髻三匝。"[13] "四起大髻"是早期高髻的一种。魏晋南北朝时期，高髻在市民百姓中普及，款式丰富，名目繁多，著名的式样有灵蛇髻·飞天髻·缬子髻·盘桓髻·惊鹄髻·云髻等。

『晋书·舆服志』记郡公侯县公侯太夫人·夫人，公特进侯卿校世妇，中二千石·二千石夫人，头饰绀缯帼，以属于深衣制的皂绢·缥绢为服。[14] "绀缯帼"是用来使

12) 范晔，『后汉书』，北京：中华书局，2000年，第570页。

13) 范晔，『后汉书』，第271页。

14) 房玄龄等，『晋书』，第501页。

发髻高耸，增加华贵之感的一种假髻。作为命妇朝服的深衣制衣服是上下连署的袍服。袿衣，战国时期已经是女子的盛装。汉魏时期，袿衣更趋华美，是一种上等女服。南北朝时仍旧盛行。『宋书·义恭传』记："舞伎正冬着袿衣。" 此后其制渐失。[15] 安岳三号墓西侧室西壁头梳鬟髻，身穿袍服女子的身份，根据榜题可知为小史，是一名女官。此种高髻配袍服，配襦裙的搭配方式是汉服中女子常见装扮，不单高贵命妇，普通女子亦可穿着。衣服的面料，图案花色，金银饰物搭配体现两者身份的差别。

高句丽壁画外，此型女子形象各地壁画均有相似发现。如甘肃省酒泉市丁家闸5号墓前室西壁中部女子梳不聊生髻，穿襦裙；下部女子梳双鬟髻，穿襦裙(图十，4)。新疆省吐鲁番市阿斯塔纳晋墓出土纸画所绘女子，梳单环撷子髻，穿襦裙(图十，5)。[16] 传顾恺之绘『列女图』中女子，梳高髻，穿袿衣(图十，6)。[17]

G型和D·E·F三型一样属于汉服系列，或是具有汉服因素。D·E·F三型是男性专属服饰搭配，G型属于女性。

H型，髡发是北方游牧民族的传统发式，髡发搭配短襦裙和髡发搭配短襦裤，亦是北方游牧民族的装扮。因德兴里壁画墓的墓主人"镇"和夫人，可能是慕容鲜卑，该型组合或许属于鲜卑服系。顶髻搭配短襦裙的装扮，非汉服传统女装组合，德兴里壁画墓中此型装扮女子与髡发搭配短襦裙的女子·髡发搭配短襦裤的男子同为墓主夫人的贴身侍从，则此装扮也可能属于鲜卑服系。

I型，风帽是北方游牧民族常戴的一种暖帽，因其格外受鲜卑人喜爱，又称鲜卑帽。『旧唐书·舆服志』载："北朝则杂以戎狄之制，爰至北齐，有长帽短靴，合袴袄子。"[18] 所载长帽是风帽的别称。风帽搭配短靴，裤裆闭合的肥筩裤和短袄，是鲜

---

15) 孙机，『汉代物质文化资料图说』，上海: 上海古籍出版，2008年，第281页；周汛·高春明，『中国衣冠服饰大辞典』，上海: 上海辞书出版社，1996年，第141页；高春明，『中国服饰名物考』，上海: 上海文化出版社，2001年，第527~528页。

16) 图转引自高春明，『中国服饰名物考』，第33页。

17) 图转引自高春明，『中国服饰名物考』，第527页。

18) 刘昫，『旧唐书』，北京: 中华书局，2000年，第1327页。

卑人的传统装扮。因此, I型中风帽搭配短襦裤的装扮属于鲜卑服系。

圆顶翘脚帽搭配短襦裤, 此类装扮在国内仅舞踊墓发现一例, 为赶车男仆。朝鲜境内的安岳三号墓·德兴里壁画墓·药水里壁画墓·八清里壁画墓·水山里壁画墓·大安里一号墓·双楹塚均发现多例。身份复杂, 有乐手·马上狩猎者·徒步狩猎者·马童·记录员·下级官吏·杂耍演员等。除高句丽壁画外, 在辽宁省朝阳市袁台子壁画墓奉食图·庭院图·牛耕图·狩猎图·膳食图中都绘有此类装扮男子(图十, 7)。[19] 学界一般认为该墓与辽东地区壁画墓关系密切, 该墓的墓主人可能是被掠到辽西的辽东大姓。[20] 笔者基本赞同此种观点, 需要补充说明的是袁台子壁画墓的壁画内容·画法虽然与辽阳地区的壁画墓相似, 但人物服饰却存在明显差别。如圆顶翘脚帽与短襦裤的搭配在辽阳壁画中较为罕见。此种差异性恰恰说明该型服饰与辽阳汉族所穿服饰不同。辽西地区是慕容鲜卑繁衍生息之地, 安岳三号墓和德兴里壁画墓墓主人的身份与经历都与三燕政权关系甚密, 因此, 该型服饰是鲜卑服系, 特别是慕容鲜卑服系的可能性较大。

J型, 双髻·云髻·花钗大髻等发式是汉魏六朝时中原女子流行的头发梳理样式。汉服系统中此类发式一般与上下相连的袍服搭配, 或搭配襦裙, 短襦多掖在裙下, 偶见露在裙外。如山东省金乡县朱鲔墓画像石中女子, 梳花钗大髻, 穿拖地长袍(图十, 8) ; 唐阎立本『北齐校书图』中提壶侍女, 梳云髻, 穿短襦, 配长裙(图十, 9)。水山里壁画墓·双楹塚·安岳一号墓和二号墓中各发型多与短襦裙搭配, 短襦长度过臀, 领·衽·袖·下摆四周皆加襈, 有明显的高句丽民族特色。裙子是白色或条纹相间的百褶裙。搭配方式为短襦穿在裙外, 遮住裙腰。此种搭配形式在北魏时期的壁画墓中多有发现, 但细节不同。如陕西省西安市南郊草场坡北朝早

---

19) 辽宁省博物馆文物队·朝阳地区博物馆文物队·朝阳县文化馆, 「朝阳袁台子东晋壁画墓」, 『文物』 1984年第6期, 第9~45页。

20) 刘中澄, 「关于朝阳袁台子晋墓壁画墓的初步研究」, 『辽海文物学刊』 1987年第1期, 第95页 ; 田立坤, 「袁台子壁画墓的再认识」, 『文物』 2002年第9期, 第41~48页 ; 王宇, 「辽西地区慕容鲜卑及三燕时期墓葬研究」, 吉林大学硕士论文, 2008年 ; 陈超, 「辽阳汉魏晋时期壁画墓研究」, 吉林大学硕士论文, 2008年。

期墓中所绘女子，头梳十字髻，短襦有条纹装饰，腰部系带，长裙上饰三角形纹饰(图十，10)。[21]

J型搭配与同时期其他地区壁画墓中所绘女子的装扮不同，有一种混搭的倾向，它可能是高句丽民族传统服饰·汉服和以鲜卑为代表的胡服多种因素的杂糅。

综上所述，高句丽壁画所见服饰资料，可分为高句丽族传统服饰·含汉服因素的服饰·含以(慕容)鲜卑为代表的胡服因素和上述各种因素混搭的服饰四种情况。

三. 中国高句丽壁画服饰的变迁

服饰不是一成不变的物品，而是动态的社会符号。政治变迁·经济发展·军事征战·民族交往·自然环境·生活习俗·审美情趣等诸多因素都会对其产生影响，使其种类·款式·颜色·质地乃至图案等发生较大变化。学界一般认为目前发现的高句丽壁画墓年代在公元四世纪中期至公元七世纪中叶。在此三百年间，中国和朝鲜两地高句丽壁画墓的墓葬形制·壁画主题·随葬品都发生一系列变化，两地高句丽壁画所绘服饰也相应呈现不同的阶段性特征。参照高句丽壁画墓分期各家观点，结合高句丽壁画所绘服饰的变化情况，本文将分布于中国和朝鲜的高句丽壁画服饰各分为四期。

中国高句丽壁画服饰分四期，第一期为公元四世纪中叶至五世纪初，第二期为五世纪初至五世纪末，第三期为五世纪末至六世纪中叶，第四期为六世纪中叶至七世纪初。

宏观来看，第一期至第三期高句丽族传统服饰A·B·C三型搭配一直是国内(主要是吉林省集安市)高句丽壁画服饰搭配的主体，即公元四世纪中叶至六世纪中

21) 陕西省文物管理委员会，「西安南郊草场坡村北朝墓的发掘」，『考古』1959年第6期，第285~287页。

叶, 男子服饰为A·B两型, 女子服饰为C型搭配。第一期(公元四世纪中叶至五世纪初), 出现少量含有(慕容)鲜卑服饰因素的I型搭配, 五世纪以后该型服饰搭配不再出现。第四期(六世纪中叶至七世纪初)青龙·白虎·朱雀·玄武渐趋成为壁画主体, 世俗人物形象罕见, 偶见各式仙人形象穿着含汉服因素的D型搭配。

为什么国内高句丽壁画服饰会出现上述变化? 原因或可从如下三方面剖析。

第一方面, A·B·C三型搭配与高句丽族的初步形成。

公元前37年, 高句丽始祖朱蒙率众南下, 在卒本川(今辽宁省桓仁县附近)建立高句丽政权。建国之初,内部存在句丽(骊)人·夫余人·秽人·貊人·汉人等多种民族成分。伴随高句丽政权的不断对外扩张, 更多部族人被纳入高句丽统治之下, 或是与高句丽人有着频繁的文化交流。『三国史记·高句丽本纪』记载, 朱蒙统治时期, 驱逐靺鞨部族, 征服沸流国, 讨伐荇人国, 吞并北沃沮。琉璃明王时期, 大败鲜卑, 西伐梁貊。大武神王时期, 击败夫余, 吞并盖马国·句茶国。太祖大王时期, 伐东沃沮·藻那部·朱那部。[22] 『三国史记』有关高句丽早期发展历史的记载, 多有夸饰之嫌。这些生活在高句丽周邻的小国和部族, 虽然不一定如『三国史记』所载那样被暴力征服, 他们与高句丽人的交往一定是在不同程度上客观存在。高句丽统治内部及周边地区各族人民的彼此融合, 结果必然是逐渐形成了一个新的民族－高句丽人(族)。

从上述被征服古族·部族的名称不再见于史书记载, 及三国以后中国正史「东夷传」不再为沃沮人和秽貊人立传的情况分析, 这些东北古族融合的时间可能开始于公元三世纪中叶[23], 这也就是说, 高句丽族在此时期已经萌芽。

公元四世纪初至四世纪中叶, 高句丽征战频繁, 先是出兵南下灭了乐浪郡和带方郡。后又攻破玄菟城, 杀获甚众, 又遣兵袭辽东。这一系列军事活动的成果表明此时高句丽综合国力, 特别是军事实力有所增强。而开展军事活动的前提条件

22) 金富轼著·孙文范等校勘, 『三国史记』, 长春: 吉林文史出版社, 2003年, 第173~193页。

23) 杨军, 『高句丽民族与国家的形成和演变』, 北京: 中国社会科学出版社, 2006年, 第154页。案 : 杨军认为高句丽人的形成在三世纪以后。

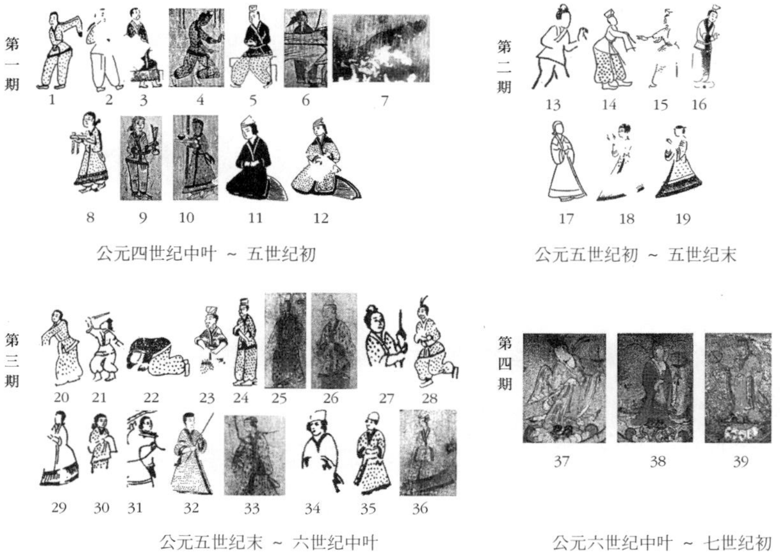

〈图十一〉 中国高句丽壁画服饰分期

1·3~10.舞踊墓 2·11·12.角觝墓 13·14·17.麻线沟一号墓 15·18·19.通沟十二号墓 16.长川二号墓 20~24·27~32·34·35.长川一号墓 25·26·33·36.三室墓 37~39.五盔坟四号墓

之一，需要巩固的大后方作为保障。因此，或可推断，该时段高句丽统治中心国内城(吉林省集安市)已经初步形成了一个较为成熟的高句丽族。

民族服饰风格的形成以该民族的稳定与成熟作为前提条件。民族服饰样式与图案的定型是该民族共同语言·共同地域·共同经济生活·共同文化·共同心理素质等众多"共同性"的表征。公元四世纪中叶，国内高句丽壁画墓所绘服饰稳定风格的初步成型，即以A·B·C三型搭配为主体，是此时期高句丽民族初步形成的间接反映。

从公元3年，琉璃明王迁都至国内城。至公元427年，长寿王迁都朝鲜平壤城。长达四百余年的时间里，吉林集安国内城一直是高句丽政权的统治中心。即使是在南迁之后，此地区亦是高句丽族最大的聚居区，也是高句丽文化传统最为根深蒂固的区域。公元四世纪中叶至六世纪中叶，集安高句丽壁画墓所绘服饰风格的持续稳定是该地始终以高句丽族为主体，并且始终是高句丽政权统治核心区域的表现。

第二方面，I型搭配与慕容鲜卑的崛起。

魏晋之际，慕容鲜卑在其首领莫护跋·慕容廆等人的治理下渐趋强大。公元四世纪前半期，先后灭掉宇文部·段部，逐步统一"东部鲜卑"。因其与高句丽都将辽东作为既定发展战略目标，视对方为称霸东北一隅的最大障碍，两者之间的征战不可避免。

早期阶段，慕容氏势力稍强，多有斩获。前燕慕容廆时期,曾率军直抵高句丽，迫使烽上王逃亡，发掘西川王墓。慕容皝时期，两次进攻高句丽，攻克丸都城，发掘美川王墓，迫使故国原王俯首称臣。公元四世纪中叶至公元五世纪初，慕容氏国力由盛转衰，特别是后燕慕容垂立国后，内乱不断，政治无力。而高句丽在小兽林王·好太王的英明领导下，大力恢复农业和手工业生产，发展教育·宗教·文化事业，国家富裕，军事力量逐渐增强。公元五世纪初，最终占领辽东。公元407年后燕灭亡，伴随着后燕政权的消失，慕容鲜卑的势力也逐渐退出东北历史舞台。

国内高句丽壁画服饰发展各阶段中，公元四世纪中叶至五世纪初，出现含(慕容)鲜卑因素的I型服饰搭配－圆顶翘脚帽配短襦裤， 五世纪以后不见该服饰因素。这一现象发生的时段正好与慕容鲜卑在辽东地区的政治活动时间相吻合。身穿该种I型搭配的人，在集安高句丽壁画中，要么是属于第三等级的奴仆，要么是跪拜在地的臣服者形象，这些图像应是高句丽人渴望战胜慕容鲜卑求胜心理的体现。

第三方面，D型搭配与南朝服饰流行风尚及高句丽中后期佛教的流传。

D型搭配是南朝士大夫的典型装扮。魏晋以来，服装日趋宽博。东晋南迁后，受宽松政治环境，魏晋玄学之风，佛教兴盛以及士族制度等诸多因素影响，宽博之风日盛。上自王公名士，下及黎庶百姓，都以宽衫大袖，褒衣博带为尚。冠帽方面，原有巾帻逐渐后部加高，体积缩小，演变为平巾帻(小冠)。其上加细纱制成的笼巾，称为笼冠。笼冠与褒衣博带的组合是南朝士大夫阶层流行的一种服饰搭配。

该种风尚始于南朝，但北朝服饰亦受其影响。河南省洛阳市宁懋石室石刻贵族人物，山东省临朐县崔芬墓室西壁男主人均为此种装扮。[24] 公元六世纪中叶至七世纪初，集安高句丽壁画出现此种搭配，表明该地亦受到这种服饰流行风尚的浸染。

晋简文帝咸安二年(372)，佛教流入高句丽。小兽林王先后修造肖门寺和伊弗兰寺，安置远来的名僧“顺道”和“阿道”。[25] 从此，佛教开始在高句丽境内广为流传。考古发掘中发现多处高句丽时期的寺庙遗址和金铜佛像。如1985年在吉林省集安市彩印场建筑工地出土一件金铜佛造像。[26] 1938年在朝鲜平壤青岩里土城发现一座废寺，学者们认为它是金刚寺遗址。[27] 高句丽壁画对于佛教主题亦多有表现。如长川一号墓藻井绘有礼佛图。这些内容无不展现了高句丽人对于佛教的推崇及佛教在高句丽的兴盛。

公元六世纪中叶至七世纪初，集安高句丽壁画所绘男子，仅从服饰看，是普通凡人造型。但从画面整体来看，他站立在作为佛教象征符号的莲台之上，与之共同出现的人物都是各式神仙装扮。结合当时佛教兴盛的时代背景推测，该类男子形象可能是研习佛法，带发修行的居士化身，也可能是墓主人精神世界的自我写照，这些形象背后隐含的是一心向佛，渴望修成正果的强烈诉求。D型搭配的出现是南朝服饰流行风尚影响的结果，亦与高句丽中后期佛教的流传有关。

24) 黄明兰，『洛阳北魏世俗石刻线画集』，北京：人民美术出版社，1987年，第95~105页；郭建邦，『北魏宁懋石室线刻画』，北京：人民美术出版社，1987年；山东文物考古研究所等，「山东临朐北齐崔芬壁画墓」，『文物』2002年第4期，第4~26页。

25) 金富轼著·孙文范等校勘，『三国史记』，第221页。

26) 转引自耿铁华，「高句丽儒释道“三教合一”的形成与影响」，『古代文明』2007年第4期，第62~74页。

27) 朝鲜社会科学院考古研究所编·李云铎译，『朝鲜考古学概要』，哈尔滨：黑龙江文物出版编辑室，1983年。

四. 朝鲜高句丽壁画服饰的变迁

朝鲜高句丽壁画服饰分四期, 第一期公元四世纪中叶至四世纪末, 第二期五世纪初至五世纪前半叶, 第三期五世纪后半叶至六世纪初, 第四期公元六世纪初至六世纪后叶。

整体来看, 第一·二期(公元四世纪中叶至五世纪前半叶), 朝鲜高句丽壁画服饰以含汉服因素的服饰搭配为主体, 没有出现高句丽民族传统服饰搭配。男子服饰主要是D·E·F三型, 女子主要是G型。其中, 第一期(公元四世纪中叶至四世纪末)含鲜卑服饰因素的服饰搭配较少, 只有若干个I型搭配。但在第二期(五世纪初至五世纪前半叶)含鲜卑服饰因素的服饰明显增多, 大量出现I型和H型搭配。并且, 还出现了杂糅高句丽民族传统服饰·汉服·以鲜卑服为代表的胡服三种文化因素的J型搭配。

第三期(公元五世纪后半叶至六世纪初)平壤以西·西南地区(包括南浦市江西区域·龙冈郡·大安区域, 平安南道大同郡以及黄海南道安岳郡等地区)与平壤附近及其以东·东北·东南地区(包括平壤市大城区域·平安南道顺川市·黄海北道燕滩郡等地区)服饰搭配不同。这里前者称为A区, 后者为称B区。A区, 男女服饰沿袭之前的模式, 仍以D·E·F·G·I·J五型为主体, 不同在于出现了少量A型中的披发配短襦裤·B型中的折风配短襦裤和C型中的垂髻配长襦裙形象。B区, 男子服饰主要是A·B两型, 女子服饰主要是C型, 男女服饰均以高句丽民族传统服饰为主。

第四期(公元六世纪初至六世纪后叶)高句丽民族传统服饰成为服饰主体, 鲜卑服饰因素次之, 汉服文化因素几近消失。此时男子服饰主要是B·I两型, 女子服饰是C型。

国内高句丽壁画服饰始终以高句丽民族服饰为主体, 朝鲜高句丽壁画服饰则明显出现阶段性变化。该现象产生的原因, 可以从如下三个方面解读。

第一方面, 社会变革因素分析。

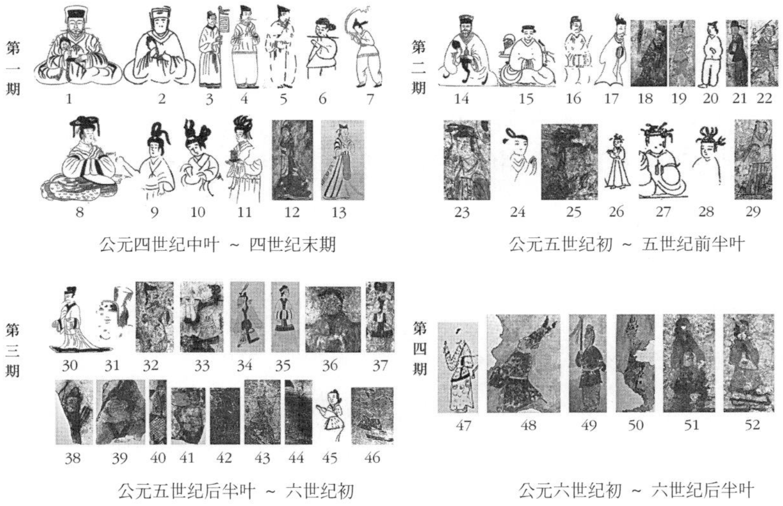

〈图十二〉 朝鲜高句丽壁画服饰分期

1·3·4·6~11.安岳三号墓 2.台城里一号墓 5.平壤驿前二室墓 12·13.龛神塚 14·17~19·21~25·29.德兴里壁画墓 15·16·20·26~28.药水里壁画墓 30·32·33·37.水山里壁画墓 31.八清里壁画墓 34~36.双楹塚 38~41·45.东岩里壁画墓 42·44.高山洞A7号墓 43.松竹里一号墓 46.高山洞A10号墓 47.梅山里四神塚(狩猎塚) 48~50.铠马塚 51·52.安岳二号墓

军事征伐·政权更迭总是如疾风暴雨般，一蹴而就，但文化的变更是一个缓慢的·渐进的过程。被征服地区的民众，如无强制性的政令干预，往往会在很长一段时间内，延续着传统的生活方式。服饰亦是如此。朝鲜平壤周边是汉晋时期乐浪·带方二郡所在之地。从公元前108年，汉武帝征服卫满朝鲜，设汉四郡开始，至公元313年高句丽灭乐浪·带方郡，四百年间此地一直是汉人聚居地，汉文化积淀深厚。公元四世纪初期，高句丽的侵入，不可能短时间内改变当地的民族构成，也不可能马上彻底改变其传统汉文化面貌。

据西本昌弘·池内宏·洼添庆文·韩昇等学者考证乐浪·带方二郡灭亡后，郡内汉人，一部分聚居在黄海南道信川郡及周边，以青山里土城为中心。一部分汉人与避"五胡乱华"的辽东·辽西新移民，迁徙至南浦市江西地区，结成新的汉人集团。[28] 在黄海南道信川郡发现大量记有王·韩·孙·张等乐浪汉姓的纪年铭砖。[29]

可确知年代从西晋永嘉七年(313年)至东晋元兴三年(404年), 跨度近百年, 表明相当数量汉人, 没有因为二郡灭亡, 选择离开。

从『三国史记』早期记载来看, 高句丽对乐浪·带方的进攻重点, 在于"掠人", 而不是"占地"。[30] 公元四世纪中叶, 慕容鲜卑崛起, 迫使高句丽将大量军力投入国境西部以便与之抗衡, 必然无力顾及乐浪·带方。故国壤王和广开土王在位时, 都将争夺辽东作为既定战略目标, 对乐浪·带方的管理难免松弛。

这些因素综合到一起, 说明高句丽虽然占领二郡, 但在一段时间之内, 并没有行之有效的控制该地, 汉人集团具有一定的独立性。据此历史背景分析, 该地区发现的公元四世纪中叶至五世纪前半叶以含汉服因素服饰为主的壁画墓很有可能是汉人墓。虽然当地最高统治者的身份瞬间转变, 但汉人集团内部仍沿袭自己的文化传统。他们在墓葬这个完全属于个人的私密空间内, 勾画曾经拥有的或是期盼获得的物质与精神生活, 壁画人物所穿服饰情理之中应是本民族传统的汉服式样, 而不可能是征服者高句丽人的形象。

从公元四世纪初到五世纪中叶一百五十多年来, 汉文化与高句丽文化之间相互影响·相互作用, 势必会在碰撞·排斥后, 逐步走向融合。汉人集团对高句丽政权的态度也必然会由抵触, 转为接纳。公元427年是一个重要的年份, 或可将其视为转折加速期的开端－这一年长寿王将都城由集安迁至平壤。随着高句丽政权对于该地域控制的逐步加强, 汉人集团的"自治"恐难继续。汉人集团逐渐瓦解后, 大部分汉人会融入到高句丽社会中去, 成为高句丽化的汉人。这一文化变迁反映到服饰上便是壁画服饰中开始出现身穿高句丽民族传统服饰的人物形象, 这些

---

28) [日]西本昌弘, 「楽浪·帯方二郡の興亡と漢人遺民の行方」, 『古代文化』1989年第10期, 第14~27页；[日]窪添慶文, 「楽浪郡と帯方郡の推移」, 见『东アジアにおける日本古代史讲座』, 东京: 学生社, 1981年, 第3集；[日]池内宏, 「楽浪郡考」, 见『滿鮮史研究』, 东京: 吉川弘文館, 1951年；韩昇, 『日本古代的大陆移民研究』, 北京: 文津出版社, 1995年。

29) [日]梅原末治, 「楽浪·帯方郡時代紀年銘塼集録」, 见『昭和七年度古蹟調査報告』, 朝鲜古蹟研究會, 1933年。

30) 『三国史记·美川王本纪』, "十四年, 侵乐浪郡, 虏获男女二千余口。" 金富轼著·孙文范等校勘, 『三国史记』, 第216页。

形象背后隐含的是汉人对于政治地位·民族身份的重新认知。同时，也不应忽视那些较早进入到汉人聚居区的高句丽人，在当地强势文化－汉文化的寖浸下，可能会成为汉化的高句丽人。在其墓葬壁画中虽然身着高句丽民族传统服饰，但在其他一些方面却体现出汉文化的特点。

具体而言，A·B两区情况有所不同。A区是汉人聚居区之一，此地汉人民族主体意识强，汉文化观念浓郁。他们对高句丽文化(人)的排斥性较重，所以壁画服饰以汉服为主体，少量出现高句丽人形象。B区高山洞墓群所在中部区域为都城直辖区，一方面，此处生活的汉人，无论在政治观念还是在民族心理方面，所受到的来自于高句丽政权的影响一定会大于A区，他们会比A区的汉人更早形成对于高句丽文化(民族)的认同感，更早的完成由高句丽化的汉人向高句丽人的过度，成为新的高句丽族人。另一方面，长寿王迁都，高句丽的政治中心·社会中心南移，伴随的必然是大批高句丽人迁入，B区东岩里壁画墓所在地正好是从集安到平壤的交通线上，高句丽人迁徙过程中，可能会有一部分人居留此处。所以B区大量出现身穿高句丽民族传统服饰的人物形象。

公元六世纪至六世纪后叶，汉文化与高句丽文化经历了二百多年的融合，早已融为一体。乐浪·带方郡及后来由内地迁来的汉人的后裔们，也已经完全融入到高句丽社会中，成为了高句丽族的一份子。所以，此时人物服饰以高句丽民族传统服饰为主体，汉服因素罕见。

第二方面，与国内高句丽壁画服饰对比。

国内高句丽壁画墓年代基本与朝鲜高句丽壁画墓相当，墓葬形制亦相似。但壁画人物所穿服饰，从墓主夫妇，到属吏·侍从，再到奴仆，都是属于A·B·C三型的高句丽民族传统服饰。前文已言及，国内吉林集安(桓仁)地区是高句丽民族的发源地，高句丽人生于此地·长于此地，聚居于此地。高句丽壁画所绘情境是墓主人，也就是高句丽贵族，生前现实生活的再现，壁画人物服饰是对现实生活中高句丽人实际穿着服饰的临摹。集安高句丽壁画墓所绘服饰的一致性，体现了本地区生活者对于本民族服饰的心理认同，它实际是民族身份的表白。

学界有一种观点，认为朝鲜大部分被称为高句丽墓葬的墓主人是汉化的高句丽人，或就是高句丽人，认为朝鲜高句丽墓葬中的汉文化因素是南迁的高句丽人受到乐浪固有的汉文化传统的影响。笔者亦肯定此种影响的存在，但是，从服饰观察，这个问题的答案还存在另一种可能。服饰具有民族性，是民族身份的标志。某一民族中的某个个体，在现实生活中，可能选择穿着本民族的服饰，也可能在文化开放的风气下穿着异族服饰。但是，在其入土为安的墓葬中，他本人及墓中所绘人物一般都穿着本民族传统服饰，该行为有落叶归根的深意。

如陕西西安北郊大明宫乡坑底寨出土的安伽墓石棺床·河南安阳近郊出土的北齐石棺床和日本Miho博物馆收藏石棺床板上所绘人物服饰风格相似，均为粟特服饰。据考安伽曾任北周同州萨保，应为安国人的后裔，属于分布在中亚阿姆河和锡尔河流域的昭武九姓胡，即汉魏时代所为的粟特。31) 以安伽为代表的这些异域人，他们生前活动在汉文化区域内，甚至接受中原政权的册封，深受汉服文化浸染，但是，他们棺椁所绘服饰都是本族的服饰。

从这一视角分析－高句丽人迁入平壤后，受到此地汉文化影响，放弃了本民族的服饰传统，甚至在他的墓葬中所绘他本人及属下的形象都不穿高句丽民族服饰－此种假设未免不合情理。乐浪汉文化对侵入的高句丽文化理应有所影响，但是此种影响的强度能否撼动南下平壤的高句丽人的固有观念，使其在墓葬中改变集安业已形成的壁画服饰传统，有待商榷。

第三方面，参考墓主人身份明确的墓葬。

安岳三号墓与德兴里壁画墓是年代和墓主人身份较为明确的两座墓葬。

安岳三号墓墓主人“冬寿”，生前是前燕慕容皝的司马，后来投降慕容仁，慕容仁兵败后，他率族于咸康二年(336年)投奔高句丽，永和十三年(357年)卒于此地。冬寿墓铭文所用年号“永和”为东晋穆帝的年号，榜题所录“使持节都督诸军事平东将军护抚夷校尉乐浪□昌黎玄菟带方太守都乡□”·记室·省事·门下拜等

31) 郑岩，『魏晋南北朝壁画墓』，北京: 文物出版社，2000年，第4237~4262页。

官职与晋制相合。[32] “冬寿”不是高句丽人，被环境所迫居于高句丽政权的统治区内，墓葬所用纪年及榜题官职，都表现出对东晋政权的归化之心。墓葬壁画所绘服饰亦以D·E·F·G四型含汉服因素的服饰为主，没有出现任何高句丽民族传统服饰。

德兴里壁画墓墓主人“镇”，有着与冬寿相似的经历，生前可能是后燕的官吏，由于政治原因，流亡到高句丽，得到高句丽政权的安置。[33] 墓葬所用年号为“永乐”是高句丽广开土王使用的年号。 他所担任的官职除“建威将军左将军龙骧将军辽东太守使持节东夷校尉幽州刺史”等一系晋制官职外， 还有高句丽的官职“国小大兄”，此两点表明“镇”承认高句丽政权的正统性，并接受了高句丽政权的册封。可是，即便如此，在镇的墓葬中仍旧没有出现高句丽民族传统服饰。其墓葬壁画服饰与安岳三号墓一样以D·E·F·G四型含汉服因素的服饰为主。与安岳三号墓的细微不同在于含鲜卑服饰文化因素的I型和H型增多。有的学者根据德兴里壁画墓铭文中“镇”前有两个字的空格，曾推断他复姓“慕容”，是慕容鲜卑人。若果真如此，I型和H型的出现实属正常。

除“冬寿”与“镇”外，史载与三燕有所瓜葛，逃亡到高句丽的人还有崔毖·冯弘。公元319年，东部校尉崔毖唆使高句丽·段部·宇文部联合进攻慕容部，计划失败后，崔毖逃往高句丽。[34] 公元436年，北魏灭北燕，其主冯弘率残部逃入高句丽。[35] 实际上，伴随着权力争夺的白热化，在前燕·后燕·北燕三个政权交替之间，从三燕入高句丽寻求政治避难的汉人和慕容鲜卑人亦应不占少数。公元五世纪初至五世纪前半叶，朝鲜高句丽壁画服饰中鲜卑服饰文化因素的增加可能与上述历史背景有关。

安岳三号墓与德兴里壁画墓作为公元四世纪中叶至五世纪前半叶这一时段

---

32) 洪晴玉，「关于冬寿墓的发现和研究」，『考古』1959年第1期，第35页。

33) 康捷，「朝鲜德兴里壁画墓及其相关问题」，『博物馆研究』1986年版第1期，第70~77页。

34) 金富轼著·孙文范等校勘，『三国史记』，第216~217页。

35) 金富轼著·孙文范等校勘，『三国史记』，第226~227页。

中最具代表性的两座墓葬。若以它们作为参照对象，那些与其年代相仿，壁画服饰风格相类的墓葬，其墓葬主人可能都是与冬寿·镇有着相似背景经历的汉化(慕容)鲜卑人，而非高句丽人。

综上所述，中国高句丽壁画所绘服饰始终以高句丽族传统服饰为主体，朝鲜高句丽壁画所绘服饰则经历了由含汉服(鲜卑服)因素的服饰为主体，到各种服饰因素混杂，再到高句丽族传统服饰占主导地位的演变过程。两地服饰差异及服饰类型演变是两地区墓主人族属不同及其政治观念与民族观念随客观环境变化而不断转变的体现。这些壁画墓的墓主人是上不及君王，下不达百姓的权贵阶层。在古代等级社会中，该阶层是文化的引领者，也是文化转变的先行者。他们的政治倾向·审美意趣·生活习惯往往会影响，甚至左右整个社会的价值观。两地高句丽壁画服饰所展现的种种演化及其社会内涵，不仅是权贵阶层特有的心路历程，也是整个高句丽社会文化变迁的折射。

강 성 산 姜成山

발해 5경 명칭 출현 시기에 관한 사료적 검토*

Ⅰ. 머리말

발해는 역사상 '해동성국'으로 불리며 광활한 영토를 지배하였다. 발해의 최강성시기의 국토는 오늘 중국 동북3성의 대부분, 러시아 연해주와 한반도의 북부를 차지하였다.[1] 발해는 '지방5천리'를 효과적으로 통치하기 위하여

* 이 논문은 中國國家社會科學基金重大項目(16ZDA149)一般項目(16@ZH012) 및 2015년 대한민국 교육부와 한국학중앙연구원(한국학진흥사업단)을 통해 해외한국학중핵대학육성사업의 지원을 받아 수행된 연구임(AKS-2015-OLU- 2250001)

1) 여기에서의 발해 영역은 譚其驤 주편, 『中國歷史地圖冊』 제5권의 「渤海」에 따랐다. 그러나 발해 영역에 관하여 학술계에 아직도 논쟁이 많다. 예를 들면 최근에 김종복, 「발해의 서남쪽 경계에 대한 재고찰」(2010, 『韓國古代史研究』 58, 한국고대사학회, 133~170쪽)과 정석배, 「연해주 발해시기의 유적 분포와 발해의 동북지역 영역문제」(2011, 『高句麗渤海研究』 제40집, 고구려발해학회, 109~157쪽)에서는 발해의 서남경계와 동북영역의 경계선을 문제로 삼고 있으며 더 나아가 정석배, 「발해의 북방경계에 대한 일고찰」(2016, 『고구려발해연구』 제54집, 고구려발해학회, 87~125쪽)은 발해의 서남쪽부터 동북쪽까지의 경계를 다루고, 권은주, 「渤海와 契丹 境界의 시론적 검토」(2016, 『고구려발해연구』 제54집, 고구려발해학회, 127~156쪽)는 발해와 거란 사이의 경계를 시기별로 다루고 있다. 2014년에 지도집에 관하여 국립문화재연구소 고고연구실에서 『북방지역 고구려·발해 유적 지도집』 지도편과 해설편을 출간하여 고구려·발해의 유적의 위치를 파악하는데 도움을 준다. 발해 5경은 발해 영역의 중심부에 속하기에 이 글에서는 일단 담기양

5京15府62州라는 지방행정제도를 설치하였다. 15부 중의 5부는 府名 앞에 경의 이름을 첨가하여 5경이라 불렀다.[2] 즉 上京龍泉府, 中京顯德府, 東京龍原府, 南京南海府, 西京鴨淥府이다. 발해의 5경 제도는 훗날의 요, 금 시기에도 계속 연용되었기에 동북아지구에서 흥망한 민족정권에 커다란 영향을 끼쳤다. 그렇기에 현재 각국에서 진행된 발해 5경에 관한 연구는 발해의 다른 분야에 비해 많다고 할 수 있다.[3] 최근에 발해 5경에 관한 고고학

주편의 『중국역사지도책』의 「발해」에 따르기로 한다.

2) 『新唐書』 卷219, 渤海傳.

3) 발해 5경에 관련된 주요 성과는 논문으로 津田左右吉, 1915, 「渤海考」『滿鮮地理歷史研究報告』 1, 東京帝國大學文學部, 106~136쪽 ; 白鳥庫吉, 1933, 「渤海國について」『史學雜誌』 44(12), (日本)史學會 ; 白鳥庫吉, 1935, 「渤海史上の難問題について」『史學雜誌』 46(9), (日本)史學會 ; 白鳥庫吉, 1970, 「滿洲の地理を論じて渤海の五京に及ぶ」『白鳥庫吉全集(塞外民族史研究 ; 下)』 제5권, 岩波書店, 506~513쪽 ; 森田鐵次, 1937, 「渤海の五京について」『渤海·金の歷史地理の考察(研究要報第十輯)』, 南滿洲鐵道株式會社教育研究所, 1~56쪽 ; 鳥山喜一, 1938, 「渤海東京考」『史學論叢』(京城帝國大學文學會論纂第七輯), 岩波書店, 305~355쪽 ; 和田淸, 1954, 「渤海國地理考」『東洋學報』 36(4), 東洋文庫, 1~53쪽 ; 鳥山喜一, 1968, 『渤海史上の諸問題』, 風間書房, 102~225쪽 ; 駒井和愛, 1970, 「渤海の五京と其の名産」『史觀』 (81)2, 早稻田大學史學會, 2~11쪽 ; 魏國忠, 「唐代渤海五京制度考」『博物館研究』 1984-3, 吉林省博物館, 37~40쪽 ; 河上洋, 1989, 「渤海の交通路と五京」『史林』 72(16), 史學研究會, 898~923쪽 ; 張國鐘著·李成出譯, 1993, 「渤海の領域と五京制」『高句麗·渤海と古代日本』, 雄山閣, 141~171쪽 ; 孫進己, 1994, 「唐代渤海之五京」『東北民族史研究』(一), 中州古籍出版社, 343~354쪽 ; 韓圭哲, 1998, 「渤海의 西京 鴨淥府 研究」『韓國古代史研究』 14, 한국고대사학회, 359~398쪽 ; 정영진, 2002, 「渤海의 강역과 五京의 위치」『한국사론』 34, 국사편찬위원회, 69~122쪽 ; 曉辰, 「也談渤海五京制的起始年代」『北方文物』 2003-3, 北方文物雜誌社, 80~81쪽 ; 이병화, 2006, 「渤海疆域考 : 5경을 중심으로」『한국정신과학회 학술대회 논문집』 24, 韓國精神科學學會, 55~67쪽 ; 김진광, 2007, 「발해의 상경 건설과 천도」『韓國古代史研究』 45, 한국고대사학회, 189~220쪽 ; 宋玉彬·曲軼莉, 「渤海國的五京制度與都城」『東北史地』 2008-6, 吉林省高句麗研究中心, 2~6쪽 ; 김진광, 2008, 「渤海都城과 新羅王京의 比較」『신라문화제학술발표논문집』, 동국대학교 신라문화연구소, 137~171쪽 ; 宋玉彬, 「渤海都城故址研究」『考古』 2009-6, 中國社會科學院考古研究所, 40~49쪽 ; 劉曉東, 「關于渤海五京制起始年代的說明－兼釋渤海王孝廉訪日詩中“上京”一詞之所指」『東北史地』 2009-3, 吉林省高句麗研究中心, 3~8쪽 ; 楊雨舒, 「近30年唐代渤海國五京研究綜述」『社會科學戰線』 2009-2, 吉林省社會科學院, 128~136쪽 ; 楊雨舒, 「簡論唐代渤海國五京」『東北史地』 2009-3, 吉林省高句麗研究中心, 33~37쪽 ; 楊雨舒, 2009, 「淺談唐代渤海國五京研究的若干問題」『渤海史研究』 11, 延邊大學出版社, 243~252쪽 ; 김진광, 2010, 「서고성의 궁전배치를 통해 본 발해 도성제의 변화」『高句麗渤海研究』 제38집, 고구려발해학회, 77~99쪽 ; 林

발굴 성과도 많이 축적되고 있다.[4)]

학문적 견지에서 볼 때 현재 발해 5경을 논한다는 것은 일견 중복된 작업일 수도 있다. 하지만 필자가 보기에 문왕대부터 遷都를 반복하면서 발해 5경의 기능을 갖고 있는 도성을 갖추기 시작한 것과 발해 5경의 명칭이 언제부터 세트로 구비되어 출현하였는가에 대해서는 차별적으로

相先, 2010, 「발해의 왕도 顯州와 中京 치소 西古城의 관계」『高句麗渤海硏究』 제37집, 고구려발해학회, 169~186쪽 ; 韓圭哲, 2010, 「발해"중경"의 의미」『高句麗渤海硏究』 제37집, 고구려발해학회, 155~168쪽 ; 梁正錫, 2010, 「新羅五小京制と渤海五京制」『東アジアの複都制』, 奈良女子大學古代學學術硏究センター, 19~42쪽 ; 송기호, 2011, 「5京制의 연원과 역할」『발해사회문화사연구』, 서울대학교출판문화원, 157~196쪽 ; 윤재운, 2011, 「발해의 5京과 교통로의 기능」『韓國古代史硏究』 63, 한국고대사학회, 191~226쪽 ; 鄭永振, 2011, 「渤海國的疆域與行政區劃」『渤海史論』 第九章, 吉林文史出版社, 205~247쪽 ; 李爽, 「渤海國城市職能的演變－以渤海國五京爲中心」『社會科學戰線』 2011-11, 吉林省社會科學院, 118~123쪽 ; 김진광, 2012, 「발해 도성의 구조와 형성과정에 대한 고찰」『문화재』 45-2, 국립문화재연구소, 38~53쪽 ; 徐佳禧, 「渤海國五京制與唐朝淵源研究」『黑龍江史志』 2013-19, 299~300쪽 ; 王禹浪·于彭, 「近十年來渤海國五京的考古發現與研究綜述」『黑龍江民族叢刊』 2014-3, 79~84쪽, 89쪽 ; 楊雨舒, 2014, 「改革開放以來的渤海國上京龍泉府研究」『渤海史研究』 13, 香港亞洲出版社, 157~167쪽 ; 鄭永振, 2014, 「富居里爲東京龍原府之考辨」『渤海史研究』 13, 香港亞洲出版社, 198~213쪽 ; 韓亞男·苗威, 2015, 「渤海西京鴨綠府考」『中國邊疆史地研究』 25-11, 中國社會科學院邊疆史地研究所, 141~147쪽 ; 宋玉彬, 「渤海都城的田野考古研究」『社會科學戰線』 2015-8, 吉林省社會科學院, 81~89쪽 ; 구난희, 2015, 「渤海, 遼, 金의 五京制와 上京」『先史와 古代』 45, 韓國古代學會, 83~114쪽 등이 있고, 발해 5경을 주제로 다룬 저서로는 한규철·김종복·박진숙·이병건·양정석, 2007, 『발해5경과 영역 변천』, 동북아역사재단 ; 楊雨舒·蔣戎, 2008, 『唐代渤海國五京研究』, 香港亞洲出版社 등이 있다.

4) 5경 중에 상경, 중경, 동경에 관련된 대표적인 고고학발굴보고서는 다음과 같다. 東亞考古學會, 1939, 『東京城－渤海國上京龍泉府の發掘調査－』 東方考古學叢刊 甲種 제5책. 滿洲帝國民生部 ; 1939, 『間島省古蹟調査報告』(滿洲國古蹟古物調査報告 第3編), 滿洲帝國民生部 ; 조중공동고고학발굴대, 1966, 『중국 동북지방의 유적 발굴보고(1963~1965)』, 사회과학원출판사 ; 中國社會科學院考古研究所, 1997, 『六頂山與渤海鎮 : 唐代渤海國的貴族墓地與都城遺址』, 中國大百科全書出版社. 이상은 1930년대부터 1960년대의 발굴성과인데 그에 비해 최근 몇 년래 발해 5경에 관한 아래의 발굴성과는 많은 셈이다. 吉林省文物考古研究所, 2007, 『西古城 : 2000~2005年度渤海國中京顯德府故址田野考古報告』, 文物出版社 ; 黑龍江省文物考古研究所, 2009, 『渤海上京城 : 1998～2007年度考古發掘調査報告』(上·下冊), 文物出版社 ; 吉林省文物考古研究所·吉林大學邊疆考古研究中心·琿春市文物管理所, 2014, 『八連城 : 2004~2009年度渤海國東京故址田野考古報告』, 文物出版社.

인식하여야 한다는 점에서 아직도 검토해볼 여지가 있다고 생각한다. 698년 건국한 발해는 한동안 도성기능을 가지고 있는 몇 개의 도시가 있었겠지만 발해에서 5경 명칭이 구비되었다는 것은 현재의 사료로는 『新唐書』 渤海傳에서 인용한 장건장의 『渤海國記』에서 처음 확인된다고 할 수밖에 없다. 바꾸어 말해서 현재의 사료로 볼 때 발해 5경 명칭의 출현 시기는 장건장이 발해국에 사신으로 파견된 835년 전후로, 빨라도 810년대 이전으로는 올라가지 못할 것이다. 본문에서 각국의 사료를 정리한 기초 위에 말갈제부 통합이라는 시각으로 발해 5경 명칭이 왜 이 시기에 출현되는가를 논하고자 한다.

Ⅱ. 『신당서』 발해전의 발해 5경 사료

발해 5경에 관하여 계통적으로 기록된 사료는 『신당서』 발해전이다. 5경에 관한 기록은 다음과 같다.

가-1 天寶末 欽茂徙上京 直舊國三百里忽汗河之東.

가-2 貞元時 東南徙東京.

가-3 欽茂死 私謚文王 子宏臨早死 族弟元義立一歲 猜虐 國人殺之 推宏臨子華璵爲王 復還上京 改年中興.

가-4 地有五京 十五府 六十二州 以肅愼故地爲上京 曰龍泉府 領龍湖渤三州 其南爲中京 曰顯德府 領盧顯鐵湯榮興六州 貊故地爲東京 曰龍原府 亦曰柵城府 領慶鹽穆賀四州 沃沮故地爲南京 曰南海府 領沃睛椒三州 高麗故地爲西京 曰鴨淥府 領神桓豐正四州 曰長嶺府 領瑕河二州 扶餘故地爲扶餘府 常屯勁兵捍契丹 領扶仙二州 鄚頡府領鄚高二州 挹婁故地爲定理府 領定潘二州 安邊府領安瓊二州 率賓故地爲率賓府 領華益建三州 拂涅故地爲東平府 領伊蒙沱黑比五州 鐵利故地爲鐵利府

領廣汾蒲海義歸六州　越喜故地爲懷遠府 領達越懷紀富美福邪芝九州　安遠府領寧郿慕常四州 又郢銅涑三州爲獨奏州 涑州以其近涑沫江 蓋所謂粟末水也.

이상의 사료 중에 발해 5경 속의 상경이라는 명칭이 처음 나타나는 시기는 가-1에서 보다시피 천보(742~756) 말, 즉 756년 보다 몇 해 전으로 발해 제3대왕 대흠무가 도성을 옮기면서 상경이라는 명칭을 언급한 것이다. 그 다음은 사료 가-2에서 나타나는 동경이다. 즉 정원(785~805)시기에 대흠무가 상경에서 동경으로 옮긴 것으로 나타나는데 가-3에서 대흠무가 사망한 뒤 1년 만에 다시 상경으로 도읍을 옮겼다고 하기에, 동경이 발해의 수도였던 기간의 상한은 빨라도 785년이고 하한은 대흠무가 사망한 794년보다 한해 더 늦은 795년으로 추정된다. 그 외의 발해의 경성 즉 중경현덕부, 남경남해부, 서경압록부 등의 명칭은 5경 15부 62주가 정비된 후에 출현한 것으로 생각된다.

『신당서』는 북송 歐陽修와 宋祁의 合撰으로서 1066년에 완성되었다. 5경에 관한 기록은 『신당서』보다 앞선 『舊唐書』(941년 완성) 「渤海靺鞨」에서는 찾아볼 수 없다. 이것은 『신당서』 발해전의 당나라에 대한 조공기사가 대부분 『구당서』의 조공기사를 요약한 것과는 대조적이다. 그러므로 『신당서』의 5경 관련기사는 다른 古籍을 인용한 것이 분명하다. 어떤 고적이었을까? 앞서 1930년대 金毓黻이 제시한 바가 있는데, 그는 『신당서』 발해전에서의 5경을 포함한 일련의 풍속, 지리, 관제 등 기록은 『구당서』에서 인용하지 못하였던 장건장의 『발해국기』를 인용하였기 때문이라고 한다.[5)]

5) 金毓黻, 1934, 『渤海國志長編』 卷19, 叢考, 千華山館.
新唐書藝文志乙部史錄地理類張建章渤海國記三卷 爲舊書經籍志所不載 蓋其書晚出 爲劉昫等所未見也 舊新兩唐書紀渤海事 頗有詳略不衙之處 舊書紀冊封朝貢年月差詳 然訖於王彝震之世 其後僅以開成後亦修職工不絶一語了之 蓋其所可考見者僅此也 新書則於冊封朝貢記載甚略 而詳於追謚年號 又載地理 官制 物産品秩之事 取材視舊書爲多 蓋多取材於張氏 玉海十六地理類異域圖書條引唐志張建章渤海國記三卷, 注云 太和中 又引王貽孫武后時婦人始拜而不跪 張建章渤海記言之 宋史王溥傳亦云 太和中 有幽州從事張建章著渤

장건장에 관하여는 1956년 11월에 베이징 德勝門外 冰窖口 동쪽에서 『장건장묘지명』이 출토된 적이 있다.[6] 그 묘지명은 장건장이 영주사마의 신분으로 833년 발해국에 사절로 파견되어 1년간 체류한 후 835년에 유주로 돌아온 사실을 전하고 있다. 특히 중요한 것은 장건장이 "著渤海記, 備盡島夷風俗宮殿官品"이라고 한 구절이다. 장건장이 사절로 파견된 것은 발해 11대왕 대이진 시기이다. 마침 『신당서』 발해전도 발해국 대이진 시기까지 상세하게 기록하고 있다. 이상으로 『신당서』 발해전에서 나오는 지리, 풍속, 관제 등도 『발해국기』를 인용한 것으로 볼 수 있다.[7]

그렇다면 발해 5경의 명칭은 어떤 의미를 지니는 것일까. 古畑徹은 발해건국사료를 고찰하는 중에 『신당서』는 『구당서』, 『발해국기』, 『五代會要』 등을 섞어서 편찬한 사료이며, 『발해국기』 중의 발해국에 관한 기록은 발해집권자가 장건장에 대해 서술한 것이며, 발해국과 당나라의 대항적 관계를 최대한 피하고 당나라에 대한 외교적 배려가 첨가되어 있었다고 하였다.[8] 이런 의미에서 볼 때 5경도 "고금제도를 習識하였다"고 하는

海國記 貽孫者 溥之子也 然新書所紀如此 其書旣佚而不傳 故無由考其內容也. 渤海諸王起自祚榮, 訖仁秀凡傳九王 皆有稱謚 有年號 仁秀之孫彝震嗣位 僅有年號 而無稱謚 其下三世以訖諲譔 稱謚年號皆不可考 蓋唐末葉 中國多故 貢使旣不常來 史籍亦多散佚故也 試覽舊書本傳 敘渤海冊拜 朝貢多有年月可稽 視新書爲詳 惟文宗開成以後 則略而不書 此旣故記無考之證 新書詳舊書之所略 而於稱謚年號地理職官物産敘之尤詳 此蓋爲張建章渤海國記所載 而修史者取之 兩書不可偏廢有如此者 然則 新書於彝震 玄錫二王以後事 多不能詳亦以張氏所紀至於此也 (舊書經籍志不載渤海國記 蓋未見其書也) 張建章渤海國記三卷亦見宋史藝文志史部地理類 似元末尙存其書 否則依唐志所載而著錄之 宋志地理類中 又有張建章·戴斗合著諸蕃記一卷 蓋建章官平盧節度從事 熟於蕃情, 故能著此二書 北夢瑣言十三紀張建章泛海遇仙事 謂建章爲幽州行軍司馬 後歷郡守 曾賷府戎命往渤海 按 此卽玉海及宋史所載著渤海國記之張建章也 據此 則建章之爲幽州從事及使於渤海 在太和中無疑而爲郡守則在其後也 玆以張氏奉使年月無考 特繫於太和之末 卽王彝震咸和五年 以俟續考.

6) 佟柱臣, 1981, 「〈渤海記〉著者張建章〈墓誌〉考」『黑龍江文物叢刊』創刊號, 黑龍江省民族研究所, 16쪽.

7) 金毓黻, 1934, 『渤海國志長編』 卷19, 叢考, 千華山館.

8) 古畑徹, 1984, 「渤海建國關係記事の再檢討－中國側史料の基礎的研究－」『朝鮮學報』

구절을 돌이켜보면 당의 5경제에 따라 발해도 5경을 정비하였다고도 이해할 수 있다.

그런데 송기호가 지적한 바와 같이, 당나라의 5경제는 안사의 난 중인 至德 2년(757)에 출현하여 곧 소멸되었다고 한다.[9] 위에서 인용한 『신당서』 발해전 중에 '상경'은 천보 연간에 출현한다. 상경이라는 단어가 방위를 지향하는 명칭이라고 볼 때 다른 방향을 지향하는 4경의 명칭도 함께 존재했다고 보는 것이 타당하지 않을까. 그렇다면 『신당서』 발해전에 의거하여 발해의 5경제는 당나라보다 앞서 나타난 것으로 된다. 그러나 『신당서』는 앞서 검토했듯이 5경 관련 부분은 830년대에 성립된 『발해국기』를 인용했을 가능성이 크기 때문에 발해가 당나라에 앞서 5경의 명칭을 사용하였는가에 대해서는 8세기의 사료에 5경에 관련된 것이 있는가를 살펴볼 필요가 있다.

다음 절에서는 8세기의 것으로 추정되는 사료에서 발해의 도성을 어떻게 서술하였는가를 살펴보면서 발해 5경의 출현 시기를 검토하기로 한다.

Ⅲ. 8세기 발해 도성 사료의 검토

8세기의 발해 5경 사료를 검토하기 전에 『신당서』 발해전에 나오는 5경의 명칭을 주목해보면, 상경은 용천부, 중경은 현덕부, 동경은 용원부, 남경은 남해부, 서경은 압록부로서 세트로 되어 있다. 그리고 중경현덕부 아래에 '현주'가 설치되어있고 동경용원부는 살성부로 별칭하기도 한다. 이러한 명칭을 염두에 두면서 8세기로 추정되는 사료를 검토하기로 한다.

113, 朝鮮學會, 41쪽.

9) 송기호, 2011, 「5京制의 연원과 역할」『발해사회문화사연구』, 서울대학교출판문화원, 157~195쪽.

먼저 같은 『신당서』 권37, 지리지에는 아래와 같은 구절이 있다.

나-1 自都護府東北經古蓋牟 新城 又經渤海長嶺府 千五百里至渤海王城 城臨忽汗海 其西南三十里有古肅愼城 其北經德理鎭 至南黑水靺鞨千里.

나-2 自鴨淥江口舟行百餘里 乃小舫溯流東北三十里至泊汋口 得渤海之境 又溯流五百里 至丸都縣城 故高麗王都 又東北溯流二百里 至神州 又陸行四百里 至顯州 天寶中王所都 又正北如東六百里 至渤海王城.

위의 사료를 보면 당나라 정원시기 재상 가탐이 당나라에서 각 기미주부로 통하는 도리에 매우 밝아 그의 도리기에 의거하여 당나라에서 발해로 통하는 교통로를 서술하는 가운데, 발해의 지명이 나타나고 있다. 예컨대 나-1의 발해장령부, 발해왕성, 고숙신성, 덕리진, 나-2의 환도현성, 신주, 현주 등이다. 여기서 보다시피 등주에서 안동도로 들어가는 교통로에는 5경의 명칭이 나타나지 않고, 오직 발해 왕성만 나타난다. 다른 교통로 즉 등주로부터 고려·발해에 들어가는 교통로에는 천보시기에 발해왕도로 했던 '현주'가 나타난다.

이 현주에 관하여 『武經總要』 전집 권16하[10]에서는 아래와 같이 적고 있다.

顯州 本渤海國 按『皇華四達記』 唐天寶以前 渤海國所都顯州.

이 기록은 『皇華四達記』라는 서적을 인용하고 있는데 현주가 당 천보

10) 『武經總要』 前集 卷十六下에 아래와 같은 발해행정구역에 관한 기록도 있다. "保州 渤海古城 東控鴨綠江新羅國界 仍置榷場,通互市之利 東南至宣化軍四十裏 南至海五十裏 北至大陵河二十裏 … 開州,渤海古城也 虜主東討新羅國 都其城要害,建爲州,仍曰開遠軍".

이전이라고 한 표현만 빼면, 『신당서』 지리지와 같이 현주가 발해국의 도성이었다는 사실을 전하고 있다.

榎一雄의 연구[11)]에 의하면, 정원 17년(801) 가탐이 『海內華夷圖』와 『古今郡國縣道四夷述』을 상헌하였는데 그 중 『고금군국현도사이술』은 여러 史書에 『賈耽郡國志』, 『四夷郡國縣道志』, 『賈耽古今述』, 『賈耽四夷述』, 『賈耽古今郡國志』로 인용되었다. 그리고 『고금군국현도사이술』의 四夷部分을 단행한 것을 『황화사달기』라고 불렀다고 한다.

『三國史記』 卷37, 雜志6 地理四에 아래와 같이 기록되고 있다.

> 『賈耽古今郡國志』云 渤海國南海 鴨淥 扶餘 柵城四府 幷是高句麗舊地也.

여기서 나오는 『가탐고금군국지』는 『고금군국현도사이술』과 같은 책을 가리킬 것이다. 그리고 '부'의 명칭은 보이고 있지만 '경'의 명칭은 보이지 않는다.

가탐의 『고금군국현도사이술』의 근거에 관하여, 赤羽目匡由의 논증[12)]에 의하면 가탐이 의거한 자료는 762년부터 764년 발해, 신라, 일본으로 파견된 당나라의 사절 한조채의 견문에 의거한 것으로 된다. 한조채는 당나라에서 일본 승려 戒融의 안부를 확인하는 임무로 장안에서 출발하여 발해와 신라를 거쳐 일본으로 갈 계획이었지만, 신라에 머물러 신라사절이 일본에 가서 戒融의 안부를 확인하는 데서 그치고 말았다. 그러므로 발해와 신라의 교통로와 각 거점에 관하여 그 당시 발해와 신라인으로부터 들은 것으로 추정할 수 있다. 그러나 한조채는 내시관으로서 외신의 벼슬을 하는 가탐과

---

11) 榎一雄, 1936, 「賈耽の地理書と道裏記の稱に就いて」『歷史學硏究』 6(7), 歷史學硏究會 ; 1994, 『榎一雄著作集』 7(中國史), 汲古書院, 200쪽.

12) 赤羽目匡由, 2011, 「八世紀中葉における渤海の對新羅關係の一側面-〈三國史記〉所引賈耽〈古今郡國縣道四夷述〉逸文の分析-」『渤海王國の政治と社會』, 吉川弘文館, 40쪽.

만날 기회가 있었는지는 의심스러운 부분이 있어 가탐이 직접 한조채로부터 발해, 신라의 정보를 입수했다고 보기는 힘든 면이 있다. 어떤 경로를 통해 발해와 신라의 교통로 정보를 입수하였건 간에 801년에 완성되고 그 정보는 8세기에 입수하였다고 할 수 있는 가탐의 『고금군국현도사이술』에서는 발해의 5경 명칭을 확인할 수 없다.

그런데 최근 구난희가 『신당서』 발해전은 열전으로서 주변국 발해의 상황을 기술하는 데 중점이 있었다면, 가탐의 『고금군국현도사이술』은 당의 입장에서 주변국의 지리적 상황을 이해하는 데 목적을 두고 있어 사서에 이전의 지명이 그대로 서술되었다는 것만으로 8세기에 발해 5경이 설치되지 않았다는 근거로 삼는 일련의 논의는 재고가 필요하다고 지적한 바 있다.[13)]

『신당서』 발해전 또는 『고금군국현도사이술』과 다른 계통의 사서를 확인해보면 어떠할까? 일본사서 『續日本紀』에는 발해 사신이 일본으로 파견된 기록이 있는데 간접적으로 8세기 발해의 행정구역에 관한 기록을 확인할 수 있다. 그 기록들을 정리해보면 아래와 같다.

卷13 天平 11年(739) 12月 戊辰 己未朔(10)

仍差若忽州都督胥要德等充使.

卷21 天平 寶字 2年(758) 9月 丁亥(18)

渤海大使輔國大將軍兼將軍行木底州刺史兼兵署少正開國公揚承慶已下卄三人 隨田守來朝.

卷22 天平 寶字 3年(759) 10月 辛亥(18)

渤海使輔國大將軍兼將軍玄菟州刺史兼押衙官開國公高南申相隨來朝.

卷34 寶龜 8年(777) 正月 癸酉(20)

---

13) 구난희, 2015, 「渤海, 遼, 金의 五京制와 上京」 『先史와 古代』 45, 89쪽.

都蒙等發自弊邑南海府吐號浦.

『속일본기』는 菅原道眞 등이 797년에 완성한 편년체 사서다. 위에 열거한 기록은 대부분 발해국사절이 일본에 도착하였을 때 일본기록관들이 일본의 입장에서 기록한 것들이다. 그렇기에 위의 기록에는 '來朝', '旨' 등의 표현이 나타나고 있다. 그러나 발해의 행정구역에 관한 정보는 발해인으로부터 직접 전해들은 것으로 이해하는 데는 큰 문제가 없을 것이라고 생각한다. 여기에 따르면 739년에 若忽州, 758년에 木底州, 759년에 玄菟州, 777년에 南海府가 나타난다. 이러한 사료들에서 보다시피, 8세기 중엽 발해에는 주·부의 행정편제는 있어도 경의 편제는 보이지 않는다. 777년의 사료에 '남해부'의 명칭은 보여도 '남경'의 명칭은 없는 것으로 추정된다. 그러므로 8세기 발해에는 아직 경의 명칭을 사용하지 않고 있는 것으로 판단된다. 『신당서』 발해전에서 나타나는 5경의 명칭은 833년부터 835년까지 발해에 사절로 간 장건장이 편찬한 『발해국기』에 의거한 것이며 후대의 『遼史』는 『신당서』의 발해전을 그대로 접수한 것 같다.[14)]

Ⅳ. 발해의 말갈제부 복속과 5경 명칭의 출현 시기

그렇다면, 장건장이 본 발해국 5경은 근거없는 것이었을까. 그렇게 판단하기에는 너무 이른 것 같다. 후대의 요나라나 금나라에서도 5경(6경)의

14) 『遼史』 卷三十八 志第八 地理志二 東京道, "唐高宗平高麗 於此置安東都護府 後爲渤海大氏所有.大氏始保挹婁之東牟山 武後萬歲通天中 爲契丹盡忠所逼 有乞乞仲象者 度遼水自固 武後封爲震國公 傳子祚榮.建都邑 自稱震王 並呑海北 地方五千裏 兵數十萬 中宗賜所都曰忽汗州 封渤海郡王 十有二世至彝震 僭號改元 擬建宮闕 有五京十五府六十二州爲遼東盛國 忽汗州卽故平壤城也 號中京顯德府 太祖建國 攻渤海 拔忽汗城 俘其王大諲撰 以爲東丹王國 立太子圖欲爲人皇王以主之".

행정편제를 실행하였는데 두 왕조에서는 광활한 영토와 그 속의 제 부족을 통치하기 위하여 힘을 기울였던 것 같다. 아래에서 발해의 5경 설치시기를 발해의 제 부족 통치와 연관하여 고찰해보겠다.

앞의 가-4의 『신당서』 발해전의 5경 기록을 다시 새겨보면 숙신고지에 상경을, 그 남부에 중경을, 예맥고지에 동경을, 옥저고지에 남경을, 고(구)려고지에 서경을 설치하였다. 그 외의 10부도 제부족의 고지에 설치했다고 한다. 이 점에 주목하면서 발해의 영토가 처음의 사방 2,000리로부터 사방 5,000리에까지 확장되는 과정에서 동북과 북방의 여러 부족을 통합해나갔다는 아래의 사료가 있다.

대무예시기의 통합기사에 대하여 『신당서』 발해전에서는 아래와 같이 서술했다.

子武藝立 斥大土宇 東北諸夷畏臣之.

대인수의 영토 확대 및 제부족의 통합에 관하여 『신당서』 발해전에서는 아래와 같이 서술했다.

仁秀頗能討伐海北諸部 開大境宇.

『遼史』 卷三十八, 志第八 地理志二 東京道에는 다음과 같이 적고 있다.

渤海王大仁秀南定新羅 北略諸部 開置群邑.

부경주 설치의 한 원인이 광활한 영역 하에 산재하고 있는 제부를 통치하기 위하여 설치된 것이라고 추정된다. 사료의 부족으로 발해의 제부 통합과정에 대하여 명확한 것은 알 수 없지만 당나라에 간 발해와 말갈의 조공기사와 일본에 간 사절들의 문헌사료로 그 일단을 엿볼 수 있다.

〈표 1〉「발해와 말갈제부의 당나라 조공 일람」에서 확인할 수 있듯이 741년 이후 불열, 월희, 철리 등 말갈의 당나라 조공 기사가 보이지 않는다. 800년 전후 흑수말갈을 위시로 하는 일부 말갈의 당나라 조공기사가 나타나고 있지만 820년 이후의 말갈제부의 당나라의 조공기록은 보이지 않는다. 발해 말기에 말갈제부의 일부가 당나라 조공기록에 다시 나타나고 있다. 말갈제부에 대한 발해의 통제는 국가대사였을 것이다. 그러나 말갈제부의 수령에 대하여 자신의 재지 지배질서를 유지하는 데 크나큰 충격이었을 것이다. 일본에 사절로 갔던 발해와 철리인의 다음 기록에서는 이런 갈등을 절실히 보여주고 있다.

卷35 寶龜 10年(779) 9月 庚辰(14)

庚辰 勅 渤海及鐵利三百五十九人 慕化入朝 在出羽國 宜依例供給之 但來使輕微 不足爲賓 今欲遣使給饗自彼放還 其駕來船 若有損壞 亦宜修造 歸蕃之日 勿令留滯.

卷35 寶龜 10年(779) 9月 癸巳(27)

癸巳 勅陸奧出羽等國 用常陸調絁 相摸庸綿 陸奧稅布 充渤海鐵利等祿 又勅 在出羽國蕃人三百五十九人 今屬嚴寒 海路艱險 若情願今年留滯者 宜恣聽之.

卷35 寶龜 10年(779) 11月 乙亥(9)

乙亥 勅 檢校渤海人使 押領高洋弼等 進表無禮 宜勿令進 又不就築紫 巧言求便宜 加勘當勿令更然.

卷35 寶龜 10年(779) 11月 丙子(10)

丙子 檢校渤海人使言 鐵利官人爭坐說昌之上 恒有凌侮之氣者 太政官處分 渤海通事從五位下高說昌 遠涉滄波數廻入朝 言思忠勤 授以高班 次彼鐵利之下 殊非優寵之意 宜異其例位以顯品秩.

卷35 寶龜 10年(779) 12月 戊午(22)

戊午 檢校渤海人使言 渤海使押領高洋弼等苦請云 乘船損壞 歸計無由 伏望 朝恩賜

船九隻 令達本蕃者 許之.

779년 발해사신의 영솔 하에 359명의 철리인이 일본에 들어간 적이 있다. 그러나 779년 전후 〈표 1〉「발해와 말갈제부의 당나라 조공 일람」에서 보다시피 철리말갈이 당나라에 조공한 기록은 보이지 않기에 발해에 통합되었을 가능성이 크다. 하지만『속일본기』의 사료에 의하면 철리말갈이 발해에 통솔되었다고는 하지만 발해의 철리말갈에 대한 지배는 그리 확고한 것은 아닌 것 같다.

앞서 서술했듯이 792년에 말갈이, 802년에 우루, 월희 등 말갈제부가, 815년에 黑水酋長 등 11명이 당나라에 조공하였고, 816년에 발해와 말갈이 함께 조공하고 나서 817년 이후부터 925년 즉 발해의 멸망 직전까지 흑수말갈을 위시한 발해의 제 부족이 당나라에 조공한 기록은 찾아볼 수 없다. 해북제부 통합에 공을 세운 선왕 대인수가 즉위한 것이 818년임을 감안할 때, 820년 전후 발해의 영역이 최대였을 때 제부족의 원래 땅에 부·현·주의 행정편제를 설치하기 시작하였고 중요한 제부족과 역사전통이 심원한 숙신, 예맥, 옥저, 고구려의 고지에 5경을 설치했을 것으로 보인다. 그리고 철리, 월희 등 말갈제부의 고지에 그 외의 10부를 설치하였다고 추측된다.

Ⅴ. 맺음말

『신당서』 발해전 이전의 현존 사료에는 체계적으로 발해 5경 15부에 관한 기록을 찾아볼 수 없다. 다만 “왕성”이나 “도성”이라는 표현만 나타난다. 건국부터 9세기 초까지의 100년간 발해에는 어떤 도시가 정치, 경제의 중심 역할을 하고 있었지만 경명은 확인되지 않는다. 이러한 도시의 명칭, 즉 현주, 남해부와 같은 행정편제명이 5경에 앞서 나타났을 것이다. 사료의 정리에 의하면 발해의 5경은 810년대에 설치되었을 것이다. 5경이 나타난 시기는 장건장이 발해에 파견되기 전에 형성된 것으로 판단되며 각 부족의 고지에 5경 15부의 편제를 실행한 것은 제부족을 효과적으로 지배하기 위한 수단으로 보인다. 경부 명칭의 형식은 당나라의 형식을 따른 것으로 보인다. 그리고 『신당서』 발해전의 천보 말 상경이거나 정원시기 동경이라는 명칭은 『신당서』 편자의 추기로 추정된다. 하여튼 발해 5경의 설치는 요나라와 금나라에 계승되면서 훗날의 동북아시아 역사발전에 큰 기여를 하였다고 평가할 만하다. 사료의 부족으로 인하여 본 글에 추론이 많았고 필자의 능력제한으로 사료에 대한 음미도 부족한 바, 기탄없는 의견과 비평이 있기를 바란다.

〈표 1〉 발해와 말갈 제 부족의 당나라 조공 일람

	年 月	記 事	出典
1	開元元年(713)十二月	靺鞨王子來朝 奏曰 臣請就市交易 入寺禮拜 許之.	冊朝4
2	開元二年(714)二月	是月 拂涅靺鞨首領失異蒙 越喜大首領烏施可蒙 鐵利部落大首領闥許離等來朝.	冊朝4
3	開元二年(714)閏十二月	東蕃遠蕃靺鞨部落 拂涅部落皆遣大首領來朝.	冊朝4
4	開元五年(717)三月	拂涅靺鞨遣使獻方物.	冊朝4
5	開元五年(717)五月	靺鞨獻方物.	冊朝4
6	開元六年(717)二月	靺鞨鐵利[靺]鞨 [拂]涅蕃守並遣使來朝.	冊朝4
7	開元七年(719)正月	拂涅靺鞨 鐵利靺鞨 越喜靺鞨並遣使來朝.	冊朝4
8	開元七年(719)二月	拂涅靺鞨遣使獻方物.	冊朝4
9	開元七年(719)八月	大拂涅靺鞨遣使獻鯨鯢魚睛 貂鼠皮 白兎貓皮.	冊朝4
10	開元九年(721)十一月	渤海郡靺鞨大首領 鐵利大首領 拂涅大首領 放還蕃.	冊朝4
11	開元十年(722)十月	越喜遣首領茂利蒙來朝 獻方物.	冊朝4
12	開元十年(722)十一月	渤海遣其大臣味勃計來朝 並獻鷹.	冊朝4
13	開元十二年(724)二月	渤海靺鞨遣其臣賀作慶來賀正 賜帛五十匹 放還蕃.	冊朝4
14	開元十二年(724)十二月	越喜靺鞨遣使破支蒙來賀正 並獻方物.	冊朝4
15	開元十三年(725)正月	渤海遣大首領烏借芝蒙 黑水靺鞨遣其將五郎子並來賀正 且獻方物.	冊朝4
16	開元十四年(726)十一月	渤海靺鞨王遣其子義信來朝 並獻方物.	冊朝4
17	開元十四年(726)十一月	渤海靺鞨遣其子義信來朝 並獻方物.	舊本紀
18	開元十五年(727)八月	渤海王遣其弟大寶方來朝.	冊朝4
19	開元十七年(729)二月	渤海靺鞨遣使獻鷹是月 渤海靺鞨遣使獻鯔魚.	冊朝4

20	開元十八年(730)正月	靺鞨遣其弟大郎雅來朝賀正 獻方物.	冊朝4
21	開元十八年(730)二月	渤海靺鞨大首領遣使知蒙來朝 並獻方物 馬三十匹.	冊朝4
22	開元十八年(730)五月	渤海靺鞨遣使烏那達初來朝 獻海豹皮五張 貂鼠皮三張 瑪瑙盃一 馬三十匹黑水靺鞨遣使阿布科思來朝獻方物.	冊朝4
23	開元十八年(730)九月	靺鞨遣使朝貢.	冊朝4
24	開元十九年(731)二月	渤海靺鞨遣使來賀正.	冊朝4
25	開元十九年(731)十月	渤海靺鞨王遣其姓大取珍等百二十〔人〕來朝.	冊朝4
26	開元二三年(735)三月	渤海靺鞨王遣其弟蕃來朝.	冊朝4
27	開元二三年(735)八月	鐵利部落 拂涅部落 越喜部落俱遣使來朝獻方物.	冊朝4
28	開元二四年(736)九月	越喜靺鞨遣使獻方物.	冊朝4
29	開元二五年(737)正月	渤海靺鞨大首領木智蒙來朝.	冊朝4
30	開元二五年(737)四月	渤海遣其臣公伯計來獻鷹鶻.	冊朝4
31	開元二六年(738)閏八月	渤海靺鞨遣使獻貂鼠皮一千張 幹文魚一百口.	冊朝4
32	開元二十七年(739)二月	渤海王遣使獻鷹又拂涅靺鞨遣使獻方物.	冊朝4
33	開元二十七年(739)十月	渤海遣使其臣受福子來謝恩.	冊朝4
34	開元二十八年(740)二月	越喜靺鞨遣其臣野古利來獻方物鐵利靺鞨遣其臣綿度戶來獻方物.	冊朝4
35	開元二十八年(740)十月	渤海靺鞨遣使獻貂鼠皮昆布.	冊朝4
36	開元二十九年(741)二月	渤海靺鞨遣其臣失阿利 越喜靺鞨遣其部落與含利 黑水靺鞨遣其臣阿布利稽.	冊朝4
37	開元二十九年(741)三月	拂涅靺鞨遣首領那棄勃 來朝賀正且獻方物.	冊朝4
38	開元二十九年(741)四月	渤海靺鞨遣使進鷹及鶻.	冊朝4
39	天寶五載(746)三月	渤海遣使來賀正.	冊朝4
40	天寶六載(747)正月	渤海 黑水靺鞨並遣使來賀正 各獻方物.	冊朝4
41	天寶七載(748)三月	黑水靺鞨 黃頭室韋 和解室韋 如者室韋 賂丹室韋並遣使獻金銀及六十 綜布 魚牙紬 朝霞紬 牛黃 頭發 人蔘.	冊朝4
42	天寶八載(749)三月	渤海遣使獻鷹.	冊朝4
43	天寶九載(750)正月	黑水靺鞨 黃頭室韋並遣使賀正.	冊朝4
44	天寶九載(750)三月	渤海遣使獻鷹.	冊朝4
45	天寶十二載(753)三月	渤海遣使賀正.	冊朝4
46	天寶十三載(754)正月	渤海遣使賀正.	冊朝4
47	大曆二年(767)七月	渤海遣使來朝.	冊朝5
48	大曆二年(767)八月	渤海 契丹各遣使朝貢.	冊朝5
49	大曆二年(767)九月	靺鞨 渤海 室韋各遣使朝貢.	冊朝5
50	大曆二年(767)十一月	渤海 回紇 吐蕃各遣使朝貢.	冊朝5
51	大曆二年(767)十二月	回紇 渤海 契丹 室韋等國各遣使朝貢.	冊朝5
52	大曆四年(769)三月	渤海 靺鞨並遣使朝貢.	冊朝5
53	大曆四年(769)十二月	回紇 吐蕃 契丹 奚 室韋 渤海 訶陵並遣使朝貢.	冊朝5
54	大曆七年(772)十二月	回紇 吐蕃 大食 渤海 室韋 靺鞨 契丹 奚 牂牁 康國 米國 九姓等各遣使朝貢.	冊朝5

55	大曆七年(772)	回紇 吐蕃 大食 渤海 室韋 靺鞨 契丹 奚 牂柯 康國 石國並遣使朝貢.	舊本紀
56	大曆八年(773)六月	渤海遣使賀正 新羅遣使謝恩 並引見於延英殿.	冊朝5
57	大曆八年(773)十一月	渤海遣使朝貢.	冊朝5
58	大曆八年(773)閏十一月	渤海 室韋並遣使來朝.	冊朝5
59	大曆八年(773)十二月	渤海 室韋 牂牁並遣使來朝 奚 契丹 渤海靺鞨 並遣使朝貢.	冊朝5
60	大曆九年(774)正月	室韋 渤海並來朝.	冊朝5
61	大曆九年(774)十二月	奚 契丹 渤海 室韋 靺鞨遣使來朝.	冊朝5
62	大曆十年(775)正月	渤海 契丹 奚 室韋 靺鞨 新羅各遣使朝貢.	冊朝5
63	大曆十年(775)五月	渤海遣使朝貢.	冊朝5
64	大曆十年(775)六月	新羅 渤海各遣使朝貢.	冊朝5
65	大曆十年(775)十二月	渤海 奚 契丹 室韋 靺鞨各遣使朝貢.	冊朝5
66	大曆十二年(776)正月	渤海遣使來朝 弁獻日本國舞女一十一人及方物.	冊朝5
67	大曆十二年(776)二月	渤海遣使獻鷹.	冊朝5
68	大曆十二年(776)四月	牂牁 渤海 奚 契丹 室韋 靺鞨並遣使來朝 各獻方物.	冊朝5
69	大曆十二年(776)十二月	新羅 渤海 靺鞨 室韋 奚 契丹並遣使來朝 各獻方物.	冊朝5
70	建中元年(780)十月	渤海並遣使朝貢.	冊朝5
71	建中三年(782)五月	渤海國並遣使朝貢.	冊朝5
72	貞元七年(791)正月	回鶻大首領史勃羡 渤海 黑衣大食並遣使來朝.	冊朝5
73	貞元八年(792)閏十二月	靺鞨遣使朝貢.	冊朝5
74	貞元十八年(802)正月	是月 南詔使來朝 虞婁 越喜等首欽見.	冊朝5
75	貞元二十年(804)十一月	渤海遣使來朝.	冊朝5
76	元和元年(806)十二月	回鶻 契丹 渤海 牂牁 南詔 驃國 各遣使朝貢.	冊朝5
77	元和二年(807)十二月二十七日	新羅 渤海 牂柯 回紇各遣使朝貢.	舊本紀
78	元和二年(807)十二月	渤海遣使朝貢.	冊朝5
79	元和五年(810)正月	渤海遣使高才南等來朝.	冊朝5
80	元和五年(810)十一月	渤海王遣子大延眞等來獻方物.	冊朝5
81	元和七年(812)	是年 渤海亦遣使來 南詔遣使朝貢.	冊朝5
82	元和八年(813)十二月	渤海王子辛文德等九十七人來朝.	冊朝5
83	元和九年(814)正月	渤海使高禮進等三十七人朝貢 獻金銀佛像各一.	冊朝5
84	元和九年(814)十一月	渤海遣使獻鷹鶻.	冊朝5
85	元和九年(814)十二月	渤海遣使大孝眞等五十九人來朝.	冊朝5
86	元和十年(815)二月	黑水酋長十一人來朝貢.	冊朝5
87	元和十年(815)七月	渤海王子大庭俊等一百一人來朝貢.	冊朝5
88	元和十年(815)	是歲 渤海 新羅 奚 契丹 黑水 南詔 牂柯並遣使朝貢.	舊本紀
89	元和十一年(816)三月	渤海 靺鞨並遣使朝貢.	冊朝5
90	元和十一年(816)十一月	契丹 渤海 並遣使朝貢.	冊朝5
91	元和十一年(816)	是歲 回鶻 靺鞨 奚 契丹 牂柯 渤海等朝貢.	舊本紀
92	元和十二年(817)二月	渤海遣使朝貢.	冊朝5

93	元和十三年(818)	是歲 渤海 高麗 吐蕃 奚 契丹並朝貢.	舊本紀
94	元和十五年(820)閏正月	渤海遣使朝貢.	冊朝5
95	元和十五年(820)十二月	渤海複遣使朝貢.	冊朝5
96	長慶二年(822)正月	渤海遣使朝貢.	冊朝5
97	長慶四年(824)二月二日	渤海送備宿衛大聰叡等五十人入朝.	舊本紀
98	寶曆二年(826)正月	渤海遣使朝貢.	冊朝5
99	太和元年(827)四月	渤海遣使來朝.	冊朝5
100	太和三年(829)十二月	渤海遣使朝貢.	冊朝5
101	太和四年(830)十二月	渤海遣使朝貢.	冊朝5
102	太和五年(831)十一月	渤海遣使朝貢.	冊朝5
103	太和六年(832)三月	渤海王子大明俊來朝.	冊朝5
104	太和七年(833)正月	渤海王遣使朝同中書右平章事高嘗英來謝策命.	冊朝5
105	太和七年(833)二月二十一日	麟德殿對吐蕃 渤海 牂柯 昆明等使.	舊本紀
106	開成元年(836)十二月	渤海遣使朝貢.	冊朝5
107	開成四年(839)十二月戊辰	渤海王子大延廣朝貢.	冊朝5
108	會昌六年(846)正月	渤海使朝於宣政殿.	冊朝5
109	會昌六年(846)正月十七日	南詔 契丹 室韋 渤海 牂柯 昆明等國遣使入朝 對於麟德殿.	舊本紀
110	會昌六年(846)正月二十三日	渤海王子大之萼入朝.	舊本紀
111	梁開平三年(909)三月	渤海王大諲譔遣其相大誠諤朝貢 進兒女口及物 貂鼠皮 熊皮等.	冊朝5
112	乾化元年(911)八月	渤海國遣使朝賀且獻方物.	冊朝5
113	乾化二年(912)五月	渤海國王大諲譔遣使侄讓貢方物.	冊朝5
114	乾化三年(913)二月	渤海國王大諲譔遣使裴璆貢人參 松子 昆布 黃明細布 貂鼠皮被一 褥六 發 靴 革 奴子二.	冊朝5
115	同光三年(925)二月	黑水胡 獨鹿 女貞等使朝貢 契丹阿保機遣使拽鹿盂貢方物.	冊朝5
116	天成元年(926)四月	渤海國王大諲譔遣使大陳林等一百一十六人朝貢 進兒口 女口各三人 人參 昆布 白附子及虎皮等.	冊朝5
117	天成四年(929)五月	渤海遣使高正詞入朝貢方物.	冊朝5
118	天成四年(929)八月	黑水遣使骨至來朝 兼貢方物.	冊朝5
119	長興元年(930)二月	黑水兀兒遣使貢方物.	冊朝5
120	長興二年(931)十二月	渤海使文成角來朝貢.	冊朝5
121	長興三年(932)正月	渤海遣使朝貢.	冊朝5
122	清泰二年(934)十一月	渤海遣使列周道入朝貢方物.	冊朝5

* 위 표의 출전에서 冊朝4, 冊朝5는 각각 『冊府元龜』 卷971, 外臣部 朝貢4 ; 卷972, 外臣部 朝貢5를 가리키고 舊本紀는 『舊唐書』 本紀를 가리킨다.

부 록

제1~3회 고구려 주니어 포럼

제1회 고구려 주니어 포럼

주제 | 고구려사 연구의 최근 동향과 전망
일시 | 2014년 8월 7일(목)

1부 발표

사회 | 김락기(강화고려역사재단)

1. 새로 조사발굴된 송죽리고구려벽화무덤에 대하여/ 정경일(연변대)
2. 최근 북한에서 발견된 2기의 고구려시기 벽화무덤의 연대 및 관련 문제에 대하여(新發現的兩座高句麗時期壁畫墓的時代及相關問題)/ 趙俊杰(길림대)
3. 고구려와 북연 관계에 대한 시론(高句麗与北燕關系略論)/ 김홍배(연변대)

논평 | 임기환(서울교대, 한국고대사학회 회장)

2부 발표 (15:20 ~ 17:20)

사회 | 정호섭(한성대)

1. 고구려 초기 관등의 작제적 성격 검토/ 이준성(연세대)
2. 東夫餘 歷史에 대한 再檢討/ 이승호(동국대)
3. 5~6세기 高句麗의 中國系 流移民·亡命人 수용과 그 지배방식/ 안정준(연세대)
4. 607년 고구려의 동돌궐교섭과 그 배경/ 이정빈(경희대)

논평 | 박찬규(연변대, 동북변강역사와사회연구기지 소장)

제2회 고구려 주니어 포럼

주제 | 고구려사 연구의 최신동향과 전망 Ⅱ－21세기 한 · 중의 고구려 연구성과
일시 | 2015년 8월 6일(목) ~ 7일(금)

8월 6일 목요일(첫째 날)

등록 및 개회식(13:00 ~ 13:10)

1부 발표 (13:10 ~ 15:10)

1. 中國學者有關高句麗與慕容鮮卑關係研究綜述/ 金洪培(중국, 연변대 사회과학연구처)
2. 한국학계의 고구려와 모용선비 관련 연구동향/ 김지영(숙명여대)

토론 | 김락기(강화고려역사재단), 박세이(부산대) 및 발표자 전원 상호토론

2부 발표 (15 : 30~17 : 30)

1. 북한경내 고구려 고고발굴에서 이룩한 새로운 성과에 대하여/
   鄭京日(중국, 연변대 발해사연구소)
2. 한국에서의 고구려 고고학 연구 경향 및 쟁점/ 정원철(동북아역사재단)

토론 | 정호섭(한성대), 양시은(충북대) 및 발표자 전원 상호토론

8월 7일 금요일(둘째 날)

3부 발표 (10:00 ~ 12:00)

1. 고구려 초기 정치사 연구 경향 및 쟁점/ 이준성(연세대)
2. 고구려 국가제사 연구경향 및 쟁점/ 강진원(서울대)

토론 | 조영광(국사편찬위원회), 趙宇然(중국, 인하대), 장병진(연세대) 및 발표자 전원 상호토론

4부 발표 (13:30 ~ 15:30)

1. 中國學界高句麗地方統治體制硏究述評/ 範恩實(중국 사회과학원 중국변강사지연구소)
2. 한국학계의 고구려 영역 지배에 대한 연구와 쟁점/ 안정준(연세대)

토론 | 김현숙(동북아역사재단), 이정빈(경희대), 이승호(동국대) 및 참석자 전원 상호토론

제3회 고구려 주니어 포럼

주제 | 한·중 고구려사 연구 쟁점의 이해와 공유
일시 | 2016년 11월 05일(토) 10:00 ~ 17:00

1부 간담회 (10:10 ~ 12:00) 중국의 고구려사 연구동향 간담회
사회 | 김금자(중국 연변대)

1. 최근 중국학계의 고구려 '대외관계사' 연구 동향/ 이준성(국사편찬위원회)
2. 최근 중국학계의 고구려 유민 연구 동향/ 안정준(연세대)
3. 최근 중국학계의 고구려 전쟁사 연구 동향/ 정동민(한국외국어대)
4. 최근 중국학계의 고구려 종교·사상사 연구 동향/ 이승호(동국대)

토론 좌장 | 정영진(중국 연변대 고구려발해연구소 소장)
토론 | 정춘영(중국 장춘사범대), 김금자(중국 연변대), 정경일(중국 연변대)

2부 연구발표회 (14:00 ~ 17:00) 중국 고구려사 연구의 최신 성과
사회 | 이준성(국사편찬위원회)

1. 고구려 고분벽화에 보이는 복식 그림에 대한 연구/ 정춘영(중국 장춘사범대)
2. 안장왕시기 고구려와 남북조의 관계 및 동아시아 국제지위의 변화에 대한 시론/ 김금자(중국 연변대)
3. 옥도리 고구려벽화무덤에서 주목되는 몇 가지 문제/ 정경일(중국 연변대)

토론 좌장 | 공석구(한밭대 교수, 고구려발해학회 회장)
토론 | 우에다 키헤이 나리치카(일본 와세다대), 이규호(동국대), 권순홍(성균관대)

근대 한국학 총서를 내면서

새 천년이 시작된 지도 벌써 몇 해가 지났다. 식민지와 분단국가로 지낸 20세기 한국 역사의 와중에서 근대 민족국가 수립과 민족문화 정립에 애써 온 우리 한국학계는 세계사 속의 근대 한국을 학술적으로 미처 정립하지 못한 채, 세계화와 지방화라는 또 다른 과제를 안게 되었다. 국가보다 개인, 지방, 동아시아가 새로운 한국학의 주요 연구대상이 된 작금의 현실에서 우리가 겪어온 근대성을 다시 한 번 정리하고 21세기에 맞는 새로운 모습으로 탈바꿈시키는 것은 어느 과제보다 앞서 우리 학계가 정리해야 할 숙제이다. 20세기 초 전근대 한국학을 재구성하지 못한 채 맞은 지난 세기 조선학 · 한국학이 겪은 어려움을 상기해 보면, 새로운 세기를 맞아 한국 역사의 근대성을 정리하는 일의 시급성은 아무리 강조해도 지나치지 않다.

우리 '근대한국학연구소'는 오랜 전통이 있는 연세대학교 조선학 · 한국학 연구 전통을 원주에서 창조적으로 계승하고자 하는 목표에서 설립되었다. 1928년 위당 · 동암 · 용재가 조선 유학과 마르크스주의, 그리고 서학이라는 상이한 학문적 기반에도 불구하고 조선학 · 한국학 정립을 목표로 힘을 합친 전통은 매우 중요한 경험이었다. 이에 외솔과 한결이 힘을 더함으로써 그 내포가 풍부해졌음은 두말할 나위가 없다. 연세대학교 원주캠퍼스에서 20년의 역사를 지닌 '매지학술연구소'를 모체로 삼아, 여러 학자들이 힘을 합쳐 근대한국학연구소를 탄생시킨 것은 이러한 선배학자들의 노력을 교훈으로 삼은 것이다.

이에 우리 연구소는 한국의 근대성을 밝히는 것을 주 과제로 삼고자 한다. 문학 부문에서는 개항을 전후로 한 근대 계몽기 문학의 특성을 밝히는 데 주력할 것이다. 역사부분에서는 새로운 사회경제사를 재확립하고 지역학 활성화를 위한 원주학 연구에 경진할 것이다. 철학 부문에서는 근대 학문의 체계화를 이끌고 사회과학 분야에서는 학제간 연구를 활성화시키며 근대성 연구에 역량을 축적해 온 국내외 학자들과 학술교류를 추진할 것이다. 이러한 연구들은 일방성보다는 상호 이해와 소통을 중시하는 통합적인 결과물의 산출로 이어질 것이다.

근대한국학총서는 이런 연구 결과물을 집약적으로 정리하기 위해 마련하였다. 여러 한국학 연구 분야 가운데 우리 연구소가 맡아야 할 특성화된 분야의 기초 자료를 수집 · 출판하고 연구 성과를 기획 · 발간할 수 있다면, 우리 시대 연구자들뿐만 아니라 학문 후속세대들에게도 편리함과 유용함을 줄 수 있을 것이다. 새롭게 시작한 근대 한국학 총서가 맡은 바 역할을 충분히 할 수 있도록 주변의 관심과 협조를 기대하는 바이다.

연세대학교 원주캠퍼스 근대한국학연구소

필자 소개

이인재 | 연세대학교 역사문화학과 교수

鄭京日 | 中國 延邊大學 歷史學部 專任講師

이준성 | 국사편찬위원회 편사연구사

강진원 | 경기대학교 교양학부 조교수

안정준 | 경희대학교 인문학연구원 학술연구교수

范恩實 | 中國 社會科學院 中國邊疆研究所 副研究員

김지영 | 숙명여자대학교 역사문화학과 강사

金洪培 | 中國 延邊大學 歷史學部 副教授

이승호 | 동국대학교 사학과 강사

이정빈 | 충북대학교 역사교육과 조교수

金錦子 | 中國 延邊大學 歷史學部 副教授

鄭春穎 | 中國 長春師範大學 東北亞歷史文化研究所 教授

姜成山 | 中國 延邊大學 歷史學部 助教授

연세근대한국학총서 122 (H-029)

소장학자들이 본 고구려사

鄭京日 외 지음 | 이인재 엮음

초판 1쇄 발행 2018년 1월 30일

펴낸이 오일주
펴낸곳 도서출판 혜안

등록번호 제22-471호
등록일자 1993년 7월 30일

주소 04052 서울시 마포구 와우산로 35길 3(서교동) 102호
전화 02-3141-3711~2 / **팩스** 02-3141-3710
이메일 hyeanpub@hanmail.net

ISBN 978-89-8494-597-5 93910

값 32,000 원